高等学校应用型特色规划教材·汽车工程系列

汽车美容装潢

宋飞　主　编

熊江勇　袁新建　黄爱维　副主编

清华大学出版社
北 京

内 容 简 介

本书共9章。第1章介绍汽车美容与装潢的现状和发展趋势,以及作业项目;第2章介绍汽车清洗的方法;第3章介绍汽车漆面美容的护理用品以及打蜡流程;第4章介绍汽车漆面处理的方法,以及漆面损害的原因;第5章介绍大包围、汽车天窗、车身彩贴、底盘防护施工、漆面的特种喷涂、前阻风板和后翼板等外部装潢;第6章介绍汽车座椅、桃木内饰、隔音、空气净化、地板、仪表板、顶棚内衬等内室装潢;第7章介绍太阳膜的真伪辨别,以及汽车太阳膜的贴装;第8章介绍汽车音响的工作原理、升级、安装与调试;第9章介绍汽车功能性内饰精品。

本书内容丰富,实用性强,既可作为高等院校应用型汽车专业教材,也可作为汽车美容装潢从业人员的培训用书,还可为广大汽车车主了解汽车美容与装潢知识提供参考。

图书在版编目(CIP)数据

汽车美容装潢/宋飞主编. —北京:清华大学出版社,2013(2024.8重印)
(高等学校应用型特色规划教材·汽车工程系列)
ISBN 978-7-302-32140-8

Ⅰ. ①汽…　Ⅱ. ①宋…　Ⅲ. ①汽车—车辆保养—高等学校—教材　Ⅳ. ①U472

中国版本图书馆 CIP 数据核字(2013)第 083311 号

责任编辑:曹　坤　李玉萍
封面设计:杨玉兰
责任校对:周剑云
责任印制:丛怀宇

出版发行:清华大学出版社
　　　　　网　　　址:https://www.tup.com.cn,https://www.wqxuetang.com
　　　　　地　　　址:北京清华大学学研大厦A座　　　邮　　编:100084
　　　　　社 总 机:010-83470000　　　　　　　　　邮　　购:010-62786544
　　　　　投稿与读者服务:010-62776969,c-service@tup.tsinghua.edu.cn
　　　　　质量反馈:010-62772015,zhiliang@tup.tsinghua.edu.cn
　　　　　课件下载:https://www.tup.com.cn,010-62791865
印 装 者:天津鑫丰华印务有限公司
经　　销:全国新华书店
开　　本:185mm×260mm　　印　张:20　　字　数:485千字
版　　次:2013年5月第1版　　　　　印　次:2024年8月第7次印刷
定　　价:58.00元

产品编号:049596-03

前　言

在我国，随着改革开放的不断深入和汽车市场的快速发展，汽车保有量正在飞速递增。随着汽车尤其是家用轿车保有量的不断增加，庞大的汽车市场极大地促进了汽车服务业的发展。汽车美容与装潢是汽车服务业中一个非常重要的组成部分，也是发展潜力很大的一个行业。

汽车市场的不断壮大，给汽车美容与装潢行业的发展提供了广阔的发展空间。现在，各个城市的汽车美容装潢公司已如雨后春笋般蓬勃发展起来，并在向规模化、专业化方向发展，市场对汽车美容装潢高技能人才的需求也越来越大。各大院校纷纷开设了此类课程，培养了一批专门的汽车美容装潢从业人员。但是，由于汽车美容装潢行业在我国还属于新兴行业，很多的操作流程还不太规范和标准。因此，只有通过系统地学习相关知识，从业人员的素质才能得到显著的提高，才能适应汽车美容装潢业的发展需要。

本书内容主要包括汽车美容与装潢概论、汽车清洗、汽车漆面美容、汽车漆面处理、汽车外部装潢、汽车内室装潢、太阳膜、汽车音响升级、汽车精品选装等内容。本书既可作为汽车贸易、汽车技术服务与营销、汽车检测与维修、机动车辆保险、汽车运用技术类专业的学习教材，也可作为美容装潢从业人员的培训用书，还可为广大汽车车主了解汽车美容与装潢知识提供参考。

为了起到更好的实际指导作用，满足人才培养的要求，本书是由一些具有丰富实践工作经验的教师与相关企业的技师合作编写的，满足理论—实践一体化教学的要求。

本书由宋飞任主编，熊江勇、袁新建、黄爱维任副主编。其中，第1、7、8、9章由黄爱维编写；第2、5、6章由宋飞编写；第3、4章由熊江勇编写。

在本书的编写过程中，江苏铭洲汽车服务有限公司综合部经理、特级培训讲师刘辉辉提出了很多宝贵的建议；车居驿站汽车美容中心刘小猛，紫琅职业技术学院汽车系教师、高级技师顾平林，袁新建主任也在本书的编写过程中提供了很多技术指导。在此，向他们表示衷心的感谢！

在本书的编写过程中，参考、引用了部分资料，有些资料没法确定原出处，故没有在参考文献中一一列出，在此谨向所有作者表示衷心感谢！

由于编者水平有限，加之时间仓促，书中难免存在不足之处，恳请广大读者批评指正。

编　者

目　　录

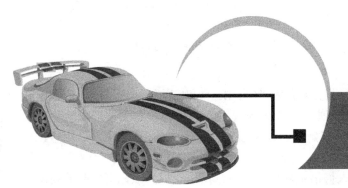

第1章

汽车美容与装潢概论

【本章概述】

本章主要介绍汽车美容与装潢的现状和发展趋势、汽车美容的分类及作业项目、汽车装潢的分类及作业项目等内容。

第一节讲述汽车美容与装饰的作用、国内外的发展情况，同时分析汽车美容业未来的发展趋势等。

第二节讲述汽车美容的概念、汽车美容的分类及各类作业项目、汽车美容作业依据等。

第三节讲述汽车装潢的概念、汽车装潢的分类及主要服务项目等。

第四节对现今汽车美容市场进行分析。

【学习目标】

知识目标：

- 了解汽车美容的现状和发展趋势；
- 掌握汽车美容用品的分类和用途；
- 掌握汽车美容与装潢的作业内容和工艺流程。

能力目标：

- 能识别汽车美容与装潢用品的种类；
- 具备正确选择、使用汽车美容用品的能力；
- 初步具备汽车美容作业的实际操作能力；
- 了解安全操作及劳动保护知识。

1.1 汽车美容行业的现状与发展趋势

"汽车美容"源于西方发达国家，英文名称为"Car Beauty"或"Car Care"。西方国家的汽车美容业随着整个汽车产业的发展，已经达到较完善的程度。它又被形象地称为"汽车保姆"(Car Care Center)。所谓"保姆"，顾名思义，是对涵盖了汽车生产、销售、维修、养护全过程的照料、服务而言的。

随着我国经济的持续高速发展和人们消费观念的改变，汽车正以大众化消费品的姿态进入百姓生活。据统计，2003 年中国汽车境内市场总销量达到 450 万辆，全国汽车保有量超过 1600 万辆。其中，轿车占汽车总量的 70%。目前，中国已成为继美国、日本之后的第三大汽车消费国。国务院研究发展中心权威人士预测，到 2020 年，中国将超过美国，成为世界第一大汽车消费国。与此同时，人们对自己的汽车也愈加呵护，汽车的款式、性能以及汽车整洁程度，无不体现出车主的性格、修养、生活观念以及个人爱好。许多人对自己的汽车呵护备至，希望它看起来干净、漂亮，开起来风光、舒适。因而，汽车的平时清洁和定期美容保养，必然成为人们的日常消费内容。

另一方面，汽车在我国大中城市虽然发展很快，但由于市政建设的不配套，缺乏足够的停车场所，大量的汽车只能露天停放，饱受风吹雨淋日晒，致使汽车日渐老化，这就成为汽车美容护理业存在和发展的一大商机，相应地也创造出了大量的就业机会。据行业专家分析，今后 5 年，我国将急需 50 万以上的汽车美容装饰行业人才。

随着汽车工业的发展，20 世纪 30 年代初，汽车美容养护在英、美等发达国家开始起步。第二次世界大战时，经济的复苏推动着汽车美容养护业的日益壮大。70 年代的世界石油危机过后，这一行业得到了迅猛的发展，市场范围进一步扩大到中等发达国家。20 世纪 80 年代，美国的汽车维修市场开始萎缩，修理厂减少 31.5 万家，而专业美容养护中心却出现了爆发性增长，每年以近 3 万余家的速度递增。据欧美国家的统计，在一个安全、成熟的国际化汽车市场中，汽车的制造以及销售利润在整个汽车行业的利润构成中仅占 20%，零部件的供应利润占 20%，而 50%~60%的利润全部是从汽车后市场服务业中产生的。目前，美国汽车美容养护店的比例占汽车保修业的 80%。1994 年，美国的汽车美容养护行业总产值为 170 亿美元，1999 年高达 264 亿美元，年增长 18%。2002 年全球的汽车美容养护业产值约为 10000 亿美元，其中美国在 3500 亿美元以上。美国汽车服务业的营业额已经超过汽车整车的销售额。

我国汽车美容业起步相对较晚，到 20 世纪 90 年代才出现，当时的汽车美容也只不过是洗洗刷刷、涂涂抹抹而已，服务项目、内容、工艺、质量及标准等都很不规范。进入 90 年代中期，伴随着我国经济的崛起，我国的汽车工业得以快速地发展，私家车的保有量不断增加。同时，由于汽车文化的日益深入以及文明程度的不断提高，汽车服务性行业也迅速发展起来，汽车美容业就是其中较为热门的行业。目前，汽车美容在我国已被越来越多的人所接受，并成为一种时尚。人们对自己的汽车更加呵护了。"七分修，三分养"的维修理念已经被人们逐渐抛弃，"七分养，三分修"的养护理念已落实到一种实实在在的消费行为上。与此同时，国外一些知名的汽车美容用品也蜂拥而至，汽车美容业的从业人数也逐年增加，汽车美容业呈现出一片繁荣景象。据 2004 年的调查显示，我国的汽车服务行业(只包含美容、养护、装饰及其他非维修类服务)产值为 380 亿美元。

此外，更为专业的汽车美容是通过先进的设备和数百种用品，经过几十道工序，从车身、车室(地毯、皮革、丝绒、仪表、音响、顶棚、冷热风口、排挡区等进行高压洗尘、吸尘，上光)、发动机(免拆清洗)、钢圈轮胎、底盘、保险杠、油电路等作整车处理，使旧车变成新车，并保持长久，且对较深的划痕可进行特殊、快速修复。

现代汽车美容是在继承传统汽车美容的基础上完善和发展起来的高技术汽车护理。现代生活已经在新材料、新技术等领域为汽车美容提供了崭新的工艺和丰富的内容。

1.1.1　汽车美容与传统的汽车养护

汽车美容的界定分为三个层面。最基本的一层是自理性养护。国外车主对汽车的熟悉程度普遍较高，车辆最简单的养护基本都是由自己完成的。第二层是浅性服务，诸如太阳膜、犀牛皮等的张贴，大包围、防盗装置等的安装；内饰品(包括真皮座椅、桃木内饰等)的改装、使用和划痕处理、抛光翻新等一些主要的汽车美容项目则要依赖快修店。这种快修店一般只进行车辆内外的装备设施养护，而不涉及发动机等车辆中心结构的护理工作。第三层是专业服务，这是技术含量较高的服务种类，属于美容施工深度处理，也是对整台汽车最深入的美容养护。

汽车美容业发展至今已有近百年的历史。而我国汽车美容的起步相对较晚，故许多消费者对汽车美容这个充满科技含量和人文意蕴的外来品缺乏认识，国内所谓的"汽车美容中心"大多仍停留在洗车—打蜡—交车这样一个低水平的层次上。汽车美容也被简单地理解为是洗车—打蜡—交车。首先，洗车时所用清洁剂多为洗衣粉、肥皂和洗涤灵等通用型而非专用型的产品。此类产品的 pH 一般在 10.3～10.9，而汽车油漆耐酸、碱的承受力为 pH 8.0 以下。故长期使用 pH 8.0 以上的清洁剂，虽洗去了车表面的灰尘，却对漆面造成了损害：轻者失去光泽，重者严重腐蚀。其次，打蜡时所用的蜡一般为硬质蜡，车体在打蜡 20 多个小时后才能进行抛光，在这 20 多个小时内，蜡膜会吸附大量的灰尘与沙粒，抛光时它们会划伤漆面，产生大量划痕，严重影响光泽度。由此可见，一般的洗车，名为护车，实则为毁车；对于漆面的静电吸附、氧化发黑与丝痕累累，一般的洗车打蜡作业更是束手无策，更谈不上对汽车其他部位的彻底清洁与养护了。即便是在某些看似正规的汽车专业美容店里，"良莠难辨"的困惑也足以让消费者"花钱毁面子"。更有些美容店为了敷衍车主，用过硬的抛磨轮和含金刚砂的粗蜡进行打磨，虽然车身马上有了亮很多的感觉，但实际上，由于工具和粗蜡的切削力强，很容易将车漆打薄，如再用力就会打穿车漆，露出底漆。

汽车美容是一个全新的概念，不只是简单的汽车打蜡、除渍、除臭、吸尘及车内外的清洁服务等常规美容护理，还包括利用专业美容系列产品和高科技设备，采用特殊的工艺和方法，对漆面增光、打蜡、镀膜及深浅划痕处理，全车漆面美容，底盘防腐涂胶处理和发动机表面翻新等一系列养护技术。专业汽车美容的与众不同之处在于，它自身的系统性、规范性和专业性。所谓系统性，就是着眼于汽车的自身特点，由表及里地进行全面而细致的养护；所谓规范性，就是每一道工序都有标准而规范的技术要求；所谓专业性，就是严格按照工序要求采用专业工具、专业产品和专业手段进行操作。汽车美容应使用专业

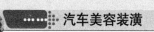

优质的养护产品，针对汽车各部位材质进行有针对性的养护、美容和翻新，使汽车经过专业美容后外观光洁如新，漆面亮光保持长久，以达到"旧车变新，新车保值，延寿增益"的效果。

1.1.2 汽车美容的审美功能

1. 能保持车体的健康、亮丽

汽车美容护理集清洁、打蜡、除尘、翻新及漆面处理为一体，可以由表及里地还给汽车生命又一度"青春"。汽车美容是车辆美的缔造者，及时清除车表尘土、酸雨、沥青等污染物，保持车表清洁，防止漆面及车身其他部件受到腐蚀和损害。汽车打蜡不但能给车身以光彩亮丽的视觉效果，而且它的防紫外线、防酸雨、抗高温及防静电功能，能给汽车以无微不至的"呵护"。汽车室内美容是在除尘、清洁的同时施以特殊的工艺，进行必要的上光保护、翻新修补、杀菌及空气净化。

2. 能为车主增添自信

汽车与人是一个密不可分的整体，爱美之心人皆有之，凡同汽车打交道者，其视点大多集中在车辆美学角度上。

汽车外形也是车主形象的映照，如同对个人的包装。人需要以整洁、得体、不同档次的服饰来表征个人的某些内在的意识、个性气质乃至生活观念和生活态度。而作为汽车的拥有者和使用者，车主与汽车朝夕相伴，无疑它早已成为车主形象表征的重要组成部分，汽车美容可协助车主塑造一个全新的自我。

3. 能增添城市道路的现代风采

随着我国国民经济的不断发展和科学技术的不断进步，以及人们生活水平的不断提高，道路上行驶的各种汽车也越来越多。五颜六色的汽车装扮着城市的各条道路，形成一道道美丽的风景线，对城市和道路环境起着美化作用，给人们以美的享受。这些成果的得来与我国汽车美容业的兴起是分不开的。如果没有汽车美容，道路上行驶的汽车车身灰尘、污垢堆积，漆面色彩单调、色泽暗淡，甚至锈迹斑斑，会形成与美丽的城市建筑极不协调的景象。因此，美化城市环境离不开汽车美容。

1.1.3 我国汽车美容装潢业现状

汽车美容装潢业是汽车产业链中的主要利润来源之一。据专家介绍，汽车制造业投入1元钱，将会带动售后服务消费24～34元，一辆中档轿车每年用在装潢美容上的费用就可达5000～6000元。另据一项调查显示，目前我国60%以上的私人高档汽车车主有给汽车做外部美容养护的习惯，30%以上的私人低档车车主也已开始形成了给汽车做美容养护的观念，50%以上的私车车主愿意在掌握基本技术的情况下自己进行汽车美容和养护，30%以上的公用高档汽车也定时为汽车进行外部美容养护。

随着汽车美容装潢业的发展，汽车美容越来越走向专业化和规范化，汽车美容企业也将会加强服务和管理。与汽车美容业刚起步时的暴利不同，现在汽车美容业的毛利率正在逐渐减少，所以每个项目的竞争会更加激烈，体现在市场份额上的优势将不再明显。汽车美容形成了一个高、中、低消费层次相互竞争、共生共存的新格局。

汽车美容装潢业在蓬勃发展的同时，也暴露出了行业内存在的许多问题，现列示如下。

1) 相关的技术标准和法律法规不健全

汽车美容装潢业作为新兴行业，由于没有明确的主管部门，而且缺乏有关的技术标准和法律规范，导致汽车美容装潢市场秩序混乱，市场上"无专业正规培训"、"无专业品牌产品"、"无专业机械设备"、"无服务质量保证"的"四无"汽车装潢美容场所普遍存在。

2) 产品质量良莠不齐

在市场品牌开始增多的过程中，出现了品牌杂乱，良莠不齐的现象，许多商家为了牟取暴利，随便推出一些品牌，取个外国名字，向消费者进行推广。由于汽车美容装潢在国内还属于新兴行业，消费者以及相当数量的经营者对此都缺乏了解，这给了很多不法商家以可乘之机。汽车美容装潢用品在市场上以国外品牌居多，其中有符合国际质量认证的优质产品，但也不乏假冒伪劣，甚至国外的垃圾产品。

3) 从业人员素质低，缺乏规范操作

从业人员素质低、缺乏规范的技术操作标准是当今汽车美容装潢服务市场的软肋之一。由于汽车后市场在中国兴起后发展速度非常快，而从业人员由于没有受过专业培训，造成了整个市场专业人才的极度匮乏，所以汽车美容技术操作规范化难以实现。很多美容养护工是在汽车修理厂的技工，只掌握了一些基本的汽车机电原理，对于美容装潢产品的使用基本上是按说明书操作，而极少研究或根本不研究其工作原理。汽车美容装潢技术的传授和更新速度极慢，只能靠老技师的传、帮、带，不能适应市场上美容装潢技术人员的需求。另外，汽车工业的新技术应用越来越广泛，如计算机系统、电子技术在逐渐升级，非专业技术人员根本无法操作。

4) 产品同质化严重

汽车美容装潢产品同质化很严重，市场中的产品相似性太强，不同企业生产的产品雷同，这样的状况决定了企业的竞争力在一定程度上被削弱。

5) 品牌力度不强

汽车美容装潢企业还没有建立起品牌意识，对品牌的塑造和保护意识不强，在受到竞争冲击时，不能借助品牌的影响力立足市场。客户对品牌的认知度、忠诚度也普遍偏低。

6) 连锁经营模式有待推广

美国商务部有关资料显示，美国 95%的连锁店在市场中可获得成功，而独立店铺 65%左右都会在 5 年内关门。在当前的市场环境下，走连锁化的品牌发展之路无疑是最佳选择：首先，连锁经营的规模化确保了服务价格和服务质量的优势。连锁网络成功地将分散、规模不大的区域市场结合起来，形成了一个巨大而稳定的用户市场。其次，管理现代化、集约化有效地兼顾了经营成本和市场需求。它利用信息系统充分调动总部、分中心和连锁店库存，科学利用仓储流动资金，有效地减少了物资储存和资金占用，降低了运营成本。最后，品牌统一化树立了整体信誉。连锁经营将各连锁店的有限资金集合起来，形成巨大的行销投资。这种投资规模是以使连锁网络的总部集中最专业的市场策划人员负责策划工作，组织多种媒体参与广告宣传和促销活动，从而快速、有效地提升整体品牌的知名度。

1.1.4 汽车美容是现代生活的朝阳产业

最新统计表明，我国私人汽车的保有量已经突破了亿万辆，汽车正在日益发展成为一种大众消费品。与此同时，人们对自己的爱车也越加呵护，"三分修、七分养"的观念落实到一种实实在在的消费行为上，汽车美容养护业已成为一个新兴的阳光产业。

另据欧美国家统计，在一个完全成熟的国际化汽车市场中，汽车的销售利润在整个汽车业的利润构成中仅占 20%，零部件供应的利润占 20%，而 50%～60%的利润是从汽车服务业中产生的。美国汽车服务业的营业额已经超越汽车整车的销售额，其中，仅一个汽车美容业的年产值就超过了 3500 亿美元。

汽车美容的迅速发展和已经存在的很成熟的连锁经营等形式，使近两年消费者的消费理念逐步成熟，2010 年下半年，国内汽车美容界有了新动向，一时间，镀膜成了汽车美容界最关注的话题，其内容包括有机硅镀膜、玻璃纤维镀膜、物理镀膜、电泳镀膜，从简单的洗车—打蜡—封釉到镀膜，国内汽车美容进入了一个不断升级的阶段。由于汽车美容养护业的巨大市场，不断吸引商家进入，从而推动了整个市场前进。国内汽车美容已经走过起步阶段，汽车美容项目出现多样化、高端化的趋势，因此有创业者推出"星级美容"的概念。汽车美容的高技术含量会使今后汽车美容业发展得更加迅速，美容项目的更新、美容技术的不断升级已经成为很重要的课题。

思考与练习

一、思考题

1. 现代汽车美容与传统的汽车养护的区别是什么？
2. 汽车美容有哪些审美功能？
3. 当前我国的汽车美容装潢业存在哪些问题？
4. 为什么说汽车美容是现代生活的"朝阳产业"？

二、练习题

判断题

(1) 汽车油漆耐酸、碱的承受力为 pH 8.0 以上。　　　　　　　　　　　　　　（　　）

(2) 专业汽车美容是指洗车—打蜡—交车。　　　　　　　　　　　　　　　　（　　）

1.2 汽车美容简介

"汽车美容"的概念在我国出现是在 1994 年，如今这个概念已被公众所普遍接受，汽车美容企业常冠名以"汽车美容中心"，如今汽车美容中心已遍布全国各地。"汽车美容"在西方国家被称为"汽车保养护理"，已成为普及性的、专业化很强的服务行业。所谓汽车美容，是指针对汽车各部位的不同材质所需的保养条件，采用不同性质的汽车美容护理产品及施工工艺，对汽车进行全新保养护理。汽车美容不仅能使汽车焕然一新，而且能让旧车全面、彻底地翻新，并长久保持亮丽。

现代的汽车美容，已不仅仅是简单的洗车、打蜡等常规美容护理，它还包括利用专业美容系列产品和高科技设备，采用特殊的工艺和方法，进行全车漆面美容、修复；底盘防护处理和发动机等系统免拆清洗等一系列养护技术，它能使车貌始终如新。

1.2.1　汽车美容的分类

1. 根据汽车的服务部位划分

根据汽车的服务部位不同可将汽车美容分为车身美容、内饰美容和漆面美容。

1) 车身美容

车身美容服务项目包括高压洗车，去除沥青、焦油等污物，上蜡增艳与镜面处理，新车开蜡，钢圈、轮胎、保险杠翻新与底盘防腐涂胶处理等。还包括车身的外部装饰，如对汽车顶盖、车窗、车身周围及车轮等部位进行装饰。

2) 内饰美容

内饰美容服务项目包括内饰美容、发动机美容及行李箱清洁等项目。其中，车饰美容包括仪表台、顶棚、地毯、脚垫、座椅、座套、车门内饰的吸尘清洁保护，以及蒸汽杀菌、冷暖风口除臭、室内空气净化等项目。发动机美容包括发动机冲洗清洁、喷涂保护剂、翻新处理及散热器、蓄电池等的清洁、检查、维护项目，还包括对汽车驾驶室和乘客室进行装饰。

3) 漆面美容

漆面处理服务项目可分为氧化膜、飞漆、酸雨处理，漆面深浅划痕处理，漆面部分板面破损处理及整车喷漆等。

2. 根据汽车的实际美容程度划分

根据汽车的实际美容程度不同可将汽车美容分为护理美容、修复美容和专业美容。

1) 护理美容

护理美容是指对汽车漆面和室内表面进行美容护理，包括对汽车外表漆面、总成表面和内室物件表面进行清洗除污，以及对汽车漆面上光、抛光、研磨，对新车开蜡等作业。增加车身表面的光亮度，起到粗浅的"美容"作用。

护理美容作业项目主要有：

(1) 新车开蜡

汽车生产厂家为防止新车在储运过程中漆膜受损，都在表面喷涂有封漆蜡，尤其是进口车。国外轿车在出口时都在汽车外表涂有保护性的封漆蜡以抵御远洋运输途中海水对漆膜的侵蚀。因为封漆蜡极厚，并且十分坚硬，所以其还可以防止大型双层托运车运输途中树枝或强力风沙刮蹭及抽打。封漆蜡主要含有复合性石蜡、硅油、PTFE 树脂等成分，能对车表面起到长达一年的保护作用。封漆蜡不同于上光蜡，该蜡没有光泽，严重影响汽车美观。另外，汽车在使用中封漆蜡易黏附灰尘，且不易清洗。因此，购车后必须将封漆蜡清除掉，同时涂上新车保护蜡。清除新车的封蜡称为"开蜡"。

(2) 汽车清洗

为使汽车保持干净、整洁的外观，应定期或不定期地对其进行清洗。汽车清洗是汽车美容的首要环节，同时也是一个重要环节。它既是一项基础性工作，也是一种经常性的护理作业。按清洗部位不同，清洗作业可分为车身外表面清洗、内室清洗和行走部分清洗。对车身漆面的清洗又可分为不脱蜡清洗和脱蜡清洗两种。不脱蜡清洗是指车身表面有蜡，但是不想把它去掉，只是洗掉灰尘、污迹。清洗方法主要是通过清水和普通清洗剂，采用人工或机械清洗。脱蜡清洗是一种除掉车漆表面原有车蜡的清洗作业。有些汽车原先打过蜡，现在需要重新打蜡上光，这种情况下，必须在洗车的同时将原车蜡除净，然后再打上新蜡。脱蜡洗车使用脱蜡清洗剂，该清洗剂可有效地去除车蜡。用脱蜡清洗剂洗完之后，再用清水将车身表面冲洗干净。汽车清洗的作用是：创造良好的车内环境，保护健康。汽车内饰中的地毯、座椅、空调风口、行李箱等处，经常接触潮湿的空气或水渍，在特定的环境中，这些地方最易滋生细菌，使内饰发生霉变，散发出臭味，不但影响室内空气环境，更会对车主的健康造成威胁。汽车内饰美容将成为健康的保护神，不仅保护汽车内饰，延长使用寿命，车室的清洁、杀菌、除臭，还可以有效地防止各种污物对车室内地毯、真皮座椅、纤维织物等的腐蚀。

(3) 漆面研磨

汽车漆面各种各样，各有各的特点，有金属漆、素色漆、珍珠漆等。漆面的颜色不同，品牌不同，所以，在处理漆面时也需要针对不同的状况来选择产品。物理研磨，硬研磨，此产品切削力大、速度快、光泽度略弱，很受施工店欢迎。漆面美容是指利用柔性工具和磨料颗粒或其他抛光介质对漆面表面进行修饰。通过专业抛光技术去除漆面微小划痕、氧化层及酸雨层等影响漆面光泽度和光滑度的工艺漆面研磨是去除漆膜表面氧化层、轻微划痕等缺陷所进行的作业。该作业虽具有修复美容的性质，但由于其所修复的缺陷非常轻微，只要配合其他护理作业，便可消除缺陷，所以把它列为护理性美容的范围。漆面研磨与后面的抛光、还原是三道连续作业的工序，研磨是漆面轻微缺陷修复的第一道工序，需使用专用研磨剂，通过研磨/抛光机进行作业。

(4) 漆面抛光

漆面抛光是紧接着研磨的第二道工序。车漆表面经研磨后会留下轻微的磨痕，漆面抛光就是去除这些痕迹所进行的护理作业。漆面抛光需使用专用抛光剂，通过研磨/抛光机进行作业。抛光可将漆面老化的漆膜研磨掉，使新的漆膜产生，恢复亮丽。抛光之后打蜡或封釉能取得更理想的效果。抛光作业包括漆面氧化翻新抛光，大多整车做；漆面划痕修复作业，大多局部进行。

(5) 漆面还原

车辆在日常使用中，无时无刻不受到污染，如紫外线、柏油、树胶、划伤、工业污染、鸟粪、酸雨等。如果车辆不及时做定期护理，就会造成漆面不同程度的侵蚀。那么车辆的车漆就很容易出现细小的蜘蛛网纹，大大影响车漆的美观，缩短车漆的寿命。漆面还原是研磨、抛光之后的第三道工序，它是通过还原剂将车漆表面还原到"新车"般的状况。还原剂也称"密封剂"，对车漆起密封作用，避免空气中的污染物直接侵蚀车漆。还原剂有两种：一种叫还原剂，另一种叫增光剂。增光剂在还原作用的基础上还有增亮的作用。

(6) 打蜡

打蜡是在车漆表面涂上一层蜡质保护层，并将蜡抛出光泽的护理作业。打蜡的目的是改善车身表面的光亮程度，增添亮丽的光彩；防腐蚀性物质的侵蚀，对车漆进行保护；消除或减小静电影响，使车身保持整洁；降低紫外线和高温对车漆的侵害，防止和减缓漆膜老化。汽车打蜡可通过人工打蜡机进行作业。作为汽车美容的传统项目，打蜡的作用首先是防水、防酸雨，由于车蜡的保护，会使车身的水滴附着量减低，效果十分明显，减少量能达到 50%～90%；其次是防高温和紫外线，由于阳光的照射，汽车常年在外行驶或存放很容易因光照而导致车漆老化褪色，而打蜡形成的薄膜可以将部分光线反射，有效避免车漆老化；再次就是车蜡可以防静电，当然同时也可以防尘。汽车在行驶中与空气摩擦产生静电，而车蜡则可以有效地隔断车身与空气、尘埃的摩擦。少了静电，车自然少了对灰尘的吸附，而且车蜡还能起到上光的作用，使汽车显得更新、更好看。

(7) 内室护理

汽车内室护理是对汽车控制台、操纵件、座椅、座套、顶棚、地毯、脚垫等部件进行的清洁、上光等美容作业，还包括对汽车内室定期进行杀菌、除臭等净化空气作业。汽车内室部件种类很多，外层面料也各不相同，在护理中应分别使用不同的专用护理用品，确保护理质量。

2) 修复美容

汽车修复美容是对车身漆膜有损伤的部位和内饰物出现破损的部位进行恢复性作业，包括对涂膜表面的病态、损伤和内室物件的破损进行修补处理等作业内容。汽车修复美容一般先进行漆膜修复，然后再进行美容。这种美容的工艺过程为砂子划痕—涂快干原子灰—研磨—涂快干底漆—涂底色漆—涂罩光漆—清除接口。汽车修复美容，应在正规的汽车美容中心进行，它需要必要的设备和工具，且必须有一定的修复美容工艺，才能满足汽车美容的基本要求。但是，这种美容并非很完善，对整车而言，只是对车身的漆膜部分进行了保养护理。修复性的美容养护作业项目有：

(1) 漆膜病态治理

漆膜病态是指漆膜质量与规定的技术指标相比所存在的缺陷。漆膜病态有上百种，按病态产生的时机不同可分为涂装中出现的病态和使用中出现的病态两大类。对于各种不同的漆膜病态，应分析原因，采取有效措施积极防治。

(2) 漆面划痕处理

漆面划痕是因刮擦、碰撞等原因造成的漆膜损伤。当漆面出现划痕时，应根据划痕的深浅，采取不同的工艺进行修复处理。

(3) 漆面斑点处理

漆面斑点是指漆面接触了柏油、飞漆、焦油、鸟粪等污物，在漆面上留下的污迹。对斑点的处理应根据斑点在漆膜中渗透的深度不同采取不同的工艺。

(4) 汽车涂层局部修补

汽车涂层局部修补是当汽车漆面出现局部失光、变色、粉化、起泡、龟裂、脱落等严重老化现象或因交通事故导致涂层局部破损时，所进行的局部修补涂装作业。汽车涂层局部修补虽作业面积较小，但要使修补漆面与原漆面的漆膜外观、光泽、颜色达到基本一致，需要操作人员具有丰富的经验和高超的技术水平。

(5) 汽车涂层整体翻修

汽车涂层整体翻修是在全车漆膜出现严重老化时所进行的全车翻新涂装作业。其作业内容主要有清除旧漆膜、金属表面除锈、底漆和腻子施工、面漆喷涂、补漆修饰及抛光上蜡等。

3) 专业美容

专业汽车美容,不仅仅包括对汽车的清洗、打蜡,更主要的是根据汽车实际需要进行维护,包括对汽车护理用品的正确选择与使用、汽车漆膜的护理(如对各类漆膜缺陷的处理、划痕的修复美容等)、汽车装饰、精品选装等内容。

免拆洗的汽车美容养护就是针对汽车零部件的内部进行的,而汽车美容的实质是对表面而言。是采用全新方式的免拆洗养护的轿车,不但可以免除频繁修理的烦恼,而且可以节省大量的维修费用和时间,可使车主用户在享受舒畅开车的同时,实现"买得起车也养得起车"的理想。

免拆洗的汽车美容养护项目包括:

① 润滑系统养护,用于发动机的润滑、抗磨、清洗和密封等。

② 燃油系统养护,用于积炭控制、清洗、防冻和除水等。

③ 传动系统养护,用于润滑、抗磨、清洁、止漏等。

④ 冷却系统养护,用于助冷、清洗、止漏等。

⑤ 空调系统养护,用于降噪、润滑、清洗和杀菌等。

此外,还包括底盘系统、转向系统、点火系统等的养护。

轿车发动机在工作状态是靠机油泵供油润滑的,而在发动机停止工作后,供油便停止。当发动机再次启动时,各摩擦部位需要经过一定时间才能恢复供油润滑,在这段时间里,发动机的各摩擦面处于一种无润滑的干摩擦状态。据统计,这种干摩擦会使发动机的寿命降低 3/5,而摩擦界面如果有了优质养护剂的保护,就会防止这种损害。高品质的养护剂能在摩擦界面形成一层坚固的润滑膜层,使轿车发动机时时处于一种良好的润滑状态,从而使发动机的磨损率降至最低,而且变得耐高温、抗腐蚀。有了这层干性润滑膜,轿车发动机的功率将提高 10%,机械温度将降低 5%~8%,使轿车尾气排放达标,从而有助于改善环境。长期使用优质的免拆洗养护用品可免去发动机、变速器等部件的大修,极大地延长了发动机的寿命。

3. 专业汽车美容包含的主要项目和内容

专业汽车美容包含整车彻底清洗;油污、飞漆、污物的清洗处理;尘粒、橘皮等漆膜缺陷的砂平处理;漆膜粗磨处理;漆膜细磨抛光处理;漆膜增艳处理;漆膜抗氧化保护处理;持久保护层处理;漆膜镜面处理;钢网、轮胎、保险杠、底盘等的保养护理;室内各部位及主要配置的保养护理;发动机系统的美容护理等。

4. 专业汽车美容后的效果

专业汽车美容后,车身漆膜应达到艳丽的新车效果,并能长久保持。应具有防静电、防酸雨、防紫外线"三防"功能;发动机的清洗翻新,可使发动机表面形成光亮的保护膜并能长久保持。发动机系统经过免拆洗后,可提高整个系统的性能,并延长使用寿命;风窗玻璃的修复抛光，使开裂发乌的玻璃变得清晰明亮、完好如初；轮毂、轮胎经美容护理后，具有艳丽的光泽，并能延长使用寿命；室内、后备箱内经美容护理后，应更显洁净、华贵；金属裸露部分经除锈、防锈处理后，应具有金属光泽，不再生锈，延长使用寿命。

5. 专业汽车美容的基本条件

专业的汽车美容不能露天操作，应有最起码的美容操作工作室，工作室应与外界隔离，设有漆膜维修处理工作室、干燥室、清洗室、美容护理室，且最好相互不干扰，但又有一定的联系。各工作室应有相应的设备、工具及能源，可供施工时用，如表 1.1 所示。所有施工人员必须是经过专业技术培训，取得上岗证书者，才可进行施工操作；汽车美容用品及有关材料必须是正规厂家生产的合格品；有完善的售后服务，售后服务是对专业美容的补充，当出现质量问题时可进行补救处理，既可保证汽车美容企业的良好服务形象，也是对消费者权益的保障。

表 1.1 现代汽车美容常用设备及用品

序号	美容项目	具体作业项目	设备及用品	选用要点
1	车表美容	汽车清洗	龙门滚刷清洗机、小型高压清洗机、麂皮、毛巾、板刷、清洗理二合一清洗剂，柏油沥青清洁剂、轮胎清洗保护剂，清洗剂、水系清洗剂、玻璃清洗剂	① 小型美容企业宜选用小型高压汽车清洗 ② 北方冬季宜选用调温式清洗机 ③ 不宜选用碱性清洗剂洗车
		汽车打蜡	打蜡机，打蜡海绵，无纺布毛巾及各种保护蜡，上光蜡，防静电蜡，镜面釉等	① 根据汽车漆面性质、特点及汽车运行环境选用车蜡 ② 镜面釉是非蜡质保护剂
2	车饰美容	车室美容	吸尘器，高温蒸汽杀菌器，喷壶护剂，真皮上光保护剂、真皮与塑料毛巾、真皮、塑料、纤维织物清洁剂上光翻新保护剂、地毯清洁剂等	① 不宜用碱性清洁剂进行车室清洁 ② 纤维织物清洁剂一般可用于地毯清洁剂等
		发动机美容	喷壶，毛巾，发动机表面活性清洗剂、机头光亮保护剂、清洁油等	不宜使用酸类清洁剂
3	漆面美容	浅划痕漆面失光处理	抛光机、不同粒度的抛光剂、还原剂、漆面增艳剂、漆面保护剂	抛光后须进行还原处理
		深划痕处理	设备与用品与喷漆施工相同	
		喷漆	喷漆间、烤漆房，空压机、喷枪、砂纸、副板、底漆、腻子、巾涂漆、面漆	① 选用喷漆、烤漆两用房 ② 修补施工宜选用快干型涂料

1.2.2 汽车美容作业项目选用

汽车美容应根据车型、车况、使用环境及使用条件等，有针对性地、合理地安排美容作业的时机及项目。

1. 因"车型"而异

由于汽车美容项目、内容及使用的用品不同，其价位也不一样。为汽车美容不仅要考

虑效果，同时也要考虑费用问题。因此，不同档次的汽车所采取的美容作业及使用的美容用品应有所不同。对于高档轿车应主要考虑美容效果，一般汽车只要进行常规的美容作业就可以了。

2. 因"车况"而异

汽车美容作业应根据汽车漆膜及其他物面状况有针对性地进行。驾驶员应经常对汽车表面进行检查，发现异变现象要及时处理。如车漆表面出现划痕，尤其是较深的划痕，若处理不及时，导致金属锈蚀，就会增大处理的难度。

3. 因"环境"而异

汽车行驶的地域和道路不同，对汽车进行美容作业的时机和项目也不同。若汽车经常在污染较重的工业区使用，应缩短汽车清洗周期，经常检查漆面有无污染和色素沉着，并采取积极预防措施；若汽车在沿海地区使用，由于当地空气潮湿，且大气中含盐分较多，一旦漆面出现划痕应立即采取治理措施，否则会很快造成内部金属锈蚀；若汽车在西北地区使用，由于当地风沙较大，漆面易失去光泽，应缩短抛光、打蜡的周期。

4. 因"季节"而异

季节、气温和气候的变化，对汽车表面及内室部件具有不同的影响。如汽车在夏季使用时，由于高温漆膜易老化；在冬季使用时，由于严寒漆膜易冻裂，应进行必要的预防护理作业。另外，冬夏两季车内经常使用空调，车窗紧闭、车内易出现异味，应定期进行杀菌和除臭作业。

1.2.3 汽车美容养护原则

1. 预防与治理相结合

汽车美容养护要以预防为主，即在汽车漆膜及其他物面出现损坏之前就要进行必要的养护作业，预防损伤的发生。一旦出现损伤应及时进行治理，恢复原来的状态。因此，汽车美容养护应坚持预防与治理相结合的原则。

2. 车主护理与专业护理相结合

汽车美容养护很多属于经常性的维护作业，如除尘、清洗、擦车、检查等，这些简单的养护作业，只要车主或驾驶员掌握了一定的汽车美容养护知识，完全可以自己完成。由于有很多美容养护项目车主无法完成，尤其是当汽车漆面或内室物面出现某些问题时必须进行专业养护，定期到专业汽车美容养护场所进行美容养护是必不可少的。因此，车主或驾驶员护理一定要与专业养护相结合，这样才能把车护理得更好。

3. 单项养护与全套养护相结合

汽车美容养护作业的项目和内容很多，在作业中应根据汽车自身状况有针对性地选择项目和内容，进行某些单项养护就能解决问题的，不必进行全套养护，这样不仅能节省费用，同时对汽车本身也是有利的。

例如，汽车漆膜的厚度是一定的，如果每次美容都进行全套养护，即每次都要研磨、抛光，漆膜厚度很快就会变薄，当磨到车漆时，就必须进行重新喷漆，这就得不偿失了。当然，在需要时对汽车进行全面养护也是必要的，关键是要根据具体情况具体对待。

4. 局部养护与全车养护相结合

汽车漆膜局部出现损伤时，只要对局部进行处理即可；只有在全车漆膜绝大部分出现损伤时，才能进行全车漆膜处理。在实际工作中应根据需要决定养护的面积。

思考与练习

一、思考题

1. 专业汽车美容包含的主要项目和内容。
2. 汽车美容作业的依据是什么？

二、练习题

1. 填空题

(1) 现代汽车美容根据汽车的服务部位可分为(　　)、(　　)、(　　)；根据汽车的实际美容程度可分为(　　)、(　　)、(　　)。

(2) 汽车修复美容一般先进行(　　)修复，然后再进行美容。这种美容的工艺过程为：沙子划痕—(　　)—研磨—(　　)—(　　)—涂罩光漆—清除接口。

(3) 专业汽车美容的基本条件：应有最起码的美容操作工作室，工作室应与外界(　　)，设有漆膜维修处理工作室、(　　)、(　　)、(　　)，且最好相互不干扰，但又有一定的联系。

2. 判断题

(1) 汽车美容养护要以预防为主。　　　　　　　　　　　　　　　　　　　　(　　)

(2) 汽车美容养护作业的项目和内容很多，在作业中应根据汽车自身状况有针对性地选择项目和内容，进行全面养护才能解决问题。　　　　　　　　　　　　(　　)

1.3 汽车装潢简介

随着人们物质生活水平的提高，个性化、独具风格的汽车装潢已成为现代人生活的时尚。在不改变汽车本身功能和结构的前提下，通过汽车外部装潢改变汽车外观，可使汽车更醒目、豪华。通过汽车内部装潢，可在车内营造温馨、舒适的空间，满足车主的个性化需求，使驾乘人员乘坐舒适，心情愉快。

所谓汽车装潢，是指通过增加一些附属物品，以提高汽车外表和内室的美观度，增加某些功能的行为。如安装车身大包围以使车身看起来更美观，加装倒车雷达来提高汽车倒车时的安全性等。

1.3.1 汽车装潢的分类

根据汽车被装潢的部位不同，汽车装潢可分为汽车外部装潢和汽车内室装潢。

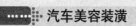

　　汽车外部装潢主要是对汽车顶盖、车窗、车身周围及车轮等部位进行装潢，其主要项目有大包围、尾翼、加装天窗、底盘封塑和加装保护杠等。

　　汽车内室装潢主要项目有贴玻璃安全膜、汽车内室顶棚装潢、内护板装潢、汽车座椅装潢、汽车隔音、汽车音响升级、汽车功能用品加装等。

1.3.2　汽车装潢主要项目

1. 车窗贴膜

　　车窗贴膜是指在汽车玻璃表面装贴一层薄薄的玻璃膜产品，如图 1.1 所示。这层膜俗称防爆膜、隔热膜或太阳膜，主要用途是对付夏季灼热的阳光，吸收紫外线且具有防爆功能。

　　防爆膜在不同的工艺下也会贴出不同的效果，因此，贴膜过程及工艺好坏对贴膜的效果也有很大的影响。

　　贴膜环境、专用设备、操作流程以及工艺技术等都能决定一次贴膜效果的好坏，因此建议车窗贴膜时最好选择一些比较正规、条件优越的服务店，这样才能保证贴膜的效果和减少上当受骗的可能性。目前，市面上常见的汽车玻璃贴膜品牌有龙膜、3M、AAA、强生、雷朋等。

　　车窗贴膜可改变车窗色调、隔热降温、防止玻璃爆裂，还可保护车内物体、保护人员的身体健康。

2. 加装天窗

　　加装天窗是为了便于车厢内通风换气，如图 1.2 所示。车厢内的空气状况直接影响到乘坐的舒适性。对于没有天窗的汽车主要是靠侧窗进行通风换气，而打开侧窗后车外的尘土、噪声便会进入车内。在冬夏季节，享受车内暖风和冷气时，窗外的寒气或热浪扑面吹来，会使人感到很不舒服，同时还破坏了空调的效果。加装大窗后能较好地克服上述不足，实现有序换气。同时汽车车窗也可以开阔视野，也能满足移动摄影摄像的拍摄需求。

图 1.1　车窗贴膜　　　　　　　图 1.2　汽车天窗

　　汽车天窗可大致分为外滑式、内藏式、内藏外翻式、全景式和窗帘式等，主要安装于商用 SUV、轿车等车型上。

3. 车身装潢

　　车身装潢是指通过增加或者替换一些附属物品，提高汽车表面的美观性、实用性、舒适性，如图 1.3 所示。所增加或者替换的附属物品，叫作装饰品或者装饰件。广义的汽车装潢还包括汽车改装、汽车美容等。

车身装潢可分为三类：一是保护类，是为保护车身安全而安装的装潢用品，如护杠、轮眉、大包围等；二是实用类，是为弥补轿车载物能力不足而安装的装潢用品，如行李架、备胎架等；三是观赏类，是为使汽车外部更加美观而安装的装潢用品，如彩条贴、金边贴等。在车身上粘贴形状、色彩各异的彩条贴膜，不仅能突出车身轮廓线，还能协调车身色彩，给人以丰富的联想和舒适的心理感受，使车身更加艳丽多彩。

4．汽车座椅装潢

目前，汽车的座椅基本上都是由汽车配件厂专门生产的。座椅的主骨架和形体，一般是按人体工程学原理，为保证乘坐舒适、安全而设计的，其基本机构为复合型，如图 1.4 所示。

图1.3　车身装潢

图1.4　汽车座椅

座椅装饰主要集中在座椅的表皮层，主要是对表皮层材料的选用、加工制作。表皮层材料主要为棉毛织物、化纤及混纺等织物和皮革等，目前，化纤、混纺织物和人造革用得最广泛，以真皮装饰最为豪华。在座椅的装饰中，还以功能的扩展、加装精品等方式提高座椅的装饰性和实用性。

5．桃木内饰

桃木内饰的特点是美观、高雅、豪华，其优美的花纹具有特殊的装潢效果。桃木饰件就是将桃木或仿桃木制品镶嵌在仪表板、中控板、变速杆头、门扶手、转向盘等部件外表面的一种装饰，它具有美观、高雅、豪华等特点，可明显地提高汽车的档次，如图 1.5 所示。

图1.5　汽车桃木内饰

最早采用桃木饰件的是半世纪前的劳斯莱斯汽车公司，当时的英国汽车内饰工艺师们以手工制作的桃木和真皮内饰件，设计出来一辆具有皇家气派的高级轿车。其后许多知名汽车生产厂家纷纷效仿，如奔驰、宝马、宾利等，都采用此内饰设计，桃木与真皮或丝绒内饰搭配色调和谐、风格统一，尽显非凡的典雅气派。

国内率先制作豪华桃木饰板，用于转向盘、排挡头等部件装饰的是一汽轿车股份有限公司，并首先在"小红旗"轿车上采用。上海通用与广州本田雅阁随后也进行试装，在1999 年的北京国际汽车展览会上展出了有豪华内饰的样车。可见，国内各大汽车厂家认定进行车内豪华装饰是提高档次与增强竞争力的必然选择。

桃木饰件的真伪辨别：桃木具有纹理优美、坚韧、不会变形等优点，成为中高档轿车内饰材料的首选。按照传统方式，桃木的加工是相当精细和烦琐的。据劳斯莱斯汽车公司的介绍，每辆汽车内的仪表板和车厢木饰，不仅颜色及纹路都完全一致，拼缝接口处也几乎看不出接缝的痕迹。再经最原始的打磨工艺，即用蜂蜡打磨 8 次，令表面光滑如镜。整个制作过程大概需要两个星期才能完成。仿桃木则是用塑料仿造桃木纹理制成的。现代的贴膜技术可把仿制品做得惟妙惟肖、以假乱真，纹路、光泽与真的木质材料极为相似。甚至行家也只能靠油漆辨别真伪，因为只有实木才需要多层油漆来防潮和防紫外线照射。当然成批生产的塑料仿制品的纹路图案可能是件件都一样，而天然的木质内饰的纹路图案却是独一无二的。现在有一些塑料制品需要喷涂专用清漆等涂层材料以抗老化，缩小了仿制品与实木饰件的质量差距。还有一种制造方法，就是在塑料基体上粘贴一层极薄的桃木镶嵌，自称为桃木装饰件，看上去与实木装饰完全一样。

6．车内饰品装饰

车内饰品种类很多，按照与车体连接形式的不同可分为吊饰、摆饰和贴饰 3 种。

1）吊饰

吊饰是将饰品通过绳、链等连接件悬挂在车内顶部的一种装饰。

2）摆饰

摆饰是将饰品摆放在汽车仪表台上的一种装饰。

3）贴饰

贴饰是将图案和标语制在贴膜上，然后粘贴在车内的装饰，如图 1.6 所示。

7．香品装饰

车用香品对净化车内空气、清除异味、杀灭细菌、搞好车内空气卫生具有重要作用，如图 1.7 所示。现今市面上的车用香品种类繁多，按形态不同可分为气态、液态和固态；按使用方式不同可分为喷雾式、泼洒式和自然散发式等。气态车用香品主要由香精、溶剂和喷射剂组成。液态车用香品由香精与挥发性溶剂混合而成，盛放在各种造型美观的容器中，这种香品在汽车室内应用最广。同类车用香品主要是香精与一些材料混合，然后加压成型。

图 1.6　车内饰品

图 1.7　香品装饰

8. 汽车隔音

汽车隔音就是利用各种减震、隔音、吸音、密封材料在汽车各部位粘贴，将车厢内的噪声消除到最低限度。汽车隔音不仅带来车内安静、舒适的驾乘环境，更能较大地优化车内的视听环境。许多车主对隔音的概念并不清楚，而且大家对隔音效果的理解也是千奇百怪。比如，有的车主以为做了隔音后，站在车外就听不见发动机打火的声音了，这就是一种认识上的误区。隔音效果强调的是在驾驶室环境下感受不到噪声，而不是说做完隔音就没有噪声了。换句话说，做隔音处理后，站在车外照样会听到发动机传来的噪声，只是在驾驶室中听不到而已。隔音是屏蔽掉在驾驶室中感受到的各种汽车噪声，而不是消除。系统的隔音工程需要通过减震、降噪、密封三个步骤来完成。首先分别对 4 个车门、后备箱、车地板、引擎仓及车顶进行降振处理；其次再进行全车的吸音处理；最后进行密封处理。对于专业的隔音工程来讲，其各施工部位是有主次之分的，对于一辆车来讲，车门、后备箱是最主要的，因为绝大部分的噪声是通过车的悬挂系统、底盘、后备箱、车门而传入车内的，所以最起码要做车门和后备箱的隔音处理。其次是车地板和引擎仓；最后是车顶。也就是说，只单单做个挡火墙是达不到好的隔音效果的。

9. 汽车音响升级

在以车代步、乘坐舒适等需求得到满足之后，人们开始进一步追求坐在车内听广播、欣赏音乐、看电视等的乐趣。因此，汽车装潢项目中便增加了汽车音响系统升级，安装或改装视听设备，以求达到更佳的视听效果，如图 1.8 所示。

10. 汽车防盗装置

汽车防盗设备主要有三种类型：即使发动机已经发动也能锁定方向盘使之不能转动的机械装置(如止动杆)、传统的电子报警器、跟踪系统。

图1.8 汽车音响升级

止动杆防盗设备目前只能防止偷车兜风的青少年，而无法防专业盗车贼。电子报警器包括扩音警报器、点火断路开关、玻璃撞击声和其他声音传感器、移动传感器和遥控装置。一种利用电脑帮助探查失车下落的新式汽车防盗系统在美国纽约市正式推出。这种名为"老杰克"的汽车防盗系统，关键部件是一种香烟盒大小的发射机应答器，车主可能把它藏在车上任何一个隐蔽处。一旦汽车被偷走，车主报警，警方的电脑探查器发出无线电信号，被偷汽车上的应答器就会有反应，发出求救信号，警方巡逻车专用设备追踪这些信号，就不难把失车找到。统计数字显示，装有"老杰克"应答器的失车，寻获率高达98%。美国已在使用的另一追踪系统是"密码报警信号截收系统"，它可以跟踪位于蜂窝电话网覆盖的任何地方的汽车。该系统内装有一台蜂窝电话，当截收系统察觉到有人闯入或盗窃时，电话就会自动拨通监听台，每隔两秒钟报告汽车所处的经纬度。这样，失窃的汽车就随时处于警察的监视之下。这一系统需要警方安装相应的设备，以接受这一系统从失窃的汽车上不断发出的信号。还有一项将遥控技术用于汽车防盗的技术正处于试用阶段。车上安装有接收装置，车主携带发射遥控装置，一旦发现汽车被盗，就可通过卫星遥控发射装置，远距离将汽车发动机关掉，使汽车无法开动。

11．车载导航仪

汽车导航仪是近年兴起的一种汽车驾驶辅助设备，驾车者只要将自己此行目的地的信息输入汽车导航仪，导航仪就会根据电子地图自动计算出最合适的行驶路线，并在车辆行驶过程中(如转弯前)提醒驾驶员按照计算的路线行驶，如图 1.9 所示。

图 1.9　车载导航仪

车用导航系统主要由导航主机和导航显示终端两部分构成。内置的 GPS 天线会接收到来自环绕地球的 24 颗 GPS 卫星中的至少 3 颗所传递的数据信息，由此测定汽车当前所处的位置。导航主机通过 GPS 卫星信号确定的位置坐标与电子地图数据相匹配，便可确定汽车在电子地图中的准确位置。

在此基础上，将会实现行车导航、路线推荐、信息查询、播放 AV/TV 等多种功能。驾驶者只需通过观看显示器上的画面、收听语音提示，操纵手中的遥控器便可实现上述功能，从而轻松自如地驾车。

汽车 GPS 导航系统由两部分组成：一部分由安装在汽车上的 GPS 接收机和显示设备组成；另一部分由计算机控制中心组成，两部分通过定位卫星进行联系。

计算机控制中心是由机动车管理部门授权和组建的，它负责随时观察辖区内指定监控的汽车的动态和交通情况。因此，整个汽车导航系统起码有两大功能：一个是汽车踪迹监控功能，只要将已编码的 GPS 接收装置安装在汽车上，该汽车行驶到任何地方都可以通过计算机控制中心的电子地图指示出它的所在方位；另一个是驾驶指南功能，车主可以将各个地区的交通线路电子图存储在软盘上，只要在车上的接收装置中插入软盘，显示屏上就会立即显示出该车所在地区的位置及所处的交通状态，既可输入要去的目的地，预先编制出最佳行驶路线，也可接收计算机控制中心的指令，选择汽车行驶的路线和方向。

12．倒车雷达

倒车雷达全称为"倒车防撞雷达"，也叫"泊车辅助装置"，是汽车泊车或者倒车时的安全辅助装置，由超声波传感器(俗称探头)、控制器和显示器(或蜂鸣器)等组成。能以声音或者更为直观地显示告知驾驶员周围障碍物的情况，解除了驾驶员泊车、倒车和启动车辆时前后左右探视所引起的困扰，并帮助驾驶员扫除了视野死角和视线模糊的缺陷，提高了驾驶的安全性。

倒车雷达是根据蝙蝠在黑夜里高速飞行而不会与任何障碍物相撞的原理设计开发的。探头装在后保险杠上，根据不同价格和品牌，探头有 2、3、4、6、8、10、12 只不等，主要安装于前后保险杠上。探头能够以最大水平 120°垂直 70°范围辐射，上下左右搜寻目标。它最大的好处是能探测到那些低于保险杠而司机从后窗很难看见的障碍物并报警，如花坛、路肩、蹲在车后玩耍的小孩等。

倒车雷达的显示器装在后视镜上，它不停地提醒司机车距后面物体还有多远距离，到危险距离时，蜂鸣器就开始鸣叫，以鸣叫的间断/连续急促程度，提醒司机对障碍物的靠近，及时停车。挡位杆挂入倒挡时，倒车雷达自动开始工作，测距范围达 0.2～1.8m，故在停车时，对司机很实用。

倒车雷达就相当于超声波探头，从整体上来说超声波探头可以分为两大类：一类是用电气方式产生超声波，另一类是用机械方式产生超声波。目前较为常用的是压电式超声波发生器，它有两个压电晶片和一个共振板，当两极外加脉冲信号，它的频率等于压电晶片的固有震荡频率时，压电晶片将会发生共振，并带动共振板振动，将机械能转换为电信号，这就是超声波探头的工作原理。为了更好地研究和利用超声波，人们已经设计和制造出很多超声波发声器，超声波探头被运用在汽车的倒车雷达上。这种原理应用一种非接触检测技术，用于测距计算简单、方便迅速，易于做到实时控制，距离准确度达到工业实用的要求。倒车雷达用于测距时，超声波发射器向某一方向发射超声波，在发射时刻的同时开始计时，超声波在空气中传播，途中碰到障碍物就立即返回来，倒车雷达收到反射波就立即停止计时，根据倒车雷达接到超声波时的时间差就可以知道距离了。

思考与练习

一、思考题

1. 汽车装潢的概念？
2. 汽车装潢中包括哪些常见项目？

二、练习题

1. 填空题

(1) 根据汽车被装潢的部位分类，可分为(　　　)和(　　　)。

(2) 汽车外部装潢主要是对汽车顶盖、(　　　)、(　　　)及车轮等部位进行装潢，其主要项目有大包围、(　　　)、(　　　)、底盘封塑和(　　　)等。

2. 判断题

(1) 汽车隔音就是利用各种减震、隔音、吸音、密封材料在汽车各部位的粘贴，将车厢内的噪声降到最低限度。　　　　　　　　　　　　　　　　　　　　　　(　　　)

(2) 汽车座椅装潢主要是加装高级面料座椅套或更换为真皮座椅套。　　　(　　　)

1.4　汽车美容市场分析

随着我国汽车保有量的快速增加，以及汽车美容与装饰、改装等汽车消费观念的逐渐普及，汽车美容业正日益显露出其巨大的市场空间，成为 21 世纪最具潜力的黄金行业之一，被称为汽车工业的"第二桶金"。

据统计，在欧美的一些发达国家，汽车的销售利润仅占整个汽车利润的 20%左右，零部件供应的利润占 20%，而近 60%的利润来自汽车服务业。从中国国情来看，目前车主养车费已达到或者超过汽车本身的价值。以一台 15 万元左右的中档轿车为例，在中等城市每月的养车费用为 1000 元左右，按照 15 年报废期计算，其养车费用将达到 18 万元。这就意味着将有一笔巨大的费用流入从事汽车服务业的商家。

汽车美容装饰业具有巨大的市场发展空间和诱人的市场前景。然而，与发达国家相比，我国汽车服务体系的发展程度还很有限，主要表现为规模偏小、管理不到位、经营项目单一、配套设施和专业技术人才缺乏等。而在发达国家和地区，汽车服务体系已相当成熟，主要体现在较大规模的连锁品牌、完善的销售服务网络、庞大的消费信贷等方面。例如，随着有车人士特别是拥有私人轿车的成功人士的消费观念的更新，那些档次低、规模小的"路边店"已经不再受到青睐，在市场上难以立足。相反，那些档次较高、规模较大、经营项目比较丰富的汽车美容店越来越受欢迎。汽车美容装潢业将向以下几个方向发展。

1. 高端汽车美容项目日益受到青睐

洗车、打蜡在很长一段时间几乎就是中国汽车美容的代名词，然而这种状况近几年正随着人们养车意识的转变而悄然发生变化。特别是 2008 年，国内不少地方都出现了价格不菲、质量可靠的高端汽车美容项目，得到越来越多车主的认可。经过了前几年的概念炒作，一些商家真正的产品、技术及服务等方面的优势开始沉淀下来，并且引领了一股新的时尚潮流。

尽管近几年我国的汽车保有量持续增长，但毕竟购买一辆汽车对于目前绝大多数消费者来讲都是一种奢侈的消费行为，然而对爱车进行高效的美容养护是任何一个车主都有的惯性心理，因为车的面子就是车主的面子。但在前几年，汽车美容市场兴起之初，鱼龙混杂的各类产品、各类服务让消费者有点雾里看花，再加上消费者被不法商家蒙骗的报道不时爆出，因此，这个市场还没有完全成熟起来之前，就已经让很多消费者丧失了信心。综观 2008 年，应该说是重塑信心的一年，消费者在这一过程中变得更加理智、更加具有判断力。

2. 日常初级汽车护理 DIY 趋势渐显

在国外，很多汽车美容养护项目都是车主通过 DIY 来完成，这一点在我们的邻国日本就有很好的体现，其车主都有相当程度的汽车养护常识和技术，日常的一些简单护理完全可以轻松搞定，并且"自己动手，其乐无穷"的风气盛行。而在国内市场，虽然很早就有各类 DIY 汽车养护产品的引进，但由于受到传统消费者观念的影响，自己动手的 DIY 方式一直不被大家所接受。2008 年随着一系列大事的发生，这一状况得到了明显的改善。受到全世界瞩目的奥运会在我国成功举办，不但引来了全球关注的目光，同时也带来了大批绿色奥运专供产品，其中奥运用车的一些 DIY 产品成为后市场商家重点关注的对象。同时借此机会，广大终端车主的消费意识也开始发生变化，自己动手的习惯在逐步养成。另外一件大事便是目前金融危机的阴影尚未散去，在经济环境不利的大背景下，越来越多的消费者开始捂紧自己的钱袋子，但车还是要用的，既然不去外面消费，就只能自己在家力所能及地做，因此也可以说 DIY 的风行是借了金融危机的"机"。

3. 行业洗牌加剧市场格局初定

业内人士都知道，一些汽车用品类的杂志就是我国汽车用品市场的行情表，每年都有大批的新品牌、新产品通过它而被广大经销商所熟知。当然，每年也会有一批老面孔淡出市场，离开人们的视线，这一点从杂志厚薄程度的变化就能清晰地看出。2005 年和 2006 年是汽车美容养护市场最疯狂的概念炒作时期，品牌之多、从业人士之杂之乱可以说是前所未见。然而市场的发展毕竟还是有其自身的规律的，经过 2008 年的沉淀、整合，优胜劣汰，2008 年的汽车美容养护市场已经相对规范，剩下的品牌数量可能还不及当初最疯狂时的 1/3，但能剩下的都已凭借自己的实力在市场上站稳了脚跟。在市场格局日渐稳定的同时，越来越多的商家开始把注意力放在了客户服务方面，使得整个行业的服务水准较往年有了明显提升。尤其是汽车美容项目，与其说是卖产品还不如说是卖服务，因此售前、售中及售后环节的服务竞争将会在今后一段时期内持续加剧。

思考与练习

一、思考题

简单分析汽车美容市场现状。

二、练习题

1．填空题

现今美容市场主要表现出以下三个特点：（   ）、（   ）和（   ）。

2．判断题

(1) 随着我国汽车保有量的快速增加，以及汽车美容与装饰、改装等汽车消费观念的逐渐普及，汽车美容业正日益显露出其巨大的市场空间，成为 21 世纪最有潜力的黄金行业之一，被称为汽车工业的"第二桶金"。   （   ）

(2) 规模可以慢慢变大，但档次一定要一步到位，办法就是加入知名汽车服务品牌的连锁经营。虽然需要一定的加盟费用，但与回报值相比还是值得的。   （   ）

第 2 章

汽 车 清 洗

【本章概述】

本章主要介绍汽车清洗的作用及发展、汽车清洗时所需的用品和设备、汽车清洗的方法等内容。

第一节讲述汽车清洗的作用、国内外的发展情况，同时分析汽车清洗的分类及注意事项。

第二节讲述汽车清洗常见的清洗用品和必要的设备。

第三节讲述汽车外部清洗的原则、清洗的方法，同时分析不同部位的外部清洗，提出几种新型的洗车方法。

第四节讲述汽车内室清洗及汽车零件的清洗。

【学习目标】

知识目标：

了解汽车清洗的作用及其在国内外的发展情况；

掌握汽车清洗常见的清洗用品和设备的作用及使用方法；

掌握汽车外部、内部清洗的方法；

了解几种新型的洗车方法。

能力目标：

认识汽车清洗时常见的清洗用品和设备；

能够进行汽车的内部、外部清洗操作。

2.1 汽车清洗简介

随着我国经济的快速发展，人民生活水平得到了显著提高，汽车已经成为人们生活中的一种必要的交通工具。

汽车作为人们日常生活中的交通工具，汽车车身油漆由于长期暴露于空气中，风吹日晒，无论严冬还是酷暑，车身都长期处于恶劣的环境之中。车身表面容易老化、氧化，产生裂纹，受静电侵蚀，会慢慢失去光泽，变得越来越脆弱。

此外，汽车在行驶时车身容易粘上灰尘、泥土、焦油及沥青等污物，尤其是在下雨天，汽车底盘部位很容易粘上泥水，如不及时清洁护理，容易形成锈渍，影响汽车的行驶性能。所以，汽车需要定期进行车身美容。汽车美容的首要任务是对汽车进行清洗，汽车清洗的质量直接决定了汽车美容的效果。

汽车清洗就是采用专用设备和清洗剂，对汽车车身及其附属部件进行清洁处理，使之保持或再现原有风采的最基本的美容工序。

1. 汽车清洗的作用

1) 保持汽车外观整洁

汽车在行驶中经常置身于飞扬的尘土中，雨雪天气，有时还要在泥泞的道路上行驶，车身外表难免会被泥土玷污，影响汽车外观整洁，为使汽车外观保持清洁亮丽，必须经常对汽车进行清洗。

2) 清除大气污染的侵害

一般来说，汽车清洗不仅可以保持汽车外观整洁，其主要目的在于保养，也就是说，洗车工作是汽车保养的最基本工作。

现代汽车所使用的烤漆型面漆，可以为车身提供光亮度极高的保护面。但大气中存在多种会对车身表面产生危害的污染物，尤其是酸雨的危害性最大，它附着于车身表面会在漆面形成有色斑点，如不及时清洗就会造成漆层老化。紫外线透过车身上的酸雨水珠，产生聚焦聚光点的穿进能力极强，如果不及时进行护理，就会在车漆表层产生很难处理的印痕，而有害物质的不断沉积、腐蚀、渗透，使车漆褪色、失去光泽，形成氧化层。

轻微的酸雨造成的斑点可以用专用去酸雨材料清除，对于严重的酸雨造成的斑点需使用专业的设备和清洗剂才能彻底清除。因此，车主应定期将汽车送到专业汽车美容店进行清洗。

3) 清除车身表面顽渍

车身表面黏附树汁、鸟粪、虫尸、焦油、沥青等顽渍，如不及时清除就会腐蚀漆层，给护理增加难度。为此，车主要经常检查车身表面，一旦发现具有腐蚀性的顽渍应尽快清除，如已腐蚀漆层必须到专业汽车美容店进行处理。

通常情况下，车身表面主要受到以下几方面的侵害：

(1) 紫外线对汽车漆面侵害。阳光中含有强烈的紫外线，汽车油漆经过长期的阳光照射，漆层内部的油分会大量损失，漆面日益变得干燥，出现失光、异色斑点，甚至龟裂。

(2) 有害气体对漆面的侵害。汽车高速行驶时，车体与空气摩擦使车身表面形成一层强烈的静电，静电吸附的灰尘、有害气体分子附着物逐渐加厚，时间久了就会形成一层顽固的交通膜，持续损伤漆面。交通膜的产生，使得原来很光亮的车身变得暗淡，将严重影响以后上蜡的质量。

(3) 雨水对漆面的侵害。由于工业污染，使雨水中二氧化硫、二氧化碳、盐分及其他有害物质的含量越来越多而形成酸雨，造成对漆面的持续侵害。在热带、沿海等地区，潮湿空气中盐分含量很高，气体也会对车身产生持续的侵蚀。

(4) 其他因素对车漆的损害。汽车在运行过程中也会受到外界的伤害，如车被硬物划伤等。

2. 国内洗车业发展历程

我国洗车业的发展史，其发展成长过程大致可分为 6 个阶段。

1) 原始阶段

20 世纪 80 年代以前，中国的洗车业是在车主对自有车辆清洗的基础上发展起来的。当时就靠仅有的简单的洗车工具如水桶、毛巾、自来水管等，对车辆进行简单的外表清洗，营业场所大多为路边的临时建筑或露天作业，开展对社会车辆的清洗服务。

该阶段的基本特征是设施简陋，人员素质低，服务场所和人员均流动性较大，服务项目单一，基本未纳入政府监管范围。

2) 成长阶段

20 世纪 90 年代初，汽车业中使用了基本的清洗工具及材料，如高压水枪、蓄水池、洗衣粉等，有了相对固定的营业场所和从业人员，作为服务点基本纳入了工商税务部门的管理范围。

该阶段的基本特征是服务项目单一，无相关的技术要求和标准。但随着汽车工业的快速发展，洗车业逐渐成为一项社会服务业，洗车业市场也逐渐地壮大起来。

3) 垄断阶段

1991—1993 年，各地政府部门为创建卫生城市，提升城市综合形象而采取了一项强制措施：在城市要道口修建大型洗车场，要求拥有成套的专用设备，如清洗机、高泡机或大型自动洗车机进行流水作业，并普遍使用洗车液，使用专业的工作人员，但服务项目仍停留在对外表的清洗。

该阶段的洗车业仍是计划经济的产物，投入高、规模大，靠行政命令推行，是违背市场经济规律的。

4) 发展阶段

1993—1996 年，我国开始接受国外汽车美容护理的基本理念，由简单的外观清洗进入到车内的美容护理，购入了成套的专业汽车清洗设备，如高泡机、吸尘器、洗衣机、脚垫烤干机等，使用专业的洗车液。同时，从业人员也具备了一定的专业汽车护理知识和技能，并且在护理的时候，能够根据汽车的实际情况进行汽车内饰的护理，从业者在数量和质量上都有了较大的发展。

该阶段的基本特征是汽车美容业同行之间开始进行价格、服务质量的竞争，知道用优质服务去吸引顾客。

5) 专业阶段

1996—2003 年，汽车清洗可以对车辆进行全面防锈、护理、养护等作业，很多美容店开始研究顾客潜在的需求。汽车清洗按照统一的施工流程进行，从业人员有较高的专业素质，很多技术人员经过了专业学校的培训。

该阶段的基本特征是汽车美容企业内部有较科学的管理，同行之间的竞争由硬性竞争发展为软性竞争，他们全力为顾客提供优质服务，并能根据实际情况引导顾客消费，但这种配套的、专业的汽车美容服务店在中国只占很小的比例。

6) 现代化阶段

自从 2003 年以后，我国发展品牌化和规模化的汽车美容服务网络，表现为"绿色、环保、以人为本的个性化服务"。汽车清洗采用科学养护方式，使用绿色环保设备、绿色环保护理用品进行专业的施工。

3．现代美容洗车与传统洗车的区别

传统意义上的洗车和汽车美容中的专业洗车是两个完全不同的概念，在某种程度上，也有一些不同之处。

1) 目的不同

传统洗车主要是去除汽车表面的泥土、灰尘等，仅仅是洗去了汽车表面的浮落物，而对于黏附在车漆上的具有较强氧化性的沥青、树胶、鸟(虫)粪便和嵌入车漆深处的铁粉等是无法去除的。

美容洗车则是在传统洗车的基础上，内涵扩大到漆面清除氧化物和车漆保养的范畴，不仅洗去了汽车表面的浮尘，还利用专业技术将黏附在汽车表面的有害物质统统除去，就连嵌入车漆深处的铁粉等有害物质也能彻底除去。因此，美容洗车正逐步取代传统洗车。

2) 材料及工具不同

传统洗车是用洗衣粉、肥皂水、洗洁精等碱性洗涤剂洗车。肥皂水和洗衣粉虽能分解油垢，但它们会破坏蜡分子的存在，使漆膜氧化失去光泽，加速密封胶条的老化，使油漆脱落，金属被腐蚀甚至穿洞等，因此不能用碱性洗车液洗车。

美容洗车用专业洗车液洗车，这种洗车液呈中性，选用非离子表面活性剂制成，能使污渍的分子分解浮起而很容易被洗掉，而且其化学成分不会破坏车身表面蜡分子的存在，反而有保护作用。

另外，高压水枪在美容洗车中的应用，不但提高了清洗作业的质量，还极大地保护了漆面，同时也提高了清洗作业的效率。

3) 施工技术不同

传统洗车大多由非专业人员完成，主要靠人力完成冲洗、清洁到擦干的整道工序，因此无法从技术上、程序上保证洗车的效果。

美容洗车的员工都经过严格正规的训练，他们能熟练地借助于现代化的设备和高性能的清洗用品进行洗车作业，降低了人力消耗，改善了作业条件，提高了劳动生产率。

4) 对环境影响不同

传统洗车作业场所一般不规范，即随时随地就可进行，甚至是"一人、一桶、一抹布"即可完成洗车过程。这样的洗车不但影响了城市形象，清洗的泥沙及废水造成环境污染，而且传统洗车用水量大，会造成水资源的浪费。

专业的美容洗车作业场所固定，配套设施完备，采用循环再生水利用技术，将洗车水经过多次沉淀、过滤、消毒和软化处理后反复利用，不仅节约了宝贵的水资源，最大限度地减少了环境污染，而且还降低了作业成本，保证了洗车的效果。另外，"美容洗车"在清洗剂的选用上力求杜绝对环境的危害。

4．汽车清洗的种类

在专业的汽车美容店，汽车清洗根据洗车的不同情况可以分为以下几类。

1) 脱蜡清洗

脱蜡清洗是一种除掉漆膜表面原有车蜡的清洗作业。有些汽车原先打过蜡，现在需要重新打蜡上光，这种情况下在洗车时必须将原来的蜡除净，然后再打上新蜡。脱蜡洗车使用脱蜡清洗剂，该清洗剂可有效去除车蜡。用脱蜡清洗剂洗完之后，再用清水将车身表面冲洗干净。

2) 不脱蜡清洗

不脱蜡清洗是指车表面有蜡，但是不想把它去掉，只是洗掉灰尘、污迹。清洗方法主要是采用清水和不脱蜡清洗剂，用人工或机械清洗。不脱蜡清洗是最常见的一种汽车清洗方法，即我们所说的日常清洗。

3) 开蜡清洗

在出厂时，新车的表面一般会涂有一层油脂保护蜡。这种蜡的成分与日常的车蜡是不同的，因此车主在购买新车后，应到专业美容店用新车开蜡剂去除新车蜡，然后对漆膜做深层清洁保护，此道工序称为"漆膜还原"；再用高泡柔性洗车液清洗上光；最后用不含抛光剂的、柔和的新车专用蜡将清洁的漆膜表层密封，使漆膜底色充分展露。

4) 顽渍清洗

对附着在车身漆膜上的鸟粪、沥青、焦油等难以清除的顽渍，尤其是此类顽渍附着在车身几天后已对漆膜产生腐蚀，采用一般清洗剂很难清除，就必须用专门的清洗剂进行清洗。

5．汽车清洗时机的选择

车辆清洗不仅是为了使汽车光洁如新，更是为了对汽车进行保养，而车辆清洗是车身涂面保养的基础。但汽车清洗的周期和时机没有固定的模式，主要根据汽车所在地区的气候状况、行驶的路况、工业污染的程度及车身表面污垢的情况来确定。

1) 根据气候条件判断

(1) 连续晴天，且车身不太脏时，可用湿毛巾或湿布轻轻擦拭前后风窗玻璃及车窗与两旁的后视镜，用鸡毛掸子掸去车身上的灰尘。一般先清洁车顶，再清洁前后挡风玻璃、左右车窗、车门，最后清洁发动机盖及行李箱盖。这种天气条件下一般一周做一次全车清洗即可。

(2) 连续雨天时，可用清水先对全车进行喷洒清洗，除去车上的污物。因为还会再下雨，接下来只要再用湿毛巾或湿布擦拭全车所有的玻璃即可。等到天气放晴之后，再对全车进行一次全面清洗。

(3) 时晴时雨的天气条件下，对汽车的清洗要求频繁，应尽量在雨停之后，就对汽车进行一般的清洗，保持车身表面清洁干净。否则，残留的水珠会对车身漆面产生腐蚀，容易留下水印痕迹，影响车容。遇到此种气候，就得常常清洗车身。

2) 根据行驶的路况来判断

(1) 当车辆行驶在工地或行经工地时，工地沙尘、污泥等将侵蚀车身，特别是工地的沥青、水泥浆等的侵蚀，更需及时彻底清洗，以免附着时间久了伤及涂面。如果车子被溅，应立即使用大量清水清洗，以免附着久了伤及烤漆。

(2) 当车辆行驶在海岸有露水或有雾的地区时，海岸的露水或盐雾易对车身产生腐蚀且较严重；热带高温潮湿，也易使车身表面受到侵蚀，均需及时对汽车进行清洗护理。若不用清水彻底清洗一番，则易使车身钣金因盐分而遭受严重腐蚀。

(3) 当车辆行驶在山区有露水或有雾的地区时，只要在停车后，使用湿毛巾或湿布擦拭即可。

6. 车身清洗注意事项

尽管汽车清洗作业简单易操作，但必须按规范进行，以最大限度地提高工作效率。在洗车作业中应注意以下几点：

(1) 洗车时最好使用软水，尽量避免使用含矿物质较多的硬水。用硬水清洗车身，会在车身干燥后留下一圈圈水印儿或薄膜。洗车时还要使用活水 (即流动的水)，不要用水桶中的水反复清洗，这样会造成灰尘清洗不净，擦伤车身漆面。

(2) 应使用专用洗车液，严禁使用肥皂或洗洁精，因为这类用品碱性强，会导致漆面失光，在局部产生色差，使密封橡胶老化，还会加速局部漆面脱落部位的金属腐蚀。

(3) 高压冲洗时，水压不宜太高，一般不高于 7MPa，喷嘴与车身保持 15cm 以上的间距，以避免高速水柱对漆面特别是修补过的漆面的冲刷。先使用分散雾状水流浸润全车，之后再利用集中水流冲洗。用可调压的清洗机冲洗底盘时，水压可高一些，以便能够冲掉底盘上附着的污泥和其他污物；清洗车身时，可将水压调低一些，如果清洗车身的水压和水流过大，污物颗粒会划伤漆层。另外，在清洗车门周边时，要控制水的喷出量，以免水滴渗入门内使其生锈。

(4) 清洗汽车油漆表面时，不要使用刷子、粗布，以免刮伤油漆面膜留下痕迹。用清洗剂擦车时应使用软毛巾，最好使用海绵并随时将海绵在清水中洗涤，以免其中裹的硬质颗粒划伤漆面。用海绵擦洗车身时动作要轻，且要小范围地擦洗。洗车时首先要将灰尘冲掉，不可一边冲水一边用海绵擦洗，因为若粗沙粒及灰尘尚未被冲除，容易造成细小的刮痕。

(5) 洗车各工序都应遵循由上到下的原则，即由车顶到前后盖板、车身侧面、灯具、保险杠、车裙、车轮等。后视镜座上也会积聚很多污垢，清洗时可以将后视镜折起后，用海绵擦拭掉。有隐藏式前照灯的车子，要将前照灯打开后再洗。车门把手也要拉起来擦掉里面的污垢，因为这些污垢在遇水流下来时会形成黑色条状的脏污。在叶子板(也叫翼子板)下方的轮弧内会形成明显的白色脏污，也要用海绵或是有柄的刷子将其刷去。

(6) 不要在阳光直射下洗车。阳光直射条件下车身表面水分蒸发快，车身上的水滴干燥后会留下斑点，影响清洗效果。若发动机罩还有余热，应待发动机冷却后再进行清洗，防止温差太大伤及漆层。

(7) 不要在严寒中洗车，以防水滴在车身上冻结，造成漆层破裂。北方严寒季节洗车应在室内进行，车辆进入工位后，停留 5～10min 再冲洗。

(8) 用洗车液洗车后，一定要冲洗干净，否则，残留的洗车液会渗入烤漆表面，形成污点。更严重的是灰尘等附着在车上，与水结合酸化后会使附着部位生锈。因此车身与边框间隙、铁板与铁板的接合处、后视镜与车门的填封处等洗车液会渗入的地方，都要仔细冲洗。积在汽车零件接缝中的洗车液，应用高压水枪对着接缝喷洗将其冲出去。

(9) 洗完车后需用带有较长绒毛的毛巾擦干，长的绒毛能吸住脏物，使其不擦伤漆面。擦干时，应遵循由上到下的原则，但不要太用力。同样，擦干水滴时，也不要一次一大片，要像海绵一样将水吸干。车身的缝隙之间、标识缝隙间的水滴可用纸插入吸干。车身、行李箱、发动机盖等能打开的部分都要打开擦洗，门边踏板、加油口周边也不要遗漏，若不仔细擦拭，时间长了会形成顽固的水垢，难以去除。留在边条与边条之间的水滴，可以通过摇动车身或近距离来回急驶除掉。

(10) 发现车身附着有灰尘或杂质时，应及时清除，以免沾污漆面。烤漆上的凸起物只靠洗是无法去除的，可用瓷土消除。只要将瓷土在湿的烤漆表面滑动就可以了，异物将会被粘入瓷土中。需注意的是，瓷土要先用喷雾器喷足水分之后再使用，水分不足的话，反而会影响烤漆表面。

思考与练习

一、思考题

1. 现代美容洗车与传统洗车的区别？
2. 汽车清洗的时机应如何选择？

二、练习题

1. 填空题

(1) 汽车清洗的作用主要有(　　)、(　　)、(　　)。

(2) 在专业的汽车美容店，汽车清洗根据洗车不同情况可以分为(　　)、(　　)、(　　)、(　　)4 类。

2. 判断题

(1) 洗车时最好使用硬水。　　　　　　　　　　　　　　　　　　　(　　)

(2) 高压冲洗时，水压不宜太高，一般不高于 7MPa，喷嘴与车身保持 15cm 以上的间距，以避免用高速水柱对漆面特别是修补过的漆面的冲刷。　　　　(　　)

(3) 可以使用洗洁精洗车。　　　　　　　　　　　　　　　　　　　(　　)

2.2 汽车清洗用品和设备

2.2.1 汽车外部清洗用品及设备

1. 汽车外部清洗用品

由于汽车表面各部位的材料质地、形状不同，在清洗汽车时应选用合适的用品。常用的洗车用品有水源、海绵、毛巾、浴巾、麂皮、板刷等，特种清洗还需要除锈剂和除油剂。下面介绍一下普通洗车用品。

1) 水源

洗车作业用水要求清洁无污染，严禁使用未经过滤或受污染的水源，以免影响洗车效果，甚至对车身表面产生损伤或腐蚀。通常情况下，我们使用的自来水就符合洗车用水标准。

2) 海绵

海绵在洗车作业中用于擦拭车身，由于它具有柔软、弹性好、吸水性强和较好的藏土能力等特点，有利于保护漆面及提高作业效率。海绵可分为粗海绵和软海绵。软海绵通常用于清洗汽车车身，其有利于保护车漆和提高作业效率。而粗海绵通常用于去除较强的污垢或清洗轮胎时使用。洗车作业中使用的海绵应具有一定的韧性、抗拉强度和耐磨性。

使用海绵对汽车车身进行清洗时，要注意以下两点：

(1) 不要将软海绵和粗海绵共用一个装洗设备(如桶)。因为清洗过轮胎的粗海绵泡入装洗设备，易把轮胎上的石粒等带到装洗设备内，而我们这时把软海绵泡在装洗设备中，就会把石粒等带上来清洗，易划伤车漆面。

(2) 不要将软海绵和粗海绵互相使用，要做区分。最好是用不同的装洗设备装软海绵和粗海绵。同时，用软海绵清洗车身时，特别注意软海绵每清洗车身一块地方，就要放回装洗设备中泡洗一下，将软海绵表面的颗粒去除，再继续清洗下一块车身。

3) 毛巾和浴巾

毛巾和浴巾是洗车的易耗品，主要用于擦拭车身。为保证清洗效果，在擦拭过程中毛巾和浴巾不应有细小纤维的脱落，普通毛巾和浴巾难以满足要求时，应选用无纺布制品。

毛巾根据擦拭的地方不同，可分为大毛巾、小毛巾、干毛巾等。大毛巾主要用于车身表面的手工清洗或擦拭；小毛巾主要用于擦拭车身凹槽、门边和内饰等部件的污垢；干毛巾用来第二次擦拭车身的水渍，防止车漆产生水斑。另外需注意的一点是，在选择毛巾时，建议选择纯毛且不掉毛的毛巾。

4) 麂皮

麂皮在洗车作业中使用广泛，主要用于擦干车身表面，如图 2.1 所示。若洗完车后水分还不干，使用干毛巾擦拭易损伤漆膜。如用麂皮擦拭，则能迅速吸干水分。因为麂皮质地柔软，有利于漆面的保护，更具有良好的吸水能力，尤其是对车身表面及玻璃水膜的清除效果极佳。在洗车作业中宜先用毛巾或浴巾将车身表面擦干后，再用麂皮进一步擦干，以延长麂皮的使用寿命。

5) 板刷

板刷主要用于轮胎、挡泥板等处附着泥土污垢的清除，如图 2.2 所示。由于上述部位泥土附着较厚，不易冲洗干净，所以要在洗车时有针对性地进行刷洗。板刷选用鬃毛刷最好，鬃毛板刷不但具有较好的韧性和耐磨性，还可以减轻刷洗作业对橡胶、塑料件产生的磨损。但不提倡使用塑料纤维板刷。

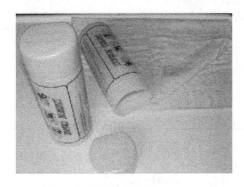

图 2.1　麂皮

图 2.2　板刷

6) 常用的汽车清洗剂

传统洗车的清洗原料一般是洗衣粉、洗洁精，这些清洗剂能够达到清洁车身表面的目的，但同时也会把车身表面的蜡层清洗掉。而且这些清洗剂一般呈碱性，对车身漆面及金属具有强烈的腐蚀性，会导致漆面失光、生锈等现象发生。

汽车美容护理意义上的洗车，一般来说，除了清洗汽车以外，还有美容护理作用，下面介绍几种汽车清洗剂。

(1) 二合一清洗剂

二合一清洗剂又称二合一香波，是一种高级表面清洗剂。它将清洁、护理合二为一，既有清洗功能，又有上蜡功能，可以满足快速清洗兼打蜡的要求。

二合一清洗剂主要由多种表面活性剂配制而成，上蜡成分是一种具有独特配方的水蜡，它可以在清洗作业中，在漆面形成一层蜡膜，增加车身鲜艳程度，有效保护车漆。

(2) 有机清洗剂

有机清洗剂主要用来去除车身表面的油脂、润滑油、污垢、石蜡、硅酮抛光剂、橡胶加工助剂以及手印等。在使用有机清洗剂时，应尽量避免接触到塑料、橡胶部件，以免引起老化。目前，经常使用的有机清洗剂有煤油、汽油、甲苯、二甲苯、三氯乙烯、四氯化碳及 200 号溶剂汽油。

(3) 水系清洗剂

目前在国内外汽车专业美容行业中广泛采用水系清洗剂，这种汽车专用清洗剂不同于除油脱脂剂，其配方中基本不含碱性盐类。水系清洗剂一般由多种表面活性剂配制而成，具有很强的浸润和分散能力，能够有效地去除车身表面的尘埃、油污，保护车身不受各类有害物质的侵蚀，保持漆面的原有光泽。

汽车外部清洗主要是指进行车身表面清洗和专业的外部局部清洗工作，表 2.1 介绍了几种车身表面清洗常用的洗车液，表 2.2 介绍了几种常用的专用清洗剂。

表 2.1　汽车外清洗常用的洗车液

产品名称	产品特性	使用方法	备　注
不脱蜡洗车液(浓缩型)	属于超柔和型，不会把原有的车蜡洗掉，能有效地清洗车表泥土及污垢。清洗液中含有天然巴西棕蜡成分，用毛巾轻轻擦干后，给人以打蜡的感觉。该成品不易燃，对环境无污染	按 1:100 的比例溶于水后进行洗车作业，可在几分钟内让车焕然一新	
上光洗车液(浓缩型)	集水蜡与清洗功能于一体，既洗车又打蜡。该品不易燃，对环境无污染	先将车冲净，上光洗车液按 1:100 的比例溶于水后擦涂于车身表面，然后直接用毛巾擦干后再用无纺布轻轻抛光	
脱蜡洗车液	去油垢功能较强，不含蜡，不含任何增光剂。该品为柔和型溶剂，不易燃，pH 为 8.0	按 1:100 的比例溶于水后擦洗车身，若车很脏，可按 1:50 的比例稀释	主要用于专业美容护理的车或者要正规打蜡的车。专业人员通常不但要将车身的油垢洗掉，还要把以前的蜡也洗掉
泡沫上光洗车剂	采用喷灌泡沫式包装，有浓厚的橙香味，使用方便		成本比较高，不主张专业人员使用。建议给客户作为车辆美容护理后的个人车辆养护品使用。注意：此品含有少量溶解性清洁剂，喷到车上后不宜久留，应立即用水冲洗。另外，由于是压力灌装，属于易燃易爆品，应在阴凉处存放
天然洗车液	该用品以柠檬、芦荟油为主要原料，具有优良的抗氧化、防酸作用	按 1:100 的比例溶于水，搅匀，用软毛巾或海绵擦洗车身，然后用无纺布或柔软的毛巾轻轻将车抛光即可	

表 2.2　常用的专用清洗剂

产品名称	产品特性	使用方法	适用范围	注意事项
发动机外部清洗剂	(1)能除去较重油污。(2)呈碱性，含有缓冲剂成分。(3)能快速乳化分解去除油污且不腐蚀机体及其上的部件。(4)水溶性好，可完全生物降解，容易用水清洗，不留残留物	(1)将清洁剂用水稀释后喷洒在部件外表及油污处。(2)用适量水冲洗。(3)用软布擦净	主要适用于发动机外表及底盘等零部件	此清洗剂呈碱性，必须用水稀释后使用

续表

产品名称	产品特性	使用方法	适用范围	注意事项
车内仪表板清洗剂	保持车内人造皮革及真皮的光泽，使灰尘无法沾污。有柠檬香味，不含硅力康，不会破坏漆面，又称为合成橡胶塑胶亮光剂	喷涂在物体表面，并以软布轻拭	主要适用于车门胶物质、真皮制品，如皮衣、皮包、仪表板、车内其他合成橡胶和塑料等	易燃物，不可喷涂在驾驶方向盘、座椅支撑处
发动机清洗剂	能除去油脂污垢、废油及无用的酸性合成物	(1)将发动机停止。(2)喷涂在发动机及其周围的部分，使其完全渗透，2min后再用自来水注入清洗。(3)等全部干燥后，喷涂发动机漆面保护剂清洗	适用于发动机外部	
重油清洗剂	(1)此剂是一种强力、可乳化的溶剂型重油清洗剂。(2)能有效去除汽车发动机零部件、底盘和设备上的重油污。(3)此剂所含的特别成分能使污垢卷缩成胶束，胶束颗粒以快速分离的形式很容易用水冲洗干净，不会产生二次污染。(4)此剂可吸收6倍于其容积的油污，故可重复使用，对车体各部位无腐蚀作用	将本剂喷涂于油污处，然后将所形成的胶束用水冲掉，再用干布擦干	主要用于汽车发动机零部件、底盘和设备	
轮毂清洗剂	(1)能有效去除轮毂上的油渍、氧化色斑，并清洁上光。(2)本剂呈弱酸性，但对轮毂及轮胎无腐蚀作用	(1)把清洁剂喷涂在汽车轮毂上。(2)用软布擦拭。	所有汽车轮毂	

2．汽车外部清洗设备

1) 高压水枪

高压水枪可以对汽车进行快速冲洗，特别是能够冲洗掉车身底盘的污泥等附着物。高压水枪的外形结构如图 2.3 所示，其压力和流量的大小可以通过前端的调节螺母调节。

2) 空气压缩机

空气压缩机是利用汽缸内活塞的上下运动，将吸入汽缸内的空气压缩，存入储气罐内，从而使空气的压力增加，提供给喷枪、泡沫清洗机、废油抽吸机等设备足够的高压气体。

空气压缩机主要由压缩机、储气罐和电动机等部件组成，其外形结构如图 2.4 所示。使用方法如下：

(1) 先插好电源，开启启动开关，空气压缩机便会自动正常运转。

(2) 当储气罐内的空气压力达到一定标准，压缩机就会自动停止运转，压力减少后又会自动启动。

注意： 使用空气压缩机时，特别注意不要让水把电动机打湿，且要随时检查缸内机油的存量，避免压缩机因缺油润滑造成拉缸。

图 2.3　高压水枪

图 2.4　空气压缩机

3) 泡沫清洗机

泡沫清洗机是利用压缩空气在设备内部产生一定的压力，通过设备配置的系统，将设备内调配好的清洗液以泡沫状喷射到需要清洗的汽车或物件上，该设备采用气动控制，压力稳定，具有流量大、操作简单、使用方便等优点。泡沫清洗机的外形结构如图 2.5 所示。其使用方法如下：

(1) 打开泡沫清洗机加水阀及排气阀，加入 70kg 的水，然后按比例加入清洗剂，比例一般为 1:100。

(2) 关闭阀门，然后用快速接头接上空气压缩机，再将工作气压调到 245kPa。

图 2.5　泡沫清洗机

注意： 压力开关顺时针为增加压力，逆时针为减小压力。

(3) 以上工作准备好后，开动空气压缩机，待压力升至 245kPa 时打开喷枪阀开关，即可喷射出泡沫。喷射时，喷射距离为 5～7m，喷射距离可通过改变压力大小来调节。

在使用泡沫清洗机时，须注意以下事项：

(1) 打开加水阀和排气阀，按水柱标高加入一定量的清水，然后再按比例加入清洁剂。

(2) 将加水阀和排气阀关闭，然后用快速接头接上空气压缩机，再将工作气压调至 0.2～0.4 MPa(压力开关顺时针旋转为调大压力，逆时针旋转为调小压力)。

(3) 使用完毕要及时将内部液体排掉，以免生锈。

4) 冷水高压清洗机

冷水高压清洗机主要由电动机、水泵、水管、喷枪和电源线等组成，如图 2.6 所示。冷水高压清洗机的工作原理是，通过电动机带动水泵中的叶轮旋转，将水泵出水口，经水管、喷枪、喷头射向汽车车身表面。同时，可根据视察车身污垢的轻重，调节喷枪的尾部来调节出水流的形状和水压的大小。其使用方法如下：

图 2.6　冷水高压清洗机

(1) 对清洗机进行检查，使设备处于正常状态。

(2) 将高压水枪、水泵、水管连接好。

(3) 把水泵进水管放到水中。

(4) 接通电源。

(5) 开动高压水枪的扳机，高压水便可从水枪中喷出，水枪喷出的水柱与车身表面应保持 45° 角，即可对汽车进行有效清洗。

(6) 根据被清洗的情况需要，通过枪头前的螺母调节，控制高压水喷出的压力和水的流量。

清洗机安装在轻便的小车上，一般采用柱塞式水泵获取高压水流。水源通常是自来水，当采用其他水源如水池、水塘中的水时，需要经过清洁过滤处理。

5) 热水高压清洗机

热水高压清洗机是一种小型的轻便的清洗设备，操作灵活，使用效果好，一般在北方寒冷的冬季使用。它与冷水高压清洗机结构相似，但增加了一套加热装置。高压水流的压力和流量可根据清洗要求进行调节，热水的温度也是可调的。采用热水高压清洗机进行洗车具有去污快、效率高、成本低、易控制、环保等优点，同时热水冲洗还有利于去除油污、泥土，同时不会对涂膜造成损伤，清洗质量高。

热水高压清洗机的使用方法如下：

(1) 对清洗的汽车进行表面检查，并对清洗机进行检查，使设备处于正常状态，准备好有关工具和材料。

(2) 接通水源、电源，启动清洗加热装置，使喷枪能正常喷出 70～80℃的热水用于清洗。

(3) 将高压喷枪的压力控制在 10 MPa 左右(一般不高于 7 MPa，对于底盘可调到 10 MPa 左右)，用 75℃左右的热水，将车身外表由上至下冲洗一遍。

(4) 用高压热水对车顶、前后风窗玻璃、车门等依次进行清洗。

(5) 用半湿毛巾将热水冲洗后的车身按顺序擦拭一遍。

(6) 用柔软的干毛巾擦拭车身。

6) 隧道式洗车机

隧道式洗车机是采用自动控制对汽车整车外表面进行清洗。其由汽车自动输送线、滚刷及刷子、滚子百叶窗板、喷水清洗系统、排水系统及控制装置等组成。当汽车驶上自动输送线，则输送线将汽车送入清洗通道。操作人员根据车型、污垢分布及用户对清洗的要求，通过控制高速清洗系统的清洗方式、水流速度、压力、方向、水流形状等对汽车进行清洗。清洗后还可以根据需要对汽车做局部重点清洗、车身清洁处理、上柔软剂、打蜡上光等工作。隧道式洗车机的外形如图 2.7 所示。隧道式洗车机的洗车过程是全自动的，只要将待清洗的车按洗车要求停放在输送机的停车位置上，然后启动洗车机进入洗车规定程序，全过程约需 30s 即可将车洗完，实现快速、亮丽、安全和无刮痕的洗车要求。

隧道式洗车机的主要系统如图 2.8 所示。下面分别介绍主要系统的功能：

图 2.7　隧道式洗车机

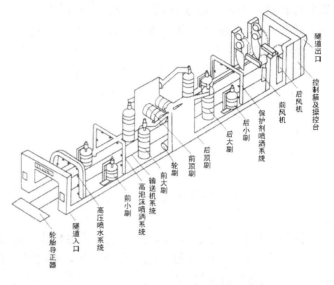

图 2.8　隧道式洗车机的结构示意图

(1) 输送机系统将待清洗的汽车送入隧道时，轮胎的导正系统可使汽车停在输送机的停车轨道上，输送机系统就起到可使清洗的汽车通过隧道完成清洗的运输功能。

(2) 高压喷水系统通过强力电动机和水泵产生高压水流，对汽车表面进行冲洗。可除去车身上的微小沙粒和灰尘，以便安全地进行刷洗。

(3) 前小刷可对汽车的下部外表进行刷洗，除去部分污垢。因为汽车下部污垢一般较中部和上部严重，所以此部位要多洗刷几遍。

(4) 高泡沫喷洒系统利用该系统向车身喷洒高泡沫洗车液，以增强清洗除污能力。

(5) 滚刷系统由一对前大侧刷、一个顶刷、一个后顶刷、一对轮刷和一对后小刷组成。大侧刷可依车型的斜度自动倾斜，轻柔而平稳地包裹车身，以达到良好的清洗效果。刷洗车身前后的刷毛采用交叉式刷洗方法，洗车时无死角，清洗效果好。横卧式洗刷能将车身下方的严重污垢彻底清除。

(6) 亮光蜡喷洒系统是在滚刷刷洗之后，用亮光蜡喷洒系统对车身进行清洗后的护理，使车身涂膜更加鲜艳亮丽。

(7) 强力吹风系统由前风机和后风机组成，用清洁的高压空气将车身吹干。

(8) 擦干系统由特殊的绒毛布条组成，可将风干后残留的水痕彻底擦拭干净。

(9) 控制操作系统由控制箱和操作控制台组成。可实现洗车快速、亮丽、安全、无刮痕，整个操作真正体现人性化，由计算机自动感测车型，一次启动完成洗车全过程。

7) 龙门往复式洗车机

龙门往复式洗车机连续洗车作业的速度稍逊于隧道式，单车洗车速度跟隧道式差不多。在洗车质量方面，龙门式洗车机和隧道式洗车机是一样的，并且龙门式洗车机洗车的消耗要远低于隧道式洗车机。龙门往复式洗车机的外形如图 2.9 所示。龙门往复式洗车机整机流线型设计，耗水量少，主要用于对轿车及各种小型面包车的外表进行清洗、上蜡、风干操作。

龙门往复式洗车机具有以下特点：

(1) 智能控制清洗、风干、打蜡、多模式组合操作。

(2) 进口部件，性能优越，可靠性高。

(3) 强力风干，快捷彻底。

(4) 超柔毛刷，保护车身漆面，不易划伤。

(5) 防水设计，可安装于室内、室外，寿命长久。

(6) 可选配污水处理系统，适应城市环保要求。

(7) 具有车轮、底盘清洗功能。

8) 无接触全自动电脑洗车机

无接触全自动电脑洗车机是建立在"无接触洗车技术"之上，通过先进的光电设备自动检测被清洗车辆的车型，从而自动调节喷液杆与车身的距离，实现对被清洗车辆的精确冲洗，包括对车子底盘和轮胎等部位的清洗，如图 2.10 所示。它的优点是在整个清洗过程中只有中性水和活性物与车体接触，无任何其他有形的东西(如海绵、毛刷或其他洗涤媒介)与车身接触，从而根本上避免了洗车对车身表面造成的细小划痕，并能更持久地保持汽车美容后的效果。

图 2.9　龙门往复式洗车机

图 2.10　无接触全自动电脑洗车机

9) 便携式汽车清洗器

便携式汽车清洗器外形结构如图 2.11 所示，其具有以下特点：

(1) 用水量少，节约用水。

(2) 操作简便快捷，加长杆设计，可以对车顶、风挡等不易清洗的部位进行清洗。

(3) 猪鬃毛刷设计，减少划痕伤害。

(4) 可放置在后备箱中，携带方便。

(5) 可以随时清洗，不受时间和地点的限制。

图 2.11　便携式汽车清洗器

便携式汽车清洗器的使用方法为：

(1) 取适量的水装入水桶。

(2) 将开关置于 OFF 位置。

(3) 启动发动机，将点烟器插入电源插孔并确认有电，然后将洗车器的电源插头插入电源插孔。

(4) 将电源引出线引出车外后关闭车门。

(5) 将洗车器水泵放入水中，用夹钩固定住。

(6) 打开洗车器手柄上的开关，从车顶刷起，出水口朝下。

(7) 刷洗车的侧面时，出水口应与车身表面呈 45°角。刷洗顺序为车顶、前机盖、后箱盖、侧面。

(8) 使用清洗剂时，将清洗剂放入洗车器头部的清洗剂容器中，盖上橡胶塞，打开清洗剂开关，清洗剂会从刷子下面流出，之后用清水刷洗。如果清洗剂浓度高不易流出，应先用水稀释。

(9) 用水冲刷完毕后，可用除水器清除积水。然后将洗车器装入水桶，将电源插头固定在插头卡口处并置于桶外。

10) 污水回收池

污水回收池主要由污水分离、污水处理回收和排污装置等组成。该设备专门用于对汽车清洗、维修、美容所产生的污水进行回收处理，具有节约用水、保护环境和防止水污染的功能。

在清洗汽车时，污水从回水沟通过粗滤铁篓过滤后进入预沉淀池，外形大于铁篓缝隙的杂物被挡住。污水通过预沉淀池时，大颗粒的污泥被沉淀下来，密度相对较小的油污等漂浮在预沉淀池的水面上，当需处理的水到达沉淀池斜板区时，就得到了充分沉淀，澄清后的水被集水管收集进入清水池。

2.2.2　汽车内部清洗用品及设备

1. 汽车内室清洗用品

根据汽车内室各部件材料的不同，汽车内室清洗剂主要有以下几种。

1) 丝绒清洁保护剂

此类产品主要用于对毛绒、丝绒、棉绒等织物进行清洁和保护，具有泡沫丰富、去污力强、洗后留有硅酮保护膜、恢复绒织物原状、防止脏物浸入等特点和功能。

使用时，先将产品在瓶内轻轻摇晃均匀，然后喷在需要清洁的表面，再用清洁的干布将泡沫擦净，污渍明显处应反复喷涂擦拭。

2) 化纤清洗剂

此类产品在多功能清洗剂的基础上特别增加了清洗内室化纤制品的功能，对车用地毯、沙发套等化纤制品上的油污和时间不太长的果汁、血迹等有很好的清洗效果，而且不会损害化纤制品。

使用时，先将清洗剂倒入桶中，用高压喷枪按所需比例注水，然后用毛巾沾水中的泡沫去清洗脏处，再用干净布擦净即可。

3) 塑胶清洁上光剂

此类产品主要用于塑料及橡胶制品的清洁与护理，在清除污垢的同时能在塑胶制品表面形成一层保护膜，具有一定的翻新效果。

4) 真皮清洁增光剂

此类产品主要用于皮革制品的清洁与护理，在清除污垢的同时能在皮革表面形成一层保护膜，起到抗老化、防水、防静电作用，能延长皮革制品的使用寿命。

5) 多功能内室光亮剂

此类清洗剂不仅可对化纤、皮革、塑料等不同材料的内室物品进行清洗，而且可起到上光、保护、杀菌等作用。使用也很方便，只要一喷一抹，即可使物品光洁如新，且有防止内室部件老化、龟裂及褪色之功效。

2．汽车内清洗专用清洗剂

常用的专用清洗剂见表2.3。

表2.3　常用的专用清洗剂

产品名称	产品特性	使用方法	适用范围	注意事项
制动清洗剂	(1)能迅速清除污垢。 (2)避免产生碾轧的噪声。 (3)不含有毒物质，不会造成环境污染	(1)将清洗剂喷涂在不洁净的零件表面，让其滴尽。 (2)待其滴尽后用干布擦净	(1)鼓式及盘式制动器、制动片、制动组件、离合器压板、风扇带、受压力的组件。 (2)其他离合器零件	此类清洗剂为易燃物，注意不要放在易燃处
重油清洗剂	(1)此类清洗剂是一种强力、可乳化的溶剂型重油清洗剂。 (2)能有效去除汽车发动机零部件、底盘和设备上的重油污。 (3)此类清洗剂所含的特别成分能使污垢卷缩成胶束，胶束颗粒以快速分离的形式很容易被水冲洗干净，不会产生二次污染。 (4)此类清洗剂可吸收6倍于其容积的油污，故可重复使用，对车体各部位无腐蚀作用	将本剂喷涂于油污处，然后将所形成的胶束用水冲掉，再用干布擦干	主要用于汽车发动机零部件、底盘和设备的清洗	
气门及化油器清洗剂	(1)能除去积存在化油器、气门、气门座的积炭及污垢。 (2)使发动机进气顺畅，避免功率消耗。 (3)恢复汽缸原有的压缩比。 (4)减少一氧化碳的产生	(1)加油前，添加本清洁剂。 (2)添加比例为1%	所有汽车发动机及化油器式内燃机	(1)此类清洗剂为易燃物，但不含 CHC、铅、镉、多氯联苯、酒精及其他有害化合物。 (2)不会造成环境污染

续表

产品名称	产品特性	使用方法	适用范围	注意事项
水箱除锈清洗剂	(1)除去污垢、锈渍、泥沙的沉积,达到除锈、清洁的效果。 (2)一罐 250mL 除锈清洗剂可稀释 12L 水	(1)使用前,排净水箱内的水。 (2)同时注入水及此剂。 (3)使发动机在不踩油门的情况下,发动 20min。 (4)排除水箱内的水及此剂。 (5)将水箱注入清水,同时添加水箱恒温防漏剂	汽车冷却系统	

3. 汽车内部清洗设备

1) 蒸汽清洗机

蒸汽清洗机用于清除汽车驾驶室及车厢内的各种污渍,如图 2.12 所示。可对丝绒、化纤、塑料、皮革等不同材料进行清洗,还可以去除车身外部塑料件表面的蜡迹。其不仅具有较强的去污能力,而且还具有杀菌消毒的作用,特别是对有异味的污垢具有很强的清洗作用,能使皮革恢复弹性、丝绒化纤还原至原有光泽,是汽车内室美容的首选设备。

2) 吸尘器

由于汽车空间小,结构复杂,且如果长期人口稠密,易造成室内污染,不及时进行清理,将严重影响驾驶员的身体健康。吸尘器(如图 2.13 所示)主要吸取车内较大的废物、纸屑、泥土,因此要求功率大一些,吸力强一些,以达到清除异物和尘土的作用。

图 2.12 汽车蒸汽洗车　　　　　　　　图 2.13 吸尘器

常见的吸尘器主要有便携型、家用型和专业型三种。

(1) 工作原理

吸尘器是利用电动机的高速转动,带动风叶旋转,使吸尘器内部产生局部真空,形成空气吸力,将灰尘、脏物吸入,并经过吸尘器内部的过滤装置将过滤过的清洁空气排出去,最终达到吸尘的目的。

(2) 日常维护

① 使用后，应将吸尘器及其附件用湿布擦拭干净，然后晾干收好；

② 清灰后的集尘袋可用微温水洗涤干净并晒干；

③ 吸尘器的刷子上黏附的毛发、线头要及时清除干净，刷子磨损偏大时要及时更换新品；

④ 紧固件如有松动，要立即旋好拧紧；

⑤ 电机和电刷如出现故障，要及时维修。

3) 脱水机

脱水机以地毯清洗和脱水为主，但其他需清洗物品，如座套、车垫等，在清洗后也可用它做脱水处理。

脱水机主要由滚筒、外罩、支座、传动系统和控制板等构成，如图 2.14 所示。滚筒的两端由轴固定在支座上，可由传动系统带动转动。滚筒的圆周面上有排列整齐的排水小孔。放地毯时，可打开滚筒盖门，放好后关闭好盖门，再放好外罩，才能启动脱水机工作。外罩由上、下两部分组成，下部固定在支座上，上部是活动的，用铰链连接固定在下部外罩上。盖好外罩后，成为密闭的整体。具体使用方法如下：

图 2.14　脱水机

(1) 打开滚筒盖门，将洗过的湿地毯放进滚筒里。

(2) 关闭盖门，放下外罩，启动脱水机工作。

(3) 滚筒转动，使地毯脱水，脱出的水经排水管排到下水道或回水池中。

(4) 透过透明塑料软管制作的排水管，观察地毯中的水是否脱尽。

(5) 脱水完成后，按动操作控制板上的停止转动按钮即可停机。

(6) 停机后，先打开外罩，再打开滚筒盖门取出地毯，然后关上滚筒盖门，盖上外罩。至此，便完成了地毯在脱水机中的脱水任务。

4) 吹干机

吹干机主要由加热器、吹风机、送风管和吹风口等部件组成，如图 2.15 所示。

图 2.15　吹干机

吹干机实际上就是一种吹风机，有加热装置时可以吹出热风，提高干燥效率；若没有加热装置，吹出的是冷风。

思考与练习

一、思考题

1. 泡沫清洗机的使用方法及需注意的事项？

2. 冷水高压清洗机的使用方法？

二、练习题

1. 填空题

(1) 常见的吸尘器主要有(　　)、(　　)和专业型三种。

(2) 汽车内室清洗剂主要有(　　)、(　　)、(　　)、(　　)、(　　)五种。

2. 选择题

(1) 用于清除车身静电的"汽车专用清洁香波"的 pH 为(　　)，属于中性清洁剂。

    A. 5.0 　　　　　B. 6.0 　　　　　C. 7.0 　　　　　D. 8.0

(2) 打开泡沫清洗机加水阀及排气阀，加入一定量的水，然后按(　　)的比例加入清洗剂，比例一般为 1:100。

    A. 1:100 　　　　B. 1:120 　　　　C. 1:140 　　　　D. 1:150

2.3　汽车外部清洗

一般来讲，外部清洗不仅可以使汽车光彩亮丽、焕然一新，更主要的在于保养汽车漆面，延长汽车漆面的寿命。现代汽车所使用的烤漆型面漆，可以为车身提供有光亮度的保护面。但是，漆质再硬、漆膜再厚，长时间处于风化、酸雨、高温、强光、树汁、鸟粪、虫尸的特殊环境下，若不能及时护理，也会给漆面造成诸多不良影响。因此，需要定期对汽车外部进行清洗，使漆面得到最基本的保护，减少外界有害物质的侵蚀。

2.3.1　汽车清洗的工艺条件和原则

1. 汽车清洗的工艺条件

在对汽车外部进行清洗时，有以下几个须注意的地方，现列示如下。

1) 清洗剂的浓度

一般情况下，清洗剂溶液浓度增加，去垢效率也会增加。但浓度过大时，去垢效率并非但不再增加，还会对漆层有破坏作用，对有色金属也有不利影响。清洗剂溶液对漆层的影响可用清洗剂的 pH 来确定。当溶液的碱性增大即溶液的 pH 增大时，其去垢能力增加，但对漆层有不利影响；中性溶液对漆层无害，但又缺乏足够的去垢能力。实践证明，采用 pH 为 7.5～8 的弱碱性清洗剂，既能保证去垢效果，又能使漆层不受影响。

2) 清洗剂的温度

清洗溶液温度越高，去垢效力越明显，但温度过高时却会造成汽车表面漆层发软。对于日常保养的汽车冲洗时，清洗剂接触汽车表面的温度在 30～40℃较合适。清洗剂溶液加温的温度可依据管路的长短及当时的大气温度而定，一般冬季加温的温度要高一些，夏季要低一些。在用清洗剂清洗汽车之前，先用温水冲洗一下要清洗表面，不仅会增强清洗效果，而且会减少清洗剂用量。

3) 冲洗压力

一般冲洗车身的压力在 3～5MPa 较为适合。个别情况(如污垢多、清洗表面形状复杂等)下压力可达 7MPa。冲洗汽车底盘可将压力增大至 10～25MPa，因为底盘形状复杂，油污多，压力过低不易将污垢冲掉。

4) 气温对清洗质量的影响

冬季清洗汽车，会使水结冰而引起漆膜开裂。在这种情况下，可将水加热后再进行冲洗，汽车最后冲洗完毕应立即用抹布擦干。另外，天气炎热的时候在阳光下洗车，由于水分蒸发会使车身遗留下干燥的水珠污迹，所以最好不要在这种情况下洗车。

5) 清洗剂对污垢作用时间

车身表面的冲洗时间一般只要 3～5s，底盘冲洗要 5～10s，个别地方如一些形状复杂的深孔、拐角，冲洗时间可延长至 10s 以上。对外表面的冲洗，时间不宜过长，因为长时间冲洗会造成局部漆层发软，且易在汽车表面形成一层难以冲洗的薄膜痕迹。冲洗中应保持各处冲洗的时间一致，并应以一定的方向和按一定的顺序进行。

2．汽车清洗的原则

专业汽车美容护理不仅不会对接受服务的汽车造成任何伤害，还会对原有的损伤部分起到一定程度的修复和美化作用。因此，在清洗车辆时，必须遵循以下几个原则。

1) 取轻避重

取轻避重是指在清洗车辆时，能用柔和型的产品就不用强力型的，能用稀释的就不用浓缩的。在使用专用设备进行实际作业时，能用低速的就不用高速的，能用小劲就不要用大力，只要能把工作做好，"轻"的永远比"重"的来得保险。

2) 取稳避难

取稳避难是指在操作中，有些部位一时洗不干净还可重新再洗一遍，可一旦做坏了就可能会给顾客和自身都带来损失，谨慎操作才是避免事故发生的诀窍。

3) 取专业避零售

由于目前汽车美容用品市场还不太规范，汽车美容用品的质量无法得到保障。在购置汽车美容装饰用品时，应尽可能到一些规模较大的专业商店去采购。

4) 取精细避粗糙

专业汽车美容是一项非常精细的工作。在清洗时，特别注意不能遗漏一些边角之处。有时，一块小小的污渍就有可能破坏整车的形象。因此，汽车美容人员要注意细节，做到精益求精。

2.3.2　汽车手工清洗

汽车手工清洗是利用一些简单的设备，具有一定压力的水、专用清洗剂擦洗车辆，对车辆表面的灰尘及污垢进行清除，这种方法操作简单、成本低。在车辆清洗过程中，从业人员应严格遵循每一项具体的步骤进行规范化操作。

人工洗车步骤主要包括冲淋、擦洗、冲洗、擦车和吹干等几个步骤。冲洗车辆应遵循自上而下、先首后尾，顺时针清洗的操作程序。这样，一方面可使污物由上往下流出，另一方面可减少某些部位没有清洗的情况发生。洗车时一般由两人配合进行，这样不但速度快而且清洗的质量高。

手工清洗工艺流程如下。

1) 清洗前的检查

清洗人员需要针对不同性质的附着物，采取不同的去污办法。在冲淋去污前，要首先

判断车体附着物的性质，如昆虫的尸体、树胶汁、泥沙、铁粉、水泥、装修胶及沥青等。

在洗车前还要明确汽车是否有脱蜡现象，脱蜡清洗与不脱蜡清洗是两种完全不同的清洗方法。不脱蜡洗车是在洗车时只做日常的洗车养护，并不伤及原涂面上的车蜡，这种情况下应使用不脱蜡洗车液。而脱蜡洗车是车辆在清洗后还要在涂面上再打一层保护性上光蜡。此时，就应使用脱蜡洗车液，以便在清洗车上油泥、污渍的同时，将原有的残蜡也一起洗掉。因此，当需要对汽车进行打蜡时，可洒一些水在发动机罩上，看看水是否能薄薄地覆盖在涂面上，如果发现有水眼，则表明这块地方存在油或蜡。在这种情况下打新蜡效果不会好，必须先用功效较强、具有脱蜡功能的洗车液进行清洗，在清洗时应用水管边冲水边擦洗。

2) 冲淋

冲淋的主要功能是初步去除汽车表面的浮灰，浸湿一些浮于车身涂面的污渍，并使膨胀后的污渍从车身表面浮起、脱离涂面，从而达到去污目的。

在冲洗车辆时，可先在机盖顶上试枪，自上而下一处一处进行冲洗。在整个过程中，应始终由一个方向向另一边的斜下方进行冲洗，要尽量避免正向或反向冲洗，以免将泥沙冲回已经冲洗干净的部位。

冲洗时应采用雾状水流和扇形喷嘴，此时水流覆盖面积大，除污效率高，适用于去除一般的污渍。柱状水流和强力圆形喷嘴，虽然水流冲击力强，可以除去汽车车身上的干涸泥土，但容易对涂面造成损伤。此时，水枪的清洗压力应控制在 0.2～0.4MPa；冲洗汽车下部的轮胎、底盘等处时，压力可大些；而冲洗涂面、玻璃等处时压力应小些。由于一般高压水枪调压不太方便，故可通过调节喷枪与目的物之间的距离来控制水压。高压水冲洗只能洗掉车表的灰尘及泥沙，对油污及其他污渍的去除效果不明显。

冲洗车时不可忽视的部位是车身的下部及底部，因为大量的泥沙和污物一般都聚集在这些部位，稍不注意就会遗留下泥沙等物质。这样在进行下面的工序擦洗时就会划伤漆面。因此必须尽可能地冲洗掉车身下部及车底的大颗粒泥沙。

3) 擦洗

擦洗程序是指以海绵等擦洗材料，使用专用的清洁剂，将经过冲淋处理后仍残留在车表的污物加以吸附，同时带走已经软化浮起的污渍。对于一些附着于车表的顽固性污渍，应通过清洁剂的作用使其湿润、溶解，形成亲水层，最终被冲离汽车表面。

图 2.16　车身的擦洗

擦洗时，将配制好的洗车液均匀地喷洒在车身表面。如果使用泡沫清洗机，可先将泡沫喷洒在车身表面，然后按照从上到下的顺序擦洗车身，如图 2.16 所示。

在擦洗时，需要注意以下事项：

(1) 清洁剂的浓度与温度

清洁剂的浓度和温度对其清洗效果的充分发挥起非常重要的作用，在车辆清洗作业中一般需清洁剂的浓度为 1%～5%，并最好将温度调节为 30～40℃。

(2) 擦洗用品的选择

为了避免在擦洗时将汽车下部的泥沙带到车体上部，对涂面与玻璃造成损害，擦洗时，应以轿车的防擦线为界，操作时在防擦线以上和防擦线以下分别使用不同的擦车用品。

(3) 不同部位的擦洗要求

① 车身表面的擦洗

应注意全车的每个角落都要细致认真地进行擦洗，同时对于车身表面有些冲洗不掉的附着物，不可用力猛擦，以免损坏车身漆面。至于焦油、沥青等顽固污渍，应使用专用溶剂来清洗。

② 玻璃的擦洗

冬天在擦洗玻璃时，对于汽车玻璃上的雪和冰可用塑料刮片轻轻刮去。在去除冰雪时，要防止窗上的尘垢把玻璃刮伤。同时，塑料刮片切忌用力来回刮削，而应慢慢顺着同一方向轻推。在擦拭玻璃时，不可使用已擦洗过涂面的毛巾或麂皮，因为留下的防腐蚀材料的残迹会妨碍驾驶员的视线。

在清洗后视镜时只能用软布或麂皮擦洗玻璃；必要时也可使用玻璃清洁剂或酒精，但镜面不可用抛光剂擦拭。

③ 保险杠附近的擦洗

在对保险杠、尾灯及车栅等处进行擦洗时，应尽量使用专用化学合成剂清洗，同时应做到细致、小心，注意对边、角和凹凸处的彻底清洗，以保证整体的洁净和光亮。

④ 轮胎的擦洗

在擦洗时可用不太硬的刷子刷掉沾在车胎上的泥土，尽量不要擦到车轮。清洗车轮时，可使用较为柔软的刷子或海绵，车轮的轮辐之间不要有残留的污渍。对于已经变白的车胎，可使用车胎专用清洁剂，将其喷在车胎上，使脏污容易脱落，并与泡沫一起落下，现出轮胎的光亮。然后，再用水进行冲洗，以将脏物彻底清除。

(4) 污渍处理

无硬物附着于涂面的车身，可使用全能水、去污蜡等进行去污。可以先在污物表面喷洒全能水并让污物充分吸收，待其完全浸润后再用洗干净的毛巾轻轻擦洗，反复多次直至洁净后，再用干毛巾或洗净的麂皮擦净。对于个别污浊较厚重的部位，可以在已清洗基础上再上一点去污蜡，晾干一会儿再用新的干毛巾反复擦至干净。

对于有硬物附着的涂面，要使用专用清洁剂浸泡一段时间，当硬物块松动后再用指甲或小软木片剥离，待所有硬物块一点一点彻底剥离后再用清水洗净，用麂皮擦干。

4) 冲洗

冲洗的主要功能是通过清水的冲洗，使经过清洁剂擦洗后的污渍呈乳化状态或悬浮状态脱离汽车表面，同时冲净残留的清洁剂，如图 2.17 所示。

用清水冲洗车身，顺序同冲车一样，但这时应以车顶、上部和中部为重点。因为冲车时已经将车身下部冲洗得比较干净并进行了一定的擦洗。这时的冲洗主要应为冲洗中部以上的部位，向下流动的水基本能够将下部及底部冲洗干净，所以此时下部和底部一带而过即可。

图 2.17　车辆的冲洗

5) 擦车

擦车工序的主要功能是通过擦干操作，使经过清水冲洗的汽车外表干燥，并通过专用

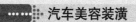
擦干用品的摩擦使涂面光亮。

先使用吸湿功能较强的半湿性厚毛巾，将整个车身从前至后预擦一遍，擦去汽车表面绝大部分的水迹，待车身中部及下部大部分水分被吸干之后，再用干毛巾细擦一遍。这一程序的要点是尽可能吸去汽车表面的水迹。然后使用干净的毛巾彻底擦干汽车表面的水迹，为下一步使用麂皮擦亮涂面打下基础。这一程序的要点是将汽车各个角落全部都擦遍，不能有任何遗漏。经过"一湿一干"两遍抹擦之后，车身表面应不留水痕而且十分干净。

完成上述工艺后，可以使用干净的麂皮擦亮汽车被清洗的各个部分，如图 2.18 所示。这一程序一定要将各个部分擦拭到位，擦亮车身外表。

6) 吹干

完成前面的工序后，车身表面基本上被清洗干净。但是有些地方在擦车时不容易擦干，如发动机盖边沿及内侧、车门边缘内侧、车门把手内侧、后备箱边沿内侧、油箱盖内侧等凹进去的地方，这时就要用压缩空气来进行吹干。操作时可一手拿着压缩空气枪，一手拿着干净抹布，边吹边抹，直到吹干为止，如图 2.19 所示。

图 2.18　擦车

图 2.19　吹干

2.3.3　各种功能清洗

1. 除蜡清洗

几乎所有的汽车涂面都要上一层保护蜡，有所区别的只是上蜡的时间和蜡的品牌不同。在对汽车进行美容护理时，在清洗阶段必须将车身残蜡去除干净，新买的车要开蜡，如果不把这一层氧化层去除掉，即使天天给汽车上蜡也无济于事。残蜡如果不清除干净，上新蜡时还会因为两次蜡上的时间不同，极易产生局部新蜡附着不牢的现象。此外，旧蜡的存在还会对以后的上蜡和涂面抛光产生不良影响。但除蜡清洗一定要采用专用的除蜡清洁剂，特别要注意的是，除蜡清洁剂与新车开蜡清洁剂是不同的，使用时不能混淆。

清洗车辆时，将专用于除蜡清洗的清洁剂按使用说明稀释后喷涂于汽车表面，停留3～5min，再用高压水冲去即可。

2．增艳清洗

这种清洗作业是在抛光或上镜面釉之后，目的是除掉残留在车身表面的抛光剂和油分，为上蜡保护做准备，使用的产品是清洗上蜡二合一香波。采用这种产品进行深度清洗，效果很好，不仅可以去除污物，还会留下一层薄薄的蜡膜，为接下来的上蜡保护打下良好的基础。此类清洗不但能增艳漆色，同时能增强蜡膜的光泽度，提高汽车的抗静电和抗氧化能力。

增艳清洗的方法是将专用的清洗上蜡二合一香波按一定比例稀释后，直接用海绵涂于车身，停留 3min 左右，再按一般车辆的清洗程序进行操作。但在擦干时最好能使用网状软布，以使其功能得到充分发挥。增艳清洗不但能使漆色增艳，还可提高汽车的抗静电、抗腐蚀性能。

3．车身静电去除清洗

车辆在行驶过程中由于摩擦而产生强烈的静电层，静电会使灰尘和油污的吸附能力增强，在汽车表面形成一层灰蒙蒙的污渍，会影响车辆的美观。此外，如果一辆汽车表面存在静电，即使给汽车打一层蜡，由于电荷覆盖在车蜡下面，蜡的养护性能也会大大降低，从而导致车蜡与涂面的结合力大为下降。这样，时间不长车蜡就会发生脱落，从而失去上蜡保护的意义。因此，在进行车辆美容时，单纯用清水或普通的清洗剂洗车是根本达不到要求的。只有彻底清除掉车身的静电，才能彻底洗尽车身，为下一步上蜡养护涂面打好基础。

汽车美容护理用品中有专门用于清除车身静电的汽车专用清洁香波。这种用品的 pH 为 7.0，属于中性清洁剂。其中的阴离子表面活性剂和其他有效清洁成分在涂于或喷于车身表面后会与车身自带的电荷发生作用，将电荷从漆面彻底清除掉。

使用这种产品前应用高压水将沾在车身表面的泥沙冲掉，再将汽车专用清洁香波按比例稀释(1∶150)并用海绵(或高压清洗机均匀喷涂)到车身表面，保持片刻用高压水把泡沫冲掉，再按一般车辆清洗作业的程序进行操作即可。

要防止车身表面静电的产生，最好的方法是对车身采用静电去除清洗法，再在车身清洗完成后及时打一层具有防静电功能的车蜡。

4．车身交通膜去除清洗

汽车经过一段时间的行驶后，由于车身静电吸附灰尘，车的表面形成了一层由油污、灰尘等物质组成的污渍，这层污渍如较长时间得不到清洗就会进一步形成一层坚硬的灰蒙蒙的薄膜，使原来艳丽的车身变得灰暗，这就是常说的交通膜。

汽车表面一旦形成了交通膜，使用一般的清洁剂往往很难将其彻底清除。一些厂家生产了专用的交通膜去除剂，效果比较理想。因此，为增强交通膜去除和清洗的效果，一定要选用专用的交通膜去除清洁剂。

在进行交通膜去除清洗时，可先将专用的交通膜去除剂按一定比例稀释喷到车身表面，过一段时间后再用高压水冲干净就可以去除交通膜了。

5．新车开蜡清洗

汽车生产厂家为防止新车在储运过程中漆膜受损，都在车的表面喷涂有一层封漆蜡，尤其是进口车。国外轿车在出口时都在汽车表面涂有保护性的封漆蜡以抵御远洋运输途中海水对漆膜的侵蚀。因为封漆蜡极厚，并且十分坚硬，还可以防止大型双层托运车运输途中树枝或强力风沙剐蹭、抽打，烈日暴晒，烟雾及酸雨的侵蚀等。封漆蜡主要含有复合性石蜡、硅油、PTFE 树脂等材料，能对车表起长达一年的保护作用。封漆蜡不同于上光蜡，它没有光泽，使用一段时间后就会影响汽车美观。另外，汽车在使用中封漆蜡表面易黏附灰尘，且不易清洗。因此，在新车交付正常使用后，这层保护蜡必须择时除去，即必须对新车进行开蜡，同时涂上新车保护蜡。清除新车的封蜡称为"开蜡"。但一般市场销售的国产车，由于定位于国内销售，车身大多采用静电喷涂，涂面呈镜面光泽，故无须进行开蜡处理。

1) 开蜡清洗的步骤

(1) 准备

在除蜡前的汽车清洗中，不必使用清洗剂。开蜡清洗的最佳环境温度为 20℃左右，准备好高压清洗机，选择阴凉无风地段，远离草木植被，并将专用开蜡液按说明书中的比例进行混合备用。冬季因为气温偏低，开蜡有一定的困难。因为温度过低，开蜡液不能与车身上的封漆蜡很快发生化学反应。但是温度过高也会对涂面造成损坏。

(2) 冲洗

用高压水枪冲去车体上的浮尘，如温度较低，最好能用温水进行冲洗。

(3) 开蜡

用新毛巾蘸专用的开蜡液按自上而下的顺序均匀地涂抹新车表面，确保每个部位都被溶液浸润，不要忽视边角的缝隙处。

约 10min 后，待开蜡液完全渗透进蜡层后，再用蘸开蜡液的新毛巾反复擦拭，同时还要保证缝隙间不留有残液。此操作千万注意不可用力过大，否则容易伤及亮漆，使涂面发暗。

(4) 清洗

在用开蜡液将封漆蜡基本擦去之后，立即按一般车辆清洗的程序进行全车清洗，注意缝隙处不能留有残液。

(5) 检查

检查车辆表面是否留有未洗净蜡迹，若存在，应冲洗干净。

(6) 上蜡护理

当车辆表面的封漆蜡被除净，且残余清洗液也被彻底清洗后，再选用含有高分子材料的增光乳液，或是不含研磨剂的车蜡对涂面进行上蜡处理，以保持涂膜的固有品质。

2) 新车开蜡清洗的注意事项

(1) 在开蜡前不要使用洗车液，以免造成无谓的浪费。

(2) 要特别注意开蜡用品，选择不当会对涂面造成严重损坏。

(3) 在用高压水枪进行冲洗时，水枪压力不能大于 7MPa。

(4) 高压冲洗时要冲掉车身表面的灰尘及泥沙，否则会影响开蜡效果。

(5) 开蜡液喷涂一定要均匀，边角的缝隙处千万不可忽视。

(6) 喷施开蜡液后，要稍等一会儿，待开蜡液完全渗透进蜡层并使其开始溶解后，再用手巾擦拭。

(7) 在用毛巾进行擦拭时，手法一定要刚柔相济，否则就会伤及涂面，导致开蜡失败。

(8) 在进行开蜡操作时，还要注意不要漏擦任何一个角落，以免遗留蜡痕。

(9) 经开蜡液清洗开蜡后，仍会有部分蜡质及杂质留在车表，这时需要按洗车作业规程实施清洁及擦干。

(10) 新车开蜡后一定要重新上一层保护蜡，以使车表面保持光亮，并延长其使用寿命。

2.3.4　全自动洗车

汽车消费市场的活跃，为汽车后续服务行业的发展奠定了坚实的基础。汽车清洗作为汽车日常护理中非常重要的一个环节，迎来了规范化、规模化、产业化发展的巨大空间和历史机遇。汽车后续服务市场以较低的准入门槛、较少的资金投入和极高的回报率，受到多数创业者和投资者的青睐。洗车、汽车美容具有日常性重复消费的特点，是汽车后续服务产业链中蕴含较大商机和利润的重要环节，而且投资风险相对较低，是极具市场价值、商业潜力和发展空间的黄金产业。

在建设、美化城市，创建现代化大都市的过程中，追求时尚、效率和环保已成为汽车美容服务行业的重要内容和发展方向。目前，落后的人工洗车方式已不能适应现代化城市的市容卫生和行业发展的需要，也不符合企业的规模化、专业化、规范化的经营要求，更谈不上行业的可持续发展。要想使中国的洗车行业健康有序地发展，必须要有新的、合适的、符合中国国情的新型设备加入，要用新的理念、新的思路和新的方法来管理洗车行业，提升行业形象和竞争力。全自动(电脑)洗车机正是顺应这一时代需要而产生的。它的出现是对传统洗车方式的挑战，必将引起洗车行业内一场激烈的竞争，带来根本性的变革。中国的洗车业要发展，必须与国际洗车业接轨，缩小与国际先进洗车各方面的差距，因此，推广和应用全自动洗车机势在必行。

全自动洗车机与现在广为采用的人工洗车方式相比，具有以下优点：

(1) 安全可靠。

全自动洗车机由电脑按设计程序控制操作的全过程，完全能够避免人工操作引起的人身、设备事故。

(2) 快捷高效。

人工洗车一般为 10 分钟/台，电脑洗车机为 1.5 分钟/台，一小时可洗 40 辆车，每天的洗车量可达 400～500 辆。这是中小型洗车店所望尘莫及的，它极大地提高了洗车的效率。

(3) 洗车洁净。

全自动洗车机由程序控制，采用进口超软洗涤工具，洗车效果好于设计标准，能排除人为因素，保证洗车质量。

(4) 环保节水。

全自动洗车机洗一台汽车的耗水量为 10～12 升，比人工洗车节水 10～20 升。如果以洗车店每日洗车 100 辆计算，每日可节水 1～2 吨，每年可节水 300～700 吨。全自动洗车机使用循环再生水处理技术，不仅符合环保要求，还可以大量节约水资源。

(5) 不伤漆面。

全自动洗车机采用进口超软橡胶棉刷，洗涤过程中不会损伤漆面，而人工洗车时使用的毛巾和手套，在反复擦洗过程中，夹带的泥沙粒会对汽车漆面造成人为的划痕。

(6) 节省人工。

全自动洗车机只需一个操作工人，比人工洗车大大节省了用工量。

1. 全自动洗车工作过程

1) 洗车前对清洗车的要求

(1) 车辆进入洗车房必须停放在两导轨之间的中心部位。

(2) 关好车门、玻璃窗。

(3) 收下天线。

(4) 车辆发动机熄火，挡位置于停车挡并拉起驻车制动。

(5) 折回后视镜，如后视镜松动，用胶带固定。

(6) 固定好刮水器。

(7) 其他特殊车型的检查。

2) 全自动洗车机开机前的准备工作

(1) 清理机器四周场地杂物，做好清洁工作。

(2) 通电、通气、通水。

(3) 给气动系统油雾器里加注润滑油。

(4) 启动空压机，打开截止阀，检查气路是否漏气，然后检查压力表的灵敏度，使空压机的压力保持在 0.7～0.9MPa。

3) 开机前的参数设定

(1) 开启洗车机上电气柜，将开关置于 RUN 位置。

(2) 设定功能选择按钮。

(3) 设定横刷、侧刷、轮刷、风筒汽缸的工作压力。

(4) 检查行走传感器是否与前制动板接触，若不接触，则按下"复位"按钮后，再按"反向"按钮使其归位。

(5) 按下"清洗"自动控制按钮，洗车机正式开始工作，直到风干结束。

4) 洗车过程

(1) 按下"清洗"按钮后，喷射系统喷水、横刷开始下降，当下降到最底端时横刷、侧刷开始旋转，洗车机沿着导轨正向移动。

(2) 当横刷与车辆表面有一定程度的接触后，横刷开始上升，并沿着车辆表面进行仿车形清洗。当洗车机的轮刷与汽车车轮正对时，洗车机开始暂停行走，轮刷自动伸出并旋转，先正方向旋转，然后反方向旋转，对汽车轮辋进行清洗。当洗车机的侧刷接触到汽车前面一定程度时，侧刷开始向两边移动，并沿着汽车两侧进行清洗。当清洗到汽车后表面时，横刷开始下降，侧刷开始向中央合拢。

(3) 正向清洗结束后，横刷、侧刷均开始反转，对汽车进行又一次的反向清洗。

(4) 清洗结束后，风干过程开始，风筒下降到最低点，风机开始工作，洗车机正向行走，对车辆进行仿车形吹风。

(5) 正向吹风结束后，洗车机开始反向行走吹风到起始点，使车辆表面迅速干燥，至此，整个洗车过程结束。

2. 注意事项

洗车机使用中，为保证设备及操作人员的安全，操作时应注意以下事项：

(1) 空气压缩机的工作压力不得大于它的额定压力，一般在 0.7～0.9MPa。

(2) 经常检查导轨两端的安全挡块，安装位置要正确、可靠。

(3) 压缩空气进入洗车机进气管的减压阀压力不得大于 0.7MPa，横刷的工作压力一般在 0.3MPa 左右，侧刷的工作压力一般在 0.2MPa 左右，风筒压力在 0.5MPa 左右，轮刷的压力在 0.2～0.3MPa。

(4) 开车后，操作人员不得离开工作现场。

(5) 在洗车机工作过程中，如遇特殊情况，应立即按"急停"按钮或"复位"按钮，故障排除后，再按"复位"按钮和"反向"按钮，使洗车机回到原来的位置，再按"清洗"按钮，使洗车机恢复正常工作。

(6) 若故障指示灯亮起，有可能是气压小或空气开关跳闸。增大空气压缩机的气压，按下已跳开的 START(开关)即可。

2.3.5　新型洗车

1. 干洗保护釉洗车

干洗保护釉洗车也称为无水洗车，其是利用现代高新科技产品，针对车漆、玻璃、保险杠、轮胎等不同部位、不同材料，使用各种不同的产品进行保养，可以在彻底清除污垢的同时使汽车得到有效的保养。

干洗保护釉内含有三大类物质：清洁剂、润滑剂及保护釉。呈雾状喷射到车表面的干洗保护釉，能够将所有能接触到的污物和车表面加以覆盖；在清洗剂的作用下，车表面的污渍被软化，并在保护釉的包裹下形成无数小的珠粒，保护釉同时把车表面加以覆盖；珠粒状的污渍在干毛巾的吸水引导下，被毛巾带离车表面；车表面只剩下凹凸不平的保护釉及少量润滑剂；用另一块干毛巾擦拭后，去除润滑剂，留下的就是有相当硬度的耐磨、防水、防尘及防晒的保护釉。干洗保护釉不会与污渍起任何化学反应，它所含的高度润滑配方与高度反光因子不会破坏车漆，使用后可以使车身光洁如新。

干洗保护釉洗车的操作过程非常简单，主要有以下两步：

(1) 把干洗保护釉用特制的喷瓶，以雾状喷洒到未经清洗的干燥车身表面，无须等候即可用一块干毛巾轻擦车身表面，就可轻易地除去污渍。

(2) 再用另一块毛巾轻轻擦拭加以抛光，就可完成车身的清洁、上光作业，整个过程只需 15～30min。

同时，用干洗保护釉抛光后的车身表面不但不会留下螺旋纹，而且坚硬、光滑的保护釉使沙、水、泥等脏物无法吸附在车身表面。因此，下次清洗只需用湿毛巾把留在车表面上的微粒轻轻抹去再用干毛巾轻轻抛光，车表面就能恢复原亮，保护釉对车表面的保护可保持 30 天。

2．蒸汽洗车

目前市场上出现一杯水能洗一辆车的蒸汽洗车机。这种从韩国引进的集清洗、打蜡、保养于一体的蒸汽洗车机，旨在从根本上改变现有的落后的洗车方式，从而在洗车行业内部引起一场前所未有的产业革命。

图 2.20　蒸汽洗车

蒸汽洗车设备是通过电(或液化气)加热位于蒸汽发生器内的水，使之达到 100℃以上，从而产生温度为 90～100℃、压力为 0.5～2MPa 的蒸汽流，用来冲洗车身表面，如图 2.20 所示。高温、大容量的洗涤液及液流冲击表面时产生的湍流运动，使尘土和污渍软化并发生膨胀从而脱离车表面，保证清洗效果。这种方法不仅可以彻底清洗尘埃及污泥的沉积物、润滑脂、润滑油及其分解物、残留覆盖层，同时也可清除被有毒化合物沾污的表面。

蒸汽清洗设备的效率取决于液流的能量。此能量表现为冲到被清洗表面上的液流压力及流量，同时也取决于液流的温度和洗涤剂的活性。根据水的耗量，装置可以分为耗量为 100～500L/h 的低压装置(目前市售的小型移动式蒸汽清洗设备也有许多是小于 100L/h 的)和耗量为 500～1500L/h 的高压装置。

蒸汽洗车与人工洗车方式相比，具有以下优点。

1) 绿色环保

使用蒸汽洗车对周围环境毫无污染，洗车是在水雾状下进行的，洗完后场地仍旧干净整洁，非常绿色环保，对保护市容市貌、改善生态环境具有重要意义。

2) 节水

使用蒸汽洗车每辆车仅用水 0.3～0.5kg，耗水量仅为传统水洗方式的 0.1%。

3) 节能

使用蒸汽洗车每辆车仅用电 0.4kW/h。

4) 高效

该机采用特殊清洁剂、上光剂和高档车布，清洁护理一次完成。

5) 快捷

使用蒸汽每洗一辆车用时为 5～10min、人员 1～2 人。

6) 方便

使用蒸汽洗车无须有专门店面场地，可流动作业、上门服务。

7) 干净

使用蒸汽洗车后可使汽车光洁如新。

2.3.6　汽车表面污渍及部件的清洗

1．车表顽固污渍的清除

汽车在行驶时有可能粘上焦油、沥青等污物，如果不及时清洗，长时间附着在漆面上，会形成顽固的污斑，使用普通的清洗液很难清除干净，可以采用如下方法处理。

1) 焦油去除剂清除

焦油去除剂是汽车美容的常用产品，主要用于沥青、焦油等有机烃类化合物的清除。使用专用的焦油去除剂，既可有效溶解顽固污物，又不会对漆面造成损伤。在沥青、焦油等顽固污渍的清除作业中，最好选用专用产品。

2) 有机溶剂清除

如果没有专用的焦油去除剂，可选用有机溶剂，但选用时一定注意不可选用对车漆有溶解作用的有机溶剂，如含醇类、苯类的有机溶剂、松节水等。

3) 抛光机清除

使用抛光机清除时可加入适当的研磨剂，能有效地去除附着在车身表面的沥青、焦油等顽渍。但操作时要注意选择抛光机的转速和抛光盘的材质，避免抛光过度，得不偿失。

2．车身表面其他部件的清洗

1) 铬、铝材质零件的清洗

铬、铝材质零件可使用与洗车液相同的清洁液清洗，也可用专用清洗镀铬零件的清洗剂去除轮盖、铝轮毂、保险杠或其他镀铝零件上的油脂及沥青。勿使用钢刷、腐蚀性清洁剂、燃油或强力清洗剂，否则会损害车体表面的烤漆及镀铬层。

2) 橡塑类零件的清洗

橡胶、塑料类零件应用酒精或制动液及清水清洗，不得用煤油、汽油或苛性钠溶液清洗，以防发胀变质。离合器摩擦片和制动蹄摩擦片应用少许汽油刷洗干净。

3) 塑料前照灯及尾灯的清洗

车灯长久不清洗会影响视线，而前照灯及尾灯罩多为塑料件，因此需用布和稀释后的清洗剂清洗，再用清水冲洗。不能用腐蚀性溶剂清洗车灯，否则会造成蚀痕；不能在车灯干燥的情形下擦拭，否则会造成刮痕；也不要用燃油、化学剂等清洗车灯，否则会使车灯碎裂。另外，有隐藏式前照灯的汽车，要将前照灯打开后再洗。

4) 车窗外侧玻璃的清洗

车窗玻璃需要经常用水清洗以保证其清晰、明亮。擦车窗时可采用画圆的方式进行，即将车窗分半，各半都上下左右地擦几遍。当玻璃上有橡胶、润滑油或硅酮的残渍时，可使用车窗清洁剂或硅酮清除剂将其除去。在擦干玻璃时，不可使用已擦过油漆表面的皮布，以防清除剂、清洁剂的残渍会使视线受到妨碍。当玻璃上有雪和冰时，只能使用塑料刮片除去，塑料刮片不能来回刮，应该向同一方向推，以防把玻璃擦伤。

5) 轮胎的清洗

轮胎上除了粘有灰尘、泥土外，还会有碱性物质污染(此类污染用水和普通清洁剂都难以清除)。轮胎清洁增黑剂除具有清除轮胎内部的酸性、碱性污染物和其他有害物质，清洁、翻新聚乙棉、树脂、橡胶、塑料和皮革制品等作用外，还有降低紫外线的辐射、减缓橡胶老化、延长使用寿命和增黑上光功能。

6) 轮圈的清洗

清洗铝轮圈时须特别小心，应使用中性清洁剂，不可用碱性清洗液、钢刷、腐蚀性溶剂、燃油或强效清洁剂，否则会破坏保护层。此外，一定要用海绵等柔软的东西来轻轻擦洗，不要用毛刷，否则会严重损伤漆膜表面的光亮层。应根据轮圈的不同使用不同的清洁剂，一次清洗一个。因为一次清洗一个轮圈可以避免清洁剂在轮圈表面凝固。若清洁剂已经凝固，清洁效果将降低，且在使用清水冲洗时会更加困难。

当轮圈的温度很高时，不能清洗轮圈，因为高温会使清洁剂发生化学变化，导致轮圈表面受损或降低清洁效果。可让轮圈自然冷却 1 小时以上再清洁，而不能用冷水冲洗冷却，那样会导致轮圈受损，甚至可能造成制动片的变形失灵，导致交通事故的发生。

如车辆上存有长期附着在轮圈上的积垢(如沥青、制动皮的黑粉等)，无法用清洁剂清洁时，可用刷子来刷洗消除(注意：切勿使用过硬的刷子或铁质刷子，否则会刮伤轮圈表面)。车轮长期置放于停车场，会受到其他车辆的排气污染，而排气化合物中含有的酸性物质会侵蚀轮圈表面。车辆所在地区较为潮湿或接近海滨时，也应经常清洗，以免盐分侵蚀铝圈表面。

轮圈清洗后，再用防酸清洁剂进行处理。一般应每两个星期应彻底清洗一次轮圈上的盐分污物和制动片上的残留物。

2.3.7　汽车底盘和发动机外部清洗

1. 汽车底盘的清洗

汽车底部通常看不到，由于此部位较特殊，车底挡泥板及车身下边缘的弯曲部分是泥污、脏物极易堆积的地方，堆积附着物的水分又不容易蒸发，时间长了不做清理容易生锈、腐蚀。所以，汽车底盘要进行定期清洗维护。

汽车底盘清洗的主要作业流程如下：

(1) 将汽车用举升机抬升至工作高度，或将汽车开到地沟槽平台上。没有举升机又没有地沟槽平台时，严禁操作人员使用千斤顶顶起车身后就钻入车底下进行冲洗作业。

(2) 用高压水全面冲洗底盘，有可能的话，最好使用高压热水冲洗机来冲刷掉脏物，只用自来水很难冲洗干净。对于边缘部分、弯曲部位以及四轮的挡泥板等部位更应仔细冲洗，有时还需配合使用较软的钢丝刷或铲刀来除去顽固残留脏物，但操作要小心，不要损伤保护涂层。

(3) 使用工作灯仔细检查车身底部和底盘、悬架等处有无生锈。如果生锈或有伤痕，用砂纸打磨去除浮渣、锈污，然后先后涂上防锈漆和底盘沥青涂料。

(4) 有必要的话还可以对汽车底盘部位全面喷涂保护剂。喷涂之前，应先卸下四只轮胎，将轮毂、减震器、排气管及转向节等有相对运动的接合表面，以及其他不得喷涂的部分用防涂纸进行覆盖。在必要的防涂遮蔽工作完成后，再进行喷涂作业。

清洗汽车底盘时，须注意以下事项：

(1) 为确保在举升设备下作业的安全，有必要定期对举升设备进行维护保养。两柱举升机的四个防滑支承垫容易破损，必须经常检查。

(2) 部分车辆的四轮挡泥板处，另外安装了塑胶拱罩，必要时应拆下来清洗，并用高压水彻底冲洗挡泥板及翼子板内侧。

(3) 排气管因高温不得喷涂底盘涂料。

(4) 发动机室无底托板或底托板破烂时，必须先遮蔽，再进行底盘涂料的喷涂作业。

2．发动机的清洗

保持发动机外部清洁对于保障汽车的正常运行十分重要，因为汽车行驶环境复杂。发动机要不断向外散热，加之发动机室的密封问题始终没有得到根本解决，致使行驶过程中卷起的风沙尘土易从发动机室下部钻入，飞落在发动机表面，再加上发动机长时间在高温下工作，有时还有漏油等现象发生，如果长时间不对发动机外部进行清洁护理，就会在发动机表面形成厚厚的油泥性腐蚀物，使金属部件生锈，塑料部件老化、变形等。

汽车发动机清洗的主要作业流程如下：

(1) 首先将汽车电器用塑料薄膜避罩，然后用半湿的毛巾压盖于薄膜上方，以防高压水冲进分电器，导致汽车难以启动。

(2) 使用高压水枪由发动机侧面按从上到下的顺序将发动机室内侧及发动机外表附着的污物冲净；直接将发动机外部清洗剂均匀喷洒于淋湿后的发动机及发动机室周围，用纤维毛刷清洗发动机室内所有能触及的部件；用高压水枪快速冲净刷下来的污物，再将发动机外部清洗剂喷洒于发动机表面，操作步骤同上；反复几次，直至将发动机外表清洗干净。

(3) 将冲洗干净的发动机用半湿毛巾擦干，再用吸尘吸水风干机将不易触及的部位吸干，再风干；用塑料橡胶保护剂对发动机室内侧的塑料橡胶部件进行上光，然后再将金属部件镀膜。

清洗发动机时，需注意事项有：

(1) 清洗发动机表面时，应在刷洗下来的污物未被风干前将其冲净，否则应用半湿的毛巾配合擦洗。

(2) 清洁发动机表面的金属部件时，可使用金属抛光剂或漆面研磨剂进行清洁，但塑料或橡胶部件则不允许使用此方法。

(3) 清洗后的发动机应在启动前将电路系统彻底风干。

(4) 发动机在上光镀膜之前，应将非原装线路重新包裹，然后进行上光护理。

(5) 清洗后的发动机表面应在上光镀膜之前将水分完全清除，因为在潮湿的部件表面上光镀膜，待保护剂下的水分挥发后，保护剂也会随之挥发。

(6) 清理完毕后，应对发动机外表进行检查，并对遗漏的地方采取补救措施。

2.3.8　实例分析

下面介绍德国 A1 精致护理洗车流程。

1．接待引导入位

(1) 顾客车辆光临时，专业人员 A 按正式的礼仪手势，指挥车主将车驶入施工区，并

且定位。专业人员 B 为顾客打开车门，礼貌问候："您好，很高兴为您服务！"

(2) 顾客欲下车时，伸手做护头礼；待顾客下车后，手势引导顾客进入休息区或商场，使用规范用语："请里面坐！"

(3) 如果车辆停放在店铺外面且顾客已经确定交车施工时，应请持有驾照的专业人员把车辆开到指定地点。

(4) 顾客已经确认交车后移车人员把车辆移入施工区。需要礼貌地提醒顾客交接车辆钥匙，并提示："请您不要在车上置放现金和贵重物品。"

小贴士：顾客特别交代车内某部位不用清洗的，必须尊重顾客的意思，不要擅自清洗。

2．车况检查

(1) 仔细检查车身是否掉漆、划伤或有其他异状，如有明显状况，应提示顾客，必要时请前台做相应记录单，由顾客确认签字。

(2) 检查车窗玻璃是否关闭，以免冲洗车身时将水喷到车内。

(3) 检查完成后，将车辆钥匙交给前台，由前台按规定登记。

3．车身清洗

作业人员 A、B 可以按表 2.4 中的项目进行车身清洗工作。

表 2.4　车身清洗流程

	作业人员 A	作业人员 B
工作流程	拿脚垫	吹发动机及沙尘
	刷洗门内边缝	刷洗外边缝及中网
	冲水	喷洗车香波
	擦拭车身	擦拭车身
	清洗胎铃	清洗胎铃
	冲水	擦拭下半身水
	除沥青	玻璃清洗
	冲水	清洗脚垫
	准备毛巾	擦拭漆面水迹
	吹边缝水	擦门边及发动机
	擦玻璃	上轮胎蜡
	检查漆面	放脚垫
	处理施工现场	处理施工现场
	质检	
	交车	

4．注意事项

1) 脚垫

拿脚垫时向两头卷起，避免沙尘垃圾掉在座椅上。

2) 发动机及沙尘

(1) 打开前盖，用气枪把发动机上的灰尘吹干净。

(2) 选择适合于各个部位的吸尘头进行作业，特别是真皮座椅部位。把吸尘头靠紧座椅缝隙，将残留已久的沙尘彻底吸干净；门边板、座椅、杂物箱、地毯等也是容易留有沙粒的地方，也需彻底地清洁。

3) 内室边缝及擦内室

工具：麂皮、湿毛巾、水桶、专用脚垫

特别提示：室内作业人员应妥善管理好车上的物品，不得挪用，窃取车内物品和现金；不许在车内使用音响系统，禁止在车内抽烟。

(1) 备用半桶清水。

(2) 按由前向后、由上到下的顺序，用湿毛巾以双手拧不出水为准，将车内的灰尘擦拭干净，当水渍未干时，立即用麂皮或干毛巾再擦一遍，如此反复将车内各个部位彻底擦拭干净。

(3) 各环节擦拭的顺序是：顶棚→前挡玻璃内侧→仪表台表面→音响面板→空调缝→挡位杠→烟灰缸→杂物箱内外→仪表台下部→全车座椅→后挡玻璃内侧→车门玻璃内侧面→门板→门边。

注意：清洁空调孔、钥匙孔等小缝隙时，必须用软毛刷把灰尘扫出，并用毛巾或麂皮擦干净。

4) 洗脚垫

(1) 干洗式清洗

不是很脏的脚垫或客户没有特别要求做水洗的脚垫按以下步骤作业：在规定的台面上将脚垫平铺后，均匀地在绒面上喷洒地毯清洁剂，再使用专用刷具刷干净。

(2) 水洗式清洁

工具：水枪、专用刷具。

材料：地毯清洁剂。

作业步骤：

① 将脚垫铺放在地面上，先用清水冲洗脚垫正反两面，再把稀释后的地毯强力清洁剂均匀地喷洒在脚垫绒面上。

② 用专用刷具来回逐步进行刷洗，尽量将污渍清除干净。

③ 用水枪或水管冲洗脚垫。

④ 将冲洗后的脚垫正面朝下，平整放入甩干机内进行脱水。

注意：甩干机正在正常运行时，作业人员必须在水脱干后方可关掉机器，甩干机完全停止后方可取出脚垫。

5) 刷边缝及中网车牌架

作业时，前后车牌架及中网可用长毛刷进行刷洗，小毛刷刷洗其他位置。顺序是从前往后、从上到下。

6) 冲水

(1) 用水枪冲车身外部的泥土沙尘，从上到下、从前到后。顺序是：车顶→前挡玻璃→前雨刮槽→车前盖→前杠→车身侧面→后盖→后杠→门缝隙→裙边→轮胎→底盘。

(2) 冲洗轮弧部位时，应适当调整水枪冲力，然后把枪头伸进轮弧部位，彻底冲洗存留在轮弧的污垢，注意冲水时应朝同一个方向冲洗。

小贴士：水枪和车身距离不得小于 15 厘米，呈 45° 角。

7) 擦拭车身

(1) 使用专用麂皮或洗车手套，整体擦洗顺序是：前盖→前挡玻璃→车顶→后挡玻璃→后盖→车身左右侧→上腰线→下腰线→前杠→后杠→腰线下部。

(2) 洗车时麂皮或洗车手套应保持干净，脏时换面清洗。

8) 清洗胎铃

工具：专用轮胎刷、小牙刷、水枪、专用海绵。

操作方法：将轮毂清洗剂均匀喷洒在胎铃上，4～5分钟后用水枪冲洗干净。顽固污渍可用专门毛刷配合清洗，用海绵或刷子把轮弧内挡板也刷干净。

9) 除沥青

工具：专用毛巾。

材料：柏油清洁剂。

操作方法：将车漆有沥青部位的水擦干净，然后用柏油清洗剂喷在有沥青的部位约1分钟后再用毛巾进行擦拭。

10) 玻璃清洁

材料：黏土。

过黏土的顺序是从：前挡→天窗→侧倒车镜→左右挡玻璃→后挡玻璃。

把黏土放在手心部位，按在玻璃表面上直线运行，重叠1/2。注意要边过边看，看是否过干净，标准是手感光滑，眼看上去无杂物。必须注意的是，操作范围要分块，每块30cm×30cm大小。

11) 擦洗漆面

擦漆面的水，准备好大毛巾，将毛巾打开，左右各一人把毛巾放在前盖上向后稍用力拉。后侧面车身有水时，应拉住毛巾的两个角顺着车身擦拭。

12) 吹边缝水

工具：毛巾或麂皮、气枪。

操作方法：左手拿毛巾或麂皮，右手拿气枪，由左边或右边吹起，把水吹干。

小贴士：往一边吹，不要来回吹，以免水分吹来吹去吹不干净。

操作顺序：左或右翼子板边缝→装饰品→雨刮器→前大灯→车标→车牌架→装饰条→右翼子板→转向灯→轮眉→雨刮器→倒车镜→前挡边缝→天窗边缘→车门装饰条→腰线→后挡玻璃边缘→后翼子板→后盖部分→后杠→后翼子板→油箱盖→后盖部分→后杠左后翼子板→左边后挡边缝→车窗→前、后门，按此顺序转一圈。

13) 擦门边及发动机

工具：专用门边、发动机毛巾。

门边水擦拭顺序：由上而下，由内到外。

14) 擦玻璃

工具：专用毛巾。

材料：玻璃清洁剂。

操作方法：喷少许玻璃清洁剂在毛巾上，然后在玻璃边缘画一个框，沿着框内拉直线，直到玻璃透亮，无任何脏印。

15) 轮胎上光

工具：专用毛巾。

材料：轮胎清洁上光护理剂。

操作方法：把轮胎高级上光剂均匀喷洒在轮胎上，再使用毛巾将轮毂上的水擦拭干净，使轮胎焕然一新。

16）检查、交车

(1) 作业人员自行检验施工质量，特别对车门边、门缝、前后保险杠等各个部位进行检查，看是否达标。

(2) 通过专门的质检人员或领班验收。

(3) 在主驾门前地板置放专用脚垫，方便车主上下车。

(4) 通知前台交车(收银员在完成收费后将车辆钥匙交给顾客)。

(5) 当车主欲上车时，向车主鞠躬致辞："欢迎再次光临"，并为车主打开车门用规范的手势引导车主上车。

(6) 引导车主安全离开施工场地，目送车主离开并挥手相送。

知识拓展 2-1

"无水洗车"也称为移动洗车、环保洗车、高压洗车、节水洗车，是采用移动方便、无排污的洗车设备进行到车位清洗服务的一种洗车方式。无水洗车，是指在水里加入洗车水蜡的一种节水洗车方式。这种洗车方式用水量少，不会造成对地方的污染。它的具体操作流程是：先把车身打湿，然后用毛巾、海绵棉擦洗，免去了用水冲洗的过程。

知识拓展 2-2

蒸汽洗车是蒸汽美容高级护理服务。高压蒸汽既可消毒，又可除污，有独特的热分解功能，能迅速地化解泥沙和污渍的粘黏性质，让其脱离黏附的汽车表面以达到清洗的目的。蒸汽有很强的热降解物理特性，在对车体表面喷射时，在热降解的同时，蒸汽喷射出来的低温蒸汽压力冲击波等于行车时的 90～100 公里时速，使粘在车漆表面的污物一扫而光，然后再进行抹擦，所以对车漆没有任何伤害，而且中性蒸汽清洗蜡水会在车漆表面迅速凝固，形成蜡膜保护漆面。

思考与练习

一、思考题

1. 手工清洗的工艺流程是怎样的？

2. 开蜡清洗的步骤有哪些？

3. 新车开蜡清洗的注意事项有哪些？

二、练习题

1. 填空题

(1) 干洗保护釉内含有(　　)、(　　)和(　　)三大类物质。

(2) 在车辆清洗时，必须遵循( )、( )、( )、( )的原则。

2．选择题

(1) 车身静电去除清洗时，将汽车专用清洁香波按( )的比例稀释，并用海绵擦抹到车身表面，片刻后用高压水把泡沫冲洗掉，再按一般车辆清洗作业的程序进行操作。

  A．1∶100   B．1∶120   C．1∶140   D．1∶150

(2) 蒸汽冲洗法是指用温度为( )、压力为 0.5～2MPa 的蒸汽流冲洗零部件表面污垢的一种清洗方法。

  A．20℃～40℃ B．40℃～60℃ C．60℃～90℃ D．90℃～100℃

3．判断题

(1) 在擦拭玻璃时，不可使用已擦洗过涂面的毛巾或麂皮。   ( )

(2) 所有的新车涂面都要上一层保护蜡，对汽车进行美容护理时，在清洗阶段必须将车身残蜡去除干净，新买的车要开蜡。   ( )

(3) 一般市场上销售的国产车，由于定位于国内销售，车身大多采用静电喷涂，涂面呈镜面光泽，故无须进行开蜡处理。   ( )

(4) 清洗铝轮圈时，可选用碱性清洗液进行清洁。   ( )

2.4 汽车内部清洗

  汽车内部清洗主要是指对汽车内室、汽车发动机室、行李箱的清洗，同时也包括对部分零件的清洗。对汽车内部进行清洗，不仅可以保证汽车内部的光洁亮丽，还能提高汽车乘坐的舒适度。

  汽车内部清洗的方法有很多，按清洗方式不同可分为手工擦洗、机器清洗两种。手工擦洗是采用清洗剂，先对清洗部位涂抹一遍，然后用半湿毛巾擦拭一遍，最后再用干的清洁毛巾再擦一遍，使内室达到清洁要求。机器清洗是目前比较常用的清洗方法，其是利用机具对清洗部位喷洒清洗剂或清水，先对清洗部位冲洗或冲刷一遍，再用吸尘吸水机抽吸一遍，用干净毛巾擦干，也可用压缩空气或热风吹干，从而达到清洁的要求。

  汽车内部清洗按清洗的要求不同，可分为一般清洗和彻底清洗两类。当内室基本上比较整洁，只有很少的浮尘和物屑时，可只做日常的清洁护理，也即一般的清洗，用吸尘器吸尘处理即可达到清洁要求。汽车经过一段时间的运行，室内有些部位已经积累了较多的尘土、污物和油迹，一般清洗已不能达到要求，这时就必须进行彻底清洗。彻底清洗时，常用一些专门设备，如吸尘器、清洗机、喷洒抽洗机、吸尘吸水机等，再配合清洗剂及辅助材料等进行清洗，以使内室达到清洁要求。

2.4.1 汽车内室的清洗

  汽车内室包括驾驶室和乘客室两个部分，是驾乘人员在汽车运行中的生活空间。汽车的内室空间比较狭小，由于车门的开关、人员的进出、抽烟、喝酒或吃一些食物所留下的残渣会引起大量的螨虫、细菌的滋长，还会产生一些刺激性的味道。而行车时，由于车窗紧闭使所产生的异味不能及时排除，即会影响人员乘坐的舒适性。在春季的呼吸道疾病多发时期，容易引发驾驶人员身体患病的概率，甚至增加乘车者之间病菌交互传染的可能性，影响了司机的安全驾驶。汽车内室的饰件大多由塑料、皮革、纤维等材料制成。汽车在使用过程中，内室的各部件上会逐渐附着一层烟尘、油污及其他污渍，使篷壁、仪表板、座椅、门板等处发霉、变硬、褪色甚至龟裂，丝绒材料则会收缩和脱落，并滋生细菌。

内室清洗是汽车内室护理中最基础和最常见的作业，其护理对象主要为车内篷壁、地板、木质装饰、座椅垫、倒车镜、安全带、车内空调出风口等部位。

汽车内室污渍主要有以下几种：

(1) 水溶性污垢。主要有糖浆、果汁中的有机酸、盐、血液及黏附性的液体等。

(2) 非水溶性固体污垢。主要有泥、沙、金属粉末、铁锈、霉菌及虱虫等。

(3) 油脂性污垢。主要有矿物油、涂料类产品、油彩、沥青及植物油等。

汽车内室清洗的主要作用有：

(1) 创造良好车内环境，保护健康。

汽车内饰中的地毯、座椅、空调风口、行李箱等处，经常接触潮湿的空气或水渍，在特定的环境中，这些地方最易滋生细菌，使内饰发生霉变，散发出臭气，不但会影响室内空气环境，更重要的是对车内乘客的健康造成了威胁。汽车内饰美容将成为车内乘客健康的保护神。

(2) 保护汽车内饰，延长使用寿命。

车室的清洁、杀菌、除臭，可以有效地防止各种污物对车室(如地毯、真皮座椅、纤维织物等)的腐蚀。

清洁汽车内饰时，有以下需注意事项：

① 有针对性地选用清洁剂，并能按产品说明准确使用清洁剂。

② 选用清洁剂时，对于不熟悉的产品，应先在不重要部位进行测试，然后再使用。

③ 清洗内室时，应防止水分过多。过度的潮气需要很长时间才能散去，并且会存留在织物中，引起霉变、产生霉味并缩短内饰的使用寿命。

④ 作业时必须关闭车内照明，否则可能会因长时间作业导致蓄电池放电过多，发动机不易启动。

1. 驾驶室的清洁

汽车驾驶室的清洁主要包括以下几步。

1) 拆除地毯、脚垫

先将驾驶室内的脚垫、地毯拆除，放到车外清洗，用吸尘器将驾驶室内从顶部向下抽吸一遍，特别是前风窗上部边沿，两侧转角处，仪表板与风窗和两侧连接部位等窄缝、沟槽处，应彻底抽吸。然后对司机、副司机座椅和座椅的下面、仪表板下部、地板等处仔细抽吸，可基本上把浮尘、泥土、碎屑等污物清除干净。

2) 对仪表板以外部位的清洗

用万用清洁剂对仪表板以外的部位喷涂一遍，使泡沫停留 1min 后，在未干之前，用干净柔软的棉布从上到下逐一进行擦拭。对于污垢严重部位，要反复擦拭，直到擦干

净为止。

3) 对仪表板总成的清洗

仪表控制板是每个乘车人员都会直接面对的，它的清洁程度将影响人们对整个汽车是否干净的感受和评价。由于其结构复杂，边边角角较多，所以清洁起来比较困难。仪表板在驾驶室内占有重要位置，有很多仪表布置在上面，在清洗操作时，必须特别注意，不能损伤仪表。

在对仪表板总成进行清洗时，应选用车内仪表清洁剂对仪表板进行单独清洗。其操作要点如下：

(1) 把仪表板专用清洁剂均匀地喷涂在仪表板上。

(2) 稍后用柔软干净的拭布轻轻地擦拭仪表板，即可达到对仪表板进行清洗的目的。

(3) 此清洁剂也适用于对车门，车内的合成橡胶、塑胶、真皮等制品的清洗，如驾驶室的座椅门内板，前左右立柱等的内饰材料，均可用此类清洗剂进行清洗护理。

(4) 该清洁剂能保持车内人造革及真皮革的光泽，减少灰尘黏附，是护理装饰的一种很好的产品，故称为合成橡胶塑胶的增亮剂。

4) 对拆除的脚垫和地毯的清洗

汽车内室中最容易脏的部件就是地毯。汽车本身自带的地毯基本和汽车是一体的，不容易拆下来清洁，最好在汽车里放置可活动的脚垫。如果脚垫不太脏的话，拿到车外拍打一下就可以了。对于比较脏的地毯，就要使用专用洗涤剂了。一般在洗涤前要先进行除尘工作，然后喷洒适量的洗涤剂，用刷子刷洗干净，最后用干净的抹布将多余的洗涤剂吸掉就可以了，这样就可以使洗后的地毯既干净又柔软。

现在，很多地毯和脚垫是用化纤制成的。对于此类地毯和脚垫，拆除到车外后可用高压水枪进行冲洗，也可用化纤清洗剂刷洗，然后用高压风机吹干，或自然晾干。但需要注意的是，地毯不要完全放入水中浸泡刷洗，那样一方面会破坏地毯内部几层不同材质的黏结，另一方面会使地毯在很长时间内不能干透而影响使用效果，引起车内潮湿。

5) 安装地毯和脚垫

将清洗干燥后的地毯和脚垫，按原位置放好，即完成了对驾驶室的清洗。

2．乘客室的清洗

在乘客室内，最主要的设备是座椅，其次是座椅下面的脚垫、地毯等，比较容易清洗。汽车乘客室的清洗工作主要包括以下几个步骤：

1) 拆除脚垫和地毯

拆除脚垫和地毯，是为了对内室进行更彻底的清洗。把脚垫和地毯拿到车外进行冲洗和晾干，等内室清洗完成后，再放回原来的位置。

2) 用吸尘器清洁内室

用吸尘器清除内室地板上的泥土、碎屑，以及座椅、内护板、顶棚内衬等表面的灰尘。

3) 用喷洒抽洗机清洗内室

喷洒抽洗机在内室的清洗中是很实用的清洗设备，它主要有两个功能：一是喷洒清洗剂，二是抽吸清洗后的污液和污物。

4) 擦洗内室

对室内的油垢，如手油、发油、灰尘、煤油等污垢，可采用以表面活性剂为主要成分的洗涤剂清洗。

3．座椅的清洗

在对座椅进行清洗时，应根据座椅的类型，采用相应的方法进行清洗。

1) 真皮座椅的清洗

可选用皮革乙烯材料清洗剂进行清洗。此类清洗剂可用于清洗、保护车内座椅、沙发和仪表板等用皮革和乙烯材料制成的饰品，可恢复其表面光泽；还可防止这些物品因恶劣环境影响而提前老化；也可使这些制品焕然一新。

清洗时，先将此清洗剂均匀地喷涂到座椅表面上，然后用干净的软布擦干净即可。

2) 人造革座椅表皮的清洗

人造革座椅表皮可采用擦拭法清洗。先用半湿的毛巾进行擦拭，应从上往下进行擦拭，然后用干的清洁毛巾再擦一遍即可。如果局部有油污、印痕未擦掉，可用毛巾蘸上一点仪表板清洁剂进行擦拭。

3) 布艺座椅清洗方法

布艺座椅的材质绝大部分是化纤、棉、毛等混纺制品，可选用多功能清洁柔顺剂进行清洗。多功能清洁柔顺剂去污力强，尤其对丝绒及地毯表面有清洁、柔顺、还原着色和杀菌等功效。这类低泡清洗剂，既可在喷抽机清洗时使用，又可在手工清洗时使用。

4．汽车顶棚内衬的清洗

汽车顶棚经长期风吹日晒雨淋，往往积存了很多不显眼的灰尘，使车顶看上去灰蒙蒙的说不出是干净还是脏。清洁方法通常是先用大功率吸尘管和刷子把大面上清洁干净，然后用中性洗涤液着重清洁污垢，再进行全面清洗，但必须注意的是车顶棚内的填充物是隔热吸音的材料，吸收水分的能力强，清洁时抹布一定要拧干一些，否则湿乎乎的抹布连同洗涤剂浸湿车顶材料后是很难干燥的。

汽车顶棚内衬一般是用人造革或化纤混纺材料制作的。在清洗时，应根据材质的不同选用不同的清洗方法。如对人造革制成的内衬表面的清洗，可先用半湿毛巾擦拭一遍，然后用干毛巾再擦拭一遍即可。当内衬表面污垢较严重时，可先将全能泡沫清洗剂喷涂在内衬表面上，然后用干毛巾或擦布进行擦拭即可。如对用化纤、棉、毛等混纺材料制作的内衬表面的清洗，可用人工擦洗法，即先将多功能柔顺剂喷涂在顶棚内衬上，然后用布擦拭即可。

5．汽车玻璃的清洗

汽车上的玻璃主要有前风窗玻璃、后风窗玻璃、车门玻璃和侧窗玻璃等。对汽车玻璃进行清洗时，应选用去污力强、不伤油漆表面、不易燃烧的玻璃清洗剂进行清洗。先将玻璃清洗剂喷涂在玻璃表面，然后用布擦拭干净，即可去除玻璃、塑料、镀铬件及金属制品表面的污垢、油质等。

6. 行李箱清洗

行李箱室在车的后部，密封较好，主要用于存放行李，有时也可存放一些随车用品。当油污、灰尘、异物较少时，采用一般的手工清洗即可。

行李箱内衬表面一般均用人造革铺置，清洗时，先用半湿毛巾擦拭，然后再用干毛巾擦拭，即可达到清洁的目的。当行李箱局部有油污时，可先用毛巾蘸上一点肥皂或清洗剂，涂在油污处，然后再擦拭，即可把油污去除。擦洗后，为使行李箱内保持干燥，可用压缩空气吹干，也可用干毛巾多擦几遍，达到干燥的目的。

7. 其他部件的清洗

1) 安全带的清洁

安全带的清洁可以用中性的肥皂水或温水清洗干净。清洗时，可用海绵或毛巾擦拭。在清洗过程中，应检查安全带有无磨损和伤痕。

注意： 不要使用染色剂或漂白剂清洗安全带，否则会使安全带的强度下降。

2) 方向盘、排挡杆、驻车制动器、踏板的清洗

汽车内的方向盘、排挡杆、驻车制动器等部件是驾驶员经常用手接触的地方，容易沾上人体的油脂和汗渍，很容易弄脏。可以用小牙刷或沾有洗涤液的抹布进行刷洗。

要特别注意的是，离合器踏板、刹车踏板、油门踏板等部分要认真清扫，特别要清除上面的油脂类污垢。必须选用防滑型的专用清洁剂进行清洗，对事后开车时防滑有很大好处。

8. 车内特殊材质的清洁

现代汽车内部为了更美观、舒适，大量运用了多种复杂的材料，比较常见的有乙烯塑料纤维等。清洁时直接将清洁剂喷洒在上面，然后用抹布擦干净即可。最后不要忘记再在上面喷涂一层乙烯塑料式橡胶保护剂，可防止其过早老化或变脆变硬。

对于高中档车的皮革内饰件，更应坚持定期进行清洁保养，使它们不干燥老化而开裂损坏，清洁皮革时将专用清洁剂沾在抹布上清洁作业，完成后采用自然干燥为好，最后喷上专用皮革蜡，用干布擦亮即可。

9. 车内杀菌除味

冬夏两季，车内通风一般较差，导致地毯、脚垫、冷暖风口，顶棚丝绒、门边丝绒、丝绒座椅、真皮座椅及各缝隙等部位受潮后滋生细菌，出现异味，应定期杀菌、消毒、除味。

2.4.2 汽车零件的清洗

汽车在维修过程中，拆下来的零件大多沾有油腻、积炭、水垢和铁锈等，因此需要定期进行清洗。

1. 汽车零件清洗的好处

对汽车零件进行清洗的好处如下：

(1) 便于对零件进行检验分类，发现零件的缺陷，了解和掌握零件的磨损规律，确定修理方法。

(2) 可以提高装配质量，减少运动副之间的摩擦，增加润滑效果，延长零件的使用寿命。

(3) 提高维修效果，展现管理水平。

2. 零件清洗的工艺要求

零件清洗不同于汽车外部清洗，它在清洗方法和清洗材料上展现出了多样性。为了不致破坏零件的使用性能，提高清洗质量和工效，在清洗时应注意以下几点：

(1) 避免零件磕碰和划伤。零件在清洗过程中，应遵循轻拿轻放、排列有序的原则，尽量不要叠放。同时注意，在手工清洗活塞、喷油嘴、汽缸等的积炭时，要用专门工具，运动副之间的配合顺序不可搞乱。

(2) 清洗程度要有针对性。汽车中不同的零件对清洗程度的要求是不同的，如配合零件的清洗程度要高于非配合零件；间隙配合零件高于过渡和过盈配合零件；精密配合零件高于一般配合零件；对需要喷、镀、黏结的零件表面，清洗要干净、彻底。清洗时要根据上述特点选择清洗方法和清洗剂。

(3) 防止零件腐蚀如果轴承孔、光洁表面、齿轮和散热器等受潮，或清洗过程中受腐蚀性溶剂的作用，零件就会产生斑痕或被腐蚀，清洗时要合理选择清洗剂。对于清洗过的零件，应用压缩空气吹干，并采取防腐和防氧化措施。

(4) 确保操作安全，防止发生火灾或毒害、腐蚀人体的事故，避免环境污染。

(5) 合理选择清洗方法和清洗材料。

在确保清洗质量和效率的前提下，要兼顾设备造价和材料成本，讲究适用性和经济性。

3. 零件清洗的工艺方法

1) 液流冲洗法

液流冲洗法就是使洗涤液对零件表面的污垢起机械的、热的和物化作用，使之脱离零件表面，达到清洗的目的。此种方法的特点如下：

(1) 适用范围广，使用灵活，操作方便。

(2) 冲洗时，洗涤液流走时，也顺便将污垢等从清洗区带走，不产生二次污染。

(3) 清洗效率与洗涤液的性质、温度和压力等有密切关系，即洗涤液的去污力强，温度在正常范围内，冲击力(即压力)越大，洗涤效率越高。

2) 高压冲洗法

高压冲洗法是指采用压力为 9.8MPa 的热水，对零件的污垢表面进行冲洗的方法。此方法的特点如下：

(1) 效率高，成本低，不伤及油漆表面。

(2) 设备简单，采用高压清洗机即可提供高压热水，热水温度可调，一般使用的热水温度在 75℃左右。不用热水冲洗时，还可用冷水进行冲洗，适用范围广。

(3) 有利于保护环境，使用高压水冲洗时，可不用清洗剂，因而可避免使用化学药品和试剂，因此不会污染环境。

(4) 设备及材料种类较多，有各种专门的水加热器、高压冲洗液流压力调节、液流流量调节、自动控制和保护系统、可获得各种不同形式液流的喷嘴以及洗涤剂和防腐剂等。

(5) 在清洗时，应根据清洗作业的需要，选用最适合的清洗设备和清洗材料。

3) 蒸汽冲洗法

蒸汽冲洗法是指用温度为 90℃～100℃、压力为 0.5～2MPa 的蒸汽流冲洗零部件表面的污垢的一种清洗方法。此类方法适用于清洗油污严重，而一般方法又不容易清洗的零部件。此种方法的特点如下：

(1) 去污力强，清洗效果好。

(2) 此法需要配置专门的蒸汽装置和配套系统，投资较大，成本较高。

(3) 此法的清洗效率主要取决于冲洗液流的压力和流量，同时与液流的温度和清洗剂的活性等也有关。

(4) 此法属于高温压力作业，应做好相应的防护工作。

4) 热溶液浸泡洗法

热溶液浸泡洗法是指将待清洗的汽车零部件，浸入到特制的装有清洗液的蒸煮槽或池(俗称火碱锅)中进行清洗的一种方法。此法适用于外形复杂并具有不同污垢的设备及零部件的清洗。此种方法的特点如下：

(1) 设备结构简单，使用方便，经济性好。

(2) 可以使用高效碱性合成洗涤剂，它具有较强的起泡能力，对清除旧漆及除锈有较好的效果。

(3) 采用此法清洗时，若将溶液加热到100℃，可提高清洗速度和清洗质量。

(4) 采用此法清洗时，污物、油垢等会漂浮在溶液表面，当取出零部件时，若不采取相应措施，这些污物有可能黏附在清洁的零部件表面上，造成二次污染，因此应特别注意这一点。

5) 熔盐清洗法

熔盐清洗法在专门的熔盐或熔碱炉中，对零件的污垢进行清洗的一种方法。此种方法的特点如下：

(1) 清洗过程要在高温(400℃±10℃)的熔炉中进行。

(2) 必须有熔盐装置，这种装置应有很强的防腐性能。

(3) 在零件上的腐蚀物和氧化铁等被清除时，零件本身同时得到钝化处理。

(4) 清洗时，应注意做好安全防护。

(5) 使用范围窄，受限制的条件多。

6) 无水洗车法

无水洗车法是利用无水洗车液与体积分数为 98% 的高压空气(代替水)混合，以适当的压力对零件的清洗表面进行喷洗，将零件表面的泥土、污垢轻松除掉的一种清洗方法。洗车后，地面上无流水，所以称为无水洗车法，这种方法能够节约用水，有助于环保。该方法适用于对车身油漆表面、内饰、轮胎、底盘、发动机等部位进行全面的清洗养护。此种方法的特点如下：

(1) 节约用水可达 98% 左右。

(2) 洗车、打蜡、抛光可一次完成，可产生良好的经济效益。

(3) 无水清洗法若配有电子加温系统，在冬季也能满足随时洗车的要求。

(4) 有完善的液位显示系统、空气二次加压储存罐、特制的高压旋口喷枪等配套装置，能顺利地完成各种清洗养护任务。

(5) 清洗后的零件表面会形成一层高分子保护膜，可保护油漆防静电、防雨雪侵蚀、防漆膜老化，可延长使用寿命，并可覆盖漆膜表面的轻微划痕。

7) 超声波清洗法

超声波清洗法是指利用超声波原理清洗零件表面污渍的方法。超声波是一种交变声压，当它在液体介质中振动传播时，能使液体介质形成疏密不同的状态，产生超声空化效应。当超声波的振动频率和强度达到一定程度时，则不断地形成足够数量的空腔，然后不断闭合，在无数个点上形成数百兆帕的爆炸力和冲击波，从而对零件表面的油污、积炭产生极大的剥离作用，加上清洗液的热力和化学作用，可获得良好的清洗效果。

超声波清洗法用的清洗剂大致可分为水基和非水基两种。水基清洗剂对油及亲油污垢的溶解力和分散力不够，需在水基清洗剂中添加表面活性剂和适当的碱性物质，可显著改善去污能力。非水基清洗剂，存在易燃易爆(石油系和醇系)、对人体有害(氯系)、价格昂贵(代氟)等问题，为此应多采用水基清洗剂。

超声波清洗技术在对汽车发动机汽缸体及零部件的清洗中应用，与传统的清洗方式相比，超声波清洗有如下优点：

(1) 清洗更彻底

超声波清洗技术的超声波原理表明，该种方式非常适合清洗发动机汽缸体、汽缸盖类形状复杂的构件。这类零部件若用人工清洗，有很多部位是难以或无法清洗到的，使用工具也无法取得良好的清洗效果。清洗剂只能溶解部分污垢，对于顽固污垢及零件内部的污垢是无法清除的。超声波技术清洗是一种奇妙的物理清洗方法，犹如无数把小刷子同时清洗物体的内外表面，它可以将传统方法无法完成的内表面及内孔的清洗一次完成。

(2) 操作安全、节约能源

小型零部件的清洗目前多使用汽油或柴油刷洗，因此操作安全系数很低，易造成事故。而超声波技术清洗使用水基清洗剂，绝无事故隐患。

(3) 工作效率高

只需将零部件解体后放在清洗机的丝网料筐中并按一下开关即可，清洗过程中，维修人员还可以做其他工作。

(4) 清洗成本低

因清洗剂重复使用率高，耗材也较为廉价，故其清洗成本只为传统清洗方法的 1/3～1/8。

2.4.3　实例分析

下面按照统一接待流程，介绍德国 A1 内室清洁施工：

(1) 车开入施工区

检查车内设备是否完好，如门板、座椅等有无破损，并提醒车主保管、带走贵重物品。

(2) 整理车上杂物

把门板、杂物箱、后备箱里的杂物用专用箱装好，注意轻拿轻放。

(3) 擦车顶棚

清洗顶棚严禁用毛刷清洗，因为长期使用毛刷清洗会使汽车顶棚出现绒布起毛球、脱胶、脱顶等严重后果。

(4) 擦方向盘、仪表盘

仪表盘、操控台上精密原件和按钮较多，严禁有水渗入原件、按钮内。这些部件应当轻擦细洗。

(5) 擦座椅、安全带

座椅严禁用毛刷来清洗，因为长期使用毛刷清洗会使皮革出现脱胶、失光、龟裂等严重后果。

(6) 杂物箱清洗

杂物箱内存有沟沟缝缝和各种死角，应当仔细清洗。

(7) 后备箱清洗

① 先整理出后背箱内的杂物。

② 清洗后备箱、备胎箱以及备胎。

③ 物品复位。

(8) 地板清洗

(9) 内室去异味

① 用蒸汽机或臭氧机消毒 20 分钟后，打开车门通风放置 5 分钟。

② 用 A1 异味去除剂喷洒于车内饰表面，以座椅底下、脚垫底下、杂物箱等处为主。

(10) 真皮护理

把皮革护理霜喷洒在施工海绵上，均匀地涂抹在真皮表面。

注意： 不能抹到方向盘把套上。

(11) 橡塑部件护理

把塑料件、橡胶件护理剂喷洒在施工海绵上，均匀地涂抹在橡塑部件上。

注意： 不能抹到玻璃和方向盘把套上。

(12) 复位车内物品，检查交车

知识拓展 2-3

超声波清洗是利用超声波在液体中的空化作用、加速度作用及直进流作用对液体和污物直接、间接的作用，使污物层被分散、乳化、剥离而达到清洗目的。

按频率不同，超声波可以分为三种，即次声波、声波、超声波。次声波的频率为 20Hz 以下；声波的频率为 20Hz～20kHz；超声波的频率则为 20kHz 以上。其中的次声波和超声波一般人耳是听不到的。超声波由于频率高、波长短，因而传播的方向性好、穿透能力强，这也是超声波清洗机被发明的原因。

思考与练习

一、思考题

1. 汽车驾驶室的清洗步骤有哪些？
2. 汽车零件清洗的方法有哪些？

二、练习题

1. 填空题

(1) 零件清洗的工艺方法有(   )、(   )、(   )、(   )、(   )、(   )、(   )。

(2) 零件清洗时应注意(   )、(   )、(   )、(   )、(   )。

2. 判断题

(1) 对真皮座椅进行清洗时，可选用皮革乙烯材料清洗剂进行清洗。   (   )

(2) 安全带的清洁可以用中性的肥皂水或温水清洗干净。   (   )

(3) 零件在清洗过程中，应遵循轻拿轻放、排列有序的原则，尽量不要叠放。 (   )

第3章

汽车漆面美容

【本章概述】

本章主要介绍汽车漆面美容的护理用品，汽车打蜡、封釉和镀膜的作用，以及打蜡流程等。

第一节讲述汽车漆面美容概述，同时分析汽车美容的主要内容和分类。

第二节讲述汽车漆面美容护理用品。

第三节讲述汽车打蜡的主要功用以及汽车打蜡的主要流程。

【学习目标】

知识目标：

掌握汽车漆面美容的主要内容；

掌握汽车漆面美容作业中常用材料的选用；

掌握汽车漆面美容作业中的常用工具及设备的正确使用。

能力目标：

掌握汽车漆面美容护理用品的选用；

掌握汽车打蜡、封釉的操作步骤。

3.1 汽车漆面美容概述

随着时代的发展，汽车车身系统养护的重要性远远超过了任何其他系统，即如果钣金及漆面不良，且仍不注意养护，汽车的使用价值将大打折扣，即使发动机状况再好，也无法保证车辆的使用寿命。而且，随着汽车保有量的增多，无论是在行驶中还是停放中，车与车之间的碰撞在所难免。因此，汽车维修业对漆面的养护与处理提出了更高的要求。因此，了解汽车漆面美容的主要内容、作业项目及操作工艺是非常必要的。

专业意义上的汽车漆面美容是指在使车辆亮丽增辉的同时，提高车辆防止受到外界侵蚀的能力，以延长车辆使用寿命的系统、规范、专业化的作业项目。

众所周知，汽车的日常运行及停放绝大多数时间处于露天环境中，毫无遮掩地遭受风吹、日晒、雨淋及酸雨等氧化性物质的侵蚀，使漆面逐渐变得粗糙、失去光泽。此外，由于诸多人为因素，如行车中与其他物体或车辆刮擦，或者停放在路边或生活区被划伤，造成漆面严重损坏。通过专业汽车美容师对漆面进行处理施工，可使漆面焕然一新。

3.1.1 汽车漆面美容的必要性

1．车辆美学的需要

现代汽车尤其是轿车，不仅追求线条流畅的外形，而且对外观的装饰要求也越来越高。随着科学技术的发展，色彩鲜明且保色性优良的轿车随处可见。随着汽车保有量的不断增加，在使用中出现失光、不同程度的划伤及破损也已司空见惯，通过漆面美容可以使汽车恢复本来面目。

2．汽车保养的需要

当汽车漆面出现失光、划痕及破损时，这些缺陷有的已经穿过涂层伤及金属基材。如不及时进行漆面处理，会使基材金属受到腐蚀，漆面受损严重的话，会影响汽车板材的使用寿命。

3．环境美学的需要

随着社会进步，人们开始越来越多地关注自己的生存环境，汽车作为反映城市形象的移动广告，无疑是环境的重要支撑。使车保持良好的形象，为创造美好生存环境做一份贡献，已成为一种必需。

3.1.2 漆面美容的主要内容与分类

1．漆面美容的主要内容

漆面美容作为现代汽车美容的重要组成部分，包括以下主要内容。

1) 漆面失光处理

汽车在使用中，受到风吹、日晒、雨淋及空气中有害物质的侵蚀，致使漆面逐渐失去原有的光泽。在汽车美容作业中，采用抛光处理工艺与方法，配合专门的护理用品，可以有效地去除失光，再现漆面的亮丽风采。

2) 漆面浅划痕处理

汽车在使用中因摩擦及日常护理不当，久而久之，在漆面上会出现轻微划痕，并未露出底漆，这种划痕在阳光下清晰可辨。在作业中一般采用抛光研磨的方法对漆面上出现的浅划痕予以去除。

3) 漆面深划痕处理

汽车漆面深划痕多为硬性划伤所致，目测会看到裸露的底漆，用手拭痕表面，会有明显的刮手的感觉。目前在汽车美容行业中，在深划痕处理工艺上，可以采用喷涂修复施工来完成。

4) 喷涂修复

喷涂修复是汽车美容作业中要求最严格、技术含量最高的施工项目。当汽车漆面出现划伤、破损及严重腐蚀失光等现象时，可采用喷涂工艺来恢复汽车的原貌。

2．漆面美容的分类

根据漆面美容的侧重点不同，漆面美容可以分为漆面修复美容、漆面装饰美容、漆面重涂修复。

1) 漆面修复美容

汽车漆面修复美容是指对汽车喷漆或者是使用一段时间后出现的漆面缺陷问题进行处理。

漆面施工时，在无专用喷烤设备的车间喷烤，或在喷漆房的通风净化不洁净的情况下，或喷漆房内的空气压差不稳时，用于喷漆的压缩空气会或大或小。这样就会使修补漆的接口边缘出现流挂、尘埃、橘皮和干喷等现象。这些现象需经修复才能达到高质量的漆面效果。

漆面修复美容的施工工艺如下。

(1) 磨平

新喷的漆面必须完全干燥后，再进行打磨。大面积的磨平处理可用电动偏心振动圆形细磨机或气动圆形细磨机两种细磨机。细磨机的偏心振动直径均为 3cm，并带有平滑启动、无级调速功能，运转平稳。配专用美容磨砂纸 P1500 打磨时，需加少许水。细磨机用中挡速度均匀打磨需处理的部位，要尽量使磨垫底盘平放于打磨部位。这样可获得更好的平稳性，并减少损坏涂料表面的机会。避免因高速打磨产生的热量，使磨削的粉尘粘在砂纸表面后造成漆面新的划痕。

小面积或点状颗粒的尘埃，可用手动小打磨头，配自粘式专用水砂纸 P2500 平稳打磨。在打磨时，应保持打磨头垂直于物体表面，磨头要做尽可能小的圆圈移动，并在砂纸表面涂一些肥皂，以减少砂纸粘着堵塞，将有问题的漆面打磨平滑后再进行抛光。

(2) 抛光

将水溶性抛光蜡均匀地涂在已处理好的表面，用中号抛光机配合抛光用软毛垫进行抛光。在抛光过程中使用喷雾瓶向工件表面及抛光毛毡喷水，以防发热后抛光剂和漆面粘着。先将抛光机转速调整为 900～1600r/min 进行扩散抛光，把磨过的砂纸痕磨平，然后再将转速调整为 1900～2500r/min 进行高度抛光。

经过抛光的漆面要进行上光蜡保护，用中号抛光机加细海绵球及水溶性漆膜保护蜡，用抛光机中低速涂匀、封闭和保护 10min，使蜡中的高分子聚合物覆盖在漆膜表面后，再用中号抛光机配费斯托洁净羊毛球进行保护性抛光。

2）漆面装饰美容

漆面装饰美容是指汽车在使用过程中，漆面会出现失光、划痕，为达到美观等需要而进行的美容处理，包括护理美容和翻新美容。

（1）护理美容

漆面护理美容是指在正常使用中对汽车进行护理，保护漆膜，使漆面光泽长久保持，避免变粗糙和失去弹性。

汽车漆面护理美容的施工工艺如下。

① 清洗车身

用中性清洁液清洗车身各部的油污及脏点。注意不要用碱性的清洁液，否则会伤害车身表面漆层。

② 抛光漆面

用中号抛光机及细海绵球配合水溶性漆膜保护蜡进行抛光。将漆膜保护蜡涂于海绵球的表面，用中低速 900～1600r/min 均匀地将其涂抹在车身表面，封闭 10min 后，改用羊毛球进行抛光，除去表面浮蜡。

（2）翻新美容

漆面翻新美容是指漆面受到污染造成粗糙失光时不需喷漆，经过翻新美容就能重新焕发光彩。

日常使用中，汽车漆面由于长时间未做任何漆膜保护，以及受空气中的有害气体、紫外线照射，酸雨、鸟粪等侵蚀和汽车在高速行驶时与空气摩擦产生静电，将有害气体的分子和灰尘吸附黏结于车身表面，而形成一种氧化膜，使车身颜色变得暗淡，同时严重影响上蜡质量。这时翻新美容就派上了用场。

① 清洗车身

确认没有严重的刮伤后，要用清洁液对车身表面彻底清洗。选用电动偏心振动圆形细磨机或气动圆形细磨机配合专用超软接垫和超软尼龙细砂网 S1200，用中低速将氧化膜除掉后用快干清洁剂清洁。

② 粗抛漆面

去掉氧化膜的车身，用抛光机和粗海绵球配水溶性抛光粗蜡进行粗抛。将抛光蜡涂于海绵球表面用中速 1600r/min 扩散研磨一遍，以调整漆膜纹理。

③ 细抛漆面

在将水溶性抛光细蜡加少许水粉均匀地涂抹在需抛光的部位后，改用羊毛球、抛光机用中高速 1900～2200r/min 将砂纸纹抛掉，使光泽产生。在抛光过程中应尽量使羊毛球湿润，防止过热损伤漆面。

④ 上光封闭保护

用水溶性漆膜上光保护蜡和费斯托细海绵球将蜡均匀地涂在车身表面，10min 后用洁净的羊毛球抛光。

3）漆面重涂修复

汽车漆面重涂修复是指当汽车漆面出现划伤、破损及严重腐蚀性失光等现象时，必须采用喷涂工艺来恢复汽车昔日风采的一种漆面美容处理方法。

思考与练习

一、思考题

1. 通常情况下，如何进行汽车漆面装饰美容？
2. 叙述汽车漆面修复美容的工艺。

二、练习题

1. 填空题

(1) 汽车漆面美容的必要性体现在(　　)、(　　)、(　　)三个方面。

(2) 汽车漆面美容通常分为(　　)、(　　)、(　　)、(　　)4 类。

2. 判断题

(1) 在粗抛漆面时，抛光机采用低速抛光。　　　　　　　　　　　　　　　(　　)

(2) 在汽车漆面翻新美容的上光封闭保护中，用水溶性漆膜上光保护蜡和费斯托细海绵球将蜡均匀地涂在车身表面后，应立即用洁净的羊毛球抛光。　　　　(　　)

3.2　汽车漆面美容护理用品

3.2.1　汽车漆面处理常用材料的选用

汽车是一种交通工具，车身主要由金属制成，而且大部分是钢铁。钢铁本身的防蚀性能很差，容易被空气中的氧和其他介质所腐蚀。再有，汽车长年累月送客、运货，必然会经受日晒、雨淋、风沙、冰雪、严寒、酷暑这样多变环境条件的影响，加上行驶中经常接触化学药品、酸、碱、盐等腐蚀性介质，更容易使金属发生锈蚀。为了保护汽车的基体不受腐蚀，通常使用相应的涂料来保护汽车车身材料，在其表面形成一层保护层，起一种"屏蔽"作用，使基体与外界的腐蚀性介质隔开，从而延长材料的使用寿命。

汽车是一种工业艺术品，它不但造型要美观，而且装饰要漂亮。在保护汽车不受腐蚀的基础上对汽车表面进行装饰美化，还能美化环境，调节人们的精神面貌。特别是城市内使用的汽车，不仅要充当美化城市的工艺品，还要与城市中的建筑物相映衬，和城市建筑物的那种整齐、对称、端庄、雄伟、线条的美感相适应。

1. 汽车漆面

汽车的耐候性、装饰性、耐潮湿性、抗污性等主要靠汽车面漆来实现。尤其在轿车生产中，对车用面漆的质量要求非常高。

汽车的装饰涂料必须具有品种齐全、颜色丰富、色彩鲜艳等特点，以满足各种汽车的装饰要求。汽车的高级装饰性涂料，要求涂膜外观光滑平整、花纹清晰、光亮如镜；中级装饰性涂料，要求涂膜外观光滑平整、花纹清晰，允许有轻微"橘皮"。

我国地域辽阔，气候差异很大，不同地区使用的汽车对涂料性能有不同的要求，在干寒地区使用的汽车，要求汽车涂料有一定的耐寒性能。在湿热地区使用的汽车，要求汽车涂料有耐湿热、耐盐雾和耐霉菌的性能(简称三防性能)。不同类型的汽车，不同的部位，要求也各不相同,因此要有所侧重。如轿车车身对涂料的装饰性、耐久性、保护性、保光性要求很高,而载重汽车车身的涂装就对涂料的装饰性、耐久性、保护性考虑得比较多一些,对汽车底盘的涂装主要是要求耐久、耐化学腐蚀及具有防锈功能,对油箱内壁来说,它要经受汽油的长期浸泡,涂料的耐汽油性就是主要考量因素。

2. 汽车漆面及面漆分类

1) 汽车漆面分类

根据车身漆面劣化程度,汽车漆面可分为以下几种。

(1) 新车漆面

新车下线之前必须进行漆面保护,即在车身漆面上易受磨损的部位贴上塑料薄膜,然后全车涂上一层较厚、黏性较大的保护蜡。目前,汽车销售商在将汽车卖出、交给客户前,要进行新车装备。新车装备最主要的工作之一就是进行开蜡,即将原来涂在汽车漆面上的黏糊糊的保护蜡,用专用开蜡水洗除,然后再用抛光的方法进行处理。

(2) 轻微损伤漆面

汽车在使用过程中受到外界的伤害,在漆面表层形成氧化层或亚光、老化。这些轻微损伤包括紫外线对汽车漆面的伤害、有害气体对汽车漆面的伤害、酸雨及盐碱气候对漆面的伤害、制动片与蹄片磨损产生的粉尘以及公路粉尘对汽车漆面的伤害等。

(3) 擦伤的漆面

擦伤漆面是指仅仅伤及漆面的外观,而车身钣金面未变形,漆面也无划剐痕迹。

(4) 划花的漆面

漆面不但被外物擦伤,而且划出了深的痕迹。

(5) 碰撞伤的漆面

碰撞对汽车漆面造成损伤,不仅伤及漆面的外观,也使车身钣金面受损变形。

(6) 劣质老化的漆面

漆面的材质经风吹、日晒、雨淋而严重老化,表面发白、褪色或龟裂。

2) 汽车面漆分类

根据汽车面漆成分不同,可将其分为以下几类。

(1) 硝基面漆

硝基面漆是由硝化棉及合成树脂混合配制而成。硝化棉具有快干特性,合成树脂赋予膜厚、光泽和色彩与颜色的耐久性。硝基面漆仅由溶剂挥发而成膜,随溶剂的初期挥发而很快表干,完全彻底干燥固化需约 16h。硝基面漆的表面干燥快,易抛光,适于局部修补,在汽车修补用涂料中占有一定的比重。

(2) 丙烯酸树脂漆

丙烯酸树脂漆是由丙烯酸系列的热塑性树脂组成。溶剂挥发而成膜,表面干燥较快,且具有高光泽和良好的颜色耐久性,完全干燥需要 16h。丙烯酸树脂喷漆的涂膜具有打磨、抛光性能。快干和抛光性能是汽车修补面漆所需的主要性能,前者能提高工效,而且少粘尘;后者是消除修补面的缺陷和斑痕的手段之一。

(3) 空气干燥合成磁漆

空气干燥合成磁漆又称自干型合成磁漆，由干性油或各种物质干性的合成树脂制成，其干燥可分为两个阶段。首先，漆膜内的溶剂挥发；随后涂膜吸收空气中的氧气，产生氧化聚合反应而干燥固化成膜，表面干燥也较快，而实干较慢，需隔夜才能干燥固化。

本类磁漆的涂装固体成分含量高，喷涂两道漆即可得到光泽度高且有较佳刮痕填平性的涂膜。但涂膜一般不具有抛光性，不宜作为轿车修补用面漆，而可用于载重汽车驾驶室、货厢面漆的翻新。

(4) 双组分汽车面漆

双组分(2K)汽车面漆是由主料和固化剂分装出售，主料一般是羟基丙烯酸或三聚氰胺树脂混合物，或聚氨酯树脂，固化剂是多异氰酸类树脂。在使用前按一定配比混合，一般在室温下即可自干，也可在 80℃下烘干，以加速固化。

双组分(2K)汽车面漆的涂装固体成分含量高，涂两道即可得到光泽度高且有极佳的刮痕填平性的漆膜。在 20℃～80℃ 的任何温度下，其干燥速度都比其他修补涂料快。在 20℃下经 16h 或在工作温度 60℃下，经 30min 强制干燥后即可再次喷涂，并已具有耐汽油性。在室温下隔夜干燥或强制干燥后，漆膜就可打磨去除颗粒和垂流，以 P1200 砂纸湿磨或以粗蜡磨光，再以羊毛轮高速轻压即可获得光亮如镜的漆面。

3．涂装

涂装是指将涂料以不同的方式涂敷于经过处理的物面(基底表面)上，干燥固化后形成一层牢固附着的连续薄膜的工艺。固化了的涂料膜称为涂膜(俗称漆膜)，由两层以上的涂膜组成的复合层称为涂层。汽车表面涂装就是典型的多涂层涂装。

1) 涂料的干燥

涂料的干燥是指涂料在施工后，由液态或黏稠状涂膜转变成固态的化学和物理变化过程。涂料施工后未经过适当的干燥不仅不能保证涂膜的性能，还会影响以后的涂膜处理工作(如抛光等)，严重的甚至会前功尽弃。在涂料施工中，干燥不良经常会造成涂膜的品质事故，所以涂料的干燥是涂装施工中的一个非常重要的环节。涂料的干燥方式主要有自然干燥、加速干燥和高温烘烤干燥三种。

(1) 自然干燥

自然干燥又称为空气干燥，是指涂膜可以在室温条件下干燥，其干燥条件是：温度为 15℃～20℃，相对湿度不大于 80%。

(2) 加速干燥

为了缩短涂装的施工周期，加快生产速度和效率，常常会在自然干燥型涂料中加入适量的催干剂以促进固化。另一种加速干燥的方法是将自然干燥型涂料在一定的温度(50℃～80℃)下进行低温烘烤。

(3) 高温烘烤干燥

许多涂料在常温下是不能干燥结膜的，一定要在比较高的温度下(120℃～180℃)，涂料中的树脂才会在高温的作用下发生化学反应而交联固化成膜，这一类涂料称为热聚合型涂料。

自然干燥型和加速干燥型涂料由于干燥温度比较低，又称为低温涂料。在汽车修理涂装中，由于车身上许多部件不耐高温的烘烤，所以通常采用低温涂料。

2) 成膜机理

涂料在涂装之后到干燥成膜期间要有一系列的物理和化学变化，不同的涂料其干燥成膜机理也不同。涂料的干燥成膜方式主要有溶剂挥发干燥成膜和化学反应干燥成膜两大类。

4．汽车面漆的鉴别

在进行修补涂装施工前，应确定原车面漆属于哪种类型，以便正确地选择和配套所用面漆。确定原车面漆类型的方法主要有以下几种。

1) 目测法

如果车身外形线附近的表皮组织粗糙或漆面经摩擦后出现抛光组织，则说明原车用的是抛光型面漆。

2) 溶剂法

用蘸有硝基漆稀释剂的白布擦拭漆膜，观察漆膜的溶解程度。如果漆膜溶解，并在白布上留下印痕，则是白干漆；如果没有溶解，则可能是烘干漆或双组分漆。丙烯酸聚氨酯面漆没有白干漆易溶解，但有时溶剂渗透面漆，会削弱其表面光泽。

3) 加热法

首先用细水砂纸打磨，使漆膜失光，然后用红外线加热灯加热，如钝化表面重现光泽，则说明原车用的是丙烯酸面漆。

4) 硬度测定法

由于各种面漆干燥后漆膜的硬度不同，大体上看双组分漆和烘干漆硬度高，而白干漆硬度较低。

5) 厚度测试法

各种面漆由于性质不同，其涂层厚度是不一样的，所以可通过厚度计测定漆膜厚度来判定面漆的大致类型。

6) 电脑检测仪法

利用电脑调色系统可直接获得原车面漆的有关资料，这是目前涂装行业普遍使用的检测方法。此方法方便、快捷，只需将原车车身的油箱盖拿来，利用仪器很快能准确无误地判别出面漆的类型。

5．汽车涂装常用材料

根据汽车用涂料在涂层中的位置，分为汽车底漆、原子灰、中涂层涂料和汽车面漆，现分别介绍如下。

1) 常用的汽车底漆

底漆是指直接涂装在经过表面处理的车身表面的基础涂料。由于漆膜的附着力和耐腐蚀性能主要依靠底漆层，因此汽车底漆必须具备下列特性。

(1) 具有良好的耐腐蚀性、耐水性和抗化学药品的腐蚀性，具有足够的防止金属表面氧化腐蚀的防锈能力。

(2) 经过表面处理的车身表面有良好的附着力，所形成的底漆漆膜应具有良好的机械强度(如耐冲击强度、硬度、弹性等)。

(3) 不发生"咬底"、"揭皮"现象，底漆必须有合理的配套作用。再通过合理而高质量的涂装施工工艺，才能保证底漆的涂装质量。

(4) 具有良好的施工性能，能适应先进的汽车涂装工艺。底漆的附着力和漆膜的强度除了与成膜物质有关，还与施工参数，如涂膜的厚度、均匀度、干燥程度、漏涂、稀释剂的正确使用及施工环境、表面清洁处理(如除锈、去油)等有关。

2) 常用的汽车中涂层涂料

中涂层涂料是介于底漆层与面漆层之间的涂层所用的涂料，主要作用是提高被涂物表面的平整度和光滑度，封闭底涂层的缺陷，以提高涂膜质量。现代的汽车制造为提高涂膜质量，中涂层喷涂已是必不可少的一道工序，所以在汽车维修涂装中也必须采用中涂层涂装。

3) 专业研磨材料

(1) 研磨剂

研磨剂可以分为两大类，即普通漆研磨剂和透明漆研磨剂。

① 普通漆研磨剂

普通漆研磨剂是指透明漆出现以前所生产的研磨剂。一般研磨剂中都含有坚固的浮岩作为摩擦材料。浮岩颗粒的主要特点是坚硬、研磨速度快。但因为这些颗粒不会在研磨中发生质变，所以用于透明漆时，会将透明漆涂膜打掉，因此不适用于透明漆的研磨。

② 透明漆研磨剂

透明漆研磨剂中的摩擦材料有了很大的革新，以合成磨料或陶土代替了浮岩，切割功能依然存在，但不像浮岩那样坚硬了。在一定的热量下，摩擦材料可通过化学反应变小或变无，故又称为通用型研磨剂。

研磨剂都是按其摩擦材料颗粒的大小来决定其研磨功能的，没有哪种单一的研磨剂能"医治百病"。因为在治理大划痕的同时，研磨剂又会造成小划痕，而治理小划痕需要更细的研磨材料。

(2) 抛光剂

抛光剂的基本成分多为硅蜡或硝基氨，其主要成分还有研磨剂(碳化硅)、去污剂、光亮剂和还原剂等。抛光剂按其所含研磨剂的粒度及所含还原剂的多少，又可细分为研磨剂、抛光剂和还原剂。

抛光剂是混在溶剂或水中的摩擦粒子，其用处因其所含的粒子的大小不同而异。通常使用的抛光剂的种类和特性，如图3.1所示。

图 3.1 抛光剂的种类和特性

(3) 还原剂

还原剂又称为密封剂，它是在蜡和漆之间起绝缘作用，以确保打蜡后的保质期，能使涂膜避免空气中的污染物的侵蚀，主要分为还原剂和增光剂两种。

① 还原剂

还原剂以"消除最后的划痕，把涂膜还原到新车"为主。还原是打蜡前的最后一道完善工序，可以使研磨、抛光等工作成果再上一个台阶。

② 增光剂

增光剂以"亮"为主，是集抛光与打蜡为一体的二合一产品，是含蜡(或上光剂)的抛光剂。增光剂与抛光剂的唯一区别在于增光剂含蜡(或上光剂)，而抛光剂不含蜡。

6. 常用汽车涂料的合理选用

目前，进口面漆多以热塑性丙烯酸漆以及聚氨酯双组分漆为主，而且都是由国外较大的涂料公司生产，基本上都有配套使用的底漆、中涂层漆和面漆，产品使用说明书中都有比较详细的技术要求和施工条件，以及产品质量检验方法等，这为合理配套选用提供了方便而可靠的条件。但在实际选用时，应注意以下两个方面：

(1) 最好选用同一国家的同一厂商的系列产品，即选用配套的底漆、中涂层漆和面漆，甚至包括稀释剂、固化剂、防潮剂等。

(2) 对于不同厂商的涂料，可根据相同类型原料、相同性能产品互换进行选用。但必须注意产品的使用要求，应认真阅读涂料产品的使用说明书，确保涂料产品的合理配套使用。

7. 喷涂装饰用材料

为了提高装饰效果，常使用一些具有高性能的涂料进行喷涂，以达到理想效果。

1) 珍珠汽车漆

珍珠汽车漆具有很高的镜面光泽，珠光细腻柔和，装饰性极佳，同时还具有随视角而变化的闪色效应。所以，目前美、欧、日等国家和地区的各大汽车公司，几乎所有的高级豪华轿车均采用珍珠汽车漆涂装。

(1) 珍珠汽车漆的组成

珍珠汽车漆是以各种天然或合成树脂为基料，按一定比例加入云母钛珠光颜料制成的新型涂料，属于金属闪光涂料中的一个特殊品种。

(2) 珍珠汽车漆的产品性能

① 具有细腻柔和的"珍珠光泽效应"

珍珠汽车漆在施工中珠光颜料能在漆膜中获得有规则的定向排列，入射光线照射在漆膜表面时，漆膜能显示出类似于丝绸和软缎般细腻柔和的珍珠光泽，即所谓的"珍珠光泽效应"。

② 具有随视角变化的"视角闪色效应"

当透明片状颜料平行地分布在涂料中，入射光将在折光指数不同的透明层界面发生光的多次折射和反射，在部分吸收和部分透过作用下，平行的各种反射光之间必然会发生光的干涉现象。这种随观察者角度不同而看到不同干涉色的现象，被称为"视角闪色效应"或"多色效应"。

③ 具有明亮闪烁的"金属闪光效应"

一般的金属漆是依靠金属颜料片具有对光的镜面反射作用而在人们眼里产生"金属闪光效应",但漆膜却缺乏三维空间的立体感。而采用经过着色处理的珠光颜料,不但同样可获得一系列不同色泽的金属色珠光涂料,且珠光漆总是只反射一小部分入射光,而把大部分入射光透射到下一层晶片上,又重复一次反射和透射,使漆膜的丰满度优于常规的金属漆。

④ 具有随曲率的变化而变化的"色彩转移效应"

用干涉色幻彩云母钛珠光颜料制成的连续漆膜,能同时显示出两种截然不同的颜色,这种颜色的变化叫作"色彩转移效应"。该漆的色彩会随轿车车身曲率的改变而发生变化,其色彩转移效应表现为从蓝到橙、从黄到紫、从红到绿等,即从一种原色变到它的互补色。

2) 幻彩超级特别珍珠漆系列

系列珍珠漆特有的超级变幻方式,能使面漆产生特有的色彩变幻,使装饰效果更胜一筹。

3) 双组分镜面清漆、双组分高厚膜超级清漆

双组分清漆与金属面漆配合使用,喷完金属面漆之后,再喷上两道镜面或高厚膜超级清漆,可以使车身表面达到优质的镜面效果,提高装饰性能。

4) 特种高亮清漆

特种高亮清漆具有极好的流平性,光泽度特别高且硬度好,同时可快速干燥和抛光,适用于大小面积修补及整车喷涂,为名贵轿车高品质喷涂的首选。

8. 涂装前表面预处理及涂装后处理材料

车身涂膜修复所用材料的种类很多,包括涂装前处理材料、涂料(面漆、中涂、底漆)、涂装后处理材料,以及其他辅助材料等。

涂装前,表面预处理主要包括脱脂、除锈(即除氧化皮)及化学转化膜处理(磷化、氧化、钝化)。此外,也涉及脱除旧漆等处理。

1) 脱脂

汽车涂装中,脱脂方法主要有以下两种:一是依靠有机溶剂对油污的浸透、溶解等作用达到去除油污目的的溶液清洗;二是利用含有表面活性剂的碱性物质对动植物油的皂化及表面活性剂的浸润、分散、乳化及增溶作用达到去除油污目的的碱液清洗。

2) 除锈

除锈方法主要有机械法和化学法两类。在汽车涂装行业中,机械除锈不是主流方法,被广泛采用的是化学除锈。

磷化是大幅度提高金属表面涂层耐腐蚀性的一种方便可靠、费用低廉、操作简单的工艺方法,在国内被广泛采用,尤其是在汽车涂装中采用更为广泛。近年来,汽车行业中薄板件几乎百分之百地采用磷化处理。

所谓磷化处理,是指金属表面与含磷酸二氢盐的酸性溶液接触,产生化学反应而在金属表面生成稳定的不溶性的无机化合物膜层的一种表面化学处理方法,所生成的膜称为磷化膜。

3) 涂装后处理材料

在喷完面漆后，为了消除漆膜表面的缺陷，如颗粒、橘皮等，要用抛光材料进行局部的抛光修饰。抛光适用于丙烯酸树脂漆、双组分聚氨酯漆及硝基面漆，不适用于漆膜硬度较低的油性漆及醇酸漆。

3.2.2　汽车漆面美容常用的工具和设备

汽车漆面美容的效果主要取决于汽车漆面美容设备的质量和操作人员的技术水平，汽车漆面美容设备的质量由设备的精度所决定。所以，下面我们先来对汽车漆面美容工具和设备有一个总体上的认识。

1. 喷枪

1) 喷枪的工作原理及分类

喷枪是漆面修复的主要设备，其质量对漆面修复的质量影响很大。喷枪的类型和规格较多，适用于不同场合的喷涂，但其基本功能和原理是一致的。

(1) 空气喷枪的工作原理

当压缩空气从气罩的气孔中排出时，就在涂料喷嘴处形成一个负压，该负压对杯中的涂料施以吸引力。然后，由于气罩里气孔处的压缩空气的作用，被吸上的涂料以雾化形式喷出到漆面上，与雾化器的原理是相同的。空气喷枪的工作原理，如图3.2所示。

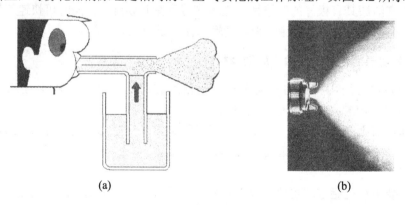

(a)　　　　　　　　　　　　　　　　(b)

图3.2　空气喷枪的工作原理

(2) 空气喷枪的种类

空气喷枪可分为重力式、吸力式和压力式三类。空气喷枪的分类要点见表3.1。

表3.1　空气喷枪的分类要点

类　型	涂料供应方法	优　点	缺　点
重力式	涂料杯在喷枪的涂料喷嘴上面。涂料是靠其自身的重力以及在喷嘴处产生的吸引力供应至喷嘴	可以将由于黏度变化引致的涂料喷涂量的变化减至最小	由于涂料杯容量小，不适合于大面积、长时间的喷涂作业

类　　型	涂料供应方法	优　　点	缺　　点
吸力式	涂料杯在喷枪的涂料喷嘴的下面。涂料靠喷嘴处产生的吸引力供应至喷嘴	由于涂料杯容量大，适合于喷涂较大的面积	由于涂料杯容量大，故喷枪较重
压力式	涂料和喷枪是分开的。涂料在涂料罐内被压缩空气加压，并供至喷枪	适合于进行大面积连续喷涂作业	不适合于小的涂装工作

对于一般的汽车重涂，最好用重力式和吸力式空气喷枪，因为它们使用简便。压缩型空气喷枪一般用于制造厂，进行连续喷涂。

(3) 空气喷枪的结构

以重力式为例，空气喷枪的结构如图 3.3 所示。

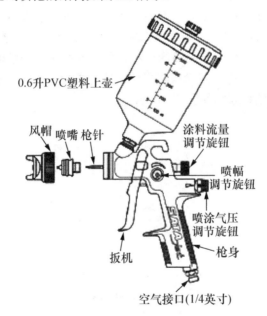

0.6升PVC塑料上壶

风帽　喷嘴　枪针

涂料流量调节旋钮

喷幅调节旋钮

喷涂气压调节旋钮

扳机　枪身

空气接口(1/4英寸)

图 3.3　重力式喷枪结构

① 涂料流量调节旋钮

通过调节针的移动来调节涂料喷出量。放松调节螺钉，喷出量便增加；拧紧调节螺钉，喷出量便减少。如果调节螺钉拧紧，那涂料流便停止喷涂。

② 喷幅调节旋钮

喷幅调节旋钮用来调节喷雾图形。拧松旋钮可以产生椭圆形喷雾，拧紧旋钮可以产生较圆的喷雾。椭圆形比较适合于喷涂大的工作表面；圆形比较适合于喷涂较小的工作表面，如图 3.4 所示。

③ 喷涂气压调节旋钮

喷涂气压调节旋钮用来调节空气压力。拧松调节旋钮可增大空气压力，拧紧则减小空气压力。空气压力不足，可以降低涂料雾化的程度；而压力过大，则会使更多的涂料溅

散，从而耗费更多的涂料。

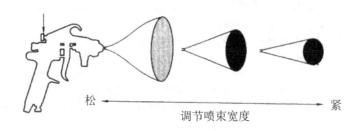

松 ←————— 调节喷束宽度 —————→ 紧

图 3.4　扇面调节示意图

④ 涂料喷嘴

涂料喷嘴用于对从喷枪进入气流的涂料进行测量和导向。在涂料喷嘴处有个尖锥，当枪针触及尖锥时，涂料流便停止了。当涂料被排除时，排除的量取决于枪针离开喷嘴时涂料喷嘴开度的大小。为了适应控制种类和黏度不同的涂料，以及为了将所需数量的涂料送至气罩，以满足不同的施涂要求，涂料喷嘴有各种不同的尺寸，重涂中最常用的喷嘴为1.3mm。由于气罩、喷嘴和枪针影响喷涂形状和修饰的质量，他们的组合为一个整体，称为喷嘴组合。在选择气罩、枪针和涂料喷嘴前，应考虑涂料的种类和黏度、喷枪型号、喷枪的操作、修饰质量。喷枪喷嘴如图 3.5 所示。

图 3.5　喷枪喷嘴

⑤ 风帽

风帽进行排气，以助涂料雾化。风帽有如下气孔：中央气孔、扇幅控制孔及雾化气孔，各有其功能。中央气孔在涂料喷嘴处产生真空，并且喷涂料；扇幅控制孔使用压缩空气的力来规定喷雾图形；雾化气孔促使涂料雾化。图 3.6 所示为雾化气孔数目与性能关系图。

⑥ 扳机

拉动扳机，空气及涂料便会喷出。扳机工作分两步，初始拉扳机时，气阀打开，仅让空气喷出；再一步拉扳机，枪针便打开，涂料随空气喷出。这种结构用于在拉动扳机时提供稳定的雾化。图 3.7 所示为扳机工作示意图。

(4) HVLP 喷枪的特性及功能

随着社会的进步，人们对周围环境的要求越来越高，传统的喷枪对环境造成的污染以及原材料上的浪费已经越来越受到人们的重视。为了迎合这种需求，设计生产了环保喷枪，即 HVLP 喷枪，它的特点是低气压(最高气压仅为 0.7×105Pa)。它使传统的高过度喷涂现象不再发生，而发展成低过度喷涂；高流量保证了大于 65%的高作业效率，可以节省30%的物料，如图3.8 所示。

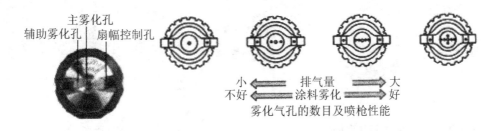

图 3.6 雾化气孔数目与性能关系图

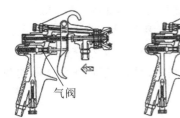

图 3.7 扳机工作示意图

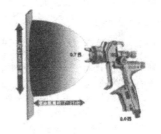

图 3.8 环保喷枪

2) 喷枪的操作

在喷涂操作中，喷涂气压、喷涂的距离、喷枪的移动速度、喷涂路线、喷涂角度等操作技术，对涂膜的质量和物面的美观都有直接的影响。在操作喷枪时，应注意以下几个方面。

(1) 拿握喷枪

为了不感到疲劳和保持稳定的喷涂，操作者应采取放松的姿势，不要收紧拿喷枪一侧的肩、肘或臂。通常，喷枪用拇指、食指及小指抓捏，而扳机由第三、四指拉动，当然按照个人的习惯，也有不同的拿握方式，如图3.9 所示。

所站的位置对保持喷枪与车身板的垂直方面有很重要的影响。由于喷枪在移动时是以操作人员的肩为支点的，所以必须站得使拿喷枪一侧的肩面对着要涂装的车身板的中央。此外，双脚必须分开，要比肩宽一些，而且要弯一点。不仅能移动手臂，必须将整个身体左右移动，而将腰用作支点。

(2) 调整喷涂气压

喷涂气压的高低，对喷涂质量影响很大。气压过高，漆雾不够湿润，易造成喷涂后涂膜光泽度不够；气压过低，会造成漆雾粒粗且易产生流痕。因此喷涂时应正确调整气压，一般以 0.4～0.6MPa 为宜。

(3) 掌握喷涂距离

喷涂距离应根据使用的喷枪类型来定，一般传统型喷枪的喷涂距离应保持在 18～

23cm，环保型喷枪应保持在 13～17cm。距离过近，易产生流痕；距离过远，会造成涂膜面粗糙无光。平行喷涂时，应与喷涂面保持固定的距离，如图3.10所示。

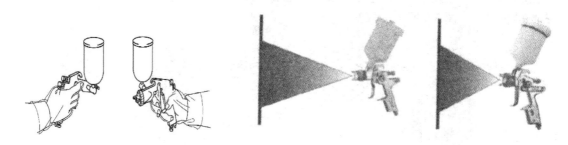

图 3.9　拿握喷枪的正确姿势　　　　　　图 3.10　喷涂距离

(4) 掌握喷枪移动速度

喷枪的移动速度应根据涂料干燥速度来确定，一般干燥较快的涂料(如硝基漆)喷枪移动速度以 20～40cm/s 为宜。干燥较慢的涂料，喷枪移动速度应适当加快，以 40～80cm/s 为宜。喷枪移动速度过快，会使涂膜粗糙无光；过慢，会使涂膜过厚而发生流痕。另外，在喷涂中还应考虑到喷涂环境温度、涂料的黏度及喷出漆量等因素，灵活掌握喷枪移动速度。无论速度快慢，都要保持移动速度均匀。涂料排量、喷枪距离及运行速度之间的关系见表3.2。

表 3.2　涂料排量、喷枪距离及运行速度之间的关系

涂料排量	喷枪距离	运行速度
大	长	正常
小	长	慢
大	短	快
小	短	正常

(5) 选择喷涂路线及喷涂图形重叠(压枪)

喷涂路线应根据涂料品种和物件几何形状等因素确定，一般包括以下几种喷涂方法。

① 横向喷涂

横向喷涂，图样呈直线状，右手掌握喷枪，从操作者左上侧开始，从左向右进行。当行至一个接面的距离时(距离由个人掌握，一般以 800～1000mm 为宜)，迅速向下向左往返进行。接面一般为 1/2、1/3、1/4，可根据涂料品种自行掌握。当喷完一个面时再按顺序喷另一个面。根据习惯，也可以从相反方向进行，即从操作者右下侧向上喷涂。

② 纵向喷涂

纵向喷涂的方法和横向喷涂法相似，只是喷枪嘴方向改为水平方向，喷枪从左上方或右上方往返运行，也可以从右下方或左下方向上往返运行。

③ 纵横交叉喷涂

喷涂时，第一遍纵向往返喷涂，第二遍横向往返喷涂，每一遍都要改变喷涂的方向。

当涂料从喷枪喷出时，便形成喷雾图形，喷雾图形边缘比中央部分薄。因此，为了获得均匀的涂层，喷雾图形的厚度应该均匀。正确的喷雾图形重叠宽度为喷雾图形的 1/2～2/3。

喷雾图形的重叠一定要均匀。如果发生不均匀现象，那么涂层厚度便不均匀，从而会产生涂装缺陷。喷雾图形重叠度如图 3.11 所示。

图 3.11　喷雾图形重叠度

(6) 垂直的喷涂角度

无论被涂物面是平面、垂直面、斜面、侧面，喷涂的喷雾流应始终与被涂面保持垂直，如图 3.12 所示。

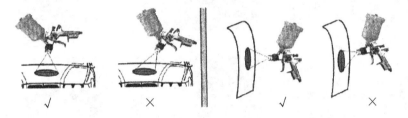

图 3.12　喷涂角度

为了创造出漂亮的饰面，一定要遵守喷枪的正确使用方法，注意喷枪的距离、运行速度及涂料的排量。这三个因素若不能很好地协调配合，便会影响饰面质量。如果三个因素中有任何一个必须改变，其余两个也必须做出相应的改变。这三个因素之间的关系见表 3.2。

3) 喷枪的维护

要保持喷枪正常有效地工作，必须经常对喷枪进行维护，如图 3.13～图 3.16 所示。

首先拆下针　　　然后取下风帽　　　最后用工具包里的扳手取下喷嘴

图 3.13　拆卸喷嘴套装

清洗涂料通路　　　清洗枪体外部　　　用风枪吹干

图 3.14　清洗和吹干

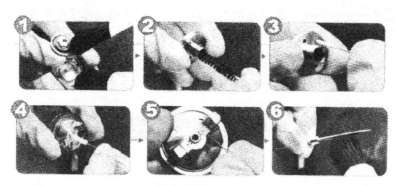

图 3.15　清洁重力式喷枪

装上喷嘴	用扳手旋紧	装上风帽
在枪针接触密封圈的周围涂少许润滑油	装上枪针	在枪针弹簧上涂少许润滑油
在涂料流量调节旋钮的螺纹上涂少许润滑油	装上涂料流量调节旋钮	在扳机顶杆的可见部分涂少许润滑油

图 3.16　喷枪安装及维护

喷枪维护的具体做法如下。

(1) 用后清洗

为防止喷枪内的涂料通道被喷涂后的余漆干固堵塞，喷枪每次喷涂完毕，必须清洗干净。

吸力式喷枪的清洗方法是：从喷枪上把喷杯卸下来，但此时液体物料管仍然留在喷杯内不要拿开，松开空气帽(2～3圈)。拿一块布罩在空气帽上，扣动扳机，此时空气从液体物料管内通过，将残留在管内的物料冲回到喷杯内。倒掉喷杯内的物料，用刷子蘸溶剂将喷杯刷洗干净，最后用蘸有清洁溶剂的抹布将喷杯擦拭干净。将清洁的溶剂倒入喷杯内(约1/3)，通过喷枪喷溶剂以清洗液体物料管，最后用抹布蘸清洁溶剂将喷枪擦拭干净。

(2) 定期清洗

除每次施工完毕进行清洗外，还应定期全面地拆洗喷枪。即将喷枪解体成零件，浸泡在稀释剂中，然后逐件进行清洗。在拆装清洗喷枪的过程中，应用专用工具仔细操作，不得损坏各种零件。清洗喷枪只可用毛刷，清洗过的零件应用干净柔软的棉布擦拭。出气孔或出漆孔若有堵塞，应用溶剂小心冲洗，不能用金属丝去通，以免损坏小孔，影响喷枪的正常使用。

(3) 定期润滑

喷枪每天使用完毕后，都要为喷枪各部位的零件注几滴轻机械润滑油。如果每天都要使用喷枪，则要在有弹簧的部位(如控制液体物料的顶针弹簧和空气阀的弹簧)加一点轻润滑脂，每年两次。如果每周使用喷枪 2～3 次，则每年加一次润滑油。

(4) 涂油防锈

喷枪清洗完毕后，旋下气流喷嘴，在喷嘴上涂上防锈油，再旋上气流喷嘴。在针塞套筒和顶芯外露表面也涂上防锈油，防止针塞生锈而产生漏气(针塞漏气会造成喷雾时断时续的故障)。

2. 喷漆间

喷漆间是汽车修补涂装作业必不可少的重要设备之一，能够为汽车涂装施工提供干净、安全、照明良好的喷涂环境，使喷涂施工不受尘埃干扰，保证喷涂质量，并把挥发性漆雾限制在有限空间内，减少环境污染。

1) 对喷漆间的技术要求

(1) 进入喷漆间的空气必须经过严格过滤，以确保空气中无尘埃。

(2) 喷漆间内的空气流向必须沿重力方向由天花板流向地面，且从地面排出，经过滤成为较清洁的空气。

(3) 保证每分钟内喷漆间空气完成转换 2 次。因此，室内空气流速应在 0.3～0.6m/s。空气流速过大，涂料损失过多，涂层状态不良；空气流速过小，影响溶剂的正常挥发。

(4) 具有良好的照明条件。

(5) 确保喷漆间内不出现负压。可以通过控制进排气量来实现，进入喷漆间的空气量应略多于排气量。

(6) 喷漆间的作业噪声不允许超过 85dB。

(7) 符合防火要求。

2) 喷漆间的分类

喷漆间按其清除漆雾和防止灰尘混入的方式不同，可分为干式和湿式两大类。

(1) 干式喷漆间

干式喷漆间主要由室体、过滤器、排气管和通风机等组成。其特点是结构简单，涂料损耗小，涂装效率高。由于不使用水，不需要水处理设备，造价低，被国内中、小型修理企业广泛采用。

(2) 湿式喷漆间

湿式喷漆间又分为喷淋式、水帘式、文式和水旋式四种。国外对于高档汽车面漆的涂装多采用文式或水旋式喷漆间，国内很少采用。

3) 喷漆间的维护

(1) 喷涂前的一切准备工作都要在喷漆间外进行。

(2) 必须经常检查并按规定时间更换过滤器。

(3) 每天检查气压表读数，掌握喷漆间气压的范围，严禁出现负压。

(4) 干式喷漆间在喷涂施工前要湿润地面，以利于防尘。

(5) 定期检查照明情况，更换变弱或烧坏的灯具。

(6) 定期对排风扇及电动机进行润滑维护。

(7) 注意个人卫生，严禁身着脏工作服进入喷漆间。

(8) 每次涂装作业完毕后，应彻底清扫，并维护和清洗喷漆间内的有关设备。

3. 烤漆房

汽车完成喷涂施工后，从客户的角度和维修企业的角度来看，都希望漆面尽快达到不沾尘状态。为了提高效率，节省时间，并保证涂装效果，同时确保涂装后漆面的综合性能，应在烤漆房内对漆膜进行升温干燥。

1) 对烤漆房的技术要求

(1) 烤漆房内必须清洁、无尘，空气经严格过滤。

(2) 烘烤温度能满足不同涂料的技术要求。

(3) 烤漆房内必须设置排风装置，使干燥过程中从涂膜中挥发出来的溶剂及分解物质不超过一定的浓度，以防影响漆膜的干燥速度、质量，甚至产生爆炸。

(4) 溶剂型涂料的湿漆膜在烘干前应留出一定的时间，使漆膜内的溶剂大部分挥发和流平，可以有效减轻"橘皮"、"针孔"、"起泡"等缺陷。

2) 烤漆房的分类

按对漆膜的干燥方法不同，烤漆房可分为烘干式和照射固化式两种。

(1) 烘干式烤漆房

烘干式烤漆房又可分为自然对流式、循环风机对流式和远红外辐射式三种。

目前国内的维修企业广泛应用远红外辐射式烤漆房，远红外辐射式烤漆房加热温度范围一般在 38℃～83℃。汽车维修企业可根据烘烤作业范围的大小，灵活地选择设置红外灯管的数量和位置。远红外加热的能量转换形式主要是热辐射，所以它与热空气循环加热方式相比，尘埃附着于漆面的可能性大大减小。通过远红外辐射方式对漆面进行烘干，不但缩短了漆膜干燥时间(由一天缩短到 30～50min)，提高了作业效率，而且有助于提高涂装施工质量。

(2) 照射固化式烤漆房

这种烤漆房有光固化和电子束固化两种，在一般修补涂装行业中很少应用。

3) 喷漆间、烤漆房的配置

在实际生产实践中，制造厂家通常从维修企业的实用性和经济性出发，将喷漆间和烤漆房合而为一，即成为喷漆、烤漆两用房，它兼有喷漆间和烤漆房的技术性能和功用。其特点是空气净化好，待涂装的车辆经涂装后可不进行移动，便于施工操作和日常维护。

目前，国内使用的喷漆、烤漆房种类较多，其中国产设备有江苏中大、北京梦幻之星、无锡运通、北方铁友等，进口设备有格力、路华、油之宝等。

4. 汽车漆面美容常用的工具

汽车漆膜修复中经常使用的工具分九大类，即清除工具、刮涂工具、打磨工具、刷涂工具、防涂遮蔽工具和用品、红外线烘烤机、安全与防护用具、研磨/抛光机、打蜡机。

1) 清除工具

在汽车修补喷漆之前，应将作业面的锈蚀清除干净，然后才能进行底漆、刮原子灰等涂装。常用的除锈工具分手工和机械两种。

(1) 手工除锈工具

手工除锈是一种最简单的除锈方法，使用的工具主要有刮刀、扁铲、钢丝刷、锉刀、废砂轮片、砂布等。使用手工除锈工具除锈操作费力，工效低，除锈效果差。但因其简便易行，不受任何限制，仍是局部及部件等小工作量清除锈蚀的主要工具。

(2) 机械除锈工具

机械除锈是利用机械产生的冲击、摩擦作用对工件表面进行除锈，机械除锈工具的除锈速度快，质量好，工作效率高，适用于大面积或批量汽车锈蚀的清除。

机械除锈工具按动力装置的不同可分为电动除锈工具和气动除锈工具两类。

① 电动除锈工具

电动除锈工具具有结构简单、体积小、重量轻、使用方便、易于维修等特点，主要用于汽车维修涂漆前钢铁表面的除锈。常用的电动除锈工具有电动刷、电动砂轮、电动锤、电动针束除锈机等。

② 气动除锈工具

气动除锈工具是利用压缩空气做动力，带动机器作业进行除锈的工具。常用的气动除锈工具有气动枪、气动砂轮、气动圆盘钢丝刷、离心除锈器、气动除锈锤等。

2) 刮涂工具

漆膜修复前处理中有原子灰施工，主要采用刮涂的施工方法，而刮具是刮涂原子灰的主要手工工具。刮涂工具按其材料组成的不同可分为牛角刮具、塑料刮具、橡胶刮具和金属刮具四种类型；按其软硬程度不同可分为硬刮具和软刮具。此外，还有与刮具相配的调托原子灰的托板。刮具一般都比较简单，绝大部分是自制的，但随着汽车工业的迅猛发展，目前市场上专用刮具的种类也很多。

(1) 硬刮具

硬刮具适用于刮涂大的凹坑、大的平面缺陷部位，具有一定的硬度，所以易刮涂平整，工效高、省材料，适用于要求一定平整度的施工工序。常见的硬刮具如图 3.17 所示。

(a) 金属刮具　　　　(b) 牛角刮具　　　　(c) 塑料刮具

图 3.17　硬刮具

① 金属刮具

金属刮具包括钢片刮板和轻质铝合金刮板及其他金属材料制成的刮板。金属刮板具有一定的弹性，其弹性程度可根据个人使用习惯、刮涂原子灰的对象来选择。如一般钢片刮板的厚度以 0.3～0.4mm 为宜，大的刮板的刮口宽度一般以 12～15cm 为宜，小的刮板的刮口宽度，根据施工要求可以灵活制作。金属刮具是目前使用最多的一种。

② 牛角刮具

牛角刮具是以水牛角为原料制成，要求牛角纹理清晰、角质透明、弹性好、无杂痕。由于牛角来源及宽度有限，且易变形，使用后需要用夹具保管。所以，牛角刮刀现已逐渐被其他材料替代，特别是金属材料已被广泛使用。

③ 塑料刮具

塑料刮具的材料来源广、价格低，目前使用较为广泛，常用的有硬聚氯乙烯及环氧树脂板，也可根据需要选择稍软一点的材料制成半硬刮板。但塑料刮具耐磨性较差，并且温度对其柔软性影响较大。

(2) 软刮具

软刮具主要使用于刮涂圆弧形、圆柱形和曲面形状的部位，以及要求以光滑度为主的部位。其主要包括橡胶刮具和塑料刮具两种。

① 橡胶刮具

橡胶刮具是由耐油橡胶板制成，刮口面磨成斜口，俗称橡皮刮板。橡胶刮板一般自行制作，大的橡胶刮板厚度一般为 6～8mm，刮口宽度以 100mm 为宜；小的橡胶刮板厚度为3～4mm，刮口宽度根据需要制作。

② 塑料刮具

塑料刮具一般用软性塑料板制成，刮口面磨成斜口，形状大小根据需要制作，基本要求与橡胶刮板相似。

使用刮具时，须注意以下几点：

① 刮具的刮口要平直，不能有齿形、缺口、弧形、弓形等。

② 对于易变形的牛角、塑料刮板，使用后要用专用夹具夹好。

③ 刮具使用完毕后，要立即用溶剂清洗干净，以免原子灰聚集于刮板上，固化后不易清洗，影响下次使用的效果。

④ 目前使用聚酯原子灰较为普遍，对于平面缺陷或凹坑较大部位应使用硬刮板。

3) 打磨工具

(1) 手工打磨工具

手工打磨主要是用砂布包垫板进行打磨，垫板有木制的，也有硬橡胶制的。木块可选用长 180～200mm、宽 50～60mm、厚 25～30mm 的平直木板。橡胶块可使用厚 18～20mm，长宽相应的厚橡胶板剪制而成，如图 3.18 和图 3.19 所示。

(a)　　　　　　　　　　　　　　　　　(b)

图 3.18　打磨橡胶块的正确方法

砂纸、砂布是打磨工具的辅助材料。砂纸分为水砂纸和木砂纸两种，是将磨料黏结在纸上制成的。木砂纸主要用于磨光木制品表面；水砂纸由于涂有耐水涂料，所以不怕水，可以水磨。砂布一般由布、胶、砂子制成。砂纸如图 3.20 所示。

图 3.19　打磨块

图 3.20　砂纸

除了砂纸以外，还有其他打磨材料，其中包括含有合成纤维毡垫的材料。使用黏合剂，黏合粒子附着于每个纤维上。由于这种材料具有挠性，所以它非常适合于打磨外形比较复杂的、不易触及的工件表面。由于它能防水，又耐用，在干式和湿式打磨中都可以使用。最多用的筛目数为 P320～P1500。绒布打磨材料如图 3.21 所示。

(a) 外观图

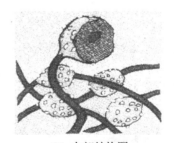

(b) 内部结构图

图 3.21　绒布打磨材料

(2) 机械打磨工具

常用机械打磨工具的种类很多，按动力装置不同可分为气动打磨工具和电动打磨工具两大类。

① 气动打磨工具

气动打磨工具主要有风磨机、风动砂轮、钢丝轮等，主要用于清除钢铁表面上的铁锈、旧涂层及打磨腻子等。它具有体积小、重量轻、速度快、磨平质量好、使用安全、可干磨也可水磨等优点。气动打磨机的结构如图 3.22 所示。

压缩气输入
废气回收
吸尘通道

图 3.22　气动打磨机结构

② 电动打磨工具

电动打磨工具主要有电动软轴磨盘式打磨机、电动软轴带吸尘袋磨盘式打磨机、AON3 型电动磨灰机等，主要作用与气动打磨工具相同。它具有噪声小、振动轻、粉尘飞扬少等优点。但质量通常比气动打磨工具大些，且不适于水磨。与其相匹配的砂纸如图 3.23 所示。图 3.24 所示为电动打磨机的剖视图。

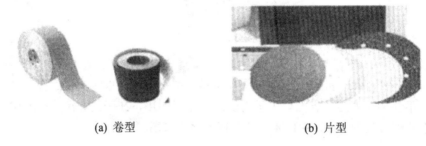

(a) 卷型　　　　　　　　　　　　　(b) 片型

图 3.23　机械打磨用砂纸

按打磨垫的作用不同可将打磨机分为以下 3 种：

① 单作用打磨机

该种打磨机打磨垫绕同一固定的点旋转，主要用于清除涂料，研磨力很大，如图 3.25 所示。

图 3.24　电动打磨机剖视图

图 3.25　单作用打磨机

② 轨道式打磨机

该种打磨机整个打磨垫振动，犹如画圆圈，主要用于修整腻子，而打磨垫可以按要修整的工件的面积改变，研磨力很小，如图 3.26 所示。

③ 双作用打磨机

该种打磨机整个打磨垫除了绕其自己的中心旋转外，还振动，犹如画圆圈。双作用打磨机的动作可以比作轨道式打磨机和单作用打磨机的组合。如果用于腻子修整和表面平整，则使用较硬的打磨垫；如果用于磨毛，则使用较软的打磨垫，研磨力属中等。双作用打磨机如图 3.27 所示。

图 3.26　轨道式打磨机　　　　　　　　　图 3.27　双作用打磨机

4) 刷涂工具

除了喷涂和刮涂的施工方法外，在某些特殊部位和情况下，也常采用刷涂的施工方法。刷涂是一种古老、简单而又普遍采用的涂装方法，在汽车维修中，刷涂主要用于刷涂底漆和底盘。手工刷涂常用的工具是漆刷，常用的漆刷规格见表 3.3。

表 3.3　常用的漆刷规格(按其刷毛宽度分)

序号	1	2	3	4	5	6	7	8
宽度/mm	12	19	25	38	50	65	75	100

(1) 漆刷的种类与选择

漆刷有很多种类，按形状可分为圆形、扁形和歪脖形三种；按制作材料可分为硬毛刷、软毛刷两类。硬毛刷多为猪鬃制作；软毛刷多为羊毛制作，也有狐狸毛、狼毛制作的。按漆刷的形状可分为变形刷、圆形刷、外柄刷、排笔刷、边形笔刷、板刷等。在进行漆面修复时，多使用扁平毛刷，又叫长毛刷。常用漆刷的种类如图 3.28 所示。

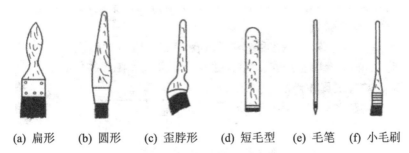

(a) 扁形　　(b) 圆形　　(c) 歪脖形　　(d) 短毛型　　(e) 毛笔　　(f) 小毛刷

图 3.28　常用漆刷种类

漆刷质量的好坏对于涂装质量的影响也非常大，在选择漆刷时一般应以毛长、鬃厚、口齐、根硬头软为好，同时应根据使用涂料品种、被涂工件形状大小、涂层质量要求等实际情况而定。选择漆刷时，应注意以下几点：

① 涂料黏度高，应选用硬毛刷。

② 被涂面积大，应选用宽而长的毛刷。

③ 被涂物件小而质量要求高，应选用细软的小毛刷。

④ 黏度低而快干的涂料，应选用细软的毛刷。

(2)使用漆刷时应注意的问题

① 直握漆刷手柄就像是直握乒乓球拍时的手势，靠手腕的转动配合手臂的来回摆动进行操作。

② 毛刷浸入涂料的部位不应超过毛长的 2/3，每次蘸涂料不宜太多，漆刷蘸涂料后要在桶边缘靠刷一下，以避免涂料液过多不好刷涂。

③ 应将选择好的涂料加入配套的稀释剂搅拌均匀，调至适合涂装的黏度。一般温度在 25℃时，搅拌时间以 40～100s 为宜。

④ 刷涂路线应是先斜后直，从上到下、从左到右形成均匀的薄膜层。

⑤ 刷涂工件是垂直形状的，最后一次刷涂应从上到下修饰刷涂。

⑥ 刷涂工件是水平形状的，最后一次刷涂应按光线照射的方向修饰刷涂。

⑦ 对于形状复杂、有内外之分的刷涂物件，应先刷涂内部和较难刷涂的部位，后刷涂外部和容易刷涂的部位。

(3) 漆刷的维护

① 新漆刷在使用前，要在砂布上来回砂磨，以清除杂毛和易脱落的鬃毛，以便于使用和避免产生刷痕及脱毛现象。

② 刷涂凹弯部位时，不要用力捅，以免损坏漆刷鬃毛。

③ 每次使用完毕后，短时间中断使用时，应甩干漆刷上的涂料液，将漆刷垂直悬挂在溶剂中，不要让鬃毛露出液面，也不要接触底面，需使用时甩干溶剂即可。

④ 使用完毕后，若长期不用，应用溶剂把漆刷彻底清洗干净，晾干后用油纸包好然后存放在干燥处。

⑤ 切忌使用完毕后，将漆刷随意放在漆桶内或溶剂槽内，这样会使刷毛变硬或变形，影响下次的刷涂质量。漆刷的养护、存放如图 3.29 所示。

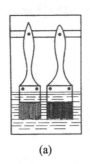 

(a)　　　　　　　　　(b)

图 3.29　漆刷的养护、存放

5) 防涂遮蔽工具和用品

(1) 皱纹纸胶带

利用其自身来遮盖的遮纸称为遮盖胶带。这种胶带是由各种纸、布、乙烯树脂等材料制成。但为了稳定地粘着，且剥开后不会留下黏着剂、容易切断等，一般采用纸质胶带。为了适应涂装及美容作业场合需强制干燥，以及方便拐弯，转角时伸缩性良好等要求，目前通常使用涂装专用皱纹纸胶带。这种皱纹纸胶带采用耐高温、耐溶剂型黏胶制成，能承受超过 100℃的高温，历经 1h 仍能保持性能稳定，适用于汽车修补涂装和汽车美容作业。

(2) 防涂遮蔽纸

报纸最常被用来作为防涂遮蔽纸。但报纸表面因为附着有许多灰尘、绒毛和飞絮，它们随风飘动，落在湿的喷涂漆面上，会形成漆面尘粒缺陷。从经济性和操作方便性两方面考虑，为了既省钱，使用报纸作为防涂遮蔽纸，又能避免漆面产生尘粒缺陷，可以在喷涂面漆之前彻底清洁被涂表面，用除尘粘布仔细地揩抹被涂表面，并使用专业遮蔽纸(见图3.30)进行遮盖，然后开始喷涂面漆。但需将漆雾喷涂在粘贴好的防涂遮蔽报纸表面上，将其表面附着的灰尘、飞絮牢牢地粘在报纸上，完后再转入正常的喷涂作业。

随着汽车维修质量水平的提高，专用防涂遮蔽纸已被普遍使用。使用前，按安装要求将不同规格的皱纹胶纸带和专用防涂纸安装在支架相应的位置上，然后使用时需要多少，拉出多少，再从贴胶纸带的一侧开始用力上拉，安装在支架上的切纸刀刃即可把所需的纸切下，以供使用，如图3.30所示。

6) 红外线烘烤机

红外线烘烤机用于加热被施工表面，使小面积的修补涂膜快速干燥或改善漆面的施工性能。红外线烘烤机如图3.31所示。

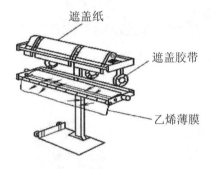

遮盖纸

遮盖胶带

乙烯薄膜

图3.30 专业遮蔽胶带及遮盖纸

图3.31 红外线烘烤机

7) 安全与防护用具

(1) 手套、眼镜、口罩、面具(见图3.32)适用于酸性极强的脱漆剂及毒害较大的涂料、辅助材料等场合。

另外，眼镜、安全口罩等经常使用于研磨和抛光作业中。眼镜可以保护眼睛不受灰尘、研磨粒子的侵袭；安全口罩可以防止吸入作业粉尘和研磨渣。进行修补涂装作业必须戴防毒口罩。

(2) 防静电工作服、安全鞋(见图3.33)用于劳动保护。为了方便工人，建议采用衣、裤分开的工作服。

(3) 还包括一些附件，如带盖的废料收集桶、工作场地通风和换气设备(如抽排气扇等)、漏电保护开关等。

8) 研磨/抛光机

研磨/抛光机是一种集研磨和抛光功能为一体的设备，安装研磨盘后可进行研磨作业，安装抛光盘后可进行抛光作业。研磨/抛光机是通过旋转研磨盘或抛光盘来平滑并抛光漆面，以除去微小的漆面缺陷，并提高光亮度。为叙述方便，下面将研磨/抛光机简称为研磨机。

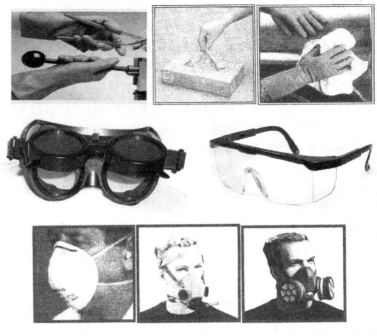

图 3.32　防护手套、眼镜、口罩、面具

图 3.33　防静电工作服、安全鞋

（1）研磨机的种类

研磨机按功能可分为双功能型和单功能型两种。双功能型研磨机既能安上砂盘打磨金属材料，又能换上研磨/抛光盘做车漆护理，这种研磨机具有工作平稳、转速可调、不易损坏等特点，是专业人员的首选机型；单功能型研磨机又称为简易型研磨机，这种机型是一种钻头机，具有体积小、转速不可调、使用时难以掌握平衡、作业质量差等特点，因此这种机型不适合于专业人员使用。

根据转速是否可调，可将研磨机分为调速研磨机和定速研磨机两种。调速研磨机有高、中、低三种转速，1200r/min 以下为低速，1600r/min 左右为中速，2000r/min 以上为高速。市场上常见的中高速研磨机，简称高速研磨机，转速范围在 1750～3000r/min；还有一种中低速研磨机，简称中速研磨机，转速范围在 1200～1600r/min。定速研磨机也称为单速研磨机，一般是转速为 1200r/min 的低速研磨机。

(2) 研磨机的构造

研磨/抛光机如图 3.34 所示，主要由壳体、电动机、控制机构及配置装置组成。配套装置主要有研磨盘和抛光盘，其材料分为全毛、混纺毛、海绵三种，每种盘所用的研磨和抛光材料有明显的区别。海绵研磨盘是黄色的，质地较硬；抛光盘是白色的，质地软而细腻。全毛/混纺盘虽然在颜色上没有根本的区别，但手感非常好。各种海绵盘的厚度和形状也不一样，各有各的讲究。美式研磨盘的一般厚度为 25.4～31.8mm(1～1.25in)，圆盘直径为 177.8～254mm(7～10in)，圆盘有平底的，也有波纹底的。欧式圆盘直径小，一般为 152.4mm(6in)，而厚度则为 50.8mm(2in)，同样也分平底和波纹底两种。从广义上讲，美式盘的优点是接触面积大，容易处理凹凸的地方，便于掌握；欧式盘的周边斜切面使其在操作中很平稳，加之其密度大些，切割性能较好；波纹底盘与平底盘相比，前者可减少研磨/抛光剂的飞溅。

9) 打蜡机

打蜡机是把车蜡打在漆面上，并将其抛出光泽的设备。打蜡机在工作时，以椭圆形旋转，类似卫星绕地球旋转的轨道的形状，故也称为轨道打蜡机，如图 3.35 所示。轨道打蜡机具有重量轻、做工细、转盘面积大、操作便利等特点。转盘直径有 203.2mm(8in)、254mm(10in)和 304.8mm(12in)三种。

图 3.34　研磨／抛光机

图 3.35　轨道打蜡机

(1) 轨道打蜡机的种类

轨道打蜡机的型号很多，样式不一，大致可分为普通轨道打蜡机和离心式轨道打蜡机。普通轨道打蜡机由于转盘较小、使用材料较差、扶把位置不易平衡等缺点，一般在非专业汽车美容场所使用。离心式轨道打蜡机的动作是通过一种离心式的、无规律的轨道旋转来完成的，这种旋转方式模拟人但比手工操作要快得多，也省事得多，是专业汽车美容人员常用的机型。

(2) 轨道打蜡机的配套材料

轨道打蜡机的配套材料主要是指打蜡盘的各种盘套。打蜡机使用固定的打蜡盘，但盘套却有以下几种可供选择。

① 打蜡盘套

打蜡盘套的用途是把蜡涂在车体上。其结构为外层是毛巾套，底层是皮革，皮革起防渗作用。

② 抛蜡盘套

抛蜡盘套的用途是将蜡抛出光泽。其材料有三种：一是全棉制品；二是全毛或混纺制品；三是海绵制品。

目前，使用最广泛的是全棉盘套。使用该盘套时，应选择针织密集而且线绒较高、有柔和感的制品，越柔和就越能减少发丝划痕，越能把蜡的光泽和深度抛出来。全棉盘套不宜反复使用，很多专业人员一般一辆车要换一个新的盘套。即使不换新的，也一定要清洗旧盘套，清洗时要使用柔和剂，否则晒干后盘套会发硬。最好是用防静电方式进行烘干。

思考与练习

一、思考题

1. 汽车美容工具主要有哪些？
2. 汽车美容需要哪些设备和设施？
3. 请简述打蜡机的使用方法。

二、练习题

1. 填空题

(1) 常用的刮涂工具大致分为(　　)、(　　)、(　　)与(　　)四种类型。

(2) 在喷涂操作中，(　　)、(　　)、(　　)与(　　)等操作技术对涂膜的质量和物质表面的美观都有直接的影响。

2. 选择题

(1) 下面哪项不属于刷涂工具的是(　　)。

    A. 漆刷　　B. 画笔　　C. 毛笔　　D. 橡胶刮板

(2) 下面关于研磨机说法正确的是(　　)。

    A. 研磨机转速不可调

    B. 研磨机主要由壳体、电动机、控制机构三部分组成

    C. 双功能型研磨机既能安上砂盘打磨金属材料，又能换上研磨/抛光盘做车漆护理

    D. 定速研磨机的转速一般为 1750r/min

3. 判断题

(1) 汽车在修补喷漆之前，应将作业表面的锈蚀清除干净，然后才能进行底漆、刮原子灰等涂装。　　　　　　(　　)

(2) 在选购吸尘器时，吸尘器的性能要稳定，噪声越小越好。　　　　(　　)

(3) 喷枪的移动速度应根据涂料的干燥速度确定，一般干燥较慢的涂料喷枪的移动速度每秒应以 40~80cm 为宜。　　　(　　)

3.3 汽车打蜡

3.3.1 车蜡的功用

汽车打蜡主要是为了保持车身漆面亮丽整洁、保护车漆。但许多驾驶员或车主对此存在片面的认识，要么频繁打蜡，要么干脆不打；还有的认为，车蜡越贵越好，专挑进口车

蜡使用。其实，这些认识和做法都是不恰当的。

1．常用车蜡的种类

随着汽车美容业的发展，汽车打蜡已被赋予了新的内涵，研磨蜡、高级美容蜡的出现及其日益被广泛应用即是证明。车蜡的主要成分是聚乙烯乳液或硅酮类高分子化合物，并含有油脂和添加剂成分。车蜡按其物理状态的不同，可分为固体蜡和液体蜡两种。在日常作业中，液体蜡应用较为广泛。按其功能不同，车蜡可分为上光保护蜡和抛光研磨蜡。上光蜡的主要添加成分为蜂蜡、松花油等，其外观多为白色或乳白色，主要用于汽车漆面的上光保护。研磨蜡主要添加成分为地蜡、硅藻土、氧化铝、矿物油及乳化剂等，颜色有浅灰色、灰色、乳黄色等，主要用于汽车漆面浅划痕处理及漆膜的磨平作业，以及清除划痕、橘皮及填平细小针孔等。图 3.36 所示为常用的车蜡及上蜡用品。

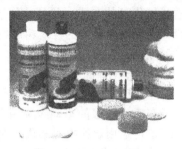
图 3.36　车蜡及上蜡用品

2．车蜡的功用

车蜡的主要功用主要体现在以下几方面。

1) 防水作用

车蜡能使车身漆面上的水滴附着减少 90%，高档车蜡还可使残留在漆面上的水滴进一步平展，呈扁平状，最大限度地减少水滴对阳光的聚焦，使车身免受侵蚀和破坏。

2) 抗高温作用

车蜡可对来自不同方向的入射光产生反射作用，防止入射光线穿透清罩漆，导致底色漆老化变色，从而延长漆面的使用寿命。

3) 防静电作用

通过打蜡隔断空气及尘埃与车身漆面的摩擦，不但可有效防止车身表面产生静电，还可大大减少带电尘埃在车身表面的附着。

4) 防紫外线作用

阳光中的紫外线较易折射进入漆面，防紫外线车蜡可使紫外线对车身表面的侵害降到最低。

5) 上光作用

上光是车蜡的最基本作用之一，经过打蜡的车辆漆面光洁程度能得到很大程度的改善，使车身恢复亮丽色彩。

6) 研磨抛光作用

当漆面出现浅划痕时，可使用研磨抛光车蜡。如划痕不特别严重，抛光和打蜡作业可一次完成。

车蜡除具有上述功用外，还具有防酸雨、防雾等功能。

3．车蜡的选用原则

由于各种车蜡的性能不同，作用与效果也不一样，所以在选用时必须慎重。如选择不当，不仅不能保护车体，反而会使车漆变色。一般情况下，应根据车蜡的作用特点、车辆的新旧程度、车漆颜色及行驶环境等综合考虑。

1) 根据汽车的运行环境选择

由于车辆的运行环境不同，对车漆的保护要求不同，在选择车蜡时应该有所侧重。如在沿海地区，宜选用防盐雾功能较强的车蜡；而在化学工业区，宜选用防酸雨功能较强的车蜡；在多雨地区，宜选用防水性能优良的车蜡；在光照好的地区，宜选用防紫外线、抗高温性能优良的车蜡。另外，如果汽车经常行驶在泥泞、尘土、砾石等恶劣道路环境中，应选用保护功能较强的硅酮树脂蜡。

2) 根据漆面的质量选择

中高档车的漆面质量较好，宜选用高档车蜡；普通轿车或其他车辆，可选用一般车蜡。

3) 根据漆面的新旧选择

新车或新喷漆的车辆应选用上光蜡，以保持车身的光泽和颜色；旧车或漆面有漫射光痕的车辆可选用研磨蜡对其进行抛光处理后，再用上光蜡上光。

4) 根据季节不同来选择

夏季一般光照较强，宜选用防高温、防紫外线能力强的车蜡。

5) 选用车蜡时还必须考虑与车漆颜色相适应

一般来说，深色车漆的汽车应选用黑色、红色、绿色系的车蜡；浅色车漆的汽车选用银色、白色、珍珠色系的车蜡。

3.3.2 打蜡的程序及打蜡过程中需注意事项

1. 打蜡的程序

为了保证汽车的打蜡效果，其打蜡的程序也是至关重要的，具体操作步骤如下。

1) 清洗

汽车打蜡前，必须对车辆进行彻底清洗。切记不能盲目使用洗洁精和肥皂水，如无专用的洗车液，可用清水清洗车辆，将车体擦干后再上蜡。如果车身表面的油漆已经褪色或氧化，必须先清除掉旧的和氧化了的油漆后再打蜡。

2) 研磨

研磨也称为打底，就是将老化的烤漆磨去。不磨不亮，打蜡的成败取决于事前的打底工作。因为烤漆表面若凹凸不平，就不容易上蜡，蜡也无法在车表形成均匀的膜，要磨亮也很困难。使用含有研磨剂的复合蜡做打底处理时，最好将烤漆膜较薄的部分用遮蔽用胶带贴起来。磨光时，以边长为 30～40cm 的正方形为单位来磨，或将车身分成一片一片仔细地磨，如果一次磨的面积太大，会造成涂抹不匀。

3) 上蜡

上蜡可分手工上蜡(见图 3.37)和机械上蜡两种。手工上蜡简单易行，机械上蜡效率高。无论是手工上蜡还是机械上蜡，都要保证漆面布涂均匀。不要涂太多

图 3.37 手工上蜡操作

的蜡，太多的蜡只能增加抛光工作量，还容易粘上灰尘，使摩擦时产生刮痕。手工上蜡

时，首先将适量的车蜡涂在海绵上(要使用专用打蜡海绵，最好不用附赠海绵)，然后按一定顺序往复直线涂布，涂布也要分段、分块进行，但不必使劲擦。每道涂布应与上道涂布区域有 1/5～1/4 的重叠，防止漏涂，保证均匀涂布。机械上蜡是将车蜡涂在打蜡机海绵上，具体涂布过程与手工上蜡时相似，值得注意的是在边、角、棱处的涂布应避免超出漆面，而在这方面手工涂布更容易把握。

上蜡时，上几层蜡要视车漆状况而定，并不是层数越多越好。太厚的蜡反而会使抛光产生困难，而上得太薄，又无法填补车身的缝隙。通常新车要上 1～2 层蜡，旧车可上 3～4 层。

4) 抛光

打蜡时，应在车蜡还未完全干之前就擦去。根据不同车蜡的说明，一般上蜡 5～10min 后即可进行抛光。抛光时，遵循先上蜡先抛光的原则，应确保抛光后的车身表面不受污染，抛光作业通常使用无纺布做往复直线运动，并适当用力挤压，以清除剩余车蜡。

5) 完饰

如果蜡上得不均匀，会产生反光现象。可用洗得很干净的绒布或棉布轻轻地擦，也可以在车身表面的蜡上喷水将其溶解后，再用布均匀推开。如果想使车蜡保留的时间长些，可以在打完蜡的车表喷涂一层护车素，既可保护车蜡，又可提高车身表面的光泽度，还可以起到防晒、防雨及防酸的作用。

2. 打蜡过程中需注意的事项

汽车打蜡质量的好坏，不但与车蜡的品质有关，还与打蜡作业方法密切相关。要做到正确打蜡，在汽车打蜡时应注意以下几点。

1) 新车不要随便打蜡

有人购回新车后便给车辆打蜡，这是不可取的。因为新车出厂时漆层上已有一层保护蜡，过早打蜡反而会把新车表面的原装蜡除掉，造成不必要的浪费，一般新车购回 5 个月内不必急于打蜡。

2) 要掌握好打蜡的频率

由于车辆行驶的环境、停放的场所不同，打蜡的时间间隔也应有所不同。一般有车库停放、多在良好道路上行驶的车辆，每隔 3～4 个月打一次蜡；露天停放的车辆，由于风吹雨淋，最好每隔 2～3 个月打一次蜡(当然，也可根据个人习惯做相应的调整)。一般当用手触摸车身感觉不光滑时，就应该打蜡了。

3) 保证车身干净

打蜡前，最好用洗车水清洗车身上的泥土和灰尘。最好不要使用洗洁精和肥皂水，因其中含有的氯化钠成分会侵蚀车身漆层、蜡膜和橡胶件，使车漆失去光泽、橡胶件老化。如无专用的洗车水，可用清水清洗车辆，将车体擦干后再上蜡。

4) 注意温度

应在阴凉处给汽车打蜡，保证车体不发热。因为温度过高的话，车蜡的附着性会变差，将影响打蜡质量。

5) 注意涂蜡的方式

上蜡时，应用海绵块涂上适量车蜡，在车体上做直线往复式涂抹，不可把蜡液倒在车上乱涂或做圆圈式涂抹；一次作业要连续完成，不可涂涂停停；一般车蜡在涂匀 5～10min

后用新毛巾擦亮，快速车蜡应边涂边抛光，如图 3.38 所示。

图 3.38　打蜡操作

6) 清除残蜡

车身打蜡后，在车灯、车牌、车门和行李箱等处的缝隙中还会残留一些车蜡，使车身显得很不美观。这些地方的蜡垢如不能及时擦干净，还会使车身产生锈蚀。因此，打完蜡后一定要将蜡垢彻底清除，这样才能得到完美的打蜡效果。总之，像人需要美容护理一样，汽车也需要经常打蜡，以保持美观的车容。

3.3.3　新车开蜡与旧车打蜡

1. 新车开蜡

汽车生产厂家为防止新车在储运过程中漆膜受损，汽车(尤其是进口车)车身都喷涂有封漆蜡。封漆蜡主要含有复合性石蜡、硅油、PTFE 树脂等材料，能对车表面起长达一年的保护作用。封漆蜡不同于上光蜡，该蜡没有光泽，严重影响汽车美观。另外，在汽车使用中封漆蜡易黏附灰尘，且不易清洗。因此，购车后必须将封漆蜡清除，同时涂上新车保护蜡。清除新车的封蜡称为"开蜡"。国产轿车的车漆大部分采用静电喷涂，漆面呈镜面光泽，无需开蜡。

第一次洗车不能马虎，如果清洗不当，会损伤车漆外层的亮油部分，车身就会越洗越暗了。最好是使用室内无尘手工洗车房，选用中性温和的洗洁剂，把车漆表面的沙粒、污物清除干净。有些污物用肉眼是看不到的，如飞漆、树胶、碱、酸等化学成分，用洗洁剂是去不掉的，必须用专用去污黏土一点点地擦拭。全车清理完毕后，再用振抛机将釉封入车漆。封釉是一项新技术，封完釉的车一年之内不用再打蜡，每次只需用清水清洗后用干净的麂皮擦干即可，而且防氧化、防紫外线、保护车漆不会褪色。最后，必须要在轮胎、保险杠、轮眉等部位涂上相应的保护剂，以防老化。

新车开蜡时，不能用棉纱沾汽油、煤油来开蜡，此种方法虽然能除掉封漆蜡，但汽车漆蜡也会受到损害。因为棉纱虽然柔软，但其中很容易混入铁屑、沙粒及其他坚硬的细小颗粒，且很难发现，极易造成漆膜表面划痕，而汽油或煤油也会伤害漆膜。目前使用的新车开蜡产品是一种进口的水解式开蜡液，主要以水溶的方式进行开蜡，这样可以对车漆起到保护作用。

冬季开蜡比较困难，因为气温低时，开蜡水不能与车身上的封漆蜡很快地发生化学反应，从而导致开蜡失败，所以开蜡工作最好在 20℃ 以上的气温条件下进行。在除蜡前对汽车进行清洗时，不必使用清洗剂。在 20℃ 以上的环境中，准备好高压清洗机，选择阴凉无风地段，远离草木植被，对车身进行高压冲洗，去除车身表面的尘埃及其他附着物(水压不要大于 7MPa)。将开蜡水按自上而下的顺序喷于车身表面，确保每个部位都被覆盖到，开蜡水要喷均匀，不要忽视边角缝隙处。浸润 4～5min，使开蜡水完全渗透于蜡层。确保开蜡水完全渗透于蜡层后再进行擦拭。用毛巾或无纺布擦拭车表，然后用高压水枪冲洗，缝隙间不要留有残液。最后将车擦干，即完成了新车开蜡。

2. 旧车打蜡

旧车漆主要有以下常见的"皮肤病"，应针对不同情况，采用不同的打蜡方案。

1) 氧化

阳光的常年照射会缩短车漆的寿命，阳光中的紫外线会造成汽车涂层衰竭，这个过程叫作氧化。如果车身在阳光下"挂水"，会加速车漆的氧化。氧化严重时，车漆会发乌、发白、无光泽。氧化轻微时，可以用蜡来除去，一旦严重则必须研磨、抛光。

2) 龟裂

金属漆可能会产生一种非常细微的裂纹，它会不断地"渗透"车漆，直至"击穿"整个色漆层，这种现象叫作龟裂。龟裂初期，肉眼很难发现，当肉眼能觉察到时就已经比较严重了。打蜡时，如发现(抛光后)车身有条状细纹(拖尾纹)，这是由于裂缝中存有车蜡。重新喷涂的金属漆也有可能产生龟裂。由于喷漆的质量问题，车漆中的树脂会因"萎缩"而产生龟裂。这种"皮肤病"只能用重新喷漆的方法来治愈。经常打蜡可减少龟裂，当龟裂还在"萌芽"状态时，车蜡可以将(肉眼看不见的)裂纹抛掉。

3) 褪色

大气层中的油烟和污染物是造成车漆褪色、变色的主要原因(特别是在工业区和大城市里)。褪色、变色现象一般发生在车身的前盖、车顶和后厢盖。褪色与氧化不同，氧化时，车漆发乌、发白；而褪色时，车漆出现不均匀的色差。金属漆的褪色是由污染尘埃，雨水中的酸、碱物对金属漆中铝箔的腐蚀所造成的。变色则是由于漆中的颜料与上述污染物发生化学反应而导致颜色上的改变，有时会出现蚀痕。勤洗车可以减轻褪色，轻微的褪色可以通过打蜡(抛光)来治理；中度褪色可用研磨治理，严重时必须重新喷漆。预防措施是勤打蜡。

4) 水痕(纹)

几乎所有车漆都会有"水痕病"。水痕(纹)呈环状，是水滴蒸发后留下的痕迹。水痕中的化学物质在车体升温时(阳光下)会继续与车漆发生化学反应，加重"病情"。被氧化的车、常用洗涤灵的车及有龟裂的车其车漆上易出现水痕，一般性的水滴蒸发也会造成水痕(纹)。如果水珠中的酸、碱物质含量不高，状况好的车漆不会很快出现水痕。水痕纹轻微时，打蜡抛光可以消除，严重时需研磨或喷漆。

5) 蚀痕

水痕现象发生在水珠的外圈，呈环状，也叫环状腐蚀，蚀痕是整个水珠的覆盖区域。鸟类、昆虫、树叶、焦油、沥青等都有可能引起蚀痕。如果这些物质在车体表面"逗留"时间过长，就会与车漆发生化学反应，开始渗透。它们的渗透速度比水痕要快得多。蚀痕一般只能通过喷漆来治理，只在很轻微时可以用研磨抛光来解决。经常使用高级蜡抛光车漆，有助于防止蚀痕的出现。

思考与练习

一、思考题

1. 简述打蜡的主要功用。
2. 简述汽车打蜡的主要步骤。

二、练习题

1. 填空题

(1) 旧车打蜡主要因为有(   )、(   )、(   )、(   )、(   )现象。

(2) 打蜡的程序一般分为(   )、(   )、(   )、(   )、(   )5步。

2. 判断题

(1) 新车打蜡时间越早越好。   (   )

(2) 夏季开蜡效果比冬季要好。   (   )

(3) 汽车打蜡越频繁越好，因为打蜡可以保护汽车漆面不受损。   (   )

第4章

汽车漆面处理

【本章概述】

本章主要介绍汽车漆面处理的方法以及产生汽车漆面损害的各种原因等内容。

第一节讲述汽车漆面失光的原因以及处理方法;

第二节讲述汽车浅划痕产生的原因以及处理方法;

第三节讲述汽车镜面抛光镜面釉处理的方法以及需注意事项;

第四节讲述汽车深划痕产生的原因以及处理方法;

第五节讲述汽车划痕快速修补及漆面养护的具体处理方法。

【学习目标】

知识目标:

了解汽车漆面处理的方法;

了解汽车漆面失光、出现划痕的原因;

掌握新车开蜡、封釉的含义;

了解新车的养护美容。

能力目标:

掌握漆面失光、漆面划痕修复和漆面损伤的修复方法;

掌握汽车开蜡、封釉的操作步骤。

现代轿车普遍采用色漆与清漆结合的面漆系统(包括钢板、底漆腻子、色漆和最表面的清漆)。当强氧化性物质与车漆相互作用时，会在漆层表面形成氧化层，造成漆面失光，可采用特殊处理工艺配合专门的护理用品予以清除。

清漆和部分色漆层的浅划痕一般采用抛光研磨来消除。伤及底漆甚至钢板的深划痕，当用手触摸表面时会有明显的刮手的感觉，可采用喷涂修复。当漆面出现划伤、破损及严重的腐蚀性失光等现象时，就必须采用喷漆工艺来恢复汽车昔日的风采。漆面处理的操作如图 4.1 所示。

图 4.1　漆面处理的操作

漆面处理是现代汽车美容的重要组成部分，它包括以下主要内容。

1) 漆面失光处理

汽车在使用过程中，漆面会受到风吹、日晒、雨淋及空气中有害物质的侵蚀，使漆面逐渐失去原有的光泽。可采用特殊处理工艺与方法，配合专门的护理用品，去除失光，再现漆面亮丽风采。

2) 漆面浅划痕处理

日常护理不当和摩擦会使漆面上出现轻微划痕。在汽车美容作业中，一般采用抛光研磨的方法对漆面上出现的浅划痕进行处理。

3) 漆面深划痕处理

汽车漆面深划痕多为硬性划伤所致。当用手触摸其表面时，会有明显的刮手的感觉。目前在汽车美容行业中，深划痕的处理仍采用喷涂施工来完成。

4) 喷漆

喷漆是汽车美容作业中要求最为严格、技术含量最高的施工项目。当汽车漆面出现划伤、破损及严重腐蚀性失光等现象时，可采用喷漆工艺来修复。

4.1　漆面失光的处理

4.1.1　漆面失光的原因

1. 日常保养不当

1) 洗车不当

洗车时选用的水源、清洗剂的种类及冲洗水压的高低等都可能成为漆面失光的诱发因素。因此，洗车时应使用清洁的水源和专业清洗液，冲洗车身的水压也不宜过高。

2) 擦车不当

因为车表浮尘中含有许多硬质颗粒。在擦拭时，硬质颗粒极易导致漆面出现划伤。正确的方法是先冲洗，再擦拭。

3) 不注重日常打蜡保护

车蜡具有抗高温、防紫外线、防酸雨等功能，不打蜡或打蜡不及时都会使漆面受到侵蚀。因此，应按车蜡功能及汽车行驶环境的要求，及时上蜡对漆面进行保护。

4) 暴露环境恶劣

为避免汽车在行驶及停放时受恶劣环境的影响，应采取必要的保护措施。例如，及时给汽车打蜡；长时间停放时，罩上车套或选择合适的停车房等。

5) 交通膜

汽车运行时，形成的交通膜会使漆面失光。为了避免和减少交通膜的形成，可采用打蜡和加装汽车防静电装置的方法予以解决。

2．透镜效应

透镜效应是指当车表漆面存在小水滴时，对阳光产生聚焦作用，焦点处的温度高达 800℃～1000℃，会导致漆面被灼蚀，出现肉眼看不见的小孔洞。因此，汽车在使用中应注意：一是在炎热天气里，用冷水给车表降温后要擦净漆表残存的水滴；二是雨过天晴时，一定要把漆表的雨滴去除。

4.1.2　漆面失光的处理方法

1．自然氧化不严重或浅划痕导致的失光处理

自然氧化导致的失光，漆面无明显划痕，用放大镜观察到漆面的斑点较小，可采用抛光研磨的方法进行处理。

2．自然氧化严重或透镜效应严重引起的失光处理

用放大镜仔细观察漆面，若发现漆面有较多的斑点，则说明漆面受侵蚀严重，可进行重新涂装翻新施工。

思考与练习

思考题

1．汽车漆面失光的原因。

2．汽车漆面失光的处理方法。

4.2　漆面浅划痕的处理

1．洗车

洗车的目的是清除汽车车身表面的污染物、泥土等。

2．开蜡

开蜡的目的是保证抛光效果。在进行开蜡作业时，要使用专用开蜡水，保证在对蜡质层进行彻底分解的同时，又不损伤漆面及塑料。

3．漆面研磨抛光

1) 漆面研磨

首先，用小块毛巾将研磨剂均匀地涂抹在待抛漆面上，将海绵抛光盘安装在抛光机上，蘸满水，保持抛光盘平面与待抛漆面基本平行(局部抛光除外)。启动抛光机，使其转速保持在 1500～1800r/min。抛光时，为保持海绵抛光盘湿润，应不断地向抛光盘上洒洁净清水，以降低摩擦表面的温度，避免由于摩擦升温过高使抛光盘焦化和损坏面漆。研磨抛光作业在清除掉 95%左右的划痕后即可停止，然后用洁净清水冲洗抛光表面，擦去残余物，检查抛光效果。

2) 漆面抛光

抛光的作用是清除研磨留下的细微划痕，具体操作方法与研磨施工基本相同。

4．漆面还原增艳

抛光作业完成后，漆面浅划痕已基本消除。对于抛光作业中残留的一些发丝划痕、旋印等，可通过漆面还原进行处理。漆面还原时用小块无纺布将还原剂均匀地涂于漆表，然后用无纺布毛巾抛光。

5．漆面保护

漆面保护通过对漆面上保护剂来实现。漆面保护剂分蜡质和釉质两大类。

思考与练习

思考题

1. 汽车漆面浅划痕处理的具体步骤?
2. 漆面研磨抛光的具体步骤?

4.3　漆面抛光及镜面釉处理

4.3.1　漆面的抛光

如果说洗车是车体护理的基础，研磨是漆面翻新的关键，抛光则是漆面护理的艺术创作。

1．抛光的作用

漆面抛光具有以下具体作用:

(1) 消除漆面的细微划痕(发丝划痕)。

(2) 处理汽车漆面的轻微损伤及各种斑迹，进而达到光亮无瑕的漆面效果。

2．抛光的途径

1) 依靠研磨

此方法是靠摩擦材料把细微的划痕除去。

2) 依靠车蜡

抛光剂中大多有车蜡成分，抛光到一定程度，可依靠蜡质的光泽来弥补漆面残存的缺陷。

3) 依靠化学反应

此方法是通过调整抛光机的转速使抛光剂发生化学反应。

通过前两种途径得到的漆面光泽称为"虚光"。虚光的缺点是：无法达到镜面效果，且光泽缺乏深度，保持时间短(光泽来自车蜡，而不是来自漆面本身)。

真正意义上的抛光是利用抛光机旋转产生的热能，使车漆与抛光剂之间产生能量转化，发生化学反应，进而消除细微划痕，让漆面显示出自身的光泽，然后进行上蜡。

3．抛光的方法

将抛光机调整好转速，海绵轮用水充分润湿后，甩去多余的水分。先取少量抛光剂涂于漆面(每涂一小块做一次处理，不可大范围涂抹)，从车顶棚开始抛光。抛光机的海绵轮应保持与漆面相切，力度适中，保持匀速。抛光时应按一定的顺序，不可随意进行。用过抛光剂后再换用增艳剂按以上步骤再操作一次。漆面护理的工具如图 4.2 所示。

图 4.2 漆面护理工具

4．抛光时需注意事项

对漆面进行抛光时，应注意以下事项：

(1) 抛光剂不可涂在抛光盘上，应用小块毛巾均匀地涂抹于漆面待处理部位。

(2) 抛光剂涂抹面积要适当，既要便于抛光操作，又要避免因未及时抛光而出现干燥现象。

(3) 抛光时，要掌握好轻重缓急，棱角边处、漆面不平的地方用力要重而缓慢，来回抛光速度要快。

(4) 抛光时，要及时进行洒水，最好雾状喷洒，防止因水流过大冲掉抛光剂。

(5) 欧美汽车的面漆涂层一般较厚，而日本、韩国及国产车的面漆涂层一般较薄，在抛光时要注意掌握好分寸，不能抛露面漆。

(6) 抛光作业可以手工完成，在手工抛光时应注意抛光运动路线，不可胡乱刮擦或做环形运动，应该以车身纵向平行线为准做往复运动。

4.3.2 镜面釉处理

当整车漆面处理完毕后，漆面会很平滑、光亮，但有时也还会有一些极细小的划痕、花痕或光环。为了保持漆面的光滑和光亮，需要上镜面釉。镜面釉的主要原料为高分子釉剂等聚合物，可使用专用工具加热后，挤压进车漆的毛孔内，形成牢固的网状保护层，附着在车漆表面形成光滑、明亮、密封的釉质镜面保护膜，令车身时刻保持光亮。镜面釉保护膜具有防酸雨、抗氧化、防紫外线、防褪色等多项显著功能，还可抵御硬物轻度刮伤，有不怕火、不怕油污等特点，功效可以保持 1 年以上。

使用镜面釉时，先用干净软布将抛光残留物清除干净，摇匀镜面釉，用软布或海绵将其涂在漆面上，停留 60s 后用手工或机器抛光，如图 4.3 所示。机器抛光时，保持机器转速在 1000r/min 以下，最后用干净软布擦去残留物。手工处理时，直线抛光、抛亮即可。

图 4.3　汽车漆面护理

使用镜面釉处理漆面时需注意以下事项：

(1) 控制抛光机的转速，不可超过选定速度的范围。

(2) 保持抛光方向的一致性，应有一定的次序。

(3) 更换抛光剂的同时换掉海绵轮，不可混用海绵轮。

(4) 严禁使用羊毛轮进行镜面釉处理。

思考与练习

思考题

1. 汽车抛光和上镜面釉的作用是什么？

2. 汽车抛光和上镜面釉的具体操作流程是什么？

4.4　漆面深划痕的处理

深划痕就是划痕深至底漆层的划痕，若不及时进行处理，不但会影响汽车美观，还会对漆面产生腐蚀，缩短钣金的使用寿命。

4.4.1 表面处理

表面处理具有以下作用：

(1) 清洗、脱脂(除油)。

(2) 除锈。

(3) 清除旧漆，即清除深划痕两侧松动易脱落的旧车漆。

(4) 砂光砂薄，即对深划痕两侧进行"薄边"处理。

4.4.2 底漆和腻子施工

(1) 如果划痕经表面处理后未露金属基材，仍有底漆层附着良好，则可以在原有底漆层上直接喷涂封闭底漆或中涂漆。

(2) 如果金属基材外露，则须进行腻子的刮涂施工，然后进行比腻子更细的填眼灰施工。注意每次腻子和填眼灰施工之后都要进行烘干处理，最后喷涂封闭底漆或中涂漆。

4.4.3 面漆涂装

出现以下现象时，就需采用面漆涂装：

(1) 漆面严重老化，采用抛光还原工艺无法解决。

(2) 漆面由于透镜效应而受到侵蚀严重失光。

(3) 漆面的氧化层较厚，出现局部腐蚀，无法抛光还原。

(4) 漆面出现深度划伤，无法通过抛光清除。

(5) 漆面出现局部或大面积破损时，必须进行喷漆处理。

思考与练习

思考题

1. 汽车漆面深划痕处理的具体操作步骤？

2. 何时需要采用面漆涂装？

4.5 划痕快速修补及漆面养护

4.5.1 划痕快速修补

专业的划痕修补时，首先要有良好的作业环境，即要有专业的烤漆房及电脑调漆设备。其次，要有特殊的快补材料(这是保证划痕修补快速的重要条件)。传统的腻子在修补后仍然会不断吸收潮气，容易出现龟裂和下陷现象。高科技的金属补土具有坚固、耐高温的特性，使用快速烘干器可以在 5 min 内彻底烘干，另一个优点是可以一次成形，减少了龟裂的概率(传统的腻子要打三层，过厚的腻子会增加龟裂的机会)。

使用质量好的色漆(如水性环保漆遮盖力强，内含防紫外线添加剂、定银剂和防霉剂)，可使车漆不褪色。

补漆的最后一道工序是涂亮油。良好的快干型亮油，浓度高，不失光，硬度强，洗车时不易擦伤车漆。

划痕快补的操作技法与一般补漆不同，在使用划痕快补的操作技法修复一部有划痕的汽车时，一定要将受伤部位打磨，以增加腻子的附着力。

修补划痕色漆是局部喷涂，而亮油则要大面积喷涂，以确保修补处与原车漆不留接口，力求没有修补的痕迹。

若汽车有钣金损伤时，最好找有钣金介子机的企业进行修复。因为传统的做法要拆卸外板，易损伤内部装饰，且使用锤子敲打时，受力不均匀，易使铁皮受伤，平整度也难以保证。介子机通过吸附方式，把凹瘪的钣金吸平，对周围的损伤较小。

4.5.2 漆面养护

漆面厚度很薄，莫氏硬度也不高，必须精心护理，才能使汽车保持鲜丽的色彩。在车漆养护中，应注意以下几点：

(1) 车辆使用时，要及时地清除车辆的前、中、后部的灰尘，尽量减少车身静电对灰尘的吸附。

(2) 雨后及时冲洗。雨后车身上的雨渍会逐渐缩小，使雨水中酸性物质的浓度逐渐增大，如不尽快用清水冲洗雨渍，时间久了就会损害面漆。

(3) 洗车应在发动机冷却后进行，且不能在烈日或高温下清洗，以免清洗剂被烘干而留下痕迹。日常冲洗车辆时，要使用专用洗涤剂中性活水，不能使用碱性大的洗衣粉、肥皂水和洗涤灵，以防洗掉漆面中的油脂，加速漆面老化。在洗车场洗车时，不能使用脱蜡洗涤剂，以免漆面受到伤害。行驶在沿海或污染严重地区的车辆应每天冲洗一次。

(4) 擦洗车辆时，要用干净、柔软的擦布或海绵擦拭。为防止其中混入金属屑和沙粒，不要用干布、干毛巾、干海绵擦车，以免留下划痕。擦拭时，应顺着水流的方向自上而下轻轻地擦拭，不能划圈和横向擦拭。

(5) 对于一些特殊的腐蚀性极强的痕迹(如沥青、鸟粪、昆虫等)，要及时用专用清洁剂清洗，不可随意使用刀片刮削或用汽油清洗，以免伤害漆面。

(6) 车辆维修保养时，不要用带有油污的脏手触摸车身漆面，或用油抹布随意擦拭漆面，不要将沾有油污的工具或含有有机溶剂的擦布置于车身上，以免发生化学反应，留下印痕或使漆面过早褪色。

(7) 漆面若无明显的划痕，不要进行二次喷漆，防止漆色不合或黏结不牢。

(8) 车辆长期停驶时，应停在车库或通风良好的地方，冬天应用专用车身罩覆盖。临时停放时，要选择阴凉的地方，避免阳光暴晒。

(9) 防止对车身漆膜进行强烈冲击、磕碰和划痕。如发现漆面有伤痕、凹陷或脱落，应及时进行修补。

(10) 清洗镀光金属件时，应使用炭精清洗剂，并定期对其上蜡进行保护。车身表面的焊接点和接缝处要及时清洗擦干，防止产生锈蚀。

(11) 清洗车身装饰件时，要用质量较好的洗涤剂，上蜡时不要擦抹过重，避免穿透漆层露出底漆。

　　(12) 不定期地对漆面进行上蜡保护，并定期(每季度一次)到汽车美容店进行养护，及时恢复车身漆面的光泽度。

思考与练习

思考题

1. 汽车划痕快速修补的具体步骤？
2. 汽车漆面养护的具体步骤？

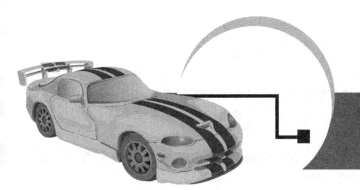

第 5 章

汽车外部装潢

【本章概述】

本章主要介绍大包围、汽车天窗、车身彩贴、底盘防护施工、漆面的特种喷涂、前阻风板和后翼板等外部装潢。

第一节讲述车身大包围的分类、组成及安装过程。

第二节讲述汽车天窗的特点、分类、结构及安装过程，同时介绍天窗的养护。

第三节讲述车身彩贴和保护膜装饰的方法及注意事项。

第四节讲述底盘喷塑和底盘装甲的区别、装饰的方法及注意事项。

第五节讲述几种常见的漆面喷涂。

第六节讲述前阻风板和后翼板装饰的目的、方法及注意事项。

第七节讲述汽车保险杠、眼线、天线、挡泥板等其他局部装潢。

【学习目标】

知识目标：
- 了解车身大包围的分类、组成；
- 掌握车身大包围的安装过程；
- 了解汽车天窗的特点、分类；
- 掌握天窗的安装过程及养护工作；
- 掌握车身彩贴和保护膜装饰的过程；
- 掌握底盘喷塑和底盘装甲的操作过程；
- 掌握漆面特种喷涂的方法；
- 了解前阻风板和后翼板装饰对汽车运行的影响；
- 掌握前阻风板和后翼板的安装过程；
- 了解几种局部装饰的作用及安装方法。

能力目标：
- 认识汽车外部装潢时常见的工具及耗材；
- 能够安装大包围、天窗、前阻风板及后翼板，进行底盘防护施工，对车辆外部进行特种喷涂。

5.1 车身大包围

车身大包围的专业名称是"空气扰流组件"，它是指车身下部宽大的裙边装饰。大包围源于赛车运动，主要用来改善气流对车身稳定性的影响，但现在许多车主对大包围的改装主要还是出于美观的需要。

现在很多轿车上都装有大包围，其一般选用玻璃钢制品且与车身漆成相同的颜色，比原来车上的黑色保险杠具有更好的风格、品位。

大包围的主要作用是减少汽车行驶时所产生的逆向气流，同时增加汽车的下压力，使汽车行驶时更加平稳，减少耗油量。同时，大包围从外观上更能突出车主的个性化喜好。加装大包围可以使车头更接近地面，能减少气流进入车底的流量，同时将气流分散至车头两旁，提高了车身稳定性。后下扰流将流经车底的气流改变为向下压的方向，可以改善高速行驶中车尾的漂浮不稳，使车身运动更加稳定。同时，尾翼和扰流器可以解决气流和浮升力的问题，会使流经尾翼下端的气流的速度较流经尾翼上端的来得快，从而产生下压力，减少汽车运动中的浮升力，可以改善车身周围气流对运动中车身稳定性的影响。但目前国内市场上的"大包围"多不具备这种功能，它们更多的是为美观而设计的。

5.1.1 大包围的组成

车身大包围一般由前包围、侧包围和后包围组成，在一些车型上还包括轮眉、挡泥板和门饰板等，如图 5.1 所示。

大包围可分为泵把款和唇款两大类，其中泵把款类的包围就是将原来的前后杠整个拆下，然后再装上另一款泵把；而唇款类的包围则是在原来的保险杠上加上半截的下唇，此款包围的质量与安装技术要求极高。泵把款类的包围安装较为容易，可大幅度地改变外观，更具个性化；唇款类的大包围与保险杠的密合度不能超过规定值，否则会影响外观，而且高速行驶时还会有脱落的危险。现在大多数汽车的原装保险杠都是用 PU 塑料制作的，材料柔韧性较强，而以树脂制造的大包围硬度较高、柔韧性较差，装在车上行驶一段时间后这个位置容易出现裂缝。

侧包围又称侧杠包围或侧杠裙边，是防止行车中多余的风跟空气由车侧灌入车底下，减少汽车运动中的浮升力，所以赛车很多都是除了前面铲地之外，旁边也是贴到地，就是利用这样的原理，如图 5.2 所示。

图 5.1 大包围

图 5.2 侧裙

5.1.2　大包围设计原则

大包围装在车上是否好看，主要是看其整体是否平衡协调，外观是否美观大方，前后包围、侧包围的设计是否浑然一体。从美观的角度来看，设计原则至关重要。

大包围的设计要讲究以下几个原则：

1．协调性原则

安装大包围及其他改装件时，其造型和颜色要与车身协调。

2．整体性原则

要将汽车前、后、左、右各种包围件作为一个整体进行设计，这样安装大包围后就不会影响整车性能。

3．标准性原则

设计的大包围组件一定要符合国家有关规定，这一点要格外注意。

4．安全性原则

设计的产品要考虑路面状况，所有装饰件与地面应保持一定距离(至少 20cm)，汽车安装大包围后绝不能影响整车性能和行车安全性。

5．观赏性原则

设计的大包围组件要美观大方，符合消费者的个性化需求。

5.1.3　大包围装饰的特点

大包围装饰具有以下特点。

1．小批量、多品种

车身大包围装饰件的制造特点是小批量、多品种。这是人们讲究个性、追求时尚的结果，呈现出多样化。这也正如人们常说的那样，"穿衣戴帽，各有所好"，是一脉相承的道理。

2．制作材料多样化

大包围在制作时，使用的材料主要是塑料、金属。塑料中以玻璃钢材料为最多，有的采用新型碳纤维材料和铝碳合金复合的制作方式以及蜂巢式铸造工艺相互配合制成。还有的采用铝合金、不锈钢等材质制作，各有其特性。

3．追求时尚、讲究个性

车身大包围装饰是在高水准的汽车文化中诞生的。随着人们生活水平的提高，消费者对汽车的认识和需求也在不断提高，对汽车的装饰会更加讲究，追求时尚、讲究个性，这些就是车身大包围装饰产生的背景。

5.1.4 大包围的制作材料

大包围的制作材料主要有玻璃钢和塑料两种。

1. 玻璃钢

用玻璃钢制作大包围套件，制作方便，且对模具和生产设备要求不高，但细腻程度难以保证。目前多数生产商首选玻璃钢作为生产大包围的材料。

2. 塑料

此类材料具有细微成分，其性能可进行调整，且有成形好的特点。用塑料制作的大包围套件的质量相对较高，是各名牌汽车改装厂生产大包围的主要材料。但塑料对成形所需的模具和生产设备要求较高，产品售价也较高。

下面介绍一些国内大包围套件的材料及它们所具有的特点。

1) ABS 塑料

此类产品是以真空吸塑成形，厚度较薄、强度较差，所以此类材料不能制作泵把款的包围，只能制作唇款的包围。

2) PU 塑料

此类产品是在低温下注塑形成，所以有极好的柔韧性与很高的强度，同时与车身的密合度也是最佳的，寿命也较长，是众多材料中最好的一种。但此类产品造价成本极高，通常一般消费者难以接受。

3) 玻璃纤维材料

此类产品的价格较低，但韧性极差。由于这种材料制作的时候收缩性较大，所以制造出的包围表面很容易起波浪，经过一段时间的阳光照射后，有些部位甚至会出现裂缝。

4) ADP 合成树脂材料

此类材料收缩性较小，韧性较好，耐热不变形，所以制作出的包围表面极为平滑，同时扩扭力较强，密合度较高。但此类产品对造工技术要求极高，所以相比玻璃纤维的价格要高一些。

5.1.5 大包围装饰施工

1. 选择大包围装饰件

1) 车型选择

目前装饰件生产厂家生产的大包围总成件基本上都是以特定的车型为标准而设计制作的。在制作中，根据制作的材质和工艺的不同，可分为标准型和豪华型两种。在为车型配套时，还要考虑车身的颜色，所以有多种款式和色泽可供选择。

2) 选择的标准

选择大包围总成件的标准，主要是要达到好看、总体平衡协调、外形美观大方、前后包围和侧包围融为一体以及赏心悦目等效果。

2．安装大包围

1）安装前包围

(1) 将安装前包围的部件进行擦拭，去除油污、污垢等，使装饰部位达到清洁、干燥，做好安装准备。

(2) 准备好安装工具和材料。常用的安装工具有手钻、锤子、旋具、活扳手和钳子等。准备好大包围总成的各种零件，按安装说明书要求做好相应的准备。

(3) 按前包围安装位置的要求，在车的前端钻好安装孔，并去掉孔边周围的毛刷。

(4) 将前包围从保险杠下部插入，对准安装孔，用螺钉从侧面固定拧紧。

前包围安装后的状态如图 5.3 所示。

图 5.3　前包围

2）安装侧包围

侧包围分左、右两部分，安装方法与前包围一样，主要有以下两步：

(1) 清洗安装部位，准备好安装用的工具和材料，做好安装前的一切准备工作。

(2) 按安装要求钻好安装孔，把车门打开，将右侧围的包围件放在安装位置，钻好安装孔，并用螺钉固定好。

侧包围安装后的状态如图 5.4 所示。

图 5.4　侧包围

3）安装后包围

后部包围件的安装方法都与前部一样，但后部包围件上有一个消声器的排气口，制作时将排气口变大了，显得更漂亮。

后包围安装后的状态如图 5.5 所示。

图 5.5　后包围

知识链接 5-1

安装大包围时，需要注意以下几点：

(1) 应选用高质量的产品

因为高质量的玻璃钢包围的坚固程度和表面光洁程度比一般产品要好很多。大包围安装在车上，也就与其他部件成为一个整体、日常的磕碰在所难免。如果包围材质脆弱、刚性过大，就很容易碎裂，那样不仅会增加更换成本，也会为车主增添不少麻烦。

(2) 选择合适的大包围总成

选好合适的大包围总成的型号和颜色，使大包围与原车配套、协调，达到整体和谐，这就为大包围装饰的成功奠定了基础。

(3) 尽量不拆卸原保险杠

最好不要选用需要拆掉原车保险杠才能安装的大包围。因为一般包围所用的材料抗撞击能力较差，选用将原杠包裹其中的大包围不会影响车辆的牢固性。但如果一定要选用拆杠包围，可将原杠中的缓冲区移植到玻璃钢包围中，以起到保护作用。

(4) 不需改变车身结构

加装大包围是用螺钉或者铆钉固定的，对车身几乎没有任何损坏，而且可随时拆卸，加装时不需要对车身作改动。

(5) 选好安装企业

加装大包围应该到有经验的改装店去，因为这些改装店有制作各种包围的能力，有必要的设备和技术，有装饰件厂家或汽车厂家特许资格的经销和安装资格，并有能力进行维修。

知识拓展 5-1

现以采用玻璃纤维制作大包围为例，介绍大包围的制作方法。大包围制作的基本流程如下：

(1) 做试模

大包围雏形的设计，被行家称为"做试模"，即先用玻璃纤维做出预想的产品形状。试模做好后，就可以在试模上用玻璃纤维套出主模，经过修整后就可以用于生产了。

(2) 涂胶衣

在主模内表面涂一层胶衣，胶衣的颜色决定产品胚件的颜色。等胶衣干后，在其上涂刷胶灰，填补主模上的空隙。

(3) 铺玻璃纤维

待胶灰干后，就可以把预先剪裁好的纤维在主模上铺上 3~5 层，确保套件有足够的刚度，玻璃纤维贴上后，就把主模阴阳模合夹紧，夹成完整的整体，同时塑造出产品内部的轮廓。经 1~3h 后，待玻璃纤维干透就可以脱模了。

(4) 打磨

脱模后便可进行打磨、打水砂以及修补等工序，这样半成品就出来了。

(5) 喷漆

最后一道工序是喷漆。经过底漆的喷漆和烘烤等一系列的"梳妆打扮"，大包围产品便制作完毕了。

思考与练习

一、思考题

1. 大包围的设计要讲究哪些原则？
2. 安装前包围的步骤有哪些？
3. 安装大包围时的注意事项？

二、练习题

1．填空题

(1) 大包围基本分为(　　)和(　　)两大类。

(2) 大包围的制作材料主要有(　　)和(　　)两种。

2．判断题

(1) 大包围的主要作用是减少汽车行驶时所产生的逆向气流，同时减少汽车的下压力。　　　　　　　　　　　　　　　　　　　　　　　　　　　　　　(　　)

(2) 泵把款类的包围就是将原来的前后杠整个拆下，然后再装上另一款泵把。　(　　)

5.2　汽车天窗

加装汽车天窗这种新风尚是随着轿车市场中私家车数量的增加而出现的，已有 100 多年的历史，已成为汽车文化的一部分。目前，国内私家车占轿车总量的比重越来越大，装一个汽车天窗将是汽车族追求个性的一个新趋势。目前 20%以上的轿车装有天窗，且比例正在逐渐提高。

汽车科技水平在快速发展，汽车的外貌也在不断变化，现在很多汽车都配备了天窗。以前，加有汽车天窗往往是豪华贵族车的象征和代表，现在很多经济型、价格非常大众化的汽车也都配备了非常实用的天窗。在满足功能性、有效性、安全性的基础上，人们希望汽车也能带给他们心理上的满足感。安装汽车天窗能够提高汽车内部乘坐的舒适性和彰显个性。天窗的特别设计能把混浊的空气迅速排出车外，又能阻挡车外灰尘的进入；新鲜的空气透过天窗进入车厢，没有了摇下侧窗换气产生的风噪；辅助调节温度，减少空调使用时间，节省油耗；而且装有天窗的汽车车厢内光线明亮，更亲近自然。

无天窗的汽车，遇到车内空气污浊，如废气、吸烟、夏季车内霉变等情况，常要打开侧窗，给车内换气，这种办法不仅会使乘客感到不舒服，效果也不甚理想。但带天窗的汽车则简单、方便多了。汽车天窗改变了用侧窗换气进入新空气的方法，车辆行驶中，气流在天窗内部快速流动，在天窗上形成的负压加速将车内污气抽出，新鲜空气能使司机头脑保持清醒，驾起车来更安全可靠。

5.2.1　天窗的优点

1．通风换气

便于换气是汽车加装天窗最主要的目的。

多一个"窗"，自然多了一个通风口，因此打开天窗，可以增加车内空气流通的速度。尤其是在车内人数较多的情况下，天窗这个位于上方的通风口可以改善车厢内通风换气的状况。驾驶室上层的清新空气可使驾驶员保持头脑清醒，驾起车来更安全可靠。

据调查，车内乘客吸入的微粒是街上行人的 10 倍。长时间行车，封闭的车厢内氧气减少，二氧化碳增多，易使驾车人昏昏欲睡。虽然打开侧窗后通风条件会有所改善，但车辆高速行驶时，进入车内的空气会令人感到不适，而且窗外的尘土、噪声也会随之涌入车内。天窗就可以利用负压换气的原理，依靠汽车在行驶时气流在车顶快速流动形成车内的负压，将车内污浊的空气抽出。

2．节能

夏季，汽车在阳光下暴晒后，车内温度可高达 60℃，这时打开的天窗，利用车辆行驶过程中车顶形成的负压抽出燥热的空气便可降温。使用这种方法比开空调降温速度快 2～3 倍，而且还可节约能耗 30%左右。

3．除雾

春夏两季雨水多、湿度大，前挡风玻璃常有雾气，车内空气也容易变得污浊，虽然大多数车内都配备了防雾装置，但有时效果并不那么明显。这时打开天窗至后翘通风位置，顷刻间雾气消失，空气清新，又无雨水进入车内，给开车增加了舒适与安全。在寒冷的环境中启动车辆后，由于车内外温差作用会在风窗玻璃上产生很多雾气，不利于驾驶的安全。若这时打开天窗，就会很快降低车内外温差，使风窗玻璃重新变得透明。

4．降噪

当普通汽车在高速公路上行驶并需要打开侧窗时，车内人员的交谈就会受到噪声干扰。如果车辆上装有天窗，只要打开天窗代替侧窗，就可大大减少噪声的干扰。

5．开阔视野

天窗可以使我们的视野开阔，并且能够亲近自然和沐浴阳光，驱除充斥在车厢内的压抑感。当独自长时间驾车在高速公路上行驶时，风噪声会使人心烦意乱，侧窗进来的风吹在身上也不太舒服，这时就可以打开天窗享受一下大自然，而且不会受到噪声干扰。

6．提升汽车的档次

一般进口高档汽车上都配有天窗。装一个自己喜欢的天窗，能使汽车的档次立刻提升不少。另外，天窗除了是一个很好的换气设备外，还可以使汽车变得更美观、更舒适。全景天窗车型不仅有传统天窗的基本功能，还能为驾乘人员提供更好的采光和更大的视野。能够突破笼式的空间束缚，更多地接触阳光与空气，使全景天窗成为消费者享受汽车生活、提升格调品位的最佳选择。

5.2.2 汽车天窗的类型

1. 按驱动方式分

天窗按驱动方式不同可分为手动式和电动式两种。

1) 手动式

用手的力量开启和关闭的天窗，称为手动式天窗(如图 5.6 所示)。手动天窗主要有外倾式和敞篷式两种，此类天窗结构比较简单，价格也比较便宜。

2) 电动式

以电力为动力进行开启和关闭的天窗，称为电动式天窗，如图 5.7 所示。电动式天窗主要有内藏式、外倾式，此类天窗档次较高，价格也较贵。

图 5.6 手动式天窗

图 5.7 电动式天窗

2. 按结构形式分

天窗按结构形式不同可分为外掀手推式、外掀电动式、敞篷式、内藏式、全景式等类型的天窗。

1) 外掀手推式天窗(如图 5.8 所示)

外掀手推式天窗是用手的力量推开或关闭的天窗，这种天窗的结构原理与公交车上的一样，只不过制造用的材料和精密度要高些，采用绿水晶玻璃，能阻隔 99.9%的紫外线和 96%以上的热能。在行驶中，天窗开启时没有噪声，手推式把手或无段级手摇把手更可根据自己的需要将天窗外斜或外滑至所需位置。外掀手推式天窗适合于安装在小型经济车上。

2) 外掀电动式天窗(如图 5.9 所示)

外掀电动式天窗在开启后向车顶的外后方自动升起，具有防夹功能和自动关闭功能，同时配有可拆式遮阳板。此类天窗主要安装在中小型轿车和中型客车上。

图 5.8 外掀手推式天窗

图 5.9 外掀电动式天窗

3) 敞篷式天窗(如图 5.10 所示)

敞篷式天窗在开启时分段折叠在一起,在开启后天窗完全打开,敞开的空间大,结构紧凑。天窗使用三层高品质的特殊材料组合而成,外层采用特殊的防紫外线及隔热 PVC 材料,具有防紫外线和隔热的效果。此款天窗时尚前卫,其前后两排均可站立。相对于前两款天窗,敞篷式天窗的密闭、防尘效果要稍微差一些。

4) 内藏式天窗(如图 5.11 所示)

内藏式天窗在开启后可以保持不同的弧度,采用绿水晶玻璃制成,可阻隔 99.9%的紫外线和 96%以上的热能。同时具有防夹功能和自动关闭功能,能确保使用者不被天窗机构夹着。该种天窗采用自动控制,发动机熄火 3s 后便自动关闭天窗,具有防盗功能;还配有独立的内藏式太阳挡板。此类天窗结构复杂,功能齐全,使用方便,为豪华装饰精品,多用于豪华商务型轿车上。

图 5.10 敞篷式天窗   图 5.11 内藏式天窗

5) 全景式天窗(如图 5.12 所示)

全景式天窗实际上是相对于普通天窗而言。一般而言,全景式天窗首先面积较大,甚至是整块玻璃的车顶,坐在车中可以将上方的景象一览无余。全景式天窗的优点是视野开阔,通风良好。不过全景式天窗也有一些缺点:成本较高;落尘需要清理,否则会影响视线;使车身整体刚度下降,安全系数降低。

图 5.12 全景式天窗

3.按面板材质分

汽车天窗按照其面板材质不同可分为玻璃面板、金属面板及复合材料面板三种。

5.2.3 汽车天窗的结构

电动天窗是目前最受欢迎的一种汽车天窗,现以电动天窗为例介绍天窗的基本结构。电动天窗主要有滑动机构、驱动机构、开关和控制系统等组成。

1. 滑动机构

电动天窗的滑动机构主要由导向块，导向销，连杆，托架和前、后枕座等构成，如图5.13所示。当后枕座向前移动，导向销也沿导向槽向前滑动，连杆移动，从而斜升起车顶玻璃。当车顶玻璃斜降开始时，后枕座按相反方向收回与合拢，于是车顶玻璃便斜降下来。此项工作完成之后，车顶玻璃才可以按照常规进行滑动打开。

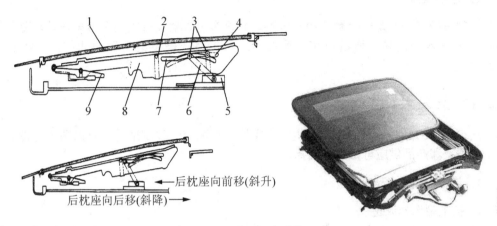

图5.13 电动天窗结构

1—天窗玻璃；2—导向块；3—导向销；4，7—导向槽；5—后枕座；6—连杆 8—托架；9—前枕座

2. 驱动机构

电动天窗驱动机构主要由电动机、传动机构和滑动螺杆等组成。

1) 电动机

电动机通过传动装置为天窗的开闭提供动力。电动机能双向转动，即通过改变电流的方向来改变电动机的旋转方向，实现天窗的开闭。

2) 传动机构

传动机构主要由蜗轮蜗杆传动机构、中间齿轮传动机构(包括主动中间齿轮、过渡中间齿轮)和驱动齿轮等组成。齿轮传动机构接受电动机的动力，改变旋转方向，并减速增矩后将动力传给滑动螺杆，使天窗实现开闭；同时又将动力传给凸轮，使凸轮顶动限位开头进行开启与关闭。主动中间齿轮与蜗轮固装在同一轴上，并与蜗轮同步转动；过渡中间齿轮与驱动齿轮装在同一输出轴上，被主动中间齿轮驱动，使驱动齿轮带动玻璃开启与关闭。

3) 滑动螺杆

滑动螺杆与驱动齿轮配合，实现齿轮传动。滑动螺杆根据驱动电动机的正转和反转，来确定向前还是向后滑动，从而决定了车顶玻璃打开还是关闭。

3. 开关

电动天窗的开关由控制开关和限位开关组成。

1) 控制开关

控制开关主要包括滑动开关和斜升开关。滑动开关有滑动打开、滑动关闭和断开(中间位置)三个挡位。斜升开关也有斜升、斜降和断开(中间位置)三个挡位。通过操作这些开关，令天窗驱动机构的电动机实现正反转，使天窗实现不同状态下的工作。

2) 限位开关

限位开关主要用来检测天窗所处的位置，犹如一个行程开关。限位开关是靠凸轮转动来实现断开和闭合的，凸轮安装在驱动机构的动力输出端。当电动机将动力输出时，通过驱动齿轮和滑动螺杆减速以后带动凸轮转动，于是凸轮周缘的突起部位顶动开关使其开闭，以实现对天窗的自动控制。

4．控制系统

控制系统 ECU 是一个数字控制电路，并设有定时器、蜂鸣器和继电器等，其作用是接收开关输入的信息，通过数字电路进行逻辑运算，确定继电器的动作，以控制天窗的开闭。

5.2.4　安装天窗

汽车天窗的品种较多，但都是生产厂家按车型配套设计制造的，目前国内外都有天窗的生产厂家和产品供应可供装饰选择。

1．选择合适的天窗

1) 按车型选择天窗

目前市场上的天窗基本上都是按车型进行配套的，所以选择天窗时首先应按车型进行选择。

2) 选择合适的型号

在同类中应选择需要的型号，一般在同类天窗中，有标准型、经济型及豪华型之分。选择天窗必须与车型配套协调，一般来说，高档车应选用豪华型天窗；低档车选用标准型、经济型天窗。低档车如选择豪华天窗，既不协调也不经济。

2．安装天窗的基本步骤

选择了合适的天窗后，还必须进行高质量的安装。如果安装质量较差，使用一段时间后，便会出现天窗开启不灵、车顶渗水等现象。安装前要认真阅读天窗的安装和使用说明书，必要时应重新检查一下天窗是否完全符合配套安装使用要求。如发现问题，应及时调换。在天窗安装使用说明书中，对安装的要求、安装的步骤和方法都有明确的规定，应按规定进行安装。一般汽车天窗的安装应按照以下步骤进行：

1) 清洗车身

2) 检查车况

检测车身，把车身划痕和缺陷记录下来。开大灯、音响等设备进行检查，以确认汽车电路是否完好。

3) 保护内饰

把车门和座椅用保护套套好，防止受到污损。

4) 拆下车内顶

在驾驶室内将汽车的顶棚拆卸下来。

5) 定位

准确测量天窗的安装位置，利用不干胶带施工图纸精确固定准备安装天窗的位置。将安装定位纸安放在车顶外部进行定位度量，并裁剪出内饰定位纸。安装人员需先在定位纸上的钻孔位利用电钻在车顶钻孔定位(至少 4 个)，并把螺钉钻进去。在车子内饰相应部位，内饰定位纸也有相应的定位螺钉安装位，从外定位纸穿过来的螺钉同时穿过内定位纸。然后内外旋紧螺钉，就可以把车顶钢板和内饰板定位好。

定位在天窗的安装过程中起着非常重要的作用。如果定位出现偏差，就会在加装天窗时产生更大的偏差。

6) 划线开孔

去除车顶钢板内部的减震皮，然后对天窗安装部位预开孔，准备切割。在车顶用剪刀用力剪割钢板，划出一个圆圈来。

用电剪沿着定位外线附近把车顶割出要安装天窗的位置(第一遍一般是沿着内框红线，如果安装较大的天窗，可能占据车顶安全防颤梁的位置，则应先将安全防颤梁锯掉)。然后沿着施工图纸标线(外框精确控制线)精确地剪出天窗的安装位置。

7) 防锈处理

切割后沿着边缘线修剪平整，并用磨具磨锉边缘，把尖角刺手的边缘锉平。检查车顶切割部位，用吸尘器或高压气流发生器清理切割部位周围的尘埃、铁屑和橡胶颗粒等物质。在铁皮裁剪边缘处涂抹防锈剂做防锈处理。

8) 量裁内顶

根据天窗的安装位置，精确测量所需内顶的尺寸并将内顶裁剪下来。

9) 加装天窗

将天窗准确地安装到车顶，拧紧固定螺丝。基本的框架安装完成后，把装饰面板安装好，再进行天窗主要部分的安装，将天窗的水平面调试平衡后，就基本完成了天窗的安装工作。同时，固定好排水管和天窗驱动电机等部件。

10) 布线

拆开仪表台，按照说明书的要求接好电线并隐蔽布置。

11) 装复内饰

将汽车内棚顶、仪表台等装回原来的位置，安装电动天窗控制盒。

12) 淋水测试

天窗安装好后，应进行质量检验和试运转，一般应进行淋雨试验，以检验天窗的性能及安装质量。一般来说，只要天窗安装科学合理，天窗是不可能发生漏水现象的。

5.2.5　加装天窗的注意事项和可能出现的问题

1．加装天窗需注意的事项

加装天窗时有以下需注意事项。

1) 型号要合适

天窗的型号多种多样，从理论上讲，一辆轿车可以安装任何一款天窗。但我们可以根据汽车的售价和车内空间、车顶尺寸等选择合适型号的天窗。

2) 质量要过关

天窗的质量是保证正常使用的关键，挑选时应从天窗的外观、框架刚度、机械结构及电控装置等方面认真进行判别，高质量的天窗应外观光滑平顺、框架刚度较好、机械结构合理、工艺精致、使用舒畅。

3) 安装要专业

选择了过硬的产品之后，一定要找专业的公司来安装。天窗是相对较为专业的改装项目，车主应尽量选择正规、专业的天窗改装店。

确保天窗安装质量的相关要求如下：

(1) 需有封闭车间

安装汽车天窗是一项非常精细的工作，安装过程中绝对不能受到任何外界干扰。

(2) 要有专业工具

如果天窗切口处理得不好会直接影响汽车日后的防水问题。另外，天窗内外两层框架的合并是关键技术，要边合并边做密封处理，只要安装得科学合理，一般是不会发生漏水现象的。

(3) 精通专业

安装天窗需要的专业技术性非常强，安装工人对天窗的性能、材质、规格需要非常精通。

(4) 选择服务信誉好的装潢店

选择服务信誉好的装潢店，这样安装后的保修、保养及零配件更换都能得到保障。因为天窗不仅要进行精细的安装，之后还要有定期的保养，包括对天窗的密封机构、滑动机构、泄水机构、驱动机构等的保养，这些通常是由专业的天窗安装公司来完成的。

(5) 做试验

天窗安装完毕后应做一次淋水试验，对天窗性能进行检验。

4) 加装天窗不应影响汽车的安全性

汽车天窗的主体材料是玻璃和框架系统，天窗玻璃应采用强化安全玻璃，有防盗和安全系统，在安全性方面不应低于风窗和侧窗玻璃。

5) 吉普车、跑车等特殊的车型不适合后加天窗

由于吉普车和跑车的车顶有相对复杂的钣金结构，有的汽车车顶还有空调管路、电路、灯具等设备，所以这些车辆一般不具备后加天窗的条件。

2. 加装天窗后可能出现的问题

1) 可能会产生漏水及生锈现象

品质好的天窗与车顶间用特制的胶水和紧固件连接，外倾式天窗玻璃板和框架之间用密封圈防水，内藏式天窗四周设有排水管，会将进入天窗周围的水排走，不让雨水渗入车内。

不论新旧汽车，安装天窗时都需要做防锈处理，后装的天窗本身要具有优良的品质，在每个天窗安装后均需做淋水测试，防止生锈和漏水的问题产生。

2) 可能会破坏车内结构

汽车天窗与车顶固定时，天窗框架加强了车顶支撑结构。同时，汽车顶部用特制的支架支撑着天窗，防止车顶下陷。

在改装的过程中，必须将原本车顶上配置的横梁切除。安装天窗之后，车顶结构除原本的铁皮之外，将增加立体刚性结构的天窗主体，增加安全性。

另外，选择适合尺寸的天窗并规范地安装，就不会对车身强度有较大影响。很多的天窗采用了框架式结构来加强车顶的结构强度，并且在某些型号的天窗上，增加了钢架支撑以增加车顶强度。

3) 可能会干扰电路

天窗的线路要直接连接在蓄电池上的，不能与其他电路交叉，否则会干扰其他电路。

天窗线路有自己的熔丝，可以确保自身的线路安全。

4) 可能会产生噪声、增加卷进车舱的灰尘

天窗的排气是采用负压排气原理，如同排风扇把车内空气向外抽，不会产生开启侧窗时引起的灌风现象。与车开侧窗相比，汽车天窗可大大减少噪声和尘土的进入。

5) 天窗玻璃破碎可能会伤及乘客

天窗要由按国际标准生产的钢化安全玻璃制成，要求强度非常大，一旦破碎，必变成颗粒状，不会对乘客造成伤害。

6) 可能会使车室内受到阳光暴晒

中高档的汽车天窗一般都采用隔热玻璃，能有效阻挡紫外线和红外线的进入，质量很好的天窗甚至能阻隔 95%以上的红外线。另外，一般的天窗都要附加遮阳板、遮阳帘之类的辅助性防晒隔热用品。在天窗上贴一层隔热膜也能有效阻止红外线进入室内。

7) 原车所带天窗与后加装天窗可能存在差异

原装天窗是汽车在生产线上就安装好的产品，其功能单一，不能满足所有车型的安装需求。而自选安装的天窗的功能较全、质量较好，可以满足各种车型的安装需要，但价格较高，并且需要较多的安装时间。

8) 旧车上原有的原厂天窗或改装的天窗，有可能不可以移植到另一车上或追加其他功能

原厂的汽车天窗又称为"生产线天窗"，是根据汽车型号设计制造的，其尺寸大小、玻璃弧度和操作方式都与其他车型不同。改装的汽车天窗按其组装方式分为可拆式和固定式两种。可拆式天窗的主体以螺钉锁在固定框架上，维修时必须整组拆下，所耗工时较长，连接处各部间隙较大，易产生噪声，但可以移植到别的车上。固定式天窗主体由下而上以金属专用 AB 胶与车顶完全结合，无任何间隙，组装完成之后，不可分离移植到别的车上，但其结构较为完整且有所强化。

5.2.6 天窗的使用和养护

现在越来越多的中高档轿车都装备了天窗，有的车主在原车不带天窗的情况下新加装了手动或电动天窗。天窗能够有效地使车内空气保持流通，增加新鲜空气的流入，为车主带来健康、舒适的享受。天窗作为一种结构、做工都非常精密的装置，离不开精心的维护。如果不注意正确使用和保养，尤其在冬季，极有可能出现故障，给车主带来不便。下面是车主在使用和养护中应该注意的几个问题：

(1) 在冬季，如汽车被冰雪覆盖，打开天窗之前一定要确保天窗彻底解冻。因车内温度较高，会使天窗周围冰雪融化，隔夜后极易把天窗玻璃与密封胶框冻住。如强行打开天窗，易使天窗电机及橡胶密封条损坏。因此，要待车内温度上升，确认完全解冻后再打开天窗。

(2) 喜爱抽烟的人士，使用天窗的频率会比较高。但在颠簸比较厉害的道路上最好不要完全滑开天窗，否则可能因天窗和滑轨之间振动太大而引起相关部件变形甚至使电机损坏。有很多天窗发生的故障都是使用者的人为因素造成的，如手动式天窗的锁扣或摇柄不慎拧反了方向会对天窗造成损害。

(3) 冬季洗车后应做好天窗防冻工作。冬季洗车无论是使用冷水还是热水，只要没有完全擦净，车辆在行驶中天窗边缘残留的水分都有可能会结冰。所以洗车后应检查天窗内

外，确保擦干天窗周围的所有部位，以防产生冰冻现象。另外，如天窗密封条表面进行了喷漆或植绒处理，为避免冻住，喷漆处理胶条最好用软布擦干，再涂上些滑石粉，然后擦干即可，切勿粘上油污。

(4) 在北方风沙较大的地区，天窗的滑轨、缝隙中一般会有不少沙粒沉积，如不定期清理，则会磨损天窗各部件。应经常清理滑轨四周，避免沙粒沉积，延长天窗密封圈的使用寿命。一般每使用 2～3 个月，就应把密封胶条或滑轨用纱布沾着清洗水清洗一下，待擦干净后再涂抹少许机油或黄油就可以了。

(5) 开启天窗前应注意车顶是否有阻碍玻璃面板运行的障碍物。天窗面板有隔绝热能和防紫外线的功能，应用软布和清洁剂清洗，切勿用黏性清洗剂清洗。

(6) 使用天窗最大的顾虑就是漏雨、漏水，天窗的正确使用和保养能有效避免漏水现象发生。在进入雨季之前，除了清理滑轨、密封条缝隙里的沙尘，还应在密封条等塑料部件上喷涂少许塑料防护剂或滑石粉。

(7) 在颠簸比较严重的道路上最好不要完全打开天窗，否则可能会因天窗和滑轨之间振动太大而引起相关部件变形甚至使电机损坏。此外，在下雨或清洗车辆时，严禁开启天窗。

(8) 在使用电动天窗时，一定要特别注意旋钮的使用，因为很多天窗的故障都是由于旋钮的旋转方向拧错导致的。

(9) 对于新加装的天窗，要想保证其正常使用，并尽量降低故障率，就得保证 4 点：合格的产品、专业化安装、正确使用和定期保养维护。

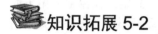 **知识拓展 5-2**

天窗换气原理

车厢换气包括进气和排气，没有天窗的汽车的进气是由进风口采用鼓风等方式实现的，排气是利用行车时车体内外产生的正负压差，使车厢内的气体通过缝隙和排气孔排出。此种进气、排气方式使得排气不通畅，进气受阻，车内空气无法得到快速更新。

天窗是利用负压换气的原理，依靠汽车行驶时进气流在车顶快速流动形成的负压，将车内污浊的空气抽出，向外排出异味(烟、酒、腐蚀性气味)。由于不是直接进风，而是将污浊的空气抽出，以及新鲜空气从进气口作为补充的方式进行通风换气，从而可以给人清爽和湿润的感觉，车内气流极其柔和，没有风直接刮在身上的不适感觉，也不会有尘土卷入。采用这种先排气后进气的换气方式，可加快空气的更新速度，对空调的影响也很小。在潮湿的天气和寒冷的季节，使用天窗还可防止车窗结雾。

思考与练习

一、思考题

1. 汽车天窗具有哪些优点？
2. 安装天窗的基本步骤有哪些？

二、练习题

1．填空题

(1) 天窗按驱动方式不同可分为(　　　　)和(　　　　)两种。

(2) 电动天窗主要由(　　　　)、(　　　　)、(　　　　)等组成。

2．判断题

(1) 中高档的汽车天窗一般都采用隔热玻璃，能够有效阻挡紫外线和红外线的进入，质量很好的天窗甚至能隔绝 100%的红外线。　　　　　　　　　　　(　　)

(2) 汽车被冰雪覆盖，打开天窗之前一定要确保天窗彻底解冻。　　　　(　　)

(3) 开启天窗前应注意车顶是否有阻碍玻璃面板运行的障碍物。　　　　(　　)

5.3　车身彩贴和保护膜装饰

5.3.1　汽车的车身彩贴

随着车主对个性化汽车产品的需求急剧增长，汽车制造商无法满足广大用户的要求，加上车型改装的麻烦，很多车主开始将注意力放在改变车身图案上。汽车车身是一件精致的综合艺术品，以其清晰的雕塑形体、优雅的装饰件以及悦目的色彩使人获得美的感受，点缀着人们的生活环境。汽车彩贴按图案不同可以分为贴花彩贴和彩条彩贴两种。

"车身贴花"源于赛车运动，因为一支成功的车队需要多个赞助商的支持，所以以车身上五颜六色的赞助商标志就成为一种"极速广告"。汽车车身贴花是近几年来流行的一种车身装饰，分为固定型贴花和随意型贴花两种。车身彩条大多属于固定型贴花，是汽车出厂时生产厂家就已设计粘贴好了的，创意和形式都较为呆板。随意型贴花是车主根据自己的个人喜好随意添加的车身图案，创意和形式都很新潮，是人类个性化的体现，所以也称为汽车车身个性贴花。目前，汽车车身个性贴花产品主要是各种形式、内容多样的随意贴，而且色彩、样式千奇百怪，应有尽有。个性贴花的最基本原则是依据车主的个性进行粘贴。贴花的粘贴工艺较为简单。相对而言，车身彩条则要复杂一些。

据了解，中国香港 30%的汽车都贴有彩贴，日本的这一比例高达 50%以上，而中国内地仅为不到1%。车身彩贴就像人的衣服一样，随时可换，完全出于车主个人的喜好，而且价格便宜。彩贴是用特殊材料制成，寿命一般有好几年，日常的洗车也不会破坏贴纸。

图 5.14　车身彩贴

汽车装饰市场上的车贴材料有纸质和胶质两种。带不干背胶的纸质车贴大多是一些小图案的标志性车贴，如"新手上路"、"别吻我"之类，这种车贴很便宜。而胶质的贴纸(跟广告贴纸是同一种材料)中都是比较大型的图案，如图 5.14 所示。

汽车贴纸的材料以适应户外条件的专用胶贴纸为主，其材质和色彩虽然没有服装面料那么丰富，但也有荧光、亚光、金属反光、金属拉丝等多种类型。汽车贴纸可贴在全车的任何地方，如车身两侧、引擎盖、灯眉、裙边、轮毂上，只要在现行法规允许的范围内，都可以进行合理的创作彩贴，完全可以尽情演绎车主的个性爱好。

1．车身彩贴的类型

车身彩贴有两种类型：一是不可撕离表层的贴膜，它由彩条层和背纸层组成：彩条层正面是彩条图案，背面是黏性贴面；二是可撕离表层的贴膜，它由背纸层、彩条层及外保护层组成，彩条层也是由彩条图案和黏性贴面两面组成。

2．车身彩贴粘贴的条件

(1) 贴纸的工作环境在 16℃～27℃为宜。因为温度过高会导致贴膜变大，湿溶液迅速蒸发；温度过低会影响贴膜的柔性，从而影响粘贴效果。

(2) 使用水和中性清洗剂将车身表面彻底清洗干净。为了能把彩条正常贴上去，车身表面必须没有灰尘、蜡和其他脏物。

3．车身彩贴装饰步骤

1) 贴花装饰步骤

贴花装饰包括干贴、湿贴两种方法。

(1) 干贴法

干贴法的步骤如下：

① 请将要贴的车身位置清洗干净，不能沾有灰土和油污。另外要注意，如果车身刚打过蜡的话，请过一周后再贴，以保证贴花的粘贴牢度。清洁干净后，就可以将贴花的白色底纸撕掉，如图 5.15 所示。

② 往贴花的带胶面上喷少量的水，如图 5.16 所示。注意不要沾上灰尘。如果是 10cm 以内的小贴花或者不是很复杂的贴花，有把握一次性贴好，也可以不用喷水，直接贴上即可。

图 5.15　撕离白色底纸

图 5.16　喷水

③ 准备就绪后，拿好贴花，目测对准位置平缓地贴上去，如图 5.17 所示。切忌动作太快，如果贴花的尺寸太大，可以两个人合作完成。

④ 贴上后用刮板来回缓慢刮压几次，挤压干净里面的水和气泡，如图 5.18 所示。

图 5.17　贴花

图 5.18　刮贴

⑤ 确认贴花已经刮压平整后，即可将表面的转移膜均匀、缓慢地撕下来，如图 5.19 所示。撕的过程中请注意是否有贴花随转移膜粘起，如有的话，用刮板再刮压一下即可。

图 5.19　撕下转移膜

(2) 湿贴法

湿贴法的步骤如下：

① 清洁车身后，在将要贴花的车身部位用喷壶喷水，用来降低贴纸黏度，方便调整位置。

② 确定好需要贴的位置后，将转移膜(粘贴在反光贴上的透明胶膜)连同车贴从右向左(或从上向下)揭起一边并用抹布将其压贴在车表，然后一边贴，一边用抹布压平，一边揭底纸。

③ 遇到门把手或防撞条要根据情况把材料割开并包入或裁掉。

④ 适当调整车贴的位置。图形大体位置确定无误后，用刮板反复刮去水和气泡，使用刮板时可以从右向左斜刮；最后撕除透明转移膜。

⑤ 在车门和车缝处，可用美工刀均分划开车贴，向内包贴。

⑥ 尽量让车贴里的水分干透，有条件的话可以用风筒适度加热烘干。

需注意的事项：

① 在装饰贴花前一个星期不要打蜡，因为蜡会让贴纸粘不牢；车贴粘贴好后 3 天内请勿洗车，不要在阴雨天贴，因为在这样的天气里贴效果会不好！

② 如贴纸需要贴在门缝上或其他需活动的地方，贴好后用快刀裁开即可。

2) 彩条装饰步骤

(1) 直线形彩条粘贴

现以没有可撕离表层的彩条贴膜为例，介绍直线形彩条粘贴的步骤：

① 测量所需贴膜的长度。

② 将贴膜拉直，并剪下比所需长度长几厘米的胶带。

③ 保证车身表面清洁干净。

④ 将贴膜的背纸撕去，并将前面几厘米贴到要贴的位置。

⑤ 抓住贴膜的松端。避免手指弄脏贴膜，皮肤上的油脂会影响粘贴效果。

⑥ 小心地拉紧贴膜，但注意不要拉长。如果在粘贴时贴膜被拉长了，以后就会产生褶皱。

⑦ 利用车身的轮廓线做对齐的参考线，仔细检查贴膜是否对齐。

⑧ 彩条对齐后，小心地将贴膜剪下，贴到车身表面上。一个长条需一次性完成粘贴，不能分段粘贴，以保证直线度。

⑨ 再次检查彩条的对齐情况,如果彩条不够直,应小心地把贴膜撕开,再试一次。

⑩ 用橡皮滚子或软擦布压擦贴膜。

⑪ 贴膜末端可使用小刀或单刃剃刀切割,注意动作要轻,切勿划破车身表面的油漆。

⑫ 要想获得额外的保护层,可在贴膜的末端涂一些透明的清漆。

(2) 曲线形彩条粘贴

在粘贴复杂的曲线时,应使用底图帮助(如曲线板)或用画线笔绘制导向图。以没有可撕离表层的彩条贴膜为例,介绍曲线形彩条粘贴的步骤:

① 剪下足够用的贴膜。

② 用右手画出曲线的弧。

③ 在曲线成形后,用左手的食指把贴膜按压在车身上。

④ 不要撕去过多的背纸,为避免弄脏附着表面,手持贴膜处的背纸不要撕去。

⑤ 保持两手沿固定的曲线运动。曲线运动过程中可能会在无意中将彩条拉长,但应尽可能地避免出现拉长。

⑥ 如果第一次操作失败,应小心地撕开贴膜再试一次。在某些不好操作的情况下,可两手交替进行粘贴。

⑦ 曲线贴膜贴好后,应将其压紧,以获得持久的粘贴性能。

⑧ 其他操作项目与直线形粘贴相同。

(3) 宽幅彩条贴膜粘贴

宽幅彩条贴膜一般为有可撕表层的贴膜,当彩条宽度达到或超过 76mm 时,最好采用湿贴的方法,其粘贴步骤是:

① 将 1 杯中性清洗剂与 4L 的清水混合。该溶液使得贴膜更容易控制,并使其在永久贴附之前可以正确地定位。

② 将溶液倒入料桶或喷雾罐中。

③ 测量并剪下所需长度的贴膜,可多加几厘米以备出错时用。

④ 将背纸慢慢地撕去,小心不要弄脏附着表面。

⑤ 剩余的水和清洗剂溶液将贴膜的附着表面彻底弄湿,这使附着力暂时发挥不出来。

⑥ 按照标签指示的数量,将溶液喷涂到车身上去。

⑦ 将贴膜定位在车身上。当贴膜附着表面和车身表面都是湿润的时候,整条贴膜都可以轻松地运动,这个步骤中要将贴膜定位好。

⑧ 一旦贴膜定位好之后,将多余的水挤出来,使其牢牢地贴在车身表面。为避免贴膜起褶皱,挤压时不要太快,也不要太用力。所用的压力足够将水和空气挤出去就可以了。

⑨ 将表层从贴膜的末端开始慢慢地撕开,一直撕到贴膜的另一头,中间不要撕断。

⑩ 按前面介绍过的方法,修整车门和翼子板边缘的贴膜。

5.3.2 汽车保护膜装饰

作为当代的一种交通工具,汽车在为人们带来交通的便利外还带来了精神上的满足感。随着社会的进步与发展,人们的需求也在逐步趋于个性化,汽车美容装饰服务随之成为一种潮流。而经过近 30 余年发展的中国汽车美容装饰技术,从打蜡、封釉、镀膜到车漆改色、车漆彩绘,汽车美容方案逐步升级,时效提升却并不明显,工艺耗时,且工序繁杂。对车漆保护的过程,始终建立在以化学反应牺牲原漆的基础之上。

时代在不断发展,汽车美容装潢服务水平也在飞速进步。伴随着技术引进、政策放行,以倡导"随时揭、随意贴,保护时时有、色彩随你变"的新兴个性车漆美容方案——车身漆面保护膜市场悄然兴起,已引起了业内汽车后市场业内人士的广泛关注。

很多车辆在外面行驶时,一不小心,保险杠就会受到轻微碰撞,车门、后视镜背面、门把手等位置也常常被划出痕迹。汽车漆面受损,不仅影响美观,而且容易使车身生锈。现在,汽车美容市场上出现了"犀牛皮",它能够有效保护汽车漆面。"犀牛皮",即汽车漆面保护膜,它具有超强的韧性,能够抗刮划、抗碰撞。贴上它,可以使汽车漆面高磨损区域表面免遭损坏,所以才被形象地称为"犀牛皮",如图 5.20 所示。

据调查,一年以上车龄的汽车绝大部分都有碰撞、刮划痕迹,易划伤的部位有门把手凹处、车前后保险杆四周、后视镜背面、车门板、车轮罩周围等位置。在这些部位贴上"犀牛皮",就能使汽车漆面受到最小限度的刮划之痛,令汽车更长时间地保持崭新的形象。

车身漆面保护膜是指将一种专用高性能乙烯基车漆膜包覆在车身上,从而实现车漆的改色、保护及装饰。车身漆面保护膜技术在其发源地欧洲,因施工工艺简单、环保,色彩组合方案丰富,且在不伤原漆的基础上易于复原等明显的优势,深受市场欢迎。

1. 保护膜装饰部位

保护膜装贴的主要部位为原车的前后保险杠、引擎盖板前缘、轮辋前缘、后视镜外缘、门外缘、开门把手内缘、钥匙孔、行李箱及侧门踏板等。由于价格便宜、安装简便,被不少车主选择作为一种保护车身方式。

2. 保护膜装贴方法

1) 准备工作

作为一种简单易行的方式,动手前首先要做好准备工作。除保护膜外,还需要一些辅助材料和工具,如需用到清洁剂、剪刀、报纸或塑料片、水或酒精、小喷壶、吹风机等。清洁剂的作用是在贴保护膜前,把想贴的那块位置先清洁干净。

小贴士:原车如已打蜡,为达到较佳的装贴效果,建议先将车蜡去除掉。

2) 清洁

首先,确定车需贴保护膜的部位,先对要贴的位置进行清洗。这样不但能使施工后的保护膜具有较强的粘贴性能,最大限度地体现保护膜的清晰透明度,而且可以使贴后的车辆保持整体和谐。在这一过程中,对汽车内饰的保护尤为重要,否则清洗溶剂会弄污内饰及渗进汽车的电控系统而导致开关失灵甚至局部短路,所以必须仔细做好车辆的外露电控开关和音箱的保护。此时,可以用较厚的浴巾遮盖在仪表台和后盖板上,如条件允许还可在浴巾下面加垫一层塑料薄膜,侧门板的保护与前、后挡的遮盖方法相同。

小贴士:对玻璃的清洗是清洁工作中比较麻烦的一项,是决定装贴质量好坏的基础工作。按照清洗要求可分为玻璃表面清除胶粒、沙粒(要求用美纹纸打磨后的较软的塑料刮板小心地沿玻璃表面轻轻地平滑用力，忌用硬塑料刮板或铁板)，玻璃除尘清洗(由于需用水除尘、润滑，必须清洗 3 遍)，贴膜前的清洗 3 道关。

3) 剪裁

可取出准备好的报纸或塑料片，根据需要，剪出相应的形状。如自己对图案要求及成型效果要求较高，可先把报纸剪出理想的形状，再放此样板到材质较硬的塑料片或硬纸板上。然后，再把保护膜贴着塑料片或硬纸板样剪成理想的形状。

小贴士：因报纸较软，如直接用报纸对着犀牛皮剪，很可能会把边缘剪得有毛边。剪好后，可拿保护膜先对着要贴的位置试一试。

4) 装贴(如图 5.21 所示)

图 5.20 漆面保护膜

图 5.21 漆面贴膜

装贴的工序为：

(1) 小心地揭除保护膜，尽量均匀地用力，避免将膜材弄折而影响美观。

(2) 将膜材用配好的"稀释剂"均匀地润湿后装贴在已清洗完成的张贴表面上，将清水喷在膜的表面，用光滑的专用软性刮刀轻柔地将膜定位并把膜上的水分刮除。

(3) 用较硬材质的专用刮刀用力将膜与张贴表面之间的残留水分赶出来；用吸水性强的专用打蜡布包住刮板，将膜边缘的水分吸干净。

在全车各部位中，以两侧门碗的弧度大，最难贴。因此，贴好门把位置处的凹位后，其他部位贴起来就容易多了。同时，装贴应选在温度 15℃ 以上为宜，若天气较冷，温度过低，建议用热风机在漆面表面加热(20℃～30℃)后再进行粘贴，切记不要对保护膜直接加热。

知识链接 5-2

在粘贴车身彩条时，应注意以下事项：

(1) 粘贴彩条贴膜只能在 16℃～27℃ 的温度下进行。

(2) 彩条粘贴后，必须平整、光滑，不允许有褶皱产生。

(3) 彩条和车身漆膜之间不允许有空隙、气泡及异物产生，否则会影响粘贴质量。如出现空隙、气泡，需压实排除。有褶皱或异物时，应返工重贴。

思考与练习

一、思考题

1. 贴花装饰的基本步骤？

2. 直线形彩条装饰步骤？

3. 汽车保护膜的装贴方法？

二、练习题

1. 填空题

(1) 车身彩贴中可撕离表层的贴膜，它由(　　　　)、(　　　　)及(　　　　)组成。

(2) 车身彩贴装饰包括(　　　　)和(　　　　)两种方法。

2. 选择题

(1) 车身在粘贴彩贴时，贴纸的工作环境在(　　　)进行较好。

　　A. -10℃～0℃　　　B. 0℃～15℃　　　C. 16℃～27℃　　　D. 28℃～40℃

(2) 保护膜装贴应在(　　　)以上为宜。

　　A. 0℃　　　　　　B. 5℃　　　　　　C. 10℃　　　　　　D. 15℃

3. 判断题

(1) 贴花装饰时，应将要贴的车身位置清洗干净，不能有灰土和油污。　　　　　(　　)

(2) 在装饰贴花前一个星期不要打蜡，因为蜡会让贴纸粘不牢；车贴粘贴好后 3 天内请勿洗车；不要在阴雨天粘贴车贴。　　　　　(　　)

5.4　底盘防护施工

　　众所周知，汽车底盘出现问题，会破坏车架原有支撑力，因此在汽车消费比较成熟的发达国家，超过 9 成的车主买车后的第一件事就是底盘防护施工。在国内，车主对底盘的保护意识也在逐步提高，越来越多的人意识到了底盘护理的重要性。底盘防护施工包括底盘封塑和底盘装甲。

　　"底盘装甲"是高档车的必备，很多高档车在出厂时就有了比较完善的底盘防护措施。但绝大部分的汽车出于成本的考虑，只做了局部的简单防锈处理，这些低成本的防锈处理，并不能从根本上防锈。还有很多车在出厂时，没有经过底盘护理，所以车主更需要进行底盘护理。

5.4.1　底盘封塑

1.作用

1) 防腐蚀

雨水、雪水，洗车污水等残留在车辆底部，长此以往就会腐蚀汽车底盘。如果对汽车底部进行封塑，那么即便是酸雨、融雪剂、洗车污水等，也不会造成对其腐蚀。

2) 防撞击

车辆在行驶过程中，溅起的小石子可能会击破车底的金属漆膜，锈蚀底盘。做过底盘封塑的车辆底部能抗击较大的冲击力，减小发生锈蚀的可能性。

3) 防震动

发动机、车轮均固定在底盘上，它们的震动会在某一频率上与底板产生共鸣，使人产

생很不舒服的感觉，而底盘封塑能在一定程度上消除共鸣。

4）隔温度，节省燃油

在冬季，打开车内空调后，冷热空气大多集中在车辆的地板上进行交换。如果汽车做了底部封塑，那么封塑膜内的石英砂会将冷热空气进行有效的隔离，保证车内温度恒定。夏季开空调后，底盘封塑还可以隔离外界热气的蒸烤，有效保持车内冷气，节省油料。

5）隔音降噪

车辆快速行驶在道路上，车轮与路面的摩擦声与速度成正比，底盘封塑具有良好的底部防护作用，能起到隔绝噪声、降低车内噪声的效果。

6）防拖底

车辆底部封塑喷涂材料的厚度可达1.5～2.5mm，可有效减轻突起物对底盘的伤害。

2．底盘封塑的施工工艺

1）施工工具

底盘封塑施工前必须彻底清洗车辆的底盘，去除底盘上的泥沙、尘土和油污，然后吹干。所使用的清洁设备和工具有通用型汽车举升机、高压清洗机、空气压缩机、底盘封塑用特殊喷枪、钢丝刷和砂布等。

2）施工材料

底盘封塑是在底盘上喷涂一种特殊的防锈、减震材料，该材料通常分为沥青型和橡胶型两种，相比来说，橡胶型的效果更佳。由于底盘封塑材料稀释后非常黏稠，所需涂层也比较厚，一般喷枪无法使用，通常都要使用一次性的大口径塑料喷枪。

3）底盘封塑的具体步骤如下：

(1) 升高汽车

将汽车用举升机举至工作高度，或将汽车开到地沟槽平台上。严禁操作人员用千斤顶升起车身后钻入车底进行冲洗作业。

(2) 冲洗底盘并吹干

用高压水枪全面冲洗底盘，将黏附于底盘及车轮挡泥板上的泥沙、尘土冲洗掉，用专用的沥青清洗剂将沥青、油污等彻底去除干净。用气枪将缝隙中的水吹出，并用毛巾将水擦干。如果清洁处理不彻底会影响封塑的牢固度。

有条件的话，最好用高压热水来冲刷污物。冲洗时对边缘部分、弯曲部分以及四轮的挡泥板等部位更应仔细冲洗，必要时配合较软的钢丝刷或铲刀来去除顽固残留脏物，如图5.22所示。操作时要小心，不要损坏保护涂层。

(3) 检查车身底部和底盘等部位

使用工作灯，仔细检查车身底部和底盘、悬架等处有无生锈。如果有生锈或伤痕，用砂纸打磨去除浮渣、锈污，再用气枪将杂质吹去，然后涂上防锈涂料和底盘沥青涂料。检查车身上的螺栓、螺母等零件有无松动，如有松动，应做紧固。

(4) 防护纸遮挡

将四个车轮拆下，用防护纸遮挡车身周围的裙部和轮毂，并将发动机油底壳、变速器、传动轴等转动部分和排气管需要散热的部位以及非施工区用防护纸进行遮挡，否则会损伤这些部位，影响它们的正常运转，如图5.23所示。如有工艺孔，也需进行遮掩。

图 5.22　清洗并吹干后的底盘

图 5.23　局部包裹

(5) 装喷枪、接气管

按照产品使用说明书将配好的材料装入喷枪中，并按说明书规定的气压要求接入气管。

(6) 喷涂

将喷枪距底盘 30cm 左右喷涂翼子板和底盘，按产品说明书规定确定实施喷涂的厚度和材料用量。喷涂移动的速度应该缓慢而均匀，而且喷涂的厚度也要均匀，翼子板及翼子板附近应该先喷涂。喷涂时要启动通风设备，戴好防毒口罩。

小贴士：由于底盘封塑材料稀释后非常黏稠，所需涂层也比较厚，一般喷枪无法使用，通常都要使用一次性的大口径塑料喷枪。

(7) 二次喷涂

为了提高隔音、防水、防腐和防撞的效果，必须对汽车底盘进行二次喷涂处理，具体用量和使用方法详见产品使用说明书。一般中间要间隔20 分钟，等第一层喷涂干燥之后再进行第二次喷涂。新车封塑由于底盘比较干净，时间可以短一些。旧车清洁起来较费时，大约需要 3 小时左右。

图 5.24　底盘封塑后的效果图

(8) 完成施工

去除遮挡保护纸，装复轮胎，清理作业现场。图 5.24 所示为底盘封塑后的效果图。

3．底盘封塑的注意事项

底盘封塑时有以下几个需注意事项：

(1) 确保举升设备在安全的情况下作业，因此必须定期对举升设备进行维护和保养。

(2) 排气管因高温不得喷涂底盘涂料。

(3) 底盘封塑材料属易燃材料，并有一定的刺激性，调配时要注意防火；作业时要做好个人防护，佩戴口罩和防护眼镜，并保持作业场地的通风。

(4) 不得将涂料喷涂到发动机油底壳、变速器、排气管、消声器等部位，也不要喷涂到转向、制动、传动、悬架等转动部位，以免干燥后影响正常运转。

(5) 施工后，一般需 24h 才能自然干燥，在此期间应避免涉水行驶。

5.4.2　底盘装甲

底盘装甲的学名是防撞防锈隔音保护底漆，是专门为车辆底盘开发的一种高科技的黏附性橡胶沥青涂层，具有无毒、高遮盖率、高附着性、防锈、防震、防撞击、防水、吸音降噪等功效。可喷涂在车辆的底盘、轮毂、油箱、汽车下围板、行李箱等暴露部位，快速

干燥后将形成一层牢固的弹性保护层，可防止飞石和沙砾的撞击，避免潮气、酸雨、盐分对车辆底盘金属的侵蚀，防止底盘生锈和锈蚀、底盘变形、漏油、尾气泄漏、转向受损、制动失灵等，保护车主的行车安全。目前，底盘装甲已经发展到第四代产品：第一代为"沥青型油性漆"；第二代为"橡胶型油性漆"；第三代为"高分子型水性漆"；第四代为"复合高分子树脂漆"。前两者都为非环保型，正逐步退出市场，第三代为环保型，但由于施工受温度、湿度的影响较大，耗时较长。第四代环保快干型底盘装甲具有高防水性、高弹性、高防腐性、高吸音降噪性，并在环保的基础上运用其独特的深层电离四元接枝技术。

1. 底盘装甲的作用

1) 防止气候影响

夏日里地表的烘烤，酸雨的侵袭，大气的潮气、盐分、冬季雪道上除雪剂的腐蚀等，每一个因素都会侵蚀车底。底盘装甲可有效防止汽车生锈，预防提前老化，即使在沿海城市温暖潮湿的气候下，带有盐分的海风吹拂也不会将钢筋铁骨蹂躏得伤痕累累。

2) 防御沙石撞击

当汽车行驶在路况不好的路面上，路面上的砂石被震动飞溅后会不断撞击汽车底盘与轮毂等部位。底盘装甲可以保护汽车底盘原有的防锈漆和镀锌层，以防金属裸露在外，与空气中的潮气和酸雨等接触生锈，强效抵御锈迹迅速蔓延，防止腐蚀汽车内壳机件。

3) 加强行驶安全

受损的底盘可能会导致底盘的一些零件变形，特别是上下摆臂、左右方向拉杆等处容易发生变形，一些轻微碰剐同样会引起汽油底壳发生轻微渗漏。这些变形和渗漏不容易被检测到，但是却会严重影响行车安全。而进行了底盘防撞防锈处理之后，底盘不易受损，安全自然有保障。

4) 使车辆保值

有数据显示，通常新车使用3年左右，就会发生锈蚀。而与之相对应的一个事实是：车辆保养越好，价值越高。

5) 提高驾驶舒适度

由于底盘防撞防锈采用了具有弹性的材质进行密封性处理，一方面大大增加了车辆行驶的平稳度；另一方面极大降低了行驶过程中车辆的噪声。所以驾驶的舒适度比没有做过底盘防撞防锈的车辆高了很多。

2. 底盘装甲产品的选用

1) 含沥青成分的底盘防锈胶

此类产品是最早期的防锈产品，其唯一可取的优点就是便宜。但是，其中的沥青成分在干了以后会产生龟裂，有很多裂缝，藏在裂缝里的水，会造成"电池效应"，使车底盘的锈蚀更加厉害，对车的危害会更大。所以，最好不用含沥青成分的底盘防锈胶做底盘装甲。

2) 油性(溶剂性)底盘防锈胶

此类产品含有对人体有害的有毒物质(如甲苯，用来做稀释剂的溶剂)，会破坏环境和损害人体健康。所以在一些对环保要求比较高的欧美国家已经很少使用了。另外，油性(溶剂性)产品的胶层很硬，稍微弯曲一下，胶层就会开裂，缺少弹性，在底盘隔音方面效果较差。

3) 水溶性底盘防锈胶

由于此类产品的稀释剂为水，不含有毒物质，所以又称为水溶性底盘防锈胶，为环保型底盘防锈胶，现在欧美国家大多选用这类产品。水溶性底盘防锈胶附着力强、胶层弹性较好，底盘隔音效果显著，是做底盘装甲的首选材料。

4) 复合高分子树脂漆

此类产品的第一代和第二代产品都为非环保型，正逐步退出市场，第三代为环保型，但由于施工受温度、湿度的影响较大，耗时较长。第四代环保快干型底盘装甲具有高防水性、高弹性、高防腐性、高吸音降噪性，并在环保的基础上运用其独特的深层电离四元接枝技术，将四种不同性能的高分子材料融为一体。因此，它不受湿度、温度的控制，大大缩短了施工时间，比以往的底盘装甲固化时间缩短了 4 倍，极大地方便了车主和施工人员汽车维护工作。

3．底盘装甲的步骤

底盘装甲的方法如下：

第 1 步，用举升机将汽车升高，拆除车轮和内叶子板保护胶板。用高压水枪冲洗底盘，去除底盘上黏结的油泥和沙子，还可以用常见的铁丝网刷，把车底附着的泥沙、油污、腐锈和其他杂物刮掉或用特制砂纸打磨掉原防锈层，直到露出金属本色为止。为了让附着物完全发挥效力，要将汽车底盘仔细洗干净。

第 2 步，用吹水枪将缝隙中的水吹出，并用毛巾将水擦干。

第 3 步，准备喷涂防锈处理层，必须先用遮盖纸(多为报纸)和胶带，将发动机油底壳、变速箱外壳、进排气岐管、排气管、避震弹簧、避震器、方向轴等部位进行包裹，避免防锈材料喷在上面。因为发动机底壳、变速箱外壳需要散热，而防锈材料喷在它们上面，会影响它们的散热。更不能将防锈材料直接喷涂在排气管上面，因为车辆行驶时排气管的高温会将表面的附着物烤焦而发出难闻的臭味。所以，在做底盘装甲的时候，必须先用遮盖纸将这些部位遮盖，尤其要注意把车身上的传感器和减震器遮盖好。

第 4 步，将底盘装甲各部分材料依次喷涂到底盘上，至少喷 3 层，厚度约为 4mm。

第 5 步，进行涂层的局部修补，保证遮蔽性越强越好。

第 6 步，去除周边遮蔽物，用专用清洁剂清洗周边非喷涂部位，等待风干。在晴朗干燥的施工天气下，汽车在喷涂完工 2～4 小时后就能投入使用。但完全干燥还需要等待 3 天，在这 3 天内，最好不要让底盘接触到水。干燥后的保护膜可以很好地黏附在清洁的汽车底盘上，具有极强的耐磨性和抗腐蚀性。当然，材料、工艺等决定最后的施工效果。

底盘装甲后的效果如图 5.25 所示。

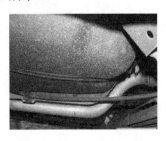

图 5.25 底盘装甲后的效果图

📚 知识链接 5-3

如何选择做底盘装甲的时机？

每辆汽车的底盘防护情况都不一样，应尽可能地把汽车升起来查看底盘，也可以用手触摸底盘了解是否已经做过防护：如果感觉有一层塑胶粘在车底，有柔性，说明是做过防护了；如触摸到坚硬冰凉的钢板，说明没有做过防护。检查时要特别注意汽车的轮弧、叶子板内侧和连接钢架等地方是否有防护。另外检查一下底盘防护材料是否是简单的类似于沥青的材料，沥青材料发干发硬，弹性不足，容易脱落，对底盘的保护作用非常有限。另外，对于状态不好的汽车底盘，最好马上做一下底盘装甲。

📚 知识拓展 5-3

封塑和装甲的不同之处

底盘封塑不同于一般的防锈处理，它是将一种高附着性的柔性橡胶树脂喷涂在底盘上，使底盘与外界隔绝，达到防腐、防锈、隔音的效果，能延长车身寿命。底盘封塑可以保护汽车底盘裸露钢板，防砾石击打、防腐，但会有砾石打在底盘上的声音。要想隔绝砂石打击底盘发出的噪声，就要进行底盘装甲。底盘装甲除具有封塑的两项功能外，还有显著的隔音降噪功能。因为在进行装甲施工后，在底盘上会形成近半厘米厚的橡胶和聚酯材料混合涂层。这种涂层具有高弹性，有效减弱了砾石直接打在金属上发出的噪声。

除了功能不同，装甲的功能更全面外，两者的施工厚度和物理成分也有所不同。普通封塑为 2mm 的施工厚度，主要成分是聚酯材料，而底盘装甲是橡胶和聚酯材料混合配方，施工厚度为 4mm，局部位置可以达到半厘米以上，所以装甲的价格要高一些。

❓ 思考与练习

一、思考题

1. 底盘封塑的作用是什么？
2. 简述底盘装甲的施工步骤。

二、练习题

1. 填空题

(1) 底盘装甲的作用包括(　　　)、(　　　)、(　　　)、(　　　)和(　　　)。
(2) 底盘装甲产品主要有(　　　)、(　　　)、(　　　)、(　　　)四类。

2. 判断题

(1) 底盘封塑时，排气管上可以喷涂底盘涂料。　　　　　　　　　　(　　)
(2) 应该选用含沥青成分的底盘防锈胶做底盘装甲。　　　　　　　　(　　)

5.5 漆面的特种喷涂

众所周知，汽车绝大多数时间是在露天环境下行驶或停放，毫无遮掩地遭受风吹、雨淋、日晒及酸雨等氧化性物质的侵蚀，漆面会逐渐粗糙失光。另外，目前的汽车市场竞争十分激烈，汽车商家们争相提高产品的装饰性能，使其实现艳丽华贵的外表，来达到提高车辆的价值和市场竞争力的目的。对于这些，通过专业汽车美容师进行漆面的特种喷涂处理施工，就完全可以使漆面焕然一新。

5.5.1 车身漆膜装饰

1．车身漆膜喷涂的作用

1）延长使用寿命

汽车车身漆膜喷涂的一个重要作用是保护车身不受腐蚀，延长汽车的使用寿命。

2）提高装饰性和商品价值

汽车不仅具有使用功能，而且其本身也是一件很好的艺术品，在车身造型和装饰上体现出很高的艺术内涵。光彩亮丽的车身往往会给人一种赏心悦目的感觉。

2．作为市场竞争的一种手段

世界汽车市场，早已是产大于销，生产能力过剩。为了争得一席之地，世界各国厂商纷纷使出浑身解数，在产品性能、结构、外观、内外装饰等方面不断地进行创新。目前，汽车以其艳丽华贵的外表，极大地提升了自身的价值，并以此作为参与市场竞争的一种手段。

5.5.2 多色花纹喷漆技术

多色花纹喷漆技术是指在汽车车身外侧部位的复杂曲面上，按某种构思粘贴或喷涂彩色画面和花纹的一种装饰技术。

1．多色花纹喷漆技术的方法

多色花纹喷漆技术的主要施工方法有 4 种：

(1) 粘贴胶片：制成彩色胶片贴在车身上。

(2) 胶片转印复制：即将胶片在被涂装面上加热转印复制。

(3) 气流涂装：采用气流喷漆直接进行涂装。

(4) 喷射式印刷涂装：直接采用印刷喷漆。

上述 4 种方法的评价结果见表 5.1。

表 5.1　四种涂装方法的评价表

评价项目　　技术名称	商品力						成本	环境	备注
	与曲面对应性	质量	涂膜性能	大面积适应性	多品种适应性	作业性	制造成本	地球环境	◎：多量多种
粘贴胶片	○	◎	○	△	△	○	×	△	△：少量多种
胶片转印复制	○	◎	△	×	○	△	△	△	×：少量少种
气流涂装	○	△	△	×	×	×	×	△	○：多量少种
喷射式印刷涂装	△	△	△	○	◎	○	◎	○	

最终结果表明，对于汽车车身外板这样的大面积涂装，从成本方面考虑，第 4 种方法最划算，其基本特点如下：

(1) 相应的曲面形状改造，即要求喷涂设备不仅能喷涂在平面上，而且还能在曲面上进行正常喷涂。

(2) 提高了漆膜性能，主要是提高了涂料的耐候性水平。

(3) 进一步提高了表面质量，主要是提高了色彩的鲜明度。

2．喷涂设备及方法

目前，多色花纹喷漆技术多使用晶莹透明的 UV 类涂料，提高耐候性，而且喷出的漆膜较薄，达到了漆膜色彩的再现性，使色彩复印机再现了与原画面同等水平的色调。

多色花纹喷漆技术是通过高压气流将涂料喷射到被涂物表面上，图 5.26 所示为该技术所使用的喷射器的结构示意图。喷涂设备将原画面(彩图、照片)用扫描仪读入并通过电脑进行记录和编辑，然后通过控制器将印刷执行指令传输到涂装装置中，涂装装置按指令程序进行四种颜色的气流喷射，通过水平方向和垂直方向的移动，在被涂物表面进行涂装，即可达到与原画面一致的最完美的涂装画面。

为保证汽车曲面部位涂装的鲜明度，使用了与曲面形状对应的装置。这种装置是在水平方向(X 轴)与垂直方向(Y 轴)的基础上增设了(Z 轴)随动机构，以保证喷嘴与曲面对应的运动轨迹，这种三维涂装装置，可进行最大角度为 30°的曲面随动涂装，图 5.27 所示为涂装系统示意图。

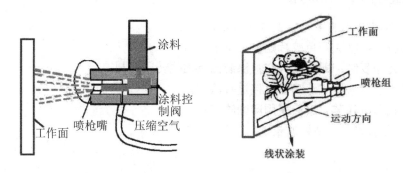

图 5.26　喷射器结构示意图　　　图 5.27　涂装系统示意图

在宽幅为 2～3mm(呈线状)的范围内进行喷涂，为提高喷涂质量，防止粉尘和振幅的影响，必须选择适合的喷嘴口径和喷嘴前端的形状，以减少气流喷射枪在喷漆时特有的粉尘和振幅，可提高装饰质量。粉尘幅度与喷嘴距喷涂物的距离和气流压力之间有着密切的关系。当气压为 0.5MPa，喷嘴距喷涂物的距离为 20mm 时，即能达到很高的装饰质量水平。

5.5.3　美术油漆装饰工艺

美术油漆装饰工艺属工艺美术的一种，它包括涂制美术字、图案、石纹漆、木纹漆、花基漆、裂纹漆、锤纹漆、皱纹漆、彩纹漆等。美术油漆工艺，不仅对被涂物有保护作用，更重要的是美化装饰作用。

1. 美术字与图案的涂装

在汽车的外表面，经常用文字或图案进行涂装，以表达特殊装饰的需求。在车身外表贴上或涂上各种图案或文字的装饰，不仅能突出车身轮廓线，还能协调车身色彩，给人以丰富的联想和舒适的心理感受，使车身更加多彩艳丽。

1) 文字与图案的涂装方法

(1) 直接书法或图画涂装

在汽车的外表面经常绘有各种文字和图案，起标识或装饰作用，这些文字或图案可以是直接书写或绘制的。具有相当书法和绘画水平的操作者，也可利用油漆笔或油漆刷来书写和绘制。

(2) 刷涂法涂装

采用刷涂法进行涂装，是根据需要的文字或图案在车身表面上先绘出底线，然后按底线进行涂刷。这种做法简便，容易操作，但需要事先做出文字或图案的样板，它一般由高水平的书法和绘画人员事先做好。

(3) 漏板喷涂法

漏板喷涂法即事先将文字或图案用薄纸板或薄铁板刻划成漏板，然后把漏板紧贴在需要装饰的车身表面，用微型喷枪或喷漆器进行喷涂，使漆雾穿过有缝隙的漏板喷射到车身表面，形成文字或图案，其装饰效果如图 5.28 所示。

图 5.28　漏板喷涂法的装饰效果

2) 车身文字色彩的设计

车身文字色彩设计要正确处理车身底色与车身图案的关系，使文字具有良好的视认性和注目性，便于识别并引起注意。在车身文字色彩的设计中，要注意以下几个色彩的特性：

(1) 色彩的进退性

色彩根据人们视觉距离的不同可分为前进色和后退色，红、黄等颜色称为前进色，蓝、绿等色称为后退色。通常前进色容易被识别并引起注意。

(2) 色彩的缩胀性

色彩根据人们视觉体积的不同可分为收缩色和膨胀色。蓝色、深绿色等看起来比实际的要小，称为收缩色；黄、白等色看起来比实际的要大，称为膨胀色。膨胀色容易被识别并引起注意。

(3) 色彩的明暗性

色彩根据亮度的不同可分为明色和暗色，红、黄色为明色，明色物体看起来觉得大一些、近一些；蓝、绿色为暗色，暗色物体看起来觉得小一些、远一些。明色的视认性和注目性较好，容易被识别并引起注意。

(4) 色彩的反差性

不同的色彩进行合理的搭配，会形成一定的反差，其视认性和注目性将大大改善。一般情况下，前进色应与后退色搭配，膨胀色应与收缩色搭配，明色应与暗色搭配。

3) 文字或图案纸质漏板的制作

先把文字或图案做成漏板，然后再进行涂装。漏板的制作方法如下：

(1) 将坚韧的牛皮纸裁成适用的矩形或正方形块，然后用油漆刷蘸清油或清漆(要调得稀一些)刷涂1～2遍。

(2) 待干后，把选好的图案或字样复印在纸面上，用一块平板玻璃垫在牛皮纸下面，然后用锋利的刻刀刻制图案或字样。

(3) 刻制纸质漏板时，一定要注意留好连筋。即在刻制时除了应该雕去的部分以外，其余留用的部分都应和整张纸相连接，否则就不好用。

(4) 雕刻滑板时，手要握稳刻刀，平直的笔画可用钢直尺靠刻，圆曲的图案线条可用曲线板靠刻，以保证刻制的滑板的美观性。

4) 文字与图案喷涂的操作步骤

下面以漏板喷涂法为例，介绍喷涂文字与图案的方法：

(1) 制作文字或图案纸质漏板。

(2) 根据汽车漆的颜色选择涂料的颜色。

(3) 对汽车进行喷漆(根据情况，也可以仅清洗汽车外表)。

(4) 在底色面漆实干后进行喷涂。

(5) 将漏板贴在需涂装的位置，然后喷上文字或图案即可。

5) 文字与图案涂装的注意事项

(1) 选择适合的相关工具和材料

在绘画时需要选用大小规格适当的油画笔、排笔、漆刷、粉笔、毛笔、直尺等相关工具。另外，还要准备一些辅助材料，如颜料、纸张和涂料等。工具和材料的选用原则以方便和能够保证绘画质量为依据，与装饰的具体要求有关。较大装饰的文字和图案应选用较大的油画笔和漆刷。

(2) 涂料颜色选择要适当

因装饰的车辆原漆膜有一定的颜色，在其上面涂装文字和图案，要求装饰后的文字或图案与原车颜色相协调。在汽车装饰中，涂料颜色的搭配应遵循以下两个原则：

① 明亮、鲜艳的图形色面积要小；暗的、纯度低的图形色面积要大。

② 图形色要比底色更鲜艳、明亮。

一般常用的颜色搭配关系是：大红底配白字、黄字，黄底配红字、黑字，正蓝底配白字、黄字，淡粉红底配大红字，肉红底配黄字，正绿底配白字，橘黄底配黑字，玫瑰红底配黄字，朱红底配白字等。一般忌用正蓝底配红字、正绿底配红字、大红底配黑字等。

(3) 涂料质量及施工黏度

涂料必须是适合车辆原漆膜的配套涂料。施工黏度应适当，因为黏度过大的话，不易流平，也不易施工，影响装饰效果；而黏度过小或沾漆过多，易产生流挂，不能保证装饰质量。

2．花基漆涂装

花基漆涂装是汽车美术油漆装饰的一种，根据用作花基的材料或方式可分为三种：用油漆做花的、用广告色做花的和用溶解法做花的，下面对它们分别做一介绍。

1) 用油漆做花

(1) 适用范围

该种方式适用于涂装面积不大，工作量也不大的面漆装饰。

(2) 具体做法

① 在已干燥的浅色漆膜上做深色花纹图案，或在深色漆膜上做浅色花纹图案时，先涂上一层深蓝或大红、紫红油性调和漆，尽量涂得薄一些。

② 在调和漆未干时，随即用棉花拧成一团在蓝漆上反复旋拧，旋成满花为止。使用的旋拧材料如果是棉花，则旋出的花纹较细；如果用丝瓜瓤旋花，则旋出的花纹较粗；如果用废布旋花，则花纹适中。采用不同的旋拧材料、不同的油漆及不同的旋拧方式，可形成多种多样的花纹图案。

③ 当花纹干透之后，罩上酯胶清漆或其他油性清漆。

2) 用广告色做花

(1) 适用范围

该种方式适用于较大面积和较大工作量的装饰涂装。

(2) 具体做法

施工方法基本上与用油漆做花一样，不同的是其做花基的材料是广告颜料。涂上广告颜料后，在其未干之时，用布捆成的布把印花，印花时手法距离要均匀而且密度要大一些。如果需要换花型，可将布捆口翻动一下，花样就变了，翻动一次，花样就变动一次，可以根据自己的喜好变出各种花样。花纹干燥后，罩上酯胶清漆即可。

3) 用溶解法做花

(1) 适用范围

该种方式一般装饰中均可使用，大小面积不限，工作量不限。

(2) 具体做法

在干燥的白底漆膜上，涂满紫红色或棕黄色油漆后，待其未干时，用漆刷或长毛刷掸上溶剂汽油后，在未干的漆膜表面即可形成密密麻麻大小不规则的斑纹花基。待花纹干透后，罩上酯胶清漆或其他无色油性漆即可。

3. 彩纹漆涂装

彩纹漆涂装是一种新型的美术油漆工艺方法。将黏度适中的、密度小的调和漆少量陆续滴在水中，至漆液散开漂浮于水面，漆膜面积占水面积的 50% 左右时，将已涂好白漆而又干燥好的被涂物轻轻浸渍在水中时，即沾上漆膜，浸后吹去水面多余的漆，立刻取出，待漆膜干燥后，用酯胶清漆罩光即可。

彩纹漆的涂装方法又叫水面浮漆浸渍法。漆膜纹形既像彩云又像大理石，成纹自然，色彩缤纷，美观醒目。

1) 特点

(1) 材料来源广泛，使用的设备及工具简便易操作。

(2) 平面装饰或立体装饰均可。

(3) 只有不受水浸渍影响的饰件才能使用此法进行装饰。

2) 使用材料

(1) 清漆：脂胶清漆或醇酸磁漆。

(2) 调和漆：颜料密度小的各色调和漆。

(3) 醇酸磁漆：长油度醇酸磁漆。

(4) 辅助材料：溶剂汽油、抹布。

3) 设备及工具

(1) 搅拌片：木片或铁皮。

(2) 盛漆容器：干净的瓷杯或瓷碗。

(3) 盛水容器：铁桶或铁盆。

(4) 其他工具：油漆刷、棉纱、手腻板、漆刮、木棒等。

4) 涂漆前的准备

(1) 被涂物件不论是金属件或木制件，都必须预先涂一层白色硝基磁漆(其色泽应均匀、洁白、光滑)，在此基础上进行涂制彩纹美术漆。

(2) 木制件涂漆时，浸渍水中，取出后对所涂物件不应有副作用。也可先进行防水处理。

(3) 如果涂立体物件，水的深度必须超过物件的高度；在涂板状或框架型物件时，水的面积必须超过物件的面积范围。

(4) 被涂物件以轻便灵活为宜，冬天的水温应在 10℃以上。

5) 涂装工艺流程

(1) 将盛水容器放满水。如水温低于 10℃时，应将容器中的水加热至 10℃以上，与室内温度保持一致。

(2) 将需用的油性调和漆放置在小型容器中，容器内放一根小木棒，作为稀释漆液调色搅拌以及取滴漆液用。

(3) 涂装彩纹漆的色彩调配。色彩调配时，可遵循以下原则：

① 黑色一般不单独使用，可以用少量黑色与大红色混合均匀做紫红色，滴放水面为一色涂装。

② 用少许黑色与中绿色混合均匀做墨绿色为一色涂装。

③ 紫红色、墨绿色不要混合，应同时滴放水面做二色涂装。

④ 大红色与中蓝色混合均匀做一色涂装。

⑤ 中蓝色可做单一色涂装。

⑥ 中蓝色、大红色不要混合，两者同时滴放水面做二色涂装。

⑦ 中蓝色与大红色混合后，再与中蓝色、大红色三者同时滴放水面做三色涂装。

⑧ 黄色、中蓝色、大红色三者同时滴放水面为三色涂装。

(4) 试滴漆液。漆液的黏度以滴到水面上后立即散开为宜。一般新开桶的漆可不用稀释；存放较久的漆则需适当稀释后滴放水面，立即散开为宜。

待漆液散开时，选择或搅拌纹形。选择纹形时可用口吹气促使纹形自然，吹得如不理想，可用搅拌片以接触面小的侧面轻轻卷动，待纹形比较美观时，将物件轻轻浸渍于水中，并将水面漂浮的余漆膜吹至旁边，或用废纸将余漆膜粘尽。若是用水池涂装，可放开自来水让漂浮的余漆从溢水口流出，随即将被涂物件取出，在取出物件时，不能让水面的残余漆膜再粘上被涂物件，以免影响这时彩纹漆在物件表面形成的图形。

这时操作人员用棉纱、汽油将手擦净后，将口罩用汽油润湿，再将已涂彩纹漆的物件边缘周围揩净，露出直线白边，使作为边缘的白色图案线清晰可见。待彩纹漆干燥后，罩上漆胶清漆或醇酸清漆即可。

6) 注意事项

(1) 涂彩纹漆盛水容器的水以静置为宜，只允许轻微转动，否则将影响纹形的效果。

(2) 滴漆量不宜过多，否则将无纹形成而是一板块，需擦净后重新涂装。

(3) 如果涂立体物件，漆液的滴放占水面的 50％以上(涂二色以上的物件时)，待漆膜交错散开后再行涂装。涂装时，将水面漂浮的漆膜从中心吹开，随即将立体物件在中心点以 100mm/s 的速度全部浸入水中。待水面多余的漆膜除尽后再将物件取出，否则残余漆膜会影响涂装质量。

(4) 如果一次涂装效果不理想，则需将被涂物表面擦净后，重新进行涂装。

(5) 漆液滴在水面上若有气泡时，一定要用废纸将水泡除尽，否则会影响涂装质量。

(6) 漆液滴放水面后以 5min 内涂装一次完毕为宜。时间过长会造成漆膜成纹不自然，影响涂装质量。

(7) 涂装彩纹漆时，白漆必须干透，涂完彩纹漆时，彩纹漆也必须干透后才能罩光清漆。

(8) 漆液黏度过大时，成纹粗糙；黏度过小时，颜色不鲜艳。可用样板进行调试，调试合格后再进行涂装。

(9) 涂装一次物件后，若需继续涂装时，则需将水更换，涂一次换一次水。

(10) 冬天水温低，应将水温加热至 10℃以上。罩光时，以室温在 15℃以上为宜。

4．珍珠汽车漆装饰

珍珠汽车漆装饰具有很高的镜面光泽，珠光细腻柔和，装饰性极强，同时具有随视角而变化的闪光效应，所以常被用在很多高级豪华轿车上。

珍珠汽车漆是以各种天然或合成树脂为基料，按一定比例加入云母钛珠光颜料制成的新型涂料，属金属闪光涂料中的一个特殊品种。

1) 珍珠汽车漆的特性

(1) 具有细腻柔和的"珍珠光泽效应"

珍珠汽车漆在施工中珠光颜料能在漆膜中获得有规则的定向排列，入射光线照射在漆膜表面时，漆膜能显示出类似丝绸和软缎般细腻柔和的珍珠光泽，这就是所谓的"珍珠光泽效应"。珠光效应是珍珠漆独有的特色，是其区别于一般金属漆的重要标志。

(2) 具有明亮闪烁的"金属闪光效应"

一般的金属漆是依靠金属颜料片具有对光的镜面反射作用而在人们眼里产生"金属闪光效应"，但漆膜却缺乏三维空间的立体感。而采用经过着色处理的珠光颜料，不但同样可获得一系列不同色泽的金属色珠光涂料，且珠光漆总是只反射部分入射光，而把大部分入射光透射到下一层晶片上，又重复一次反射和透射，使漆膜的丰满度优于常规的金属漆。

(3) 具有随视角变化的"视角闪色效应"

当透明片状颜料平行地分布在涂料中，入射光将在折光指数不同的透明层界面发生多次折射和反射，在部分吸收和部分透过作用下，平行的各种反射光之间必然会发生光的干涉现象。这种随观察者角度不同而看到不同干涉色的现象，称为"视角闪色效应"或"多色效应"。正是这种效应，使我们能够感受到珍珠汽车漆的全新色彩艺术的风韵。

(4) 具有随曲率的变化而变化的"色彩转移效应"

采用干涉色幻彩云母钛珠光颜料制成的连续漆膜，能同时显示出两种截然不同的颜色，这种颜色的变化叫作"色彩转移效应"。

该漆色彩会随轿车车身曲率的改变而发生变化，其色彩转移效应表现为从蓝到橙、从黄到紫、从红到绿等，即从一种原色变到它的互补色。正是这种"色彩转移效应"，人们才能根据不同的需要设计出不同涂料的配方，以创造出各种奇妙和梦幻般的珍珠汽车漆。

(5) 全新的环保型产品

以水做溶剂替代有机溶剂的水溶性混合色漆系统，是全新的环保型产品。施得乐银底漆(C 型)总共有 58 种混合色漆，色调有 13 000 种以上的配方，并能调配出世界上所有汽车漆系列的色调。它在市场上被认为是使用最方便的水溶性漆，只要经水(完全除盐的水)稀释，即可喷涂施工，覆盖力强，且符合全世界现行的所有法规。

由于珍珠汽车漆具有上述特性，有极强的装饰性且使用起来非常方便，用它装饰车身外表，可取得事半功倍的效果，不愧为当今世界汽车业高装饰用漆的主流。

2) 喷涂施工

由于各公司的珍珠汽车漆有不同的配方，具有不同的特性，施工环境条件也不一样。所以，在进行珍珠汽车漆装饰时，应按各自的珍珠汽车漆产品使用说明要求，按实际施工条件，综合考虑，制定出具体的施工工艺进行施工。

5. 车身漆面"镜面装饰"

车身漆面的"镜面装饰"，一般可采取两种方法实现：一是选用能达到"镜面装饰"

效果的涂料进行涂装；二是采取美容装饰的方法，可实现漆膜的镜面装饰效果。

1) 选用能达到"镜面装饰"效果的涂料

由于科技不断发展，新型的高性能涂料不断出现。选用适当的高性能涂料进行涂装，便可实现漆膜的"镜面装饰"效果。

现以达状 DG 双组分高光泽低温烘漆为例进行介绍：

(1) 特性

具有高光泽、高膜厚、耐酸碱、抗化学性高的双组分面漆。漆料中的高固体，适合于高级轿车、巴士及广告车等使用。

(2) 镜面效果的施工

当温度在 18℃ 以上时，建议使用超级催干剂来做全车大喷，以达到最佳的镜面效果。

(3) 施工中 MS 调配比

DG 色漆 3 份，超级催干剂一份，稀释剂一份。

(4) 超级催干剂与稀释剂的选择

催干剂与稀释剂的选择与施工环境温度之间有着密切的关系，如表 5.2 所示。

表 5.2　超级催干剂与稀释的选择

施工温度	超级催干剂	稀释剂
18℃ 以下	D803(快干)	D808(快干)
18℃~25℃	D841(标准)	D807(标准)
25℃ 以上	D861(慢干)	D812(慢干)

(5) 施工黏度

黏度为 17~18s(DIN—4 / 20℃)，涂料可使用 6h(20℃)。

(6) 喷涂压力

喷涂压力为 0.3~0.4MPa。

(7) 喷涂施工

① 先用一般喷法喷一次；

② 间隔为 10min，再湿喷一次；

③ 静置 15min，待部分溶剂挥发；

④ 加温至 60℃ 烘烤 45min；或 70℃ 烘烤 30min，自干时，20℃ 需 20h。

若是小面积维修喷涂施工，在修补的邻接处，总会留下喷漆的痕迹，可用 DG 接口剂 D868 处理，只要在边缘(新漆与旧漆交接处)喷上一道即可将修补痕迹消除。

2) 进行漆膜美容装饰达到镜面效果

(1) 采用至尊专业漆膜处理达到镜面效果

① 主要优点

适用于所有类型漆膜的光洁美容处理，可产生完全光亮的镜面效果；采用波浪式海绵轮，操作简便，能有效散热，不伤漆膜，更易于磨轮更换。

② 施工步骤

A.水磨

使用 3M 美纹砂纸(1200 号、1500 号、2000 号)，以同向磨平漆膜橘皮等缺陷，去除尘粒。并使用 2000 号美纹砂纸交叉方向细磨，可提高细磨效果，完全不产生深砂痕，操作

简便轻松。

使用 3M260L 漆膜美容干砂纸(1000 号、1200 号、1500 号)配合 PN057743M 干磨软垫与低速干磨机进行处理，能节省研磨时间，达到更佳的研磨效果。

B.粗磨

使用 3MPN05973 美容粗蜡，配合 PN05723 白色波浪海绵轮及 PN05717 托盘与气动或电动抛光机，以 1500～2500r / min 的转速打磨，可一次性轻易去除细小砂痕、垂流、氧化膜、美纹纸细砂痕等漆膜瑕疵，操作简单快捷，不会产生任何过度切削的风险。

C.抛光(镜面处理)

使用 3M 镜面处理剂能迅速去除粗蜡所产生的旋纹，如深色车所产生的圈状纹。深色车使用 PNf 05996、浅色车使用 PN0995，配合 PN05725 黑色波浪海绵轮及 PN05718 托盘及气动或电动抛光机，以 1500～2500r / min 的转速打磨抛光，可使漆膜完全光亮，产生镜面效果。

D.手抛光

使用 PN09973M 至尊美容手蜡，配合 PN0013 多功能擦拭纸，于交车前使用，可有效清除细部污垢，其持久性与强反光度可使漆膜保持长久的镜面效果。

(2) 封釉美容实现镜面装饰

① 封釉美容的实质

依靠振抛原理(实际操作中多使用抛光机)，将镜面釉压入漆膜纹理中，在漆膜表面会形成一层保护膜，该膜可抗高温，抗紫外线照射，抗酸碱氧化物等的腐蚀，提高漆膜硬度，防止出现小划痕，提高漆膜的光洁度，产生镜面效果。

对于陈旧的漆膜，在封釉过程中，不仅提高了漆膜的光洁度，还可去除已形成的浅划痕。

② 封釉美容处理的工艺过程

视车状去除旧漆膜缺陷和表面污物→手工上磁釉→第一次燃气烘烤→红外线灯具照射→手工清洁表面→第二次上磁釉增加磁釉厚度→第二次燃气烘烤→红外线烘烤→手工清洁表面，完成全部封磁釉装饰工作，使漆膜达到镜面装饰效果。

③ 封釉美容的优点

封釉处理后的日常保养简便，可用煤油去除釉面上的油污，用洗衣粉溶液清洗车身，再用抹布擦净车身表面，不用打蜡、抛光，即可达到晶亮美丽的镜面效果；而且比打蜡、抛光更亮丽，更省钱、省时、省力，更经济实用。

(3) 用久洁超级汽车美容实现漆膜镜面装饰效果，具体操作步骤如下：

① 喷烤涂装或原漆膜出现缺陷时，使用 2000 号水砂纸进行打磨，消除漆膜缺陷，降低漆膜表面的粗糙度，为高质量的美容打好基础。

② 使用高压清洁水冲洗表面，根据汽车的具体情况，选用中性洗车剂去除漆膜油污、污垢和异物等。

③ 擦干水迹，使车身表面干燥清洁。

④ 使用抛光机配上粗羊毛盘和 B003 中度研磨剂，进行漆膜第一次研磨抛光。

⑤ 配上细羊毛盘和 B010 抛光剂，对漆膜进行第二次研磨抛光。

⑥ 配上细海绵盘和 A001 光滑及色泽还原剂，进行第三次研磨抛光。

注意：经过上述三次研磨抛光，可达到一般的镜面效果。若要达到更高的质量标准，确保漆膜一年光亮，则需进行超级美容。

⑦ 配上细海绵盘和 A022 亮光强化剂，进行第四次研磨抛光。

⑧ 使用加压式振动盘和 A021 珐琅釉，进行第五次研磨抛光，可使漆膜质量进一步得到提高，能确保漆膜一年内光亮如镜。

3) 用研磨抛光方法实现汽车漆膜的镜面装饰效果

根据汽车漆膜状况，对汽车漆膜进行相应的研磨抛光处理，即可达到镜面装饰效果，常用的方法主要有靠研磨抛光法、打蜡抛光法、靠化学反应实现。

(1) 靠研磨抛光法实现漆膜镜面装饰

① 面涂层的结构

采用研磨抛光实现漆膜镜面装饰方法，其涂层结构如图 5.29 所示。

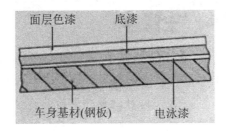

图 5.29　普通车涂层结构

② 使用的研磨材料

一般研磨剂中都含有坚硬的浮石做的摩擦材料。根据颗粒的大小，研磨剂可分为深切、中切和微切三类，主要用于治理色漆层出现的不同程度的氧化、划痕、褪色等缺陷。用微切型研磨剂进行处理，可使色漆漆膜达到镜面效果。

常用的研磨剂有 3 种类型，分别是 701—116 普通漆微切型、701—138 普通漆中切型、701—151 普通漆深切型。

③ 效果

采用这种方法虽然简单，但是影响漆膜寿命。因为采用这种方法研磨时，必须磨掉色漆表面有缺陷层，缺陷严重时，将无法用此处理实现镜面装饰，需采用修复美容来实现。

在研磨时，浮石颗粒坚硬，研磨速度快，但不会发生质的变化。不能用于透明面漆漆膜的研磨镜面装饰。否则，会很快将透明漆膜除掉。

(2) 打蜡抛光法实现漆膜镜面装饰

在普通色漆表面罩上一层透明清漆，可以实现镜面装饰。但这种透明清漆易出现发丝划痕，易受环境污染侵蚀变色，采用打蜡抛光可以实现修复镜面装饰。

刚刚打蜡抛光后，漆膜非常光亮，但这是一种虚光，不久就会黯然失色，不能达到最终的镜面效果。最好的车蜡，光泽可保持两三个月，蜡的光泽没了，车辆漆膜的光泽也就没有了。

(3) 靠化学反应实现漆膜镜面装饰

在抛光研磨时，抛光机在一定的转速下所产生的热量，使汽车漆膜与抛光剂之间产生一种能量并发生化学反应，以消除漆膜的细微划痕，使漆膜显示出本身的光泽，然后再打蜡抛光，使漆膜更加光亮，达到镜面装饰效果。

思考与练习

一、思考题

1. 文字与图案喷涂的操作步骤有哪些？
2. 涂装彩纹漆的色彩调配时，应遵循哪些原则？
3. 用久洁超级汽车美容实现漆膜镜面装饰效果的操作方法有哪些？

二、练习题

1. 填空题

(1) 车身漆膜喷涂的作用有(   )、(   )。

(2) 多色花纹喷漆主要施工方法有(   )、(   )、(   )、(   )4种。

(3) 文字与图案的涂装有(   )、(   )、(   )3种方法。

(4) 珍珠汽车漆是以各种天然或合成树脂为基料，按一定比例加入(   )制成的新型涂料。

2. 判断题

(1) 因装饰的车辆原漆膜有一定的颜色，在其上面涂装文字和图案，要求装饰后的文字或图案与原车颜色相协调。   (   )

(2) 用油漆做花基漆的涂装，该种方式适用于涂装面积大、工作量不大的面漆装饰。   (   )

(3) 用广告色做花基漆涂装，该种方式适用于较大面积和较大工作量的装饰涂装。 (   )

(4) 涂彩纹漆盛水容器的水以静置为宜，只允许轻微转动，否则将影响纹形的效果。   (   )

5.6　前阻风板和后翼板装饰

轿车在行驶时，空气流对行车影响很大，会产生相当大的阻力。为了减少汽车在高速行驶时所产生的浮升力，汽车设计师在汽车外形方面做了很大改进，将车身整体向前下方倾斜，使之在前轮上产生向下的压力，将车尾改为短平，减少从车顶向后部作用的负气压，防止后轮漂浮，并在轿车前端的保险杠下方装上了向下倾斜的连接板。连接板与车身前裙板连成一体，中间开有合适的进风口加大气流速度，减低车底气压，这种连接板称为前阻风板。

气流产生的阻力会在轿车轧过的路面上产生刮起纸屑、沙尘等现象，并能看到纸屑、沙尘跟随在汽车后面漂浮一阵。这种现象可以证明空气对前进中的汽车所产生的阻力的存在。在汽车行驶过程中，后端气流从顶部、两侧及底部流过，使轿车受到阻力和浮升力的作用，因此会影响轿车行驶的安全性，使操纵不稳定，也会对轿车起到破坏作用。为减小后端气流对行车的影响，减小后端提升力及阻力，提高行车的安全性，在轿车行李箱盖上后端做成像鸭尾似的突出物，将从车顶冲下来的气流阻滞形成向下的作用力，这种突出物称为后翼板，又称为扰流板，如图5.30所示。

图 5.30　扰流板

5.6.1　安装前阻风板

1．安装前阻风板的目的

在行车过程中，特别是在高速行车过程中，伴随着汽车的前进，原来路面上静止的空气被搅得四处流逸，从而产生了阻力。

在轿车底盘下的气流会钻进车体底部不同形状的漏口里，由此而产生阻力，阻碍轿车行进。当气流通过轿车底部时，可对车体前部和发动机底部产生压力，这种压力使车体前端产生略为向上抬起的提升力，导致轮胎抓地能力降低，从而影响轿车在转向时的控制能力。

而汽车安装前阻风板，就是为了尽可能地降低车辆前端阻力和提升力，提高行车安全性。

2．降低前端提升力的措施

车辆在行车时，由于受到前端气流的影响而使行车安全性受到影响。为了减少前端阻力，降低提升力，目前可采取以下两种措施：

1) 提高轿车底盘下面的平顺光滑性

为减小轿车底部空气的压力和阻力，可以使发动机下部及底盘下表面尽量保持平顺、光滑，减少凸凹变形的部位。这种方法已在昂贵的中置和后置发动机的轿车上被采用。这种措施增加了轿车重量，提高了制造和运行成本，制造安装不方便，但却提高了操纵稳定性，提高了行车的安全性。

2) 安装前端阻风板

在前保险杠的下部安装一个前阻风板，是被普遍采用的一种措施。前阻风板是一块坚固的、裙幅式的板。安装阻风板后，阻风板通过对前端气流起一定的导流作用，减少前端气流从发动机下部和底盘下部通过，从而减少其阻力、压力和前端提升力，使前端气流比较顺畅地从前端上部和两侧通过。

3．前阻风板的安装步骤

1) 选择前阻风板

在汽车配件市场上，有同系列、多品种的前阻风板产品可供选择。应尽量选择同车型的规格产品，这样既能保证质量，也方便安装。若不是同车型的阻风板，则必须仔细阅读产品说明书，查看是否可通用安装，再仔细查对外形、安装位置和安装尺寸，以防安装时装不上。同时，还要检查配件的质量，确保零部件是合格产品。

2) 安装施工

仔细阅读产品说明书，特别要弄懂安装条件和施工要求，做好安装前的准备工作。

前阻风板的安装，一般都是用螺钉连接，固定在车体前端的保险杠下部。在安装前，要对保险杠的相关部位进行清洗处理并擦拭干净，为安装做好准备。在安装前阻风板时，常常需要钻相应的安装孔，一般可用手电钻来完成钻孔。

5.6.2 安装后翼板

1．安装后翼板的目的

轿车在行驶时，气流对行车影响很大，会产生相当大的阻力。在汽车行驶中，后端气流从顶部、两侧及底部流过，使轿车受到阻力和提升力的作用，因此而影响轿车行驶的安全性，使操纵不稳定，也会对轿车起到破坏作用。

为减小后端气流对行车的影响，减小后端提升力及阻力，提高行车的安全性，可采取安装后尾翼的措施来实现这一目的。

2．减小后端提升力和阻力的措施

1) 车型设计时应考虑气流的影响

汽车行驶时，紧贴车身轮廓的气流，叫作层流。层流会对汽车产生阻力和提升力，影响行车的安全性，特别是对后窗的影响较大。经过实验确定，后窗与水平线保持 25°角左右时，其阻力和提升力较小。许多两厢式车就是在此原理的基础上设计后窗的。

2) 紧闭车的门窗

在行车时，如果车门窗开着，室内会有大量的气流从前端进入，随后又从后端排出，在车内形成散乱的涡流，这时气流对车的阻力和提升力将显著增大。所以，在行车时紧闭车的门窗是非常必要的。

3) 安装后翼板

人们针对汽车后端的阻力和提升力问题，研制出后翼板(又叫扰流板)。后翼板有不同的形状尺寸，但它们的共同特点是狭长，表面平滑。后翼板安装在车上且翘出车体，用以去除和扰乱气流，改变后端气流的流动状态，从而减少后端气流对车的阻力和提升力，如图 5.31 所示。

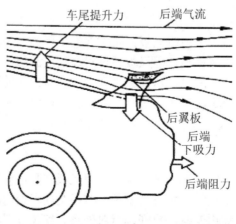

图 5.31 安装后翼板后的气流及受力状态

3．后翼板的安装步骤

1）选择后翼板

后翼板的形状尺寸差异较大，这与车型有关。选择时，应按车型要求，尽量选用与车型相配套的后翼板。因为后翼板在设计和制造时，均是在经过一定的研究和试验后确定的，绝非随意所为。所以，需要选择相配套的后翼板。

若无配套的后翼板，可按后翼板的产品说明书和车型状况，尽量选用近似车型的后翼板。因为有的后翼板可为几种车型通用。

目前市场上，有专门厂家生产前阻风板和后翼板，选择时要认真阅读产品使用说明书，一定要按使用书中要求的条件使用。

2）安装施工方法

(1) 清洗安装部位，一般后翼板都安装在行李箱盖板上，大都用螺钉连接。所以，应先用清洗剂擦洗行李箱盖板并擦干，保持干净整洁。

(2) 按安装要求，钻后翼板的安装孔。这些安装孔应钻在行李箱盖板的相应位置上。

(3) 在行李箱盖的安装孔与后翼板的接合处涂上硅胶，以防漏水。

(4) 将固定螺钉由行李箱内侧往外再固定锁紧。

(5) 为了提高防漏水的可靠性，固定后，在固定架周围注入透明硅胶。

有的后翼板可采用粘贴法安装。这种方法无须在行李箱盖板上钻孔，不会发生漏水现象。但是，其稳固性和可靠性要差一些，使用一段时间后，有剥落掉下的现象发生，这可能与粘贴质量欠佳或粘胶质量差有关。

5.6.3　注意事项

安装前阻风板和后翼板时，有以下几点需注意事项。

1．要特别注意与车型配套

前阻风板和后翼板均是以一定的车型为模型设计和制造的，因此在安装时，只有满足它的特定要求，才能达到安装的目的。若更换了车型，外部条件发生了变化，就有可能导致相反的结果，会加大阻力和提升力，使操纵性能更加恶化。

2．选用适合的材质产品

前阻风板和后翼板使用的材质，有合成纤维、塑料及金属。使用塑料材质的前阻风板和后翼板，应注意使用环境，由于容易产生热变形，必须保证有足够的强度和使用寿命。用铝合金和不锈钢等材质制作的前阻风板和后翼板，具有很高的强度和刚度，不易变形，使用寿命长，但成本较高。

3．安装位置应符合要求

阻风板和后翼板的安装位置要合理，不得随意改变。最好是按产品使用安装说明要求的位置安装。若位置改变了，如上、下改变，前、后改变，均会导致使用效果的改变，甚至使性能恶化。

综上所述，轿车由于安装了阻风板，从而减少了空气阻力。如旁蒂克(Grand Prix)安装阻风板后,阻力减少了 5%～10%。除此之外,前阻风板还能帮助冷却发动机,还可作为安装雾灯的底板等。

后翼板的观赏价值大于功能价值。有的汽车公司,把后翼板当作销售汽车时的一个卖点,从而可见它的装饰功能不一般。

知识拓展 5-4

在空气动力学中,有法国物理学家贝尔努依证明的一条理论:空气流速与压力成反比。也就是说,空气流速越快,压力越小;空气流速越慢,压力越大。例如,飞机的机翼是上面呈正抛物形,气流较快;下面平滑,气流较慢,形成了机翼下的压力大于机翼上的压力,从而产生了升力。如果轿车外形与机翼横截面形状相似,在高速行驶中由于车身上下两面的气流压力不同,下面大、上面小,这种压力差必然会产生一种上升力,车速越快压力差越大,上升力也就越大。这种上升力是空气阻力的一种,汽车工程界称其为诱导阻力,约占整车空气阻力的 7%,虽然比例较小,但危害很大。其他空气阻力只是消耗轿车的动力,这个阻力不但消耗动力,还会产生承托力,危害轿车的行驶安全。因为当轿车时速达到一定的值时,浮升力就会克服车重而将车子向上托起,减少了车轮与地面的附着力,使车子发飘,造成行驶稳定性变差。

思考与练习

一、思考题

1. 前阻风板的安装步骤有哪些?
2. 后翼板的安装步骤有哪些?
3. 安装前阻风板和后翼板时,应注意哪些事项?

二、练习题

1. 填空题

(1) 为了减少前端阻力,降低提升力,可采取(　　　)、(　　　)两项措施。

(2) 减小后端提升力和阻力的措施有(　　)、(　　)、(　　)。

2. 判断题

(1) 后翼板的形状尺寸的选择与车型无关。　　　　　　　　　　　　　　　　(　　)

(2) 阻风板和后翼板的安装位置要合理,不得随意改变,应按产品使用安装说明要求的位置安装。　　　　　　　　　　　　　　　　　　　　　　　　　　　　(　　)

5.7　其他局部装潢

汽车外部的装潢一般因车主个性不同而突出美观、实用、与众不同等特色,这些外饰件包括眼线、保险杠、轮眉、防撞条、车顶排灯、挡泥板、高位制动灯等。汽车装饰物品既实用又能点缀汽车,显示了独特的个性。

下面就车用外饰件中的几种主要产品作简单介绍。

5.7.1　汽车天线

汽车天线(如图 5.32 所示)是用于接收车外无线电信号的一种装置。因为汽车车身本身是一个密闭的金属壳体,对无线电波具有一定的屏蔽作用。如要在车内接收到良好信号,就要在车外加装一个汽车天线。因此天线就十分必要。

图 5.32　汽车天线

现代轿车的天线一般采用电动式,即用电动装置伸长或收回天线。这种装置是靠电机、蜗杆和软轴来驱动天线的伸缩。使用时,按下按钮,天线即可伸出或收回。有的天线,在打开收放机时就可自动伸出;关闭收放机时自动收回,十分方便。

在一些豪华轿车上,还装有后窗玻璃天线,即将天线像除霜电热丝一样,贴在后窗玻璃上。其优点是省去了驱动天线伸缩的装置,安全、耐久;又没有风吹的噪声。通常,它还配有天线放大器,可以改善收音的效果。

5.7.2　眼线装饰

1. 装饰的部位

眼线(眼眉)是前车灯上表面部位附着的装饰件,它是将车拟人化的表述。将前照灯(左、右)均加上了眼线装饰,如同女孩描眉一样,楚楚动人。

2. 眼线装饰施工

1) 选择眼眉材料

眼眉材料大都是类似彩条那样的不干胶制品,应选择质地好、寿命长、颜彩丰满、粘贴牢固的眼眉材料。

2) 装饰施工

(1) 将眼眉材料,按装饰部位的形状不同,剪裁成长短、宽窄、形状相匹配的眼眉。要特别注意,左、右眼眉是对称的,不要有差异。

(2) 将粘贴眼眉的部位用拭布擦拭干净,以确保粘贴牢固。

(3) 将眼眉的衬纸撕掉,把眼眉平整地粘贴到前照灯上部匹配的部位,不得有皱褶、气泡等缺陷。

(4) 使用独特的眼线装饰,可为汽车增添魅力。

5.7.3　晴雨窗罩

晴雨窗罩(如图 5.33 所示)依据车身外形一体设计，具有流线造型，能增加美感。晴天遮阳，可防止侧面刺眼强光；雨天行车，车窗开下大半，雨水也不会直灌进车里；夏季停车，可开窗保持空气对流降低车内温度；冬季开窗时可导入大量空气，避免窗户结雾；车内吸烟，可摇下车窗；高速行驶时稳定性好，不会狂风吹头。且这种窗罩安装简便，不需要使用任何工具。所以一些车主在自己的爱车上安装了晴雨窗罩。

图 5.33　晴雨窗罩

5.7.4　轮弧饰片装饰

1．轮弧饰片的功用

轮弧饰片的主要作用是保护轮弧翼子板，使车在受到轻微或中度碰撞时，可使轮弧翼子板受到的损害减至最低限度。它的另一项主要功能是起装饰作用，可使车身外表锦上添花。

2．轮弧饰片的选装

1) 选择轮弧饰片

轮弧饰片是一些装饰配件厂针对一些车型而设计制造出的装饰件，它是用塑料、金属材料制作的，有不同的色泽和规格。车主可根据特定的车型和车辆的状态选择适合的轮弧饰件，安装后达到预期的保护和装饰目的。

2) 轮弧饰片的安装

(1) 用螺钉或拉拔铆钉固定法

轮弧饰片在安装时一般都使用 4 片装。安装轮弧饰片的方法与步骤如下：

① 在安装前，需对安装部位进行清洗。对轮弧饰片也要擦拭，去除尘土、污物，然后进行干燥。要特别注意，翼子板凸缘唇的内缘污垢必须清洗干净，使之清洁干燥。在轮弧饰片上一般都有小孔，如采用固定法时就得利用此小孔。

② 按照轮弧饰片的小孔，应在翼子板凸缘上配钻安装孔，去除孔边上的毛刺。

③ 在安装部位的固定处涂上硅胶，即在翼子板和轮弧饰板的相应位置均需涂上硅胶，使螺钉或拉拔铆钉固紧，使其接合紧密，不积水，防止产生锈蚀。

④ 将轮弧饰片贴上，并用螺钉或拉拔铆钉固定，如图 5.34 所示。

图 5.34　轮弧饰片装饰

（2）胶粘法安装

有的轮弧饰片是用保护膜之类的塑料制作的，有的是不干胶产品。对这样的轮弧饰片，用胶粘法安装非常容易。

先将安装轮弧饰膜部位擦拭干净，清除污物、尘垢，并使表面干燥。撕掉轮弧饰膜上的衬纸，将轮弧饰膜平整地粘贴在轮弧上。

5.7.5　车身个性贴花

随着车主对个性化汽车产品的需求急剧增长，汽车制造商无法满足广大用户的要求，加上车型改装的麻烦，很多车主开始将注意力放在改变车身图案上。汽车车身贴花是近几年来流行的一种车身装饰，分为固定型贴花和随意型贴花两种。车身彩条大多属于固定型贴花，是汽车出厂时生产厂家就已设计粘贴好了的，一般其创意和形式都较为呆板；而随意型贴花是车主根据自己的个人喜好随意添加的车身图案，创意和形式都很新潮，是人类个性化的体现，所以也称为汽车车身个性贴花。

目前，汽车车身个性贴花产品主要是各种形式、内容多样的随意贴，而且色彩、样式千奇百怪，应有尽有。个性贴花的最基本原则是依据车主的个性进行，可以尽情发挥。

1．车身贴花的选择

如果消费者选择的车身个性贴花质量不好，那么贴不了多久就会脱落，车身上不但会留下很难看的胶状物质，而且车漆也会被破坏。

目前国产品牌的车身个性贴花与进口品牌的车身个性贴花质量相差比较大。在选择时应主要考虑以下三个方面：

1）耐用性

质量好的个性贴花的寿命可以达到与车身寿命相同，可以选择知名厂家生产的贴花。因为这些厂家质量担保可达好几年。

2）贴花印刷技术

先进的印刷技术会带来车身个性贴花内容和形式的突破。一些独特的印刷技术应用于车身个性贴花，会带来汽车外观的不同视觉效果。如赛欧车贴花的中间就有一条色带，该色带从不同的角度看，会呈现不同的颜色。

3）设计能力

一般来说，国际汽车贴花的一些大公司都拥有专业的贴花设计队伍，他们手中掌握了

许多汽车个性贴花的流行、时尚元素,可以将车身外饰设计做到符合时尚的最前沿。而目前国内汽车车身个性贴花的印刷厂家,大部分还停留在仿冒进口汽车个性贴花产品的阶段。

2. 车身贴花施工

1) 清洗贴花装饰部位

用车身专用清洗剂清洗车身装饰部位,若为全车身装饰,则清洗全车身外部,消除一切污垢、异物,使车身保持洁净干燥。

2) 涂胶粘贴

根据贴花产品的使用要求,将粘胶涂布在粘贴部位,然后将贴花的材纸撕掉,贴在车身表面上。将贴花粘贴平整,不得有褶皱或气泡,要保证粘贴质量。

5.7.6 中栅框装饰

轿车前端两前照灯之间的部位是最显眼的,也是设计师们进行装饰设计的重点部位。例如奔驰车设计制造的散热器护栅,通风口下边缘处最大,向上逐渐变小。这种布置除了能产生鲜明的视觉冲击外,更重要的是提供了充足的冷风,造型独具匠心,更给人以超级装饰感受,显示出非凡的艺术魅力。

在国产车上,对这部分的装饰也用尽了心思,设计和制造出了各种不同的散热器护栅,还采用了不锈钢栅框进行装饰,效果也不错。如奥迪、红旗轿车,就采用了不锈钢栅框进行装饰,其装饰效果也很好。

5.7.7 汽车保险杠

随着汽车技术的发展和人们生活水平的提高,汽车的销售量也日益增加,而汽车事故的发生频率也在增加。为了降低事故后车辆的损坏程度,减轻人员的伤亡率,生产厂家花了不少心思,在汽车上做足了安全防护措施。安装汽车保险杠就是其中的措施之一。

汽车保险杠不仅可以吸收、缓和外界冲击力,保护车身安全,而且也是车身外部的一件很好的装饰品。

1. 汽车保险杠的种类

1) 按材料进行分类

汽车保险杠按材料不同,可分为钢板保险杠、塑料保险杠、铝合金保险杠和镜钢保险杠。

(1) 钢板保险杠

钢板保险杠由钢板冲压成 U 形槽钢,表面进行了镀铬处理,与车架纵梁铆接或焊接在一起,与车身有一段较大的间隙。30 年前,轿车前、后保险杠主要是钢板保险杠;而现在,钢板保险杠主要用于货车。

(2) 塑料保险杠

塑料保险杠主要由塑料制成,它除了具有保护功能外,还与车体造型和谐统一,并使轻身轻量化。这种保险杠的强度、刚性和装饰性都较好。从安全上看，在汽车发生碰撞事故时，它能起到缓冲作用，保护前后车体；从外观上看，它可以很自然地与车体结合在一块，浑然一体，具有很好的装饰性，已成为装饰轿车外形的重要部件。

(3) 铝合金保险杠

铝合金保险杠是由铝合金制成的管状保险杠，这种保险杠具有造型多，美观、气派等特点，主要用于越野汽车和小型面包车。

(4) 镜钢保险杠

镜钢保险杠由钢管制成，并经电镀处理，主要用在小型面包车上。

2) 按安装位置进行分类

汽车保险杠按安装位置不同，可分为前保险杠、后保险杠和车门保险杠。

前、后保险杠一般比较常见。安装车门保险杠，就是在每扇车门的门板内横置或斜置数条高强度的钢梁，做到整部轿车前后、左右都有保险杠"护驾"，使车内乘员得到最大限度的安全保护。

在汽车受到前、后撞击时，前、后保险杠可以保护车辆和乘员。而在交通事故中，汽车发生侧面碰撞的概率也比较大，尤其是在路面湿滑或车速较快的情况下，因各种原因造成汽车拦腰碰撞的可能性将大大增加。近几年来有关防侧撞的安全问题已经引起了人们的广泛关注。有些国家还制定了严格的汽车防侧撞安全条例，规定汽车要实施防侧撞的安全措施。

轿车实行防侧撞的安全措施常见的有：

(1) 从设计上改进轿车车厢的结构，使其能起到分散侧撞冲击力的作用；

(2) 安装车门保险杠，增强车门的防撞冲击力。

后一种方法简单、实用，对车身结构的改动不大，已经得到普遍推广和使用。

3) 按连接方式进行分类

汽车保险杠按连接方式不同，可分为普通保险杠和吸能保险杠。

普通保险杠一般用螺栓或铆钉与车刚性连接；吸能保险杠则通过吸能器与车架连接。现代汽车保险杠是按吸收低速冲击所产生的能量而设计的，能把车辆冲击力传给车架和乘员的振动减到最少。吸能器大多安装在保险杠的面杆或加强杆与车架之间。

2．吸能器

吸能保险杠中最关键的部件就是吸能器，吸能器的性能直接决定了吸能保险杠的工作效果，常见的吸能器有以下 4 种。

1) 活塞式吸能器(如图 5.35 所示)

该吸能器与减震器的结构和原理相似，它有一个充满液压流体的汽缸，当这个汽缸受到冲击时，充满惰性气体的活塞被压入汽缸，液压流体在压力下经过小孔流入活塞，受控的液压流吸收冲击所产生的能量推动活塞管中的浮动活塞，从而压缩惰性气体。当冲击力释放时，压缩气体的压力促使液压流体从活塞管返回汽缸，这种作用使得保险杠回到原来的位置。

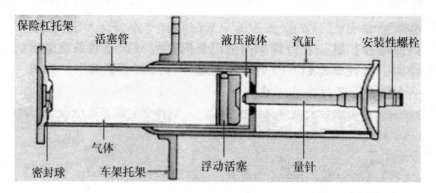

保险杠托架　活塞管　　　　液压液体　汽缸　　安装性螺栓

气体

密封球　　车架托架　　　浮动活塞　　量针

图 5.35　活塞式吸能器的剖面图

2) 弹簧式吸能器(如图 5.36 所示)

弹簧式吸能器在受到冲击时，流体从储存器经过量阀进入外汽缸。当冲击力释放时，吸能器的弹簧使得保险杠回到原来的位置。

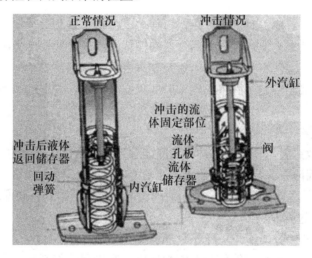

正常情况　　　　　冲击情况

外汽缸

冲击的流
体固定部位

冲击后液体
返回储存器
回动
弹簧

流体
孔板
流体
储存器

内汽缸

阀

图 5.36　弹簧式吸能器

3) 隔离式吸能器

隔离式吸能器的工作原理与电动机座很相像，在隔离式吸能器与车架之间垫有橡胶垫。受到冲击时，隔离式吸能器随着冲击力而动，使橡胶垫伸展，橡胶的变形就能吸收冲击所产生的能量。当冲击力释放时，橡胶恢复原形(除非因冲击而从其底座撕裂)，从而使保险杠回到正常位置。

4) 泡沫垫吸能器

泡沫垫吸能器是在冲击杆和塑料面杆或盖之间，采用厚氨基甲酸乙酯泡沫垫，从而代替在车架和面杆或加强杆之间安装吸能器。该垫是按在 4km / h 的冲撞下能回跳到原来的假设而设计的。

3. 汽车保险杠的更换

现以结构比较复杂的吸能保险杠为例，介绍汽车保险杠的更换方法。

1) 拆卸

对于有些汽车，在把保险杠从车上拆下之前，必须拆除防砾石挡板、停车灯、风窗清洗器软管及其他必须拆除的零部件。装有吸能器的保险杠与吸能器托架的连接螺栓必须拧下，拆卸固定式保险杠时，应拧下托架与车架之间的连接螺栓。

拆卸装有吸能器的保险杠时，应注意以下事项：

(1) 防振式吸能器实际上是一个小的压力容器，不要使其受热或把它弄弯。如果要在吸能器附近切割或焊接，应该把它拆下来。

(2) 如果吸能器由于受到冲击而跳动，应在从车上拆下保险杠前释放气压。用链条固定保险杠以防其突然松脱，并通过在活塞管的前端钻孔来卸压，然后拆下保险杠和吸能器。

(3) 在操纵、钻孔或拆卸跳动的吸能器时，必须注意安全，要戴上可靠的护目镜。

2) 更换

更换保险杠时，必须对吸能器进行试验，方法是：

(1) 使汽车面向固定障碍物。

(2) 把变速杆置于 PARK 位置，使驻车制动器完全啮合。

(3) 在障碍物和保险杠之间安放液压千斤顶，将千斤顶对准吸能器对准。

(4) 压缩吸能器 9.5mm。

(5) 放松千斤顶。

如果保险杠回不到正常位置，应更换吸能器。

3) 调整

用螺栓固定保险杠后，必须对其进行调整，使它与翼板和前格栅的距离相等，且顶部间隙必须均匀。调整装配螺栓，装配托架允许保险杠可上可下、可左可右及可进可出。

5.7.8　翼子板轮眉

汽车上的轮眉不仅能起到保持轮弧的作用，还是非常美观的金属装饰件，它安装在车身翼子板的最外沿。轮眉的颜色主要有金色、银白色和钛金色，其安装方法如下：

(1) 将轮眉贴附在翼子板最外沿的相应位置，固定轮眉上的带钩锁片。

(2) 逐一把固定轮眉上的带钩锁片插入翼子板上的插孔内，并将所有固定轮眉上的带钩锁片都插入翼子板上的插孔内。

(3) 用钳子逐一拉紧带钩锁片，然后将拉紧的带钩锁片反扣并压紧。

如果翼子板上没有插孔，则可用手电钻钻孔，并用螺钉固定翼子板。安装完毕后的轮眉应与翼子板各个部位紧密贴合。如发现有较大的缝隙，则应取下重新安装。

5.7.9　旗杆灯

1. 装旗杆灯的作用

在轿车前端、保险杠的转角两侧选装两个旗杆灯，主要有两个功能。

1) 安全功能

在夜间行车时，有两个旗杆灯的亮光，可使迎面而来的车辆醒目地看到对面有车，提高了行车安全性。

2) 装饰功能

在两根不锈钢管制作的旗杆上，装上两个艺术灯，镜面光亮的旗杆和艺术灯的玻璃，在阳光照射下也会发光，为车子增添了亮点。

2．安装旗杆灯的方法

(1) 打开发动机室盖，在左右两侧的灯组总成处，找出小灯的接线头。

(2) 将接线头由中间的塑胶扣压下拉出来，使用延长线在小灯接线头端子处相接。

(3) 两延长线的另一端由小灯组座的附近缝隙拉出。

(4) 使用手电钻在保险杠前端转角的附近适当位置钻一个小孔(左右各一个，位置对称)，以方便安装旗杆灯。

(5) 将旗杆灯总成置于安装孔上，并在旗杆底部与保险杠上表面涂上适当的硅胶，把安装位置对正，拧紧固定螺钉。

(6) 将旗杆灯的电源线与延长线的线头相接，即完成了旗杆灯的安装。

5.7.10 车轮饰盖

车轮饰盖(如图 5.37 所示)一般是用塑料粒子经注塑，再在表面用油漆涂装而成，车轮饰盖能烘托整车造型美，更能让用户加深对轿车品牌概念的理解。

图 5.37　车轮饰盖

车轮饰盖的安全件，除了外观装饰，更有其安全特性。高品质的饰盖能烘托出整车的造型效果，提高车辆的价值。车轮饰盖的不锈钢丝卡簧和固定支夹固定在车轮轮圈上，合格产品须经过制造商的拆卸力测试，以确保产品安全性。

车轮饰盖(轮毂盖)用于遮挡轮辋，对汽车轮毂进行装饰。车轮饰盖按材料分，主要有铝合金盖和塑料盖两种。

1．车轮饰盖的要求

对车轮饰盖装饰时，需要达到以下要求。

1) 造型优美，质量可靠

因为饰盖的位置醒目，若造型欠佳就会降低整车的装饰效果，使之"弄巧成拙"；而且要求质量可靠，车轮饰盖必须有足够的强度，结构可靠，装卡牢固，不会轻易脱落。如有质量问题，一是饰盖容易破裂；二是饰盖破裂容易引起事故，特别是在城市车辆行人较多的情况下，飞落的饰盖易碰伤其他车辆或行人，后果是不堪设想的。饰盖掉落在街上时有发生，所以必须引起重视。

2) 色泽配合要协调

车轮有色泽，整车也有各种颜色，饰盖色泽必须与车轮和整车的色泽协调一致，达到和谐美观的效果。

3) 清洁、干燥

对车轮及饰盖进行清洁处理，清除尘土污物，使车轮和饰盖清洁、干燥。

2．车轮饰盖的安装

先将轮毂清洗干净，选择与车型匹配的车轮饰盖。让车轮饰盖端口对准轮胎气门嘴。双手托住车轮饰盖，往里面稍微用力一按即可。

安装后应检查安装是否牢固，可用双手抓住车轮饰盖表面的沟槽左右摇动及往外拉。如感觉松垮则应分析原因，拉出重装或重新选择与之相匹配的车轮饰盖。

3．注意事项

车轮饰盖是用不锈钢钢丝卡和固定支夹固定在车轮轮圈上的，在选购时要注意饰盖的装配性。如果卡口不紧或者弹簧材料不过关，则易导致饰盖脱落。

5.7.11　挡泥板

挡泥板(如图 5.38 所示)可防止盐碱物及碎石、泥土附着车身，能有效保持汽车清洁。

5.7.12　车身密封条

车身密封条(如图 5.39 所示)是轿车的重要部件，被广泛用于车门、车窗、天窗、发动机箱和后备箱(行李箱)等部位，具有隔音、防尘、防渗水、减震和装饰等功能。由于车身油漆是高分子化合物，密封条与车身紧密接触，在环境温度等因素的影响下，车身密封条易与车身油漆发生化学反应，引起车身颜色发生变化，尤以白色和灰色车身颜色变化最为明显，该现象通常称为油漆污染。该现象发生范围较广，影响轿车外观质量，已成为众多国内外密封条生产企业共同关注的问题。

图 5.38　挡泥板

图 5.39　车身密封条

如果车身密封性不好，特别是中、低档车，可用金属亮条将车门四周密封一下，贴上

这种密封条既可美化车身，又可提高车身密封性。

5.7.13　静电带

在冬天空气干燥时，车体会产生大量的静电。车体带静电会带来许多烦恼，除了会被电到，还会使车体粘灰，影响车内电器使用等。静电带可以解决此问题，其采用优质特殊的导电素材，可以软化人体放出的静电；还可以起到装饰作用，并能有效减少车体附着灰尘、污垢，减少音响杂音等。

静电带(如图 5.40 所示)安装方便简单，持久耐用。一般由优质橡胶制作，耐高温，长时间使用不变形、不脱色。

静电带的安装方法：

(1) 在汽车尾部的保险杠上，找准需要安装的部位。

(2) 调整静电带螺丝至合适位置，锁紧螺丝。可调节静电带高度让其轻微与地面接触。地导线在放电回路及碳素树脂二重效果之下，通过本体内的导线，将车体上的静电放出去。

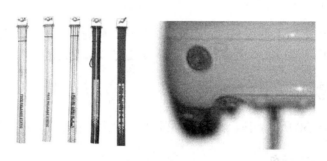

图 5.40　静电带

5.7.14　防撞胶

1．防撞胶(如图 5.41 所示)的作用

(1) 提高行车安全，防撞胶能将底盘螺丝牢牢封住，避免行车时螺丝松脱。

(2) 防撞胶紧紧粘合在车体上，对金属有长效的防锈作用。

(3) 减少车辆在行走时路面砂石对沙板的撞击损坏，大幅度降低轮胎与路面之间的行走噪声传播，提高车内的安静与舒适感。

(4) 防撞胶固后不易燃烧，并且具有抗静电作用，提高驾驶安全性。

(5) 防撞胶黏度适中均匀，易于施工，喷涂面有均匀凹凸感。

(6) 干燥时间短、柔韧性好，附着力强。

(7) 耐水性和抗腐蚀性能良好，且具有较强的抗冲击性能。

2．防撞胶的适用范围

汽车底盘、轮毂、叶子板、保险杠、发动机罩、汽车大梁、车门(如图 5.42 所示)、油箱外壳、后备箱等处的防锈、防撞、防水、隔音等。

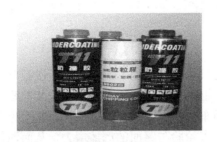

图 5.41　防撞胶

图 5.42　车门防撞胶

3．防撞胶的施工方法

(1) 用洗车高压喷枪将底盘或车厢等需喷涂防撞胶的部位彻底清洗干净。如果旧车有锈皮，则要铲除、砂光，达到无水、无尘、无油、无蜡迹，清洗后用风彻底吹干。

(2) 拆除车轮、胶板，用举升机举升车辆。

(3) 将不需要喷涂的部位 (包括排气管、车身、发动机、水箱、弹簧、空调、冷凝器、车架号码等) 用废报纸严密覆盖、贴紧，勿使喷涂时吹开。

(4) 用前先把防撞胶摇匀几分钟，连接固定公斤压缩空气，装入专用喷枪在距离喷涂表面约 25～40 厘米处来回施喷。

(5) 为防止流痕和松垂，不要一次喷涂太厚，建议分三次喷涂，每次喷涂之间要有一定时间间隔，常温时最好间隔 10 分钟左右。第一次喷射完后，对有孔洞、裂缝处必须用补缝胶修补刮平后再喷，厚度达 2mm 以上时隔音、防锈效果明显。

4．防撞胶施工注意事项

(1) 施工时切勿接近火源，消防设施配备齐全，勿让儿童玩耍，存放在阴凉处。

(2) 施工完成 24 小时内避免与水、油类接触。

(3) 使用防撞胶时必须先取小样试喷，确认与该车无不良反应后方可进行使用。

5.7.15　高位制动灯

一般的制动灯(刹车灯)是装在车尾两边，当驾车人踩下制动踏板时，制动灯即亮起，并发出红色光，提醒后面的车辆注意，不要追尾。当驾车人松开制动踏板时制动灯即熄灭。

高位制动灯(如图 5.43 所示)也称为第三制动灯，它一般装在车尾上部。安装在玻璃窗等处的高位制动灯因距尾灯较远，位置又较高，驾驶员制动时其信号更易为后面车辆发现，后面车辆能及早发现前方车辆而实施制动，防止发生汽车追尾事故。由于汽车已有左右两个制动灯，因此人们习惯上也把装在车尾上部的高位制动灯称为第三制动灯。

图 5.43　高位制动灯

5.7.16　车轮装饰

车轮的装饰一般都是通过改变轮毂、轮胎的尺寸来完成的。此类改装一般都可起到改善汽车操控性、稳定性、舒适性与美观的作用。但是车轮轮毂以及轮胎的改装都应考虑到与原车的配套性，以避免在颠簸路面造成轮胎与车体的摩擦。而改装后，车友们也应考虑到经济性，改装相对较宽大的轮胎势必会造成汽车轮胎与路面的摩擦增大，从而油耗也会有明显增加。

1．汽车轮胎总成

1）汽车轮胎总成的构成

汽车轮胎总成是由车轮和轮胎构成的，它支承着全车的重量，使汽车得以在道路上行驶，对汽车的运行性能有重大的影响。

2）车轮的组成

车轮是由轮辋和轮辐组成。轮辋和轮辐也可以是整体式的，而目前整体式结构应用得最普遍。

3）车轮的分类

（1）按制造材料分类

车轮按制造材料进行分类，包括钢质车轮、铝合金车轮、镁合金车轮。

① 钢质车轮

钢质车轮的材料为钢材，可铸造加工而成，也有焊接加工而成的。对大型车轮，一般是焊接加工而成；对小型车轮，也可冲压加工而成，如一些微型车的车轮。

② 铝合金车轮

从 20 世纪 80 年代中期发展起来的铝合金车轮，是采用低压铸造加工而成的。轮辋和轮辐是连成一体的，且有各种不同的花式外形装饰，也是一个精美的艺术品。

③ 镁合金车轮

这种车轮比铝合金车轮更轻、性能更好，外形更加优美，常被高级轿车和豪华轿车选用。

（2）按尺寸大小分类

以车轮的外径尺寸分类，可分为小型、中型和大型三类。

① 小型车轮

外径小于 17in 的车轮，为小型车轮。

②中型车轮

外径为 17～22in 的车轮，为中型车轮。

③ 大型车轮

外径大于 22in 的车轮为大型车轮。

2．车轮的装饰

1）选择装饰车轮

目前对车轮的装饰，主要是选装法。在汽车配件市场上，车轮是作为总成商品出售的。有各种型号、规格的车轮，有标准型和豪华型之分。可根据具体车型和车主的需求，选购需要的车轮进行装饰，以达到车主满意为标准。

2) 车轮装饰时的注意事项

(1) 在车轮装饰中，必须保证车轮和饰盖的质量，防止使用次品、不合格品，应选择正规厂家的优质品。

(2) 车轮安装时，要做动平衡试验，以保证运行平稳。但装上轴头的车轮饰盖后，在一定的车速下，若出现抖动，就表示出现了不平衡。这时，如果更换原厂的新轮饰盖，仍有抖动时，应以不装饰盖为佳，而用改装不用饰盖的铝合金车轮，既可提高车轮装饰的档次，又解决了安装饰盖出现的不平衡问题。对于这一点是绝对不应该忽视的，特别是在高速行驶时，平衡是行车舒适和安全的保证。

5.7.17 金属饰条

金属饰条将是继仿桃木后的又一流行装饰材料。目前的金属饰条主要分为镀铁、金属铝片、钢片冲压等材料。它主要用于灯眉、灯尾、后门装饰条等部分，增强车的金属感。由于金属反光效果强烈，一般不用于仪表盘改装，以避免分散驾驶者注意力。

对于加装金属饰条，可将几种金属装饰结合起来灵活运用。比如后视镜等醒目的部分用镀铬的金属饰条；迎宾踏板等对抗压性要求高的部位，则可以采用钢板冲压的金属；而扶手箱等次要位置则可用喷涂金属色，以增强全车的金属感。

5.7.18 汽车护杠

加装汽车护杠，是越野车最基本的改装项目，除此之外，越来越多的旅行车、平头面包车、货车也都选配了护杠。护杠一方面能够在事故当中缓冲撞击力，保护车身；另一方面还使车辆具备鲜明的个性。

护杠从结构上可以分为前杠、侧杠(或称侧踏板)和后杠三类。

1．前杠

前杠又分为 U 形和护灯型两类，在此基础上，前杠还可以加装挡泥板、泵把、色灯等装置。

U 形前杠：其结构简单，可以保持车型原有的面貌，几乎任何车型都可以用。但它只能防御正面的撞击，不能抵挡来自斜前方的撞击(如图 5.44 所示)。

护灯型前杠：其可以全方位地保护前灯和泵把，能抵挡来自正面和斜前方的撞击。如果车主在转向过程当中判断错误，转向角度不够而导致车辆撞击障碍物，护灯前杠还可以有效地保护车身。

2．侧杠

侧杠(如图 5.45 所示)的作用是方便驾乘人员上下车。当车主需要把东西放置到车顶的时候，它还可以充当垫高物，同时侧杠还起到挡泥和装饰车身的作用。

侧杠有粗、细之分，以及越野车专用和微型车身专用之分。主体材料一般为不锈钢，为了实用和美观，还需另外以塑料件或铝管装饰。越野车的底盘高而且结实，可以安装粗管，微型车底盘低，轮距短，只适合安装细管。

3. 后杠

后杠(如图 5.46 所示)一方面起到防护功能；另一方面可以通过杠体中央的拖车方口安装一个拖车钩，为同行者提供救援保障。后杠可分为单轴、双轴和无轴三种，即油桶架、备胎架的选装方式。

后杠的材料与前杠相同，具有极强的硬度和极好的韧性。

图 5.44　U 形前杠　　　　　图 5.45　侧杠　　　　　图 5.46　后杠

5.7.19　后视镜

后视镜(如图 5.47 所示)可以对车起装饰作用，通常汽车所安装的后视镜都是平面镜，观察物体无变形，符合人的视觉习惯。但是平面后视镜的尺寸往往较小，有一定的盲区，在下雨天易出现水珠，使驾车者的视野大受限制。目前，许多汽车加装了"无盲点"的后视镜。使用这种后视镜，可以看到与车宽差不多的范围，方便倒车；另外，还可采用经亲水处理的防水珠后视镜，以提高雨天的视觉辨认性。

5.7.20　汽车尾梯

汽车尾梯(如图 5.48 所示)可以缓解来自后方的冲击，款式大多以实用为主。尾梯的材料可以分为不锈钢和铝合金两种，前者防腐性能好，光泽度高，承重能力强，所以在实际的应用中最为普及。

5.7.21　行李架

行李架(如图 5.49 所示)是安装在轿车顶部，用于放置货物的部件。

行李架一般采用镀锌板及铝合金材料制作，具有表面光滑、安装方便、坚固耐用及不伤车身等特点。安装行李架时，一般由车顶排水槽或车门框的上缘来扣住行李架的基座。

图 5.47　后视镜　　　　　图 5.48　汽车尾梯　　　　　图 5.49　行李架

思考与练习

一、思考题

1. 简述汽车眼线装饰的步骤。
2. 汽车保险杠的更换方法有哪些?
3. 汽车防撞胶的作用有哪些?

二、练习题

1. 填空题

(1) 吸能保险杠中的吸能器主要有(　　)、(　　)、(　　)、(　　)。

(2) 汽车保险杠按材料不同可分为(　　)、(　　)、(　　)、(　　)四种。

(3) 车轮是由(　　)和(　　)组成。

(4) 车轮按制造材料进行分类,有(　　)、(　　)、(　　)三种。

(5) 汽车护杠从结构上可以分为(　　)、(　　)、(　　)三类。

2. 判断题

(1) 防撞胶施工时切勿接近火源,还应存放在阴凉处。　　　　　　　　　　(　　)

(2) 防撞胶施工后,可以马上与水、油类接触。　　　　　　　　　　　　　(　　)

(3) 高位制动灯也称为第三制动灯,一般装在车尾上部,以便在驾驶员制动时其信号更易为后面车辆发现,后方车辆能及早发现前方车辆而实施制动,防止发生汽车追尾事故。　　　　　　　　　　　　　　　　　　　　　　　　　　　　　　　(　　)

第6章

汽车内室装潢

【本章概述】

本章主要介绍汽车座椅、桃木内饰、隔音、空气净化、地板、仪表板、顶棚内衬等内室装潢。

第一节讲述汽车座椅的分类，真皮、布艺等类型座椅的装饰方法。

第二节讲述汽车桃木内饰的制作及保养工作。

第三节讲述汽车隔音的材料及部位，同时介绍汽车隔音的施工方法。

第四节讲述车内异味的来源，提出净化空气的措施，分析几种常见的消毒方法。

第五节讲述汽车地板的构造及装饰方法。

第六节讲述汽车仪表板的分类、材料，介绍几种仪表板的装饰方法。

第七节讲述汽车顶棚内衬的分类，顶棚内衬装饰的方法及注意事项。

第八节讲述汽车坐垫、脚垫及汽车内室一些饰品。

【学习目标】

知识目标：

- 了解汽车座椅的分类、组成；
- 掌握真皮的鉴别方法；
- 掌握真皮座椅、布艺座椅的装饰方法；
- 掌握汽车桃木内饰的制作过程；
- 了解汽车桃木内饰的保养方法；
- 了解常见的汽车隔音材料，汽车隔音的部位；
- 掌握汽车隔音的施工过程；
- 了解车内异味的来源，异味的分类；
- 掌握净化空气的常见措施，熟悉几种常见的杀毒方法；
- 掌握汽车地板的构造及装饰过程；
- 了解汽车顶棚内衬的分类；
- 掌握顶棚内衬装饰的方法；
- 了解汽车坐垫、脚垫及汽车内室的一些装饰品。

能力目标：

- 认识汽车内室装潢常见的工具及耗材；
- 能够装饰汽车座椅、地板、仪表板、顶棚内衬，对内室进行隔音处理，对车内空气进行净化。

6.1 汽车座椅装饰

目前，汽车座椅基本上都是由汽车配件厂专门生产的。座椅的主骨架和形体一般是按人体工程学原理进行设计，以保证乘坐舒适、安全，其基本结构为复合型。座椅装潢主要集中在座椅的表皮层，是对表皮层材料的选用、加工制作。表皮层材料主要用棉毛、化纤、混纺等纺织物和皮革。目前，以化纤、混纺物和人造革最为广泛，以真皮装饰最为豪华。

6.1.1 汽车座椅

1. 轿车座椅的结构

目前轿车座椅的典型结构为复合型结构，由骨架、填充层和表皮层三大部分组成。

1) 骨架

座椅的骨架主要用金属型材制作。主体是金属焊接结构，起到座椅的定型和支撑人体的功能；靠背和坐垫处的基本型体，有的是用薄钢板冲压而成，它是依据人体工程学原理，以乘客乘坐时最舒适的形体要求进行设计制作的，如图6.1所示。

2) 填充层

为了增加人们乘坐时的舒适感，在座椅骨架上装有填充

图6.1 轿车座椅骨架

物，一般用发泡塑料制作定型的填充层，柔软舒适，造型好且不易变形，还具有一定的弹性。既提高了座椅的舒适性，又易于座椅的批量生产，并保证了座椅的质量。

3) 表皮层

轿车座椅的表皮层是座椅质量和装饰的重点部位，也是设计师们考虑的重点部位。表皮层使用的材料主要有纺织布料、人造革材料和真皮材料等，轿车表皮层一般是用真皮制作，如图6.2所示。表皮层的外形与填充层的形状相互贴服，在制作工艺上非常讲究，要求裁剪精确，贴服平整合体，以显示座椅的精美外形。

2. 客车座椅的结构

客车的座椅结构也与车型用途有关，一般客车和豪华客车对座椅的要求不同，在结构上也必然有所差异。

一般客车的座椅结构简单，主要是满足乘客最起码的乘坐需求，在造型和舒畅性方面考虑较少，常采用木质座椅或塑料座椅。

豪华的客车座椅只是在外形、制作材料和形体结构上稍微讲究一些，其质量介于普通客车的座椅和轿车的座椅之间，具有曲面流畅、柔度适中、乘坐舒适等特点，如图6.3所示。

图 6.2　使用真皮做表皮层的座椅

图 6.3　豪华客车座椅

3. 座椅的分类

一般轿车的座椅按其使用功能不同可分为驾驶员座椅、乘员座椅和儿童座椅三种。

1) 驾驶员座椅

驾驶员座椅安装在驾驶员的座位处。由驾驶员的工作性质所决定，在开车时要集中精力，始终要注视前方，要灵活机动地处理交通路面情况。为了有利于驾驶员驾车，对座椅的舒适性、方位(高低、前后、左右)可调性要求较高。所以，驾驶员座椅总成的机构复杂，要求性能可靠，调整使用方便灵活。

2) 乘员座椅

乘员座椅要求乘坐舒适，这与驾驶员的座椅是一样的，但对方位调整方面无过多的要求。一些豪华轿车上有角度调整机构，即仰座的角度可在一定范围内调节，以增加其乘坐舒适性。

3) 儿童座椅

汽车儿童安全座椅就是一种专为不同年龄段(或体重)儿童设计，安装在汽车内，能有效提高儿童乘车安全的座椅，如图 6.4 所示。儿童座椅在我国的轿车中几乎还没有它的位置，但在国外已经做得比较成熟了。

图 6.4　汽车儿童安全座椅

瑞典从 1982 年开始就制定了法规，对 7 岁以下的儿童乘车，车上应有保护儿童安全的装置，目前这种安全装置使用率已上升到 95%，其中 60%的儿童专用座椅是面向后面的，3 岁以下的儿童就乘坐这种专用座椅，这是儿童在撞车事故中受伤低的主要原因。在儿童专用座椅上，也设置了安全带，这能使轻度受伤的危险程度降低 96%。

目前国内大部分儿童座椅被放置在车内座椅上并使用斜挎肩带(有时只使用腰带)固定。然而，不同车型的汽车有不同的座椅、安全带和固定方式。汽车座椅形状不同、安全带长度和锚固点位置不同，都会导致儿童座椅安放的位置更靠前或更靠后。所有这些因素使得制造适用所有车型的儿童座椅成为一个难题。

6.1.2　真皮座椅

随着汽车业的不断发展，人们也从追求性能逐渐开始追求个性的体现及车内的舒适度。这时大家都把目光转向了汽车座椅。汽车座椅在汽车内室中占据了很大的空间，也是汽车内室中极其重要的组成部分。人们为了达到更高的舒适度，并同时体现个人的审美观，第一个想到改变的可能就是座椅了。现在市场上汽车座椅中真皮座椅最为美观，最为舒适，可操作性最强。

1．真皮座椅优点

1）易于清理污垢

真皮座椅相对于绒布座椅不容易弄脏，灰尘只是落在座椅的表面，不会堆积在座椅的较深处而不易清理。只要在擦车、洗车时，用拧得半干的湿抹布擦拭表面，上面的污渍就会很容易被清除。

2）散热性好

真皮座椅的散热性比绒布座椅要好，在炎热的夏日，真皮座椅只会表面较热，轻拍几下，热气就会很快消散。基于这个特性，长时间坐在皮椅上时，也会将体热散去，而不像绒布座椅那么吸热。

3）保养方便

经过处理的水牛皮，具有抗酸碱、抗紫外线、耐磨、柔软、坚韧、防皱、抗老化、不褪色、冬暖夏凉、透气性好、富有弹性及不易点燃等优点。因此，一般情况下真皮座椅无须刻意保养。

2．真皮的种类

汽车真皮从制作原料上分为黄牛皮、水牛皮、牦牛皮、马皮、猪皮等。

现在市场中，常见的牛皮有以下几种：

1）黄牛皮

黄牛皮是我们常说的 A 级皮，是所有汽车真皮座椅中最为常见的。黄牛皮表面细腻，手感柔软，几乎看不到毛孔，质地结实而又非常具有韧性，因而加工出的座椅非常美观。

2）水牛皮

水牛皮被称为 B 级皮，同黄牛皮相比，它的优势是结实耐磨，缺点是不够柔软、手感差、韧性差、表面粗糙、毛孔清晰、加工出的座椅同黄牛皮相比外观稍差。

3）牦牛皮

牦牛皮几乎看不到孔，且皮质不丰满，一般松皮比较严重。

低档皮是市面上常见到的一种 C 级皮，也就是黄牛和水牛二层皮，C 级皮又分为湿贴皮和干贴皮两种。相比较，湿贴皮要比干贴皮质量稍好些，价格也稍高些，二层皮背里和头层皮背里很相似，但二层皮强度和透气性都很差，同 A 级皮、B 级皮相比，无论是质量、美观、价格以及使用年限，都要相差很多。

3．真皮座椅的安装

1) 选择装饰方法

(1) 选择传统方式装饰座椅

这种方式是将原座椅表层的绒布或化纤织品拆除，然后照原样缝制一层真皮的座椅表皮并固定在座椅上。这样做的好处是装饰厂家可以按原来的椅形及椅面上的缝隙，重新缝制一张完全符合座椅造型的真皮表面，安装在原来座椅的形体上。

(2) 选择座套式皮椅

这种方式是指选购装饰厂家已经做好了的一种皮椅座套，只需将其买来，往车中的座椅上一套即可。这种换装方式，拆装自如，价格便宜；但使用时间稍长易发生变形和移位。

为了解决座套的变形和移位，目前采用了座套胶粘法安装，可达到比较好的效果。具体做法是：选用适当的胶粘剂，按胶粘剂的使用方法，将真皮座套粘贴在原座椅的表面上，也可用胶条将安装好的真皮座套黏结到原椅上。这种方式也比较好，粘贴牢固，甚至原真皮座椅的皮纹也可再现。

2) 传统方式安装真皮座椅的步骤

真皮座椅的安装一共分八个过程：拆、制、裁、跑、缝、包、修、装。

(1) 拆

安全地把车上的座椅拆卸下来。这个程序不需要很高的技巧，但对某些车型需要注意安全，比如一些带安全气囊的车，首先要搞清气囊的位置，避免出现对气囊的撞击。

(2) 制

第二步要做的是"制板"。实际上，真皮座椅是否好看、合适，甚至算不算成功，板型的制作是最为关键的一步，只有"板"合适，其他后面的一切工艺才能够比较顺利。要根据原车的绒布套、座椅的形状以及座椅海绵的形状，进行详细的分析和比较，一步步制作出大小不一的"板"。

(3) 裁

"裁"就是裁皮，把一整张真皮，按着板型裁成大小不一的小块。

(4) 跑

皮子裁好以后，要在皮子里面加一层海绵，海绵要先用机器砸在皮子上，行业内称之为"跑片儿"。

(5) 缝

"缝"就是缝合，把一块块带有海绵的皮子，按着固定的位置用机器缝合到一起。

(6) 包

先把已经缝合好的各个部位的真皮套在座椅上，然后通过卡钉、卡条、钢筋、铁丝等和座椅进行固定，之后再用手进行拍打、抚平等初步整形工作。这个过程下来以后，整个真皮座椅就初具形状了。

(7) 修

汽车专用皮都需要经过专门耐高温处理。

(8) 装

此步是最后一道工序了。把已经完成的真皮座椅按原来的方式安装到用车里。

3) 安装真皮汽车座椅时，需注意以下几点事项

(1) 要仔细鉴别座椅的皮质。

汽车专用真皮皮面光滑，皮纹细致，色泽光亮柔和且无反光感，手感滑爽而富有弹性。其厚度应均匀，约 1.3～1.6 毫米，只有此种厚度才能保证皮面的弹性和耐久性。真正的牛皮冬暖夏凉，透气性良好且富有弹性，而人造皮革正好相反。制作家具的牛皮是较厚的，制作服装的牛皮较薄，只有厚薄适中的牛皮才能用于制作汽车座椅。

(2) 要鉴别安装的是座椅还是座套。

汽车座椅是依据椅子的骨架，通过仔细的测量，精细的剪、贴、胶合、缝制、安装而成的，它牢固、严紧，与汽车骨架紧密地结合在一起。而座套只是在原有的座椅外表罩一个套子，它也是利用牛皮加工的，但座套与座椅之间有一定的距离，就如人的衣服，不可能完全紧贴在身上。因此，座套要较松些，但也不能太松，否则很容易起褶，在汽车行驶中经常拉扯，很容易撕裂。

(3) 看工艺与缝制质量。

牛皮座椅制作过程中，需用原车的座套制板，根据板形缝制座套。板形如何，很大程度上决定着真皮椅套缝出后是否得体、好看。缝制质量非常重要，从表面能看到的只有明线和"做缝"，明线必须横平竖直，"做缝"要在 3 毫米以上。否则，皮椅在使用过程中可能由此开裂。另外，要注意内在质量，比如内部定位用的钉子数量，用少了，将影响座椅使用的耐久性。

4．真皮座椅的使用与保养

1) 使用真皮座椅应注意以下几点

(1) 使用时必须尽量小心，以免碰到尖锐的物品，而使真皮表面损伤。

(2) 真皮座椅受热后会出现老化现象，易过早失去光泽。所以，车主要注意经常对座椅进行保养。

(3) 真皮座椅在乘坐时，要比绒布座椅滑。所以，厂家应在座椅表面做皱褶或反皮处理，以降低滑感，但要注意清洗。

2) 真皮座椅皮革的保养

(1) 汽车皮椅尽量要距热源两米以外的位置，如离热源太近会导致皮革干裂。

(2) 不要长时间在阳光下暴晒，这样可以避免皮革褪色。

(3) 经常对皮革进行清洁保养，一周使用吸尘器进行一次吸尘。

(4) 在清洁后不要用吹风机快速吹干皮革，要自然风干。

5．真皮座椅的清洗

真皮座椅的清洗可以选择天然环保的去污剂或肥皂进行去污，因为它不仅具有极小的腐蚀性，而且去污性强，干燥后皮面柔软有光泽。但最好不要使用泡沫类去污剂，因此类去污剂具有一定的腐蚀性。

真皮座椅的清洗的步骤如下：

(1) 把干净软毛巾放在温水中进行浸泡。

(2) 将适量肥皂均匀打在毛巾上。

(3) 轻轻擦拭座椅(褶皱处可反复擦拭)。此时，毛巾若变脏，证实去污有了显著效果。

(4) 用清洗过后不含肥皂的湿毛巾擦拭两遍，然后通风晾干即可。

以此法去污，皮面干净蓬松，清新如初。此法也适用门内饰和仪表盘处塑料件。

6.1.3　布艺椅套

汽车布艺椅套具有色彩丰富、款式多样、时尚、温馨、典雅、大方的风格特点，在汽车装饰中日趋展现独特魅力，有"汽车时装"之美誉。汽车布艺椅套因具有易于清洗、便于安装、保护座椅、常换常新、结实耐用等功能特点，兼具保护与装扮的双重功效，广受车主的青睐。

1．特点

(1) 耐脏、耐磨，易清洗，不褪色、不缩水、不脱落。

(2) 专车定做，适用于各种车型，设计新颖酷炫，展现独特品位。

(3) 整洁、大方，展现汽车气质美。

(4) 拆装方便，换洗容易，随时保持干净舒适的车内空间，保护原车座套。

(5) 环保高档材料，不含苯、甲醛等对人体有害物质。

2．布艺椅套的安装

1) 头枕的安装

头枕是帽式设计，直接套入座椅头枕加以调整即可。

2) 靠背的安装

靠背为套式结构，直接套入背靠即可，下面用绳子系住，将背靠部拉紧为止。

3) 坐垫的安装

坐垫为罩式设计，罩上以后里侧用绳子系住，下部用钩子直接勾住。

6.1.4　色彩装饰座椅

色彩装饰是所有装潢都离不开的一种方法，它能起到非凡的装潢效果。现举例进行介绍。

(1) 用黄色装饰的座椅

黄色在人们心目中往往和阳光、金子联系在一起。在中国封建社会，黄色是帝王的专用色，不许平民百姓使用；在古罗马，黄色也是高贵的色彩。所以，黄色在汽车内饰和座椅的装饰中具有特殊的意义。

(2) 用绿色装饰的座椅

绿色是大自然的本色，意味着自然和生长，象征着和平、安全，使整车座椅的装饰呈现出清新、淡雅和舒适的氛围。

(3) 用双色及图案装饰的座椅

以前，座椅的装饰是以单色装饰的较多，但由于装饰需要突出个性化，多色彩装饰便增多起来，在色调的配置上也有了许多新的突破。

(4) 用花式弧型装饰的座椅

在座椅的装饰中，用花式面料装饰座椅是比较常见的，其花色品种繁多，可任意选购。而座椅的外形差异很大，虽然都是以"人体工程学"原理进行设计，但设计的出发点不同，弧度形状自然也不相同。

6.1.5 汽车空调座椅

汽车空调座椅系统作为汽车空调系统的有效补充，具有调节座椅表面的温度及湿度，最大限度地满足不同司乘人员在不同季节对座椅表面温度的要求，有助于驾乘人员保持充沛的精力和清醒的反应力。

汽车空调座椅系统分为外置式和内置式两种。

1．外置式汽车空调座椅系统

外置式的汽车空调座椅坐垫放在座椅表面，虽价格便宜，但由于缺点突出而不受市场宠爱。其缺点是：

(1) 安全性差：坐垫与座椅不是一体，司乘人员易滑动，特别是在紧急刹车的情况下。

(2) 可靠性差、使用寿命短：由于与外界直接接触，难免有磨损、折损情况发生。

(3) 卫生条件差：坐垫易弄脏，不易清洗。

(4) 不易储存：当不需要坐垫时，需要储存空间，不易保管。

2．内置式汽车空调座椅系统

内置式汽车空调座椅系统克服了外置式的所有缺点，而成为提高座椅舒适性的主流。

内置式汽车空调座椅系统主要是由出风及吸风装置、透气层及防压的专用材料、风向转换装置，以及风力大小调节装置组成。可在座部及靠部表面形成出风、吸风以及加热功能，可快速散去座椅表面的热气、湿气以及冷气，有效改善人体与椅面接触部分的空气流通环境，即使长时间乘坐，司乘人员也会感觉到身体与座椅的接触部分干爽舒适。

目前国外所有高档轿车和国内部分高档轿车均配有内置式汽车空调座椅系统。

📚 知识拓展 6-1

真皮的鉴别方法

真皮具有透气性好、抗老化等优点。比较直观的鉴别方法是在皮正面涂少量肥皂水或口水在背里用口吹气，在正面能看到很多小气泡的为真皮，否则为人造革。简单的鉴别方法可概括为六个字：看、摸、擦、拉、燃、嗅。

(1) 看

看皮面是否光滑，皮纹是否细致，色泽是否光亮、柔和且是否有反光感。厚薄均匀且厚度不应低于 1.5mm。若皮纹不明显，只是异常光滑(像塑料)，就说明皮子在加工过程中进行了磨面处理，或者是用牛皮的第二层喷上颜色后压出皮纹制成，这种皮不仅没有透气性，而且使用寿命也会大大减少。天然皮革或多或少有糙斑，并且皮面的毛孔分布不均匀，但这不会影响整体的美观。高档皮外观比较细，看起来花纹持久、均匀、色泽亮。

(2) 摸

用手触摸皮革，真皮手感滑爽且有弹性，若皮面板硬或发粘均为下品。高档皮比较丰满，用手摸起来较软、绵、有弹性。

(3) 擦

用潮湿的细纱布在皮面上来回擦拭七八次，并查看布上是否粘有颜色，若有脱色现象，则不是优质真皮。

(4) 拉

用两只手各拿起皮子的一角，然后稍用力向两边拉，若皮面出现缝痕或露出浅白底色，则说明皮子的弹性及染色工艺不好。高档皮应比较有弹性。

(5) 燃

从真皮革和人造革背面撕下一点纤维，点燃后，若发出刺鼻的气味，结成疙瘩的是人造革；发出毛发气味，不结硬疙瘩的则是真皮。

(6) 嗅

凡是真皮革都有皮革的气味；而人造革都有刺激性较强的塑料气味。高档皮气味淡。

思考与练习

一、思考题

1. 真皮座椅相对于布艺座椅具有哪些优点？
2. 简述真皮的鉴别方法。
3. 简述真皮座椅的安装步骤。

二、练习题

1. 填空题

(1) 复合型结构的轿车座椅由(　　)、(　　)和(　　)三大部分组成。
(2) 一般轿车的座椅按其使用功能，可分(　　)、(　　)和(　　)三种。
(3) 汽车空调座椅系统分为(　　)和(　　)两种。

2. 选择题

(1) (　　)是我们常说的 A 级皮，是汽车真皮座椅中最为常见的汽车皮。
　　A. 水牛皮　　　　B. 黄牛皮　　　　C. 马皮　　　　D. 猪皮
(2) 真皮座椅安装得是否好看、合适，(　　)是最为关键的一步。
　　A. 拆　　　　B. 制　　　　C. 裁　　　　D. 跑

3. 判断题

(1) 真皮座椅受热后会出现老化现象，易过早失去光泽，需要经常进行保养。 (　　)
(2) 外置式汽车空调座椅系统的坐垫易藏污纳垢，不易清洗。 (　　)

6.2　汽车桃木内饰

　　从 19 世纪末到 20 世纪初，在贵族们的马车上盛行的胡桃木内饰自然而然地被移植到了汽车上，继续着其豪华与贵族的象征。百年来，胡桃木因其华贵柔软、色泽温润，柔化了钢铁车身的冷峭坚硬，一直被运用在高档汽车仪表面板、车门内饰板和方向盘上。

　　作为一种品位和身份的象征，桃木内饰现在已经成为越来越多高档车的必备品。装桃木内饰，不仅仅是一种含蓄品位的象征和表达，同时也是一种个性追求的需要。目前，桃木内饰已经有 100 多种颜色和花纹可供选择，有亚光、光面等种类。其中，光面桃木不仅漂亮而且不影响视线，比较常用。选择不同类型的内饰件，避免了内饰件千篇一律的尴尬和乏味，这也正是桃木内饰之所以风行的主要原因之一。

　　目前，市场上流行的多为仿桃木内饰。近年来，由于仿桃木技术的成熟，桃木内饰逐步由奢侈走向大众化。由于桃木生产涉及一定的技术性，而且消费者在选择装饰时越来越理性，国内桃木装饰市场已经趋于稳步发展。目前，仿制的桃木内饰在汽车售后市场主要针对中、低档轿车，可以用于车辆的仪表台(包括仪表盘周边部分)、音响控制板、方向盘、换挡手柄、车门玻璃升降器开关、门把手、汽车的转向盘、变速杆及离合器、制动、节气门踏板等(如图 6.5 所示)。

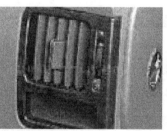

图 6.5　汽车桃木内饰

6.2.1　桃木内饰制作

　　为了满足对安全性的高要求，现代的胡桃木内饰已经不再采用整块木料制作，而是由厚度为 0.6mm 的薄片(共计 40 层)压制而成，每层中间都粘合了相同形状和厚度的铝片，使其具有更高的强度，在发生车祸时不易碎裂。经过这道工序后成型的胡桃木内饰板，还要先用细砂纸打磨两遍，然后再用上等蜂蜡按照最原始的方法手工打磨 8 次，直至表面光滑如镜才算初战告捷。一套胡桃木内饰的整个制作过程大概需要两个星期才能完成。

　　随着轿车内饰工艺的不断发展，出现了大量成本低廉的仿桃木花纹塑料覆盖件生产工艺，仿桃木几乎可以以假乱真。"水转印技术"用于仿桃木内饰，使拥有中档车的人们能够将享受豪华车的梦想变为现实。现在，不仅高档、中档轿车上使用桃木内饰，而且载重车和其他车辆也逐步开始采用了。

　　水转印的工艺流程：转印膜的印刷→转印工件的预处理→喷底漆→流平→烘干→上架→转印膜的延展→转印膜的活化→ 转印→水洗→烘干→画膜→喷清漆保护→烘干。

"水转印技术"制作"桃木内饰"的过程：

(1) 转印膜的印刷：在高分子薄膜上，用凹印的方法印上所需图纹。

(2) 转印工件的预处理：此工序包括工件转印前的检验、修磨、除尘、脱脂。检验是确定要做水转印的工件是否有缺陷，若有缺陷，必须进行修补和打磨；修磨是将工件表面有缺陷的工件打磨至平整、光滑；除尘、脱脂是用化学方法除去表面的灰尘、油污等，以增加漆膜的附着力。

(3) 喷底漆：按需要在承印物上喷上不同颜色的专用漆，木纹常使用棕色、土黄色，石纹以白色为主。

(4) 流平：将所喷底漆自然顺平、固化。

(5) 烘干：将喷好底漆的工件放入烘干箱中快速烘干。

(6) 上架：将所要转入下道工序的小件放到木架上固定，以便于操作、提高效率。注意，大件可省去此工序。

(7) 转印膜的延展：把转印膜图文朝上在水中平铺，待其展平。

(8) 转印膜的活化：将活化剂均匀喷在图文表面，使图文活化，与基膜分离，处于游离状态。活化剂是一种有机混合溶剂，能迅速溶解基膜，但不损坏图层。

(9) 转印：将承印物贴近活化的薄膜，图文层会慢慢地转移到承印物上。这个步骤中需非常好地把握水温，转印速度也要均匀。

(10) 水洗：将承印物取出，在一定的水压下在专用清洗机上清洗残膜与浮层。

(11) 烘干：在专用的烘干机上将承印物烘干，温度、速度要可调可控。

(12) 画膜：即补膜，对于水转印漏掉的地方或存在缺陷的地方，用绘画笔沾活化剂将膜纸上的图案粘下来，然后补到需要补膜的地方。

(13) 喷清漆保护：溶剂型光油要与硬化剂混合使用，不同承印物混合比例不同。将转印烘干后的工件喷一层清漆，用于保护转印好的桃木纹，同时增加亮度。

(14) 烘干：将转印好罩清漆后的工件去水，进行干燥。

水转印技术制作桃木内饰的效果，如图 6.6 所示。

图 6.6 水转印技术制作桃木内饰的效果图

由于塑料具有易着色的特点，水转印技术在汽车桃木内饰上的应用实质是将一种桃木纹图案通过以上工艺流程转移至经过处理的塑料内饰件上，就像漂亮的木纹家具、地板等一样，是一种形似高档桃木而实质却是塑料内饰件穿上一件漂亮的外衣。所以，同样漂亮美观但其成本要比真正的桃木内饰低得多，也更容易普及。

6.2.2 汽车桃木内饰保养

1. 日常保养

新车做了桃木内饰后，最好能每天用柔软的湿布擦拭一遍，以擦去粘在上面的灰尘，保持桃木的正常光泽。在擦拭中，不要用干硬的布条直接擦拭，也不要用酸性或者碱性的液体擦拭，因为这样会损害桃木上面的光釉。

2. 汽车桃木内饰老化后如何保持光泽

汽车的桃木内饰有一定的寿命，特别是它表面的光釉在使用一段时间并逐渐磨损后会导致整个桃木内饰出现黯淡无光的现象（术语叫"亚光"）。当出现这种现象后桃木内饰还完好无损且不需要更换的时候，可以采取以下两种方法让其重新恢复光泽：

(1) 在对汽车进行打蜡时，给桃木内饰上蜡，然后用柔软的湿布快速地擦拭桃木内饰面。桃木内饰出现黯淡无光的现象，其主要原因是上面的光釉光泽度降低，而汽车打蜡的目的就是让光釉重新焕发光泽。

注意： 在给桃木内饰打蜡擦拭时，擦拭的速度一定要快。

(2) 当打蜡仍不起作用时，表明桃木内饰上的光釉已经基本磨损光了。此时，最好的办法是进行抛光，然后重新喷釉，但经常抛光会损害桃木内饰。

知识拓展 6-2

桃木内饰工艺鉴别

可以从以下几点鉴别桃木内饰的工艺质量：

(1) 内饰的表面是否有颗粒，工艺性好的表面是光滑的。

(2) 喷的光釉是否均匀，做工不细致的店面，因为喷的光釉过多，可能会流到桃木的边缘地带，累积起来形成一些丘陵状的凸起。但如果不细致观察，很可能看不出来。可以在一个平面上观察和用手摸，看看喷釉是否均匀。

(3) 花纹清不清晰，胶膜印在桃木上的花纹一定要清晰，没印好的花纹，会模糊不清。

(4) 桃木内饰上有没有圆点。如果有圆点，表明胶膜上有洞，要重新施工。

思考与练习

一、思考题

1. 简述"水转印技术"制作"桃木内饰"的工艺流程。
2. 如何保养汽车桃木内饰？

二、练习题

判断题

(1) 在擦拭桃木内饰时，不要用干硬的布条直接擦拭，可以用酸性或者碱性的液体擦拭。
（　　）

(2) 现代的胡桃木内饰一般是采用整块木料制成，具有很高的强度，在发生车祸时不易碎裂。　　　　　　　　　　　　　　　　　　　　　　　　　　　　　　　　（　　）

(3) 桃木内饰表面颗粒越多，表面越光滑，制作工艺性越好。　　　　　　　　（　　）

6.3 汽 车 隔 音

6.3.1 汽车隔音常识

汽车隔音产品源于 20 世纪 80 年代末的美国，是汽车音响发烧友为了能够更好地享受到汽车音响所带来的乐趣而开发的。汽车隔音产品既可以降低行驶过程中车内的噪声，又可以提升汽车音响的音质。汽车隔音最初的目的是让更多车主的生活得到完美的升华，让乘车人享受更美妙的驾驶乐趣。经过近 30 年的发展，现在的汽车隔音产品已经基本成熟。产品的价格更低，性能更好，大多数的人都可以享受到它带来的高品质的生活。

1. 汽车隔音的定义

汽车的车身皆为钢板架构或其他材质组装成的一个密闭空间即车厢。而每一个车种，又因原厂设计理念不同，如引擎之设计、避震系统、进排气方式、车门、车体之紧密度等，或静止或不同路面行进状态下产生不等值的噪声。经钢板、车体共振共鸣，声音放大，过大的噪声会令人不舒服，或耳鸣，或容易疲劳，或干扰到原本悦耳的音响效果，因此即须做汽车的隔音处理。所以，以原车、原厂设计组装条件，加上各种消震、隔音、吸音材料，将车厢内不必要的环境噪声降低到最小状态，即为汽车隔音。

2. 汽车噪声的危害

现在，车厢内的噪声往往被车主所忽略。因为，国内销售的主流车型仍是中、低档车型，加上不少国产车在引进时都为了适应路况而提高了悬挂系统的刚度及强度，于是更多的颠簸和噪声就随之而来。当然，较差的选材与装配质量(特别是经济车型)、较老旧的发动机和不符合空气动力学的汽车外形也是国产车产生较高噪声的原因之一。即使是进口车也可能因降低成本而达不到理想的隔音效果。

汽车噪声对人体健康的影响是多方面的。噪声作用于人的中枢神经系统，会使乘车人大脑皮层的兴奋与抑制平衡失调，导致条件反射异常，使脑血管的张力受到损害。这些生理上的变化，在早期能够恢复原状，但时间一久，就会导致病理上的变化，使人产生头痛、脑涨、耳鸣、失眠、记忆力减退和全身疲乏无力等症状。

汽车噪声不但增加驾驶员和乘员的疲劳，而且影响汽车的行驶安全。另外，噪声对乘客的消化系统、心血管系统也有严重不良的影响。其会造成人消化不良，食欲不振，恶心呕吐，从而导致胃病及胃溃疡病的发病率提高，使高血压、动脉硬化和冠心病的发病率也比正常情况明显提高。同时，噪声对人的视觉器官也会造成不良影响。

汽车给世界带来了现代物质文明，但同时也带来了环境噪声污染等社会问题。作为汽车乘坐舒适性的重要评价指标，汽车噪声也会在很大程度上反映出生产厂家的设计水平及工艺水平。因此，把汽车噪声控制到最低水平也是汽车设计者们努力的方向。

随着汽车逐渐进入家庭，车主越来越注重驾驶质量，他们也就非常在乎行驶时的噪声。事实上，车厢内的噪声足以影响车内乘员的交谈、音乐的聆听，甚至驾乘的心情。

6.3.2 噪声的来源

1．底盘

(1) 车底板隔音材质不佳，容易将路面噪声传送到驾驶舱。很多中、低档车的底盘在出厂时，只安装了很小几块减震橡胶板和少量的吸音毯。
(2) 悬挂系统组装不佳、松脱，或配件老化故障，不能有效地减少震动。
(3) 整车钣金工艺较差和使用铁皮厚度不够。

2．轮胎

(1) 汽车行驶过程中轮胎与地面的摩擦声由轮胎传入驾驶舱。
(2) 路面不平导致的震动噪声传入驾驶舱。

3．门柱

(1) 因车门组装不良或与车体发生共振。
(2) 门柱的缝隙在高速行驶中引发风噪。
(3) 门柱内部空腔引起与车身的共振。

4．引擎

(1) 引擎运转的噪声与震动由防火墙传入驾驶舱。
(2) 从仪表台下方，经防火墙传入驾驶舱的路面杂音。

5．车顶

车顶钣金过薄，引起与车身的共振。

6．组装

因组装或设计不良引起的各种杂音，比如常见的螺丝松动和减震橡胶垫老化。

6.3.3 汽车隔音的部位

1．引擎盖和防火墙隔音

此处隔音处理主要是吸收引擎运转时的噪声，并且还有隔热功能，能有效保护引擎盖原厂烤漆，避免长时间高温使得烤漆变色甚至脱落。

2．车厢内中央底板、后车厢底板的降噪及防潮吸音

此处隔音处理主要是减少在高速行驶时钣金件振动共鸣，及由轮胎传入的路面噪声，和排气声导入后箱的共鸣音压。

3．车门体钣金减震吸音

此处隔音处理可降低行车时车门钣金因较薄生成的共振，或是因车龄老旧，长期在崎

岖路面行驶下，因金属疲劳与车身扭动而生成的杂音，并有效帮助改装音质较好的音响喇叭后的音色质量。

4．车门内饰板隔音

此处隔音处理可降低行车时，门内饰板因与零件松脱而造成的噪声。有效改善音响系统在内饰板上引起的不规则振动噪声，是提高音响质量的最佳施工部位，如图 6.7 所示。

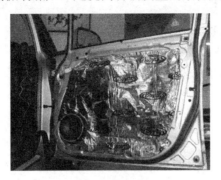

图 6.7　车门隔音

5．车门隔音密封条

车门隔音处理主要是加强车门和车体门框的密封，有效降低车子高速行驶的风切声，最主要是让车厢内的气密性更佳。使用密封条后，在车门关闭时可明显感觉到高档轿车的压耳感，这也是检验车辆驾驶舱密封性能最简捷有效的方法。

6．前后轮毂及翼子板减震、隔音

前后轮毂及翼子板是底盘噪声最常传入的地方。行驶时，避振器所导入的异音，轮胎与路面及碎石与钣金件所生成的摩擦及撞击杂音通过前后轮毂及翼子板的振动很轻松地就传入到驾驶舱。这些部位减震吸音施工后，能明显降低因路面与避振器所引起的噪声。

7．引擎挡火墙隔音、仪表座下层加强隔音

引擎是汽车自身最主要的噪声源，也是离驾驶员最近的噪声源。加强仪表板下部的隔音，能抑制引擎转速拉高时传入车室内的高频音压，是阻隔引擎噪声效果最明显的部位。可以在引擎盖处进行隔音，如图 6.8 所示。

防火墙朝向引擎一侧的吸音处理，是吸收引擎高频噪声的最佳施工位置，如图 6.9 所示。

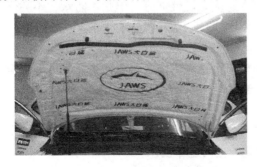

图 6.8　引擎盖隔音

图 6.9　防火墙左侧隔音

8. 室内车顶隔音

室内车顶隔热、隔音，除了能有效阻隔太阳酷晒，防止车厢内温度直线上升外，在强化车顶钢板后，更能有效减少下雨时的雨滴声，如图 6.10 所示。

9. 强化 A、B、C 门柱

通过 A、B、C 柱，风噪、路噪、车体震动噪声可轻松地传入驾驶舱。对于抑制 A、B、C 柱噪声的传播，最有效的方法就是使用环保、阻燃的发泡胶将 A、B、C 门柱腔体填充。

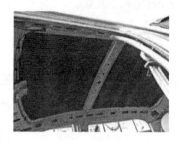

图 6.10　顶棚隔音隔热

6.3.4　隔音材料

汽车隔音材料根据功能不同可分为阻隔材料、吸音材料、减震材料和密封材料。

1. 阻隔材料

阻隔材料是用于阻挡噪声传播途径的材料，主要产品有各种隔音毯、隔音垫、隔音片、隔音条、隔音发泡阻尼等。

2. 吸音材料

吸音材料是将声波转换为热能，从而降低车内噪声的材料，主要产品有各种吸音毯、吸音垫、泡沫板等。

3. 减震材料

减震材料是用于强化车体，从而降低噪声的材料，主要产品有加强刚性发泡剂等。

4. 密封材料

密封材料是用于提高车身密封性，减少噪声进入车内的材料，主要产品有各种密封条等。

车上不太适用的隔音材料主要有以下几种。

1) 玻璃纤维或石棉制品

该品种材料成本低，吸音性能好，自身防火阻燃性能好，但是不防水、不环保，同时也是较强的致癌物质。

2) 毛毡纤维棉

该品种吸音性能良好，也被许多经济型车用作隔音吸音材料使用在底板处，但材料本身吸水且不防火，可以适量用于车辆底板部位。

3) 铝箔复合材料

该品种对热量具有高反射性能，可以有效保护漆面，却不利于发动机长期稳定工作，加速了引擎舱线路的老化，易引发安全问题。同时也不防水。

4) 带自粘胶的材料

该品种成本低，便于施工，但不耐老化，强度较低，只能部分应用于车辆底板部位。

5) 棉毯、毛毡等材料

该品种成本低廉，吸音效果较好，但不防火、不防水、不防腐，只能部分应用于车辆的底板部位。

6) 铅的复合材料

该品种材料本身较重，当人体内的铅积蓄到一定程度，就会使人出现噩梦、失眠、头痛等慢性中毒症状，严重者出现乏力、食欲不振、恶心、腹泻等现象。

目前市面上有很多品牌的隔音材料，在选择隔音材料时，应该尽可能满足以下标准：

(1) 材料要轻。

轻量化是整个汽车制造领域发展的大趋势，轻量化材料施工后不会使车身自重增加太多，从而增加油耗。

(2) 隔音或者吸音性能好。

在宽频带范围内，隔音性能和吸音性能好，隔音吸音性能长期稳定可靠。

(3) 强度高。

有一定强度，安装和使用过程中不易破损，不易老化， 耐磨性能好，使用寿命长。

(4) 外观整洁，没有污染。

(5) 防潮防水，耐腐防蛀，不易发霉。

(6) 不易燃烧，最好能防火阻燃。

(7) 材料环保，不含石棉、玻璃纤维等有害物质。

(8) 材料本身便于施工，如便于裁剪，粘贴牢固等。

汽车隔音常见的误区是对隔音材料选择不慎，不是隔音性能或者吸音性能好的任何材料都可以用在汽车上。汽车作为一种特殊的交通工具，因为与人的安全、健康息息相关，所以对好的隔音材料有着严格的要求。

6.3.5　隔音施工

1. 隔音施工步骤

1) 入位

将车开到指定工位后，拉上手刹，发动机熄火，以确保安全作业。

2) 检查

检查车辆各部件有无损坏，中控锁、音响和电动窗等是否正常。

3) 拆卸

按照先外后内的顺序拆除内饰件，露出工作表面。将拆下的螺丝及卡扣放入专用的封口胶袋并标明拆卸位置，放在指定地点。

小贴士：在拆卸时一定要注意拆卸技巧，不可用蛮力或用力过猛而损坏面板和漆层，所有的卡扣要使用专用的起扣工具。

4) 清洁

使用柏油清洗剂将工作表面彻底清洗一遍，所有的污垢、油脂、水、锈迹等都要清洗干净。在处理较难清除的附着物(胶、玻璃纤维等)时，可尝试用其他专用溶解剂先溶解再用专用铲刀将附着物慢慢铲除；或使用热风枪均匀加热后将其撕下，切不可在工位上使用明火或高温加热，禁止使用腐蚀性溶剂，以防止损坏油漆和面板。最后用干净的抹布将工作表面彻底清洗干净。

小贴士：处理附着物时一定要注意用力强度和方向，防止划伤油漆和划破面板。在使用清洁剂后，一定要及时盖上盖子，避免清洁剂挥发和撞翻清洁剂瓶。

5）下料

可先将隔音材料在工作面上压成模，再到工作台上使用剪刀或裁纸刀将其分割成相应的所需工作表面的大小和形状，必要时可先用纸剪成模型再下料。

小贴士：下料时，尽可能避免拼接过多和重复下料。

6）粘贴

将隔音材料粘贴到工作表面上，再使用专用滚筒将其压实。有气泡时用裁纸刀将其挑开，把空气压出，让大隔音材料紧紧贴在工作表面上。

在工作表面上使用剪刀或裁纸刀切割时一定要注意，避免割断线路和划伤工作表面。小料和边角料都要贴在内侧强度差的部位，进一步提高隔音降噪效果。

根据具体粘贴的部位不同，采取相应的工艺进行：

(1) 在引擎盖上粘贴铝箔面隔热板时，可在引擎盖上刷少许万能胶，以加强连接效果，是否需要视情况而定。

(2) 在做门边隔音时，可在需要贴的地方，先贴上双面胶，再贴上车门密封条，以加强连接效果。

(3) 粘贴铝箔面制振垫时，需要在贴上后用电吹风加温使之变软，然后再用手压紧压实，这直接影响到隔音效果。如果室温低于 5℃时，先不要去掉包装上的牛皮纸，先用太阳灯把铝箔面制振垫烤热变软，再粘贴在需要的地方。

小贴士：在所有粘贴过程中，最好一次成功，不要重复撕下再贴，以免破坏粘贴效果。如果想增强音响效果(特别是低音效果)，用波形吸音棉粘贴在门和内饰板上，还有尾厢四周，做成音箱内吸音效果，增强重低音。

7）安装检查

将内饰件按原样由内至外装回，在安装过程中所有部件一定要按原样装回；所有螺丝及卡扣都要拧紧和扣紧，避免产生二次噪声。

2．施工原则

(1) 在向车体粘贴隔音棉时，请将车体裸露的螺丝，特别是要将被隔音棉覆盖的螺丝再检查紧固。有的螺丝是不可以用隔音棉覆盖住的，比如车门扳手的固定螺丝，目的是减少日后更换这些易损件的麻烦。

(2) 全车进行隔音降噪首先应做好驾驶舱的密封，其次是追求车体的减震，再次是做好隔音，最后才考虑吸音。

(3) 隔音板施工的质量直接影响到车辆施工后整体降噪效果，粘贴隔音棉的原则是务必将材料与车体紧密牢固地粘贴，至于粘贴的面积要求在次要地位。当然，粘贴的面积越大效果越好，但是与粘贴质量相比就显得不是那么重要，毕竟有些地方是很难施工的，在一般条件下也不可能100％的将车体进行粘贴。

(4) 粘贴隔音隔热棉前，务必将要粘贴的地方清洗干净。

(5) 拆卸过程中，拆卸的螺丝、卡扣一定要用透明胶粘贴在拆卸位置的附近。

(6) 如果只做一个车门的隔音，就想在听觉上产生明显的效果是不可能的，要求完整施工。

(7) 在施工过程中裁剪下的所有边角料不要遗弃，可以粘贴在一些隐蔽的地方。

知识链接 6-1

隔音工程施工的注意事项

(1) 在拆卸时，一定要注意拆卸技巧，不可用蛮力而损坏板面和漆层，所有卡扣要使用专用的起扣工具。

(2) 处理附着物，一定要注意用力强度和方向，防止划伤油漆和划破面板。在使用清洁剂后，一定要及时盖上盖子，避免清洁剂挥发或撞翻清洁瓶。

(3) 下料时，尽量避免拼接过多和重复下料。

(4) 对底盘的线路和空调孔处进行施工时，切不可覆盖。

(5) 地板的安装步骤要在做完天花板后完成，避免弄脏或损坏座椅和地毯。

(6) 在有安全气囊的车内作业时，一定要拔出钥匙，轻拆轻装，防止气囊爆破导致人车受损。

思考与练习

一、思考题

1. 简述汽车噪声的危害。
2. 简述汽车噪声的来源。
3. 在选择隔音材料时，应考虑哪些要求？
4. 简述汽车隔音施工的步骤。

二、练习题

1. 填空题

(1) 汽车隔音材料根据功能不同，可分为(　　)、(　　)、(　　)和(　　)。

(2) 车上不太适用的隔音材料主要有(　　)、(　　)、(　　)、(　　)、(　　)和(　　)。

2. 判断题

(1) 引擎运转的噪声与震动由防火墙传入驾驶舱。　　　　　　　　　　(　　)

(2) 车门内饰板处的隔音处理可降低行车时门内饰板因与零件松脱造成的噪声。(　　)

(3) 玻璃纤维或石棉制品材料成本低，吸音性能好，非常适合作为车上的隔音材料。　　　　　　　　　　　　　　　　　　　　　　　　　　　　(　　)

(4) 在进行汽车隔音施工时，处理附着物一定要注意用力强度和方向，防止划伤油漆和划破面板。　　　　　　　　　　　　　　　　　　　　　　(　　)

6.4　车内空气净化

随着有车族的日益壮大，车内的空气污染问题引起了人们越来越多地关注。国外的研究者对于车内空气质量问题，很早就给予了关注。美国、英国、加拿大、韩国等国家都非常关注汽车内空气污染，政府机构、科研部门作了很大的投入，对汽车车内污染，从不同角度进行研究。近年来，人们已经开始意识到自己居室内的空气质量问题，检测部门和研究机构也做了很多工作，而对于汽车内的空气污染检测则刚刚起步。2008 年，中国国家环保总局正式颁布了国家环保标准《车内空气污染物浓度限值及测量方法》，这标志着我国车内空气污染检测已经逐渐步入正轨。此外，汽车制造商在制造、采购车内装饰物和零部件的时候，在环保方面都做了比较严格的规定，但是车内空气污染问题依然是存在的。

早在 2004 年，在接受调查的 1175 辆汽车中，就有近 94%的被调查车辆存在车内环境污染问题。其中被检测的 812 辆新车中，甲醛超标的有 190 辆，占被调查新车总数的 23.4%。2006 年，中国室内装饰协会室内空气监测中心对北京地区的抽查以及一些地方消协对各地的抽查结果都显示，七成以上的汽车存在车内空气甲醛或苯含量严重超标，部分地区九成以上不达标。

6.4.1　车内空气污染物、异味的来源

1．车内污染物的种类

在汽车内部，由于零部件、装饰材料以及汽车自身污染物排放等原因，车内环境受到一定程度的污染。其污染物大致上包括：物理污染、化学污染和生物污染三大类。

1) 物理污染

主要有光照、电磁辐射、振动、噪声和温度、湿度等物理因素引起的不适。

2) 化学污染

主要包括碳氢化合物、有机卤化物、有机硫化物、有机酸和有机过氧化物等有机挥发物。其中以游离甲醛、苯、甲苯、二甲苯、TDI(甲苯二异氰酸酯)、胺、烟气烟碱等对人体危害最明显。

3) 生物污染

车内生物污染主要是指微生物污染，包括细菌、真菌(含真菌胞子)、病毒、生物体有机成分等引起的污染。其对人体的危害主要表现在于可传染、影响人体免疫系统功能，造成人体患病等。

2．车内主要污染物的危害

车内装饰材料释放出的有害气体、人体代谢产生的有害物、车外环境的影响，都会使驾乘者暴露在高浓度有害物质的车内环境中。这些车内有害物质有致癌嫌疑，有的则可能会对神经系统、免疫系统及生殖系统产生影响，有的还会干扰内分泌系统，其中儿童、老人及免疫系统反应有缺陷的人群更易受到伤害。车内主要污染物对乘员具有极大的危害，如表 6.1 所示。

表 6.1 车内主要污染物的危害

污染源	污染物	主要危害
新车皮革、内饰、配件、粘合剂，发动机燃料工作产生的有害气体； 车内霉菌、人体各种气味、烟味、鞋袜味、宠物异味等	甲醛、苯等各种有害气体，一同污染	降低人体免疫力，导致精神疲劳，呼吸急促，晕车、恶心、呕吐； 严重的情况可导致哮喘、肺部感染、心肌梗死等，更严重的可导致孕妇流产、胎儿畸形
车内驾乘者、物品携带及开窗时通过空气带入车内的病菌	流感病毒、冠状病毒、大肠杆菌等病菌	各种呼吸道疾病：流感、鼻炎、肺炎、支气管炎等
使用空调或开窗进入车内的汽油废气、汽车尾气等	NO、CH 化合物，铅化物，硫化物，致癌物质氢氧化物以上以及其他上百种污染物	少量会导致胸闷、发烧、咳嗽、咽干、头痛、脱发等症状；长期吸入会增加胃癌、鼻咽癌、肺癌的发生率
车内空间狭小封闭，空气流通不畅	一氧化碳、二氧化碳不会自行消失，车内二氧化碳、一氧化碳增加，氧气含量不足	大脑供氧不足，注意力不集中而导致头晕困倦，驾驶疲劳

3. 车内污染物的来源

车内污染物主要来源于三个方面：材料、外界污染物以及自身污染物排放。

(1) 汽车零部件和车内装饰材料中所含有害物质的释放，包括汽车使用的塑料和橡胶部件、织物、油漆涂料、保温材料、黏合剂等材料中含有的有机溶剂、助剂、添加剂等挥发性成分。污染物主要有苯、甲苯、甲醛、碳氢化合物、卤代烃等，车内材料释放的物质还是车内难闻异味的主要来源。

(2) 汽车自身排放的污染物进入车内环境，包括通过排气管、曲轴箱、燃油蒸发等途径排放的污染物，或汽车空调长期使用后风道内积累的污物。污染物主要有碳氢化合物、一氧化碳、氮氧化物、微生物、苯、烯烃、芳香烃等。

(3) 外界环境的污染物进入车内环境造成污染。污染物主要有碳氢化合物、一氧化碳、二氧化硫、氮氧化物、颗粒物等。

(4) 车内生物性污染因子的来源具有多样性，主要来源于患有呼吸道疾病的病人、动物，此外，环境生物污染源也包括地毯中滋生的尘螨，同时车内环境中还易滋生细菌和真菌。

(5) 汽车发动机产生的一氧化碳、汽油挥发成分，均会使车厢内的空气质量下降。

(6) 车用空调蒸发器若长时间不进行清洗护理，就会在其内部附着大量污垢，所产生的胺、烟碱、细菌等有害物质弥漫在车内狭小的空间里，导致车内空气质量差甚至缺氧。

6.4.2 车内污染控制与车内环境的净化处理

1. 国内外车内环境控制与净化现状

1) 国外车内环境控制与净化现状

车内污染在西方国家也是一个很受关注的问题，美国甚至把室内和车内污染作为人类

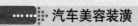

健康的五大危害之一。一些国家不仅制定了相关的技术标准，还在防治方面投入了很大的精力。

国外解决这类问题主要通过以下两种办法。

(1) 制定车内污染的健康标准

生产企业一旦违反此项标准，将受到处罚。德国环保机构与汽车制造公司协调制定了汽车车内环境的标准，明确限制车内各种有害气体的浓度与含量，让汽车制造企业有章可循。澳大利亚在制定健康标准时，把车内环境和办公室、教室等并列。俄罗斯也在 1999 年制定并实施了"车辆车内污染物评价标准及方法"的国家标准，以防止汽车驾驶室(车舱)的空气被污染。

(2) 通过先进的技术手段，清除车内污染。主要采用一些空气净化装置消除车内细菌和浮游物，并清除异味。

2) 国内车内环境控制与净化现状

我国车内污染治理起步较晚，目前还没有相关的车内环境检测标准，对车内环境的检测主要是参照室内环境的检测标准。但相应的政策法规的实施，将为解决我国车内环境污染问题，提高汽车制造技术水平，保护消费者的健康发挥重要作用。

2. 常见的车内污染净化措施

国内现行的比较常见的车内环境净化治理方法有以下几种。

1) 汽车桑拿

在桑拿蒸汽机内加入水、清洁剂和芳香剂后，接通电源加热至 130℃，将喷出的高温蒸汽对汽车内的真皮座椅、车门内饰、仪表盘、空调风口、地毯等进行消毒。有些还结合运用三用清洁机、蒸汽机、多功能消毒机(臭氧、紫外线、红外线、负离子)等设备进行汽车桑拿。

2) 化学消毒

化学方法消毒主要是用一些消毒剂对汽车部件进行喷洒和擦拭以除去病菌。利用这些化学消毒液对汽车内饰进行擦拭，特别是门把手等经常触摸的部位，可达到一定的消毒作用。

3) 紫外线消毒

紫外线消毒是利用紫外线专用灯对车内饰进行照射，但是紫外线一次照射的时间不能过长，否则会加快仪表盘、真皮等部件的老化。

4) 光触媒消毒

光触媒消毒方法的原理是利用光触媒专业喷枪将光触媒涂膜均匀地喷在车内，当阳光或光线与光触媒涂膜接触的时候，以光的能量来作为化学反应的来源，将车内的有害物质迅速地分解为稳定无害的物质，以达到净化空气的功用。光触媒是一种利用光的能量进行反应的触媒，在一般状态下是绝缘体，经吸收能量后表面电子受激发而流动，从而变成导体的一种特殊的物质。有不少品牌是采用半导体二氧化钛作为触媒，在空气中发生光催化氧化作用，产生活性物质，达到净化空气、抗菌防霉的目的。

5) 臭氧消毒

臭氧消毒是借用臭氧消毒，是最近兴起的一种杀菌方法。最大好处是不会残存任何有害物质，不会对汽车造成二次污染。臭氧消毒法操作简单，将一根连接着汽车专用消毒机的胶管伸入车厢内，打开汽车专用消毒机和车内空调，利用空调的空气循环，将汽车专用消毒机产生的高浓度臭氧送到车内的每个角落，只需几分钟就可以了，消灭病菌比较彻底。美中不足的是，消毒后车厢里会留有一点臭氧味，但只要将车窗打开一会儿，臭氧会自动分解成无色无味气体挥发掉。如果车主经常使用车辆，采用此方法一个月进行一次消毒即可。

6) 空气清新剂

空气清新剂可以清新车用空气，清新剂又称"环境香水"，是目前净化车内空气环境，提高空气质量最常用的一种方法。由于空气清新剂携带方便，使用简单以及价格便宜，已成为净化车内空气的首选。不过喷空气清新剂其实是一个治标不治本的方法。

7) 活性炭消毒

活性炭吸附过滤车用空气。活性炭是一种非常优良的吸附剂，它具有物理吸附和化学吸附的双重特性，可以有选择地吸附空气中的各种物质，以达到消毒除臭的目的。活性炭在吸附饱和后要更换，约每三个月更换一次。使用活性炭净化空气时，活性炭作为天然的空气净化器，具备净化容易、无污染的自然特征。活性炭可以吸附空气中的甲醛、甲苯、二甲苯及氨气等车内空气污染的主要元凶，以达到防腐、防潮、除臭、防霉、杀菌消毒的目的。

8) 车载氧吧

汽车氧吧的功能就是增加空气中负离子含量，空气负离子有"空气维生素"之称。负离子有抑制细菌、病毒生长，清除空气异味，清洁空气的作用。目前市面上可以看到做成各种艺术造型的汽车用负离子发生器，即汽车氧吧。但此法并非万能，增加负离子可以让司机头脑清醒，但无助于消除空气中原有的污染物质。

3．常见的车内污染净化措施的弊端

(1) 采用空气清新剂进行车内空气处理的方式，根本上来讲只是一种掩盖的方式，无法从源头解决车内的污染问题。同时，芳香剂的化学成分对人体也有一定程度的影响。

(2) 采用汽车桑拿的方式进行处理，在高温条件下，水分蒸发成气相能够进入车内仪表及其他忌水部件上，容易引起车内零件锈蚀、零部件失灵。对于电器部分，由于蒸汽的进入容易产生电解导电的可能从而引发事故等危害。同时，高温可能导致汽车某些高分子化合物内饰物等加速老化和氧化。

(3) 紫外线消毒时，采用紫外线一次照射时间不能过长，因为它可加快仪表盘、真皮等的老化。

(4) 采用光触媒法进行车内环境净化处置，可能会存在以下几个方面的问题：其一，就是依据现行汽车工业标准要求，汽车所使用的玻璃必须为钢化或者夹层玻璃，而钢化夹层玻璃对紫外线(UVA 和 UVB)有一定屏蔽作用，那么也就使得车内光触媒缺乏能够激发其光电子效应的必要能量，从而也就无法起到光催化作用；其二，从目前大部分光触媒产品情况来看，二氧化钛产品无论是粒径条件还是晶格结构，都不完全具备满足可见光激发的水平，能够使其出现红移的光触媒。据报道，此法还只是处于实验阶段，且其还必须通过掺杂等方式实现或者通过表面修饰实现；其三，目前大部分车主为了减少太阳强光刺激，大都在车内贴有强防紫外线作用的太阳膜或者隐形膜，因此更不具备能够激发光触媒产生光催化作用的光照条件。

(5) 由于车内环境净化治理属于新兴行业，所以用于车内净化治理的产品也就缺乏规范和管理，许多化学合成的产品由于缺乏足够的论证，难免不会具有对人体的毒性和二次污染。

4. 减少车内污染的简单方法

减少车内污染的措施很多，但也存在一些问题。下面介绍几种简易方法：

(1) 不要随意对车内进行装饰，更不要为了得到经销商提供的送装饰的优惠，就把劣质内饰等污染源引进车内。即使要进行车内装饰，也应特别注意不要使用阻燃剂、黏合剂和防腐剂等。

(2) 购买新车后，尽可能做到车内外空气流通，以便尽早让车内有害气体挥发释放干净。特别注意不要用车载香水或空气清新剂掩盖车内气味。如果异味非常严重，可以通过物理和化学方法降解。

(3) 进入汽车后，应打开车窗或开启外循环通风设施，让新鲜空气进入，不要在封闭车窗、车门状况下长时间行车，更不要在封闭的车内睡眠或长时间休息。

(4) 在开启空调和暖风时，使用车内外空气交流模式，尽量避免长时间使用车内自循环模式。

(5) 遇到严重堵车，或跟随尾气排放可能超标的车辆行驶时，应关闭车窗，把空调、暖风开关调到车内自循环模式。

(6) 司机在驾驶新车的前 6 个月内，切勿在行驶时紧闭车窗，而应让车内保持良好的通风，以防影响身体健康和发生意外交通事故。

6.4.3 汽车桑拿

"汽车桑拿"在洗车业中是一个全新的洗车概念，利用高温蒸汽桑拿机喷射蒸汽清洗汽车，与传统洗车方法相比有着无可比拟的消毒、杀菌功效。因它与桑拿浴有着异曲同工之效，故而被形象亲切地称为"汽车桑拿"，如图 6.11 所示。汽车桑拿最好一个月做一次，可以将车内的细菌和污垢清除干净，对司机和乘车者的健康有益。

图 6.11 汽车桑拿

汽车桑拿在操作时，主要有以下四道工序：

(1) 清洗内饰。

(2) 用蒸汽机对车的边角部位进行清洗。

(3) 对车内饰进行蒸汽喷洗。

(4) 用臭氧机进行消毒，并对皮革等进行保养。

6.4.4　光触媒消毒

光触媒[Photocatalyst]是光[Photo=Light]+触媒(催化剂)[catalyst]的合成词。光触媒是一种以纳米级二氧化钛为代表的具有光催化功能的光半导体材料的总称，是当前国际上治理室内环境污染的最理想材料。光触媒在光的照射下，会产生类似光合作用的光催化反应，产生出氧化能力极强的自由氢氧基和活性氧，具有很强的光氧化还原功能，可氧化分解各种有机化合物和部分无机物，能破坏细菌的细胞膜和固化病毒的蛋白质，可杀死细菌和分解有机污染物，把有机污染物分解成无污染的水和二氧化碳。因此，光触媒具有极强的杀菌、除臭、防霉、防污自洁、净化空气功能。光触媒分解原理如图 6.12 所示。光触媒的特性为利用空气中的氧分子及水分子将所接触的有机物转换为二氧化碳和水，自身不起变化，却可以促进化学反应的物质，理论上有效期非常长久，维护费用低。

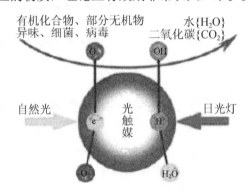

图 6.12　光触媒分解原理图

1．光触媒的特点

1) 杀菌效率高

杀菌率很高，可有效去除大肠杆菌、葡萄球菌等细菌。

2) 除臭效率高

光触媒除臭率很高，可以有效脱除臭味。

3) 净化效率高

光触媒对污染物甲醛、苯、氨及其他有机污染物均有强力去除效果，分解率较高。浓度低时也不降低净化效率。

4) 涂膜性能优良

采用特殊黏结剂，可常温涂膜，涂膜坚实耐久，硬度较高。

5) 亲水防污功能强

水能完全润湿复合光触媒表面，防雾防污效果明显，可广泛用于玻璃、瓷砖建筑物外墙等表面。

6) 应用范围广

几乎可施涂于墙壁、涂料表面，壁纸(布)表面、塑料、大理石、玻璃、瓷砖、地毯等所有物体表面，赋予被涂物强大的杀菌除臭净化自洁效果。

7) 能吸收利用部分可见光线

由于本复合光触媒采用了半导体掺杂技术，使得产品不仅能被紫外光激发，还能利用部分可见光，从而大大提高了触媒的净化效率。

8) 暗处的抗菌净化性能

复合光触媒不仅在光照下能发挥其强大抗菌净化效力，在黑暗处，也能发挥其效果。

9) 无毒无害

光触媒二氧化钛可作为食品添加剂使用，不同于一般消毒剂，也不存在二次污染问题。

10) 功效持久

光触媒能持久高效地发挥其杀菌净化功能，有效期可达好几年以上。

2. 光触媒的功能

光触媒作为一种新兴的空气净化产品，主要有以下功能：

1) 空气净化功能

对甲醛、苯、氨气、二氧化硫、一氧化碳、氮氧化物等影响人体健康的有害物质起到净化作用。

2) 杀菌功能

对大肠杆菌、黄色葡萄球菌等具有杀菌功效。在杀菌的同时还能分解细菌死体释放出的有害复合物。

3) 除臭功能

对香烟臭、垃圾臭、动物臭等具有除臭功效。

4) 防污功能

防止油污、灰尘等产生。对车内的霉菌、水锈、铁锈和涂染面褪色等现象，同样具有防止其产生的功效。

5) 防紫外线功能

6) 防霉功能

7) 亲水防雾功能

3. 光触媒消毒施工的操作方法

1) 准备工作

施工操作前，先用遮盖胶布或旧报纸遮好不需施工的物品，如汽车内饰、音响、桃木、玻璃、镀品、深色表面、光泽度高的表面等。用清洁剂清洗需施工的物品。

2) 喷涂

以 1m/s 的速度均匀地纵横向喷涂，喷涂距离一般为 30～40cm，以水平垂直方式从左到右喷涂，不能斜角度或倒立喷向施工面。上下喷涂间距为 5～6cm。如发现误喷，尽快用湿抹布擦拭干净。喷涂用量按实际测量面积以 10～15mL/m^2 计，成膜 0.5～1μm 可达到较佳效果。

3) 整理

喷涂完毕后，整理好现场；0.5h 后，打开车门，保持空气畅通及充足的光线照射。

4) 烘干

光触媒是速干性产品，在阳光的照射或日光灯照射下并通风，一般 30min 可半干。如有需要可进行第二次喷涂。自然干燥后可以用干布擦拭，不会影响抗菌效果。

5) 验收

4．施工注意事项

(1) 将被涂物表面的油污用酒精或水等清洁剂完全除去，以便光触媒涂层液的附着。

(2) 等被喷涂表面的酒精及清洁剂挥发及干燥后再进行喷涂施工。

(3) 请将光触媒存放在阴凉处，避免高温环境，防止阳光直射。

(4) 控制好光触媒的浓度。光触媒溶液应有一定的有效成分含量。如果有效成分含量太低，成膜后，不易形成均匀连续的膜层。这样，首先降低了光触媒的反应表面面积，使同等条件下的光触媒效果降低；其次，由于成膜不连续，光触媒膜层的强度受到了影响，容易脱落。如果光触媒的浓度过高，则溶液黏度升高，单位量的液体所喷涂的面积减小，成膜变厚，这样，不光造成产品的浪费，还可能影响到施工表面的光洁度等，造成不必要的损失。

(5) 喷涂光触媒溶液一定要喷涂到位，要保证喷涂后的物体表面形成一层完整、均匀、持久的光触媒涂层。

6.4.5　臭氧消毒

臭氧技术是既古老又崭新的一项技术。1840 年德国化学家发明了这一技术，1856 年被用于水处理消毒行业。臭氧的分子式为 O_3，臭氧是氧的同素异形体，为天蓝色腥臭味气体，液态呈暗黑色，固态呈蓝黑色。臭氧是一种强氧化剂，灭菌过程属生物化学氧化反应。臭氧灭菌有以下三种形式：

(1) 臭氧能氧化分解细菌内部葡萄糖所需的酶，使细菌死亡。

(2) 直接与细菌、病毒作用，破坏它们的细胞器和 DNA、RNA，使细菌的新陈代谢受到破坏，导致细菌死亡。

(3) 透过细胞膜组织，侵入细胞内，作用于外膜的脂蛋白和内部的脂多糖，使细菌发生通透性畸变而溶解死亡。

1．臭氧灭菌的优点

臭氧消毒灭菌方法与常规的灭菌方法相比具有以下优点：

1) 高效性

臭氧消毒灭菌是以空气为媒介，不需要其他任何辅助材料和添加剂。此种灭菌方法包容性好，灭菌彻底，同时还有很强的除霉、腥、臭等异味的功能。

2) 高洁净性

臭氧快速分解为氧的特征，是臭氧作为消毒灭菌的独特优点。臭氧是利用空气中的氧气产生的，消毒过程中，多余的氧在 30 分钟后又结合成氧分子，不存在任何残留物，解决了消毒剂消毒方法产生的二次污染问题，同时省去了消毒结束后的再次清洁。

汽车美容装潢

3) 方便性

臭氧灭菌器一般安装在洁净室或者空气净化系统中或灭菌室内(如臭氧灭菌柜,传递窗等)。根据调试验证的灭菌浓度及时间,设置灭菌器按时开启及运行时间,操作使用方便。

4) 经济性

通过臭氧消毒灭菌在诸多制药行业及医疗卫生单位的使用及运行比较。臭氧消毒方法与其他方法相比,具有很大的经济效益及社会效益。在当今工业快速发展中,环保问题特别重要,而臭氧消毒却避免了其他消毒方法产生的二次污染。

紫外线消毒法存在消毒不彻底、有死角、工作量大、有残留污染或有异味等缺点;而 O_3 为气体,能迅速弥漫到整个灭菌空间,灭菌无死角,杀菌效果明显。

2. 臭氧消毒注意事项

(1) 臭氧对人体呼吸道黏膜有刺激,空气中臭氧浓度达 1mg/L 时,即可嗅出;达 2.5~5mg/L 时,可引起脉搏加速、疲倦、头痛;人若在臭氧中停留 1 小时以上,可发生肺气肿,以致死亡。故用臭氧消毒空气,必须是在人不在的条件下进行,消毒后至少过 30 分钟才能进入。

(2) 臭氧为强氧化剂,对多种物品有损坏。臭氧的浓度越高,其对物品损坏越严重,可使铜片出现绿色锈斑,使橡胶老化、变色、弹性减低,以致变脆、断裂,使织物漂白褪色等。

6.4.6 车内空气净化

车内空气污染的主要元凶是甲醛、甲苯、二甲苯和氨气等,它们对人体健康有着十分严重的威胁。目前,常见的空气清新剂可以对车内空气的质量进行一定的改善。

夏日气温高,驾驶室内更是闷热难耐。在这个炎热的季节里,保持车内空气清新显得特别重要。许多车主都愿意在驾驶台上放上一瓶香水,或者使用空气清新剂,清除车内异味,净化空气。

车用空气清新剂又称"环境香水",是目前净化车内空气环境,提高空气质量最常用的一种方法。由于其携带方便,使用简单以及价格便宜,空气清新剂已经成为不少车主净化车内空气的首选。它的工作原理也很简单,就是在发出恶臭的物质中加入少量药剂,通过化学反应达到除臭目的,使用强烈的芳香物质隐蔽臭气,因此很多空气清新剂事实上并没有将车内的异味清除,仅仅是用一种讨人喜欢的香型将异味掩盖而已。

常用的车用香品分为气雾型、液体型和固体型三种类型。

气雾型车用香品主要由香精、溶剂和喷射剂组成,可分为干雾型、湿雾型等多个品种,常见的有日本太亚的产品。这种香水里的除臭剂可以覆盖车内某些特殊异味,比如行李箱味、烟草味、鱼腥味以及毛味等。

液体型车用香品在车用香品中最为常见,使用的人也比较多。它是由香精与挥发性溶剂混合而成,然后盛放在各种各样独具艺术造型的容器中。一般采用毛毡条或滤纸条等作为挥发体插入液体芳香剂的容器中,用来将液体吸上来挥发散香。

固体型车用香品主要是将香精与一些材料混合,然后加压成型,常见的有日本的"车伴"(CARMATE)等。另外,还有一些利用芳香材料制成的车内用品,比如香味织物制成

204

的香花、用香味陶瓷制成的艺术台笔等。

目前，市场出售的空气清新剂种类很多，如图 6.13 所示。常见的香型有：单花香型(茉莉花、玫瑰花、桂花、铃兰花、栀子花、百合花等)、复合香型、瓜果香型(苹果、菠萝、柠檬、哈密瓜等)、青草香型、"海岸"香型、"香水"香型(素心兰)等。另外，还有些司机喜欢将花露水当作汽车空气清新剂使用。和一般的空气清新剂相比，花露水中含有的酒精还具有杀毒作用。

图 6.13 空气清新剂

图 6.14 汽车氧吧

6.4.7 汽车氧吧消毒

汽车香品只能遮住异味，不能真正解决异味的问题。汽车氧吧(如图 6.14 所示) 是目前流行的净化车内空气的又一种选择。它的工作原理是利用活性氧发生技术，运用高新技术通过高频振荡，快速生成负离子，除了消除汽车内部的空气异味外，还具有消毒、杀菌、防霉和提神等功效。

和传统的空气清新剂相比，汽车氧吧主要有以下几个优点：

(1) 汽车氧吧能够持续不断地清除车内的异味，从而保持车内空气的清新自然。(这是氧吧的基本功能)

(2) 氧吧消除车内异味的方法，不会像空气清新剂那样仅仅只是对车内异味的掩盖，而是产生空气维生素—负离子，彻底清除车内异味。

(3) 使用氧吧还具有提神、消除疲劳的作用。对于需要长途行车的驾驶员来说，氧吧的这个作用是一般的空气清新剂所没有的。

(4) 长期使用氧吧还具有保健和防病的作用，可提高驾乘人员的免疫功能。

(5) 汽车氧吧除了对异味的清除之外，也可以起到车内防霉的作用。

目前市场上车载氧吧可以分为三类：负离子消毒类汽车氧吧、臭氧消毒类汽车氧吧和具有光聚变技术的汽车氧吧。

负离子具有抑制细菌、病毒生长，清除空气异味，清洁空气等作用，有"空气维生素"之美称。负离子消毒类汽车氧吧的一大功能就是通过增加空气中负离子含量，来改善车内空气质量。

而借用臭氧是最近兴起的杀菌方法之一。臭氧是广谱、高效、快速的消毒剂，它可迅速杀灭使人和动物致病的各种细菌、病毒等微生物，最大的好处是不会残存任何有害物质，也不会对汽车造成第二次污染。但是不可忽视的一点是，人们往往会忘记用手关掉发生臭氧的开关，加之若汽车氧吧没有自动关掉发生臭氧的功能，就会造成车内高浓度的臭氧，反而会对人体产生一定的危害。

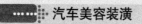

目前，新一代具有光聚变技术的汽车氧吧产品正逐渐成为主流。"光聚变"是目前全球最领先的车内净化技术之一。"光聚变"技术不但从根源上清除异味，并且能强效去除顽固异味，彻底分解甲醛、一氧化碳、二氧化碳等有害气体，达到传统技术手段难以达到的效果，从而真正达到清洁空气、清除异味的目的。

就目前来说，光聚变技术是解决车内空气污染最有效、最安全、最彻底的方法。

汽车氧吧的缺点：负离子在空气中存活时间短，无循环过滤净化空气的功能(太阳能可循环)；功能单一、构造简单、效果并不明显；太阳能板供电受天气限制大，太阳能板面积小，供电不足，机器功率小；空气循环过滤不完全；虽然臭氧有一定的杀菌作用，但是臭氧过量会产生二次污染，危害车主。

小贴士：使用汽车氧吧时，最好不要使用香水。

知识拓展 6-3

如何选用车用香品

到底选购什么样的车用香品，最主要的还是以个人喜好为原则，当然以下因素也是要考虑的：

(1) 车主性别

大多数女性比较喜欢各种清甜的水果香、淡雅的花香等香型；男性选择香品时以古朴为尺度，不宜过于夸张，比如淡雅的古龙香、琉璃香、龙涎香等车用香品，都比较适合。

(2) 车主工作环境

对于专职司机或是因工作性质高度紧张的车主可挑选镇定功效较好的香型，比如清甜的鲜花香味、清凉的药草香味等。对于久坐办公室的车主可选用能松弛神经的柠檬果香味，或者是能舒活神经的薄荷香味等。

(3) 车主个人习性

根据个性选择喜欢的香味。但比较喜欢抽烟的车主最好不要选择气雾型香品，因为这种香品容易着火。

(4) 气候因素

冬季或夏季，因为车内经常开空调，需要选用具有较强挥发性的车用香品，以便及时有效地去除空调机带来的异味。

思考与练习

一、思考题

1. 目前，国内外车内环境控制与净化现状如何？
2. 光触媒的特点有哪些？
3. 简述光触媒消毒施工的操作方法。
4. 臭氧灭菌的优点有哪些？
5. 如何选用合适的车用香品？
6. 与传统的空气清新剂相比，汽车氧吧具有哪些优点？

二、练习题

1. 填空题

(1) 车内污染物大致包括(　　)、(　　)和(　　)三大类。

(2) 车内污染物主要来源可以分为(　　)、(　　)和(　　)三个方面。

(3) 常用的车用香品分为(　　)、(　　)和(　　)三种类型。

(4) 国内现行的比较常见的车内环境净化治理方法有(　　)、(　　)、(　　)、(　　)、(　　)、(　　)、(　　)、(　　)等。

2. 选择题

光触媒消毒施工时，以 1m/s 的速度均匀地纵横向喷涂，喷涂距离一般为(　　)。

A. 0～10cm　　　　B.10～20cm　　　　C.20～30cm　　　　D.30～40cm

3. 判断题

(1) 光触媒应存放在阴凉处，避免高温环境，防止阳光直射。　　　　　　(　　)

(2) 用臭氧消毒净化车内空气，必须是在人不在的条件下进行，消毒后至少过 30 分钟才能进入。　　　　　　(　　)

(3) 臭氧消毒灭菌是以空气为媒介，不需要其他任何辅助材料和添加剂。并且包容性好，灭菌彻底，同时还有很强的除霉、腥、臭等异味的功能。　　　　　　(　　)

6.5　汽车地板装饰

　　汽车地板是底盘的上部，是车厢的基础部分，承载着车内的各种设施和乘员,要求具有可靠的安全性。同时，汽车地板又要起到防侵蚀、隔热、隔音、减震、美观及便于清扫等作用。

　　地板与侧围、前围、后围和顶盖共同构成汽车的内室，是汽车的所有使用功能的体现，为人们提供乘车的便利。

6.5.1　地板的构造

1. 客车的地板构造

　　一般客车的地板结构是用花纹钢板焊接到车架上，并用密封胶对周边进行密封；也有用薄钢板冲压成形的地板铺覆在车架上进行焊装，然后用密封胶对周围进行密封，再在这层薄钢板上胶粘一层地板革，周边用铝制的地板压条进行装饰并压紧。

2. 货车的地板构造

　　货车地板主要包括以下两部分：

1) 货厢地板

货厢地板最常见的是用薄钢板压成，焊装在货厢的骨架上，结构简单，供装货用。

2) 驾驶室地板

驾驶室地板的基层也是用薄钢板压成，焊装在驾驶室的骨架上。因为货车的驾驶室是

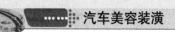

驾驶员工作和休息(长途行车)的场所，应是一个封闭的空间，且有较好的环境条件，并具有客车地板的基本功能。

3．轿车的地板构造

一般轿车的地板是复合型的，由基层、中间层和表皮层构成。

1) 基层

基层(最下一层)是用薄钢板压制且经焊装而成。有的轿车底盘有骨架，压制的薄钢板就焊装在底盘的骨架上。有的无骨架，直接用薄钢板冲压焊装而成，成为地板的基层，也可叫做底层。

2) 中间层

中间层主要由加强隔热胶板、胶合板或纤维板等构成，能起密封、隔热、保温和加强地板刚性等作用。加强隔热胶板和胶合板或纤维板，在车身喷涂烘烤时，隔热胶板将达到低温稍熔状态，但不产生流淌或流挂，从而将中间层和底层粘融为一个整体。出炉冷却后可提高整体强度，增加了密封、隔热的功能。

有些轿车地板的结构形状比较复杂，中间层的复合、使用的材料及工艺方法都与其他不一样，采用塑料和纤维制品复合压制成型，然后黏结到钢板上。

3) 表皮层

地板的表皮层主要选用优质的人造革，通过胶粘和螺钉等方法牢固地固定在地板上。

6.5.2　汽车地板装饰的方法

1．地板装饰材料的选用

1) 地板装饰材料选用的原则

由于原地板陈旧或损伤需要装饰，可参照原地板使用的材料、色泽和地板构造，采用适当的方法进行装饰。若是为了提高原车装饰档次，可在内饰改装的同时对地板进行改装，这时应考虑与内饰和谐，可采用在原地板基础上，选用汽车地毯，直接放置在地板上即可。

注意事项：安装时要把前排座椅向后退到底，前两块板放入后再把前排座椅向前拉到头，放入后两块板即可。

2) 地板装饰材料色泽的选用

地板装饰的颜色，最常见的是红色、深灰色，可使车内有一种洁净舒适的感觉，尤其是红色给人以兴奋的感觉。在选择装饰材料的颜色时，还应考虑侧围、顶盖和座椅等的颜色，使整个内饰的色泽统一、和谐，给人以明亮、舒适的感觉。

2．汽车地毯的选装

在原汽车地板的表层，选装适用的汽车地毯，是汽车地板装饰最简单、有效的方法，可增强地板层的防噪声效果。具体的装饰方法如下：

(1) 前部地板铺设较厚密度的地毯

轿车的前部地板离发动机较近，噪声较大，应铺设较厚密度的地毯，可以增强隔音的效果。

(2) 中部选用中密度地毯

汽车中部离发动机稍远，其噪声的影响小一些。为此，选用中密度的车用地毯既可达到装饰和隔音的效果，又适当减轻了地毯的重量。

(3) 后部选用低密度地毯

汽车地板的后部离发动机位置远，噪声影响较小，所以应选用低密度的地毯进行装饰。

采用上述方法，不仅装饰了地板，而且还使车内的噪声降低到允许的标准下，既减轻了整车的重量，提高了汽车综合性能，也降低了汽车的使用成本。

具体汽车地毯的安装步骤如下：

(1) 拆除旧地毯

大多数车型的地毯很好拆除，从车门框上拆下防磨板，把地毯拉出就行了。但也有些车型必须在拆下座椅、安全带和松开脚踏板后才能拆下地毯。如果车上有中央操纵台，那么多数情况要把镶边拆除。有些车的地毯只是简单地压在镶边下，可以轻松地拽下。有些旧车型的地毯用铆钉定位，也有一些用螺钉固定，如果是这样，可以拉动地毯找到铆钉和螺钉。另外，也有些老车型需要拆下脚踏板和变速杆护套才能拆除地毯。

拆除时应注意，不管地毯与何处相连都不要硬拽，要先拆下连接件，然后再想办法拆下旧地毯，视具体情况而定。

(2) 加衬垫

所有的车用地毯下面都有衬垫，生产厂和零配件市场的成型地毯背面自带衬垫。对于不带衬垫的地毯必须另行制作衬垫，然后把它粘到地板上。

衬垫主要有三种：黄麻纤维毡、泡沫和一种再生材料的产品。再生材料是环保型产品，再生毡由可回收利用的碎屑制成，再生泡沫是可循环利用的泡沫。13mm 厚的泡沫塑料板非常好用，它贴合紧密，能形成双向曲面而不会出现折痕。黄麻板隔离性能最好，但价格较高。

用黄麻毡或再生材料板制作地毯衬垫，必须分几片来做。一片用在曲面的凸起部，两片用在两侧的地板上。对有深坑的地板则对每一处坑都要单独处理，为它裁剪好合适的衬垫。如果感觉衬垫较薄，可在第一层上面再加一层泡沫。把衬垫粘贴到地板上之前，要为座椅框架和安全带开好孔。

用泡沫塑料制作地毯衬垫，应首先测量地板横向和纵向的尺寸。然后在每个方向的测量结果上加 20%的余量，按照这个结果进行裁剪。再把裁剪好的材料塞进车里，摆正后在变速杆的地方对折，剪出一个切口。接下来把泡沫铺好，对照变速杆护套的尺寸剪去多余的材料。如果变速杆护套是可拆卸的，则只需在泡沫上剪开一个变速杆活动得开的孔就行了。粘贴时掀起一侧，在泡沫的背面和地板上喷些胶，然后按下并粘贴，另一侧也用同样的方法进行处理。

当衬垫平整地与地板粘牢后，开始测量、修剪、调整和缝纫地毯。

(3) 裁剪、调整和安装

裁剪、调整和安装地毯的工作通常从变速器的隆起处开始，然后分别向驾驶员一侧和乘客一侧进行。

从地毯卷上剪下三块面料，一定要保证地毯的绒毛倒向一致。为了便于记忆绒毛的方向，在面料的顶边或是面向仪表板的一边画上一条线。

首先将一块地毯放在变速杆前方，留出足够盖在驾驶室前隔板的余量，这样前后左右摆好，使地毯位于中央位置。地毯盖过隆起后，还分别在驾驶员和乘客侧各边留有 76mm 的余量。然后，把紧靠变速杆前方处的地毯对折，用刀片剪开一个切口，大小能使变速杆手柄刚好通过。

把地毯套过变速杆后，在原来开口的基础上切出放射形切口，使其能套过变速杆的护套。最后剪掉多余的地毯，并把毛边压在护套下方。

安装离合器外壳凸起部分的地毯要一直延续到仪表板处。安装时，把地毯在金属的凸起处向右折出一个折痕，从乘客侧的底部到驾驶员侧的底部标记出一条折痕。然后，用刀片沿这条折痕进行切割。

把整块地毯放到缝纫机上，在切口边缘缝制一条镶边，但前部的毛边不要缝制(此边靠近变速杆)。然后，把缝制好的地毯套过变速杆，并展平。长切口和边缘使地毯能够向两边弯曲，边缘盖在毛边上大概 12.5～25 毫米。

当对一切均满意后，便可粘牢地毯。并把其余的侧片地毯放置好，在前面画上一条线。以 45°角一直裁剪到凸起处接缝的开始端，把地毯折起，然后沿凸起边缘画线。

在切口前把地毯片折起，在背面画出一条线直到地毯的前边缘。然后把地毯取出，沿画出的线修剪地毯的边缘，并进行缝合。最后再粘贴上地毯。

(4) 铺驾驶员侧的地毯

驾驶员侧地毯的裁剪、调整和缝制方法与乘客侧地毯的裁剪、调整和缝制方法只有少许不同。

有些汽车的操纵踏板(加速踏板、离合器踏板、制动踏板)与地板相连或从地板孔中穿过，这些地方必须对齐，调整好。拆下加速踏板固定螺钉，在地毯上切出一个与操纵杆相同的小孔，然后穿过地毯，把踏板安装在地板上。

如果离合器踏板和制动踏板穿过地板，必须在每个踏板前面各切出一条长缝。然后，用包边材料把这些切缝边包起来。在有拐弯的地方应裁剪出剪口，以缓解张力。一些豪华汽车的踏板是可拆卸式的，可以裁剪出一些小的孔。然后穿过踏板杆后，重新固定踏板。如果地板上有灯光变光开关，仅在开关的四周切开，并用塑料垫圈盖住孔的边缘。

3. 汽车车垫的选装

中、高档轿车上都铺有地板，一旦有脏物、污垢留在上面，很难清理。若上面铺上一层防水、易擦洗的车垫，清理起来就方便多了。

1) 装饰特点

汽车车垫小巧灵活，布置拆换方便，清洗除尘容易，品种规格和色彩很多，装饰效果好，可根据需要进行选用。

2) 车垫的特性

车垫能有效地刮除鞋底的污垢、尘土，并将其沉入纤维底层，避免车内"尘土飞扬"，且表面不留脏痕，并能防止微生物和细菌滋生，能保持车内空气质量和室内卫生。一般的车垫清洗时，倾斜轻拍或用水冲洗，即可清理干净。此外，有些车垫还具有独特的防滑设计，可避免放置在车内后滑动移位。

3) 装饰方法

(1) 根据车内地板和内饰的装饰色调，可以选择合适的汽车车垫成品或原料。

(2) 当选择的车垫是合适的成品时，可以直接布置在地板上；若选择的是原料，可按照车内地板布置需要的形状尺寸进行裁剪，分成几块，以方便使用为准。

知识链接 6-2

汽车地板的特征

现在市场上的汽车优质地板主要具有以下几个特征。

(1) 尊贵风范

地板充分考量各款车型的内饰、颜色、材质及地面流线，运用多种元素精彩演绎爱车个性灵动空间，引领时尚，显示优雅与尊贵。

(2) 环保风范

地板选用优质原木材料，环保油漆，经国际标准高科技工艺处理，独特的防滑垫设计与选材等卓越理念，在尽显精工木艺舒适温馨的同时，更是标志着车内环保的国际风尚。

(3) 健康风范

对地板进行严格的环保选材和工艺流程，使车内空气更加清新、洁净，再无须担心螨虫、细菌、尘垢、纤维的侵扰，有效保障乘驾人士尤其是孕妇与儿童的呼吸健康。

(4) 超值风范

地板品质好，定价合理。

(5) 洁净风范

地板平整光洁、防水防潮。清洁地板时只需稍加擦拭，脏渍、灰尘即刻轻松去除。

思考与练习

一、思考题

1. 简述汽车地毯的安装步骤。
2. 如何选用地板装饰材料？

二、练习题

填空题

(1) 复合型结构的轿车座椅由(　　)、(　　)和(　　)三大部分组成。

(2) 现在市场上的汽车优质地板主要具有(　　)、(　　)、(　　)、(　　)和(　　)的特征。

6.6　汽车仪表板装饰

汽车仪表板位于驾驶员正前方，上面一般配有行驶里程表、车速里程表、发动机转速表、燃油表以及警告灯等灯光信号指示等。汽车仪表板是汽车内部最复杂的总成之一。随着人们对汽车性能的要求越来越高，对汽车仪表板的要求也越来越多。汽车仪表板装饰是车内非常引人注目的装饰件，可以满足人们对汽车的一些要求。

1．仪表板的类型

汽车仪表板的结构和用材多种多样，每种车型都有多种规格的仪表板，但基本上可以分为硬质和软质仪表板两大类。

硬质仪表板一般是由塑胶材料整体注塑而成。这种仪表板结构简单、成本低，本体部分由同一种材料构成，多用于载重汽车及客车，一般不需要表皮材料。

软质仪表板由表层、缓冲层和骨架三部分构成，使用多种材料构成，外表面全部或者上部经过软化处理，触感舒适。

汽车仪表板按照制作材料，可分为塑料仪表板、金属仪表板和复合材料仪表板。

1) 塑料仪表板

塑料仪表板是指仪表板的材料是用塑料制作的。由于仪表板的大小、形状各异，采用的塑料品种也不同，因此其具体的生产方法也不一样。汽车仪表板的使用材料是以塑料为主。塑料仪表板分为整体式和组合式两大类。

(1) 整体式塑料仪表板

由于塑料成形性比金属好，所以整体式仪表板的形状结构可以是比较复杂的，可用吸塑方法成形。仪表板的表面可以是花纹式的，也可以是光滑式的，其中花纹式的较多。

(2) 组合式塑料仪表板

由于仪表板的形状结构复杂或尺寸比较大，为了生产制造方便，可将仪表板设计成组合式的，分块制作，然后用塑料焊接或胶粘法组成为整体。这样的组合塑料仪表板的表面装饰，基本上与整体式相同。

2) 金属仪表板

金属仪表板主要是用薄钢板或铝合金板冲压而成。金属仪表板按总成的方式(主体)可分为组合式和整体式两种。

(1) 组合式金属仪表板

组合式金属仪表板体积较大，有的形状也比较复杂，为了便于生产制造，采用分块式生产，然后再焊装为一体。

(2) 整体式金属仪表板

整体式金属仪表板体积不大，基本上属于中型或小型，且形状也不太复杂，可用冲压方法制造出来。冲压成形的仪表板，当主体完成后，应在表面进行防锈、防腐蚀喷涂处理，以提高其装饰性。这类仪表板，绝大部分均在表面粘贴一层皮革或纺织物，以此来装饰仪表板。也有用真皮进行装饰的，以提高其装饰性能。

3) 复合材料仪表板

复合材料基本上由表皮层(塑料、纺织物等)、隔音减震部分(泡沫或纤维材料)和骨架等部分组成。由这些材料制成的零件除能满足一定的作用功能外，还能使人感到舒适美观，而且这种材料的生产工艺简单、成本低廉、适用性强，因而发展较快，是汽车内饰用材的发展方向之一。

2．仪表板常用材料特性

仪表板是汽车最主要的内饰件，目前除少量采用金属制造外，几乎全部用塑料制造。主要的仪表板塑料材料有聚氯乙烯和 ABS 树脂。

1) 硬质聚氯乙烯

硬质聚氯乙烯的相对密度约为钢重量的 1/5，机械强度高，电性能优良，对酸碱抵抗力极强，化学稳定性很好。其耐热性低，线膨胀系数比较大。硬质聚氯乙烯主要缺点是热稳定性差，受热会引起不同程度的降解。

2) 软质聚氯乙烯

在组分中加入大量的增塑剂，就可以制得柔软而富于弹性的软质聚氯乙烯。由于增塑剂的加入，使塑料的可塑性、柔软性增强，但却使力学性能下降。软质聚氯乙烯对应变敏感，变形后不能完全复原；其耐热性比硬质聚氯乙烯更差，且在低温时变脆，但加入增塑剂可使耐寒性得到改善。

3) ABS 树脂

此类材料不透明、着色性好、无毒无味、不透水、略透水蒸气、吸水率低，不易燃烧。ABS 树脂有极为优良的抗冲击强度，在低温下也不会迅速下降，具有较好的抗蠕变性能和耐磨性。ABS 树脂的电性能在较大的频率变化范围内很稳定，且温度、湿度对其电性能影响小。ABS 树脂对水、无机盐、碱和酸类几乎无影响。

由于 PVC 和 ABS 加工制造成本较低以及性能优良，仍然被广泛地应用在仪表板上。

3．仪表板的主要性能要求

1) 降低成本

汽车市场的竞争，降低成本是关键，在保证性能的前提下，可采取以下措施，降低成本。

(1) 降低仪表板重量

汽车零部件自身的重量增大对汽车经济性影响很大，如增加运行油耗，提高运行成本等。所以，降低零部件的重量，使汽车轻量化，始终是设计者应考虑的重要问题之一。

(2) 简化设计

在满足汽车性能要求的同时，必须满足降低汽车成本的要求。在设计仪表板时，简化仪表板结构，方便仪表板制造，有利于仪表的安装和驾车使用。

(3) 优化制造

在保证仪表板使用功能的条件下，形状越简单，制造越简便，使用越方便，生产成本就越低。

目前，汽车仪表越来越多，仪表板越来越复杂，降低仪表板的重量就成为突出的问题。现在，多采用高性能、重量轻的热塑性塑料来制作仪表板。这种塑料生产工艺性好，能制造出较复杂的仪表板，可使生产成本降低。同时，在保证仪表板所需强度和刚度的条件下，可降低仪表板的厚度。

2) 提高耐热性

随着汽车技术的发展，车厢内的密封性和保温性都有很大提高，使车内的零部件所承受的温度迅速上升。在这种高温的工作状态下，要求制作仪表板的材料必须在长期高温工作下不变形，不失效，不影响各仪表的精确度，同时不产生有害气体。

3) 提高安全性能

由于以前对仪表安全性考虑较少，随着汽车和交通业的发展，汽车仪表板在车辆事故中发生伤人的现象也屡见不鲜，这使人们对仪表板的安全性设计要求提高了，国家也为此制定了相应的技术法规，以约束生产企业的行为，推动了汽车仪表板的安全性发展。

汽车仪表板中使用了大量的新材料和先进工艺，能够保证车辆在受到一定撞击后，能最大限度地将撞击力吸收并传递给坚固的车架，以减轻仪表板对驾驶者的伤害。

4) 提高装饰功能

汽车仪表板装饰直接影响着汽车的使用价值和汽车的身价，也是市场竞争的一个亮点，世界各国汽车厂商在这方面也都费尽了心思，开发出千万种五彩缤纷的仪表板，以获取顾客的欢心。

5) 降低噪声

降低噪声、振动和冲击对驾驶员和乘客的身心损害，是对驾驶员和乘客身心的一种保护。这既是汽车舒适性的重要性能指标，又是汽车竞争的一个要点。

总之，高性能、低成本、质量轻、安全可靠、美观实用，是对仪表板的重要要求，也是仪表板在市场竞争中的焦点。

4．真皮装饰仪表板

仪表板在车内非常引人注目，用真皮装饰仪表板是目前最高级的装饰。其方法如下。

1) 拆下原仪表板表皮

(1) 拆下仪表及装饰件

在拆下仪表板人造革之前，应首先将仪表板上的各种仪表和装饰件等全部拆下，并进行必要的清洗和保存，以备装饰后复原安装。

(2) 拆下仪表板

仪表板与车身之间一般都是采用螺钉固定，把仪表及装饰件等拆下之后，就可以把仪表板拆下了。

(3) 拆下仪表板的表皮

仪表板拆下之后，才可以拆下仪表板的表皮。以原表皮为胶粘式为例，先用热喷枪对仪表板边缘处加热，使粘胶软化，然后用尖嘴钳拉出人造革边。逐步向中部边加热边拉起旧的人造革，直至把仪表板的旧人造革全部拉起拆下。

2) 缝制新的仪表板表皮

(1) 选择材料

一般情况下，是以原表皮材料为依据，选择与原表皮同类型规格的新材料即可。若车主要求提高内饰档次，选用高级的材料也可以。

(2) 裁剪、缝制表皮

在裁剪时，应参照原表皮的形状尺寸，考虑到真皮材料的延伸性，以对凸凹形状处的放样展开准确贴合为原则。

(3) 检查缝制的新表皮

缝制出新的表皮后，可先试贴一下，看是否能贴合一致，有出入时可进行修改，以达到平整的目的。

3) 粘贴仪表板表皮

(1) 在仪表板的填充层表面均匀地涂刷一层薄薄的 841 胶。

(2) 稍等片刻，用手轻轻触摸粘胶表面，不粘手时，便可将仪表板的表皮对准，从中部开始向两边逐一展开。

(3) 一手拉着表皮，一手轻压表皮与填充层表面接触，贴服无差异时，才用手压表皮与填充层表面粘贴上，压实贴平，并把边缘转折到内侧粘贴牢固。

(4) 检查粘贴质量。若表皮粘贴位置正确，无气泡，无皱纹，表面光滑、平整、无划伤，就达到了粘贴的质量要求。

4) 安装仪表板

当粘贴后的仪表板完全固化之后(一般 24h)，按拆下时的反向工序，把仪表板固定在车身上，然后装上各种仪表和其他附件、装饰件等，即完成了仪表板的安装。

5) 清洗护理

安装后的仪表板还需进行清洗护理，以使整个仪表板总成焕然一新，达到重新装饰的效果。

5. 木质装饰仪表板

木质装饰仪表板是将木质或仿木质材料镶嵌在仪表板上。木质或仿木质材料具有美观、高雅、豪华等特点，其独有的花纹图案可获得特殊的装饰效果。中、高档轿车在车内配置木质材料，可显示豪华气势；低档轿车在车内配置木质材料，可提高档次。

制作仪表板的木质材料一般是胡桃木和花梨木，早期还有枫木和橡木，现在大多用胡桃木。由于胡桃木具有纹理优美、坚韧、不会变形等优点，所以成为中、高档轿车仪表板的首选材料。仿木质材料是用塑料仿造木质纹理产生的装饰材料。

目前市场上大部分的木质装饰件需要用胶水或双面胶纸粘贴，其表面是一层印刷木纹的软塑料或薄木片，胶贴后会发现大部分的圆弧位置没法贴合或者很容易松脱，脱落后的胶纸或胶严重影响塑料件的外观，整体效果不如原件的效果。而表面桃木薄片因没有经过特殊加工处理，容易因热胀冷缩而破裂。

安装木质仪表板最好选用原厂标准件。原厂标准件是木质片与原装置的标准塑料或金属件复合为一体的部件，其表面经过非常严格的亮漆处理，面漆经过硬度、耐光性、高温与低温等长时间循环试验。用原厂标准件安装，不需用胶水或其他胶纸粘贴。

6. 精品装饰仪表板

1) 中央仪表板

传统汽车仪表板一般是布置在转向盘的正前方，驾驶员需透过转向盘的空隙来观察仪表，这就造成驾驶员的视线回收过大，而且当驾驶员的身高过低或过高时视线都会受到转向盘的阻碍。于是在现代汽车的设计中便出现了中央仪表板的布置方式。中央仪表板与中控台相连接形成有机的整体，这种设计兼顾了传统仪表板的布置，又达到了创新的目的。

2) 多媒体汽车仪表板

随着科技的发展，很多先进的技术都在汽车上得以应用。汽车的功能远远超出了交通工具的范畴，而变成了流动生活空间、流动办公室、流动休闲场所。利用高度精密的计算机技术、卫星导航技术、多媒体系统，可以满足上述功能的要求。中央控制台上有彩色显示屏，除了显示从后视镜传来的图像外，还显示车内多媒体信息中心系统传来的有关信息。

3) 精品仪表装饰仪表板

由于科技的发展，仪表的制造技术和性能都有了极大的提高。各种小巧精致的仪表，为仪表板的布置和装饰创造了有利条件。特别是液晶显示技术和数控技术在仪表上的应用，以及组合仪表的出现，使仪表在仪表板上的布置更灵活，有利于把仪表板装饰得更亮丽。

7. 色彩装饰仪表板

现代的汽车越来越重视色彩的搭配，动人的色彩给人以美的享受。高贵的橘黄色，稳重的深灰色，亮丽的浅米色、乳白色等色彩与车内饰件搭配，浑然一体。

1) 深色装饰的仪表板

在仪表板的装饰中，一般要求是在仪表板的上平面，应用较深的色彩，不产生反射光而影响驾驶员正常行车。在保证与整车内室色彩和谐的前提下，进行色彩的选装。

2) 橘黄色装饰的仪表板

在很多豪华高级的轿车内饰中，橘黄色的装饰，不仅给人以温暖的感受，而且更显华贵高雅，给人以高贵的享受。

3) 灰色仪表板

在传统的内室设计中，是以灰暗的色调为主。主要是考虑便于清洁和防止前挡风玻璃反光等问题，目前这种装饰色调仍有相当的市场，也深受相当一部分人的喜爱。

4) 亮丽的仪表板装饰

在汽车内饰色彩上，目前正向洁净明亮化方向发展，仪表板的色彩装饰也顺应这种潮流。白色、浅米色、淡黄色、天蓝色等明亮的色彩与明快的对比效果在内饰设计中被大量采用。仪表板的色彩装饰绚丽多彩，变幻无穷的视觉效果，呈现在人们的眼前。

知识链接 6-3

仪表板装饰注意事项

(1) 在仪表板装饰时，必须认清仪表板只是车内的一部分，对它的装饰应与内饰其他相关部分协调，色泽应和谐，不要反差太大影响整个内饰的装饰效果。

(2) 在装饰仪表板时，必须结合车辆的类型、档次、新旧程度进行综合考虑，采用适当的方法进行装饰。

(3) 装饰方法要根据车辆的实际情况和用车环境进行选用。

(4) 汽车的各种仪表都具有特定的功能和使用条件，只有具有相当技能的工作人员才能从事选用汽车仪表、改装汽车仪表的布置以及安装、调试的工作。仪表选装不好会适得其反，甚至发生事故，所以对此必须谨慎行事。

(5) 胶粘剂要严格按使用条件要求选用。

思考与练习

一、思考题

1. 如何用真皮装饰汽车仪表板？
2. 装饰仪表板时应注意哪些事项？

二、练习题

1. 填空题

(1) 汽车仪表板按照制作材料，可分为(　　　)、(　　　)和(　　　)。

(2) 塑料仪表板分为(　　　)和(　　　)两大类。

2. 判断题

(1) 仪表板是汽车最主要的内饰件，全部用塑料制造。　　　　　　　　(　　　)

(2) ABS 树脂材料不透明、着色性好、无毒无味、不透水、略透水蒸气、吸水率高，易燃烧，抗冲击性好。　　　　　　　　　　　　　　　　　　　(　　　)

6.7　汽车顶棚内衬装饰

顶棚内饰是汽车整车内饰的重要组成部分，它的主要作用是提高车内的装饰性，同时顶棚内饰还可提高与车外的隔热、绝热效果；降低车内噪声，提高吸音效果；提高乘员乘坐的舒适性和安全性。由于太阳直射车顶，汽车顶部温度较高，因此顶棚内饰的耐热性和耐候性指标要求较严。轿车顶棚一般为浅色调，使用一定年份后就会有内饰或表面老化情况发生，用常规清洗方法无法恢复原状，需要进行更换。另外，当车主对自己爱车的顶棚材料或样式不太满意时，也可以进行更换。

1. 顶棚内饰的分类

对不同档次的顶棚内饰在材料上、结构上有所不同，为提高隔音、隔热、降低噪声等效果，多采用各种纤维毡、聚氨酯泡沫、聚乙烯泡沫等与其他材质黏合在一起的结构作为衬垫，并与蒙皮材料(如无纺布、针织物等)通过一定的方式黏合形成一体。

汽车顶棚内饰主要有两种：硬顶和软顶。随着我国汽车工业的发展，软顶已逐渐被成型硬顶所替代。汽车顶棚内饰材料的发展趋势是高强度模塑基材。

1) 汽车硬顶内衬

成形型硬顶内衬主要由基材、填充材和表皮材三层组成，利用大型成套生产设备，用热压成型法将它们复合成一个整体，成为具有一定刚性和立体形状的内饰件，其结构如图 6.15 所示。

成形型硬顶内衬的安装分为粘接式与镶嵌式两种。

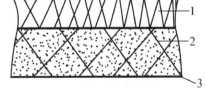

图 6.15　成形型硬顶内衬的结构

1—基材；2—填充材；3—表皮材

粘接式成形型硬顶内衬是在施工现场，工人手持喷枪，直接将粘接胶均匀地喷涂在硬顶背面的粘接区域内，根据工艺要求晾置一段时间后，再粘贴在金属顶盖上。

镶嵌式成形型硬顶内衬安装分前、中、后及周边四部分。一般情况下，前部的安装点靠左右遮阳板和地图灯固定装置实现，中部靠左、右乘员把手和乘员灯安装点实现，后部则用塑料卡扣固定在顶盖后横梁上。

成形型硬顶内衬的加工方法与使用性能主要取决于其材料性质。以前多数车辆顶棚采用高压聚乙烯发泡材料制造，该材料具有无毒、质量轻、耐冲击、机械性能好、柔软性好

等特点，但其成型性能差。

目前，汽车顶棚内衬采用多层材料复合成型的整体硬顶，由基材+缓冲隔热层+表皮层叠一体成型。基材可采用 PU 发泡片材、PP 发泡片材、瓦楞纸、浸渍树脂的再生棉或玻璃纤维等，缓冲隔热层采用硬质聚氨酯泡沫塑料板，表皮材料主要采用 PVC 片材。目前，逐渐增加了纺织品材料作表层。

2) 汽车软顶内衬

软顶内衬一般由面料和泡沫层用层压法或火焰法复合在一起。面料多数为无纺布机织布或 PVC 膜等材料制造。泡沫层用聚氨酯或交联聚乙烯泡沫制造。面料起装饰作用，其颜色及质地要与车身内饰颜色和质地相协调。泡沫层起隔热、隔音、吸音、减震的作用。

软顶内衬的安装一般分两种：粘贴型和吊装型，用于货车、面包车和低档轿车上。

粘贴型软顶内衬的粘接有滚涂法和预涂法两种方法。滚涂法是将氯丁橡胶均匀涂在顶盖的内表面上，晾置几分钟后，将软顶粘贴在指定位置上。预涂法是将黏结剂预涂在软顶的背衬上，用隔离纸将胶膜覆盖，以便包装和运输。在施工现场，施工人员只需揭去隔离纸即可将软顶粘贴在指定位置。

吊装型软顶内衬是在软顶饰面的背面缝有几行吊挂用的布袋或细绳，并同时配备软顶安装用细杆，该细杆弯曲成与金属顶盖断面相似的曲线。安装时，先将细杆穿过软顶背面的布袋，再将这些细杆固定在顶盖横梁上。饰面的周边用黏结剂粘到内护板和前风窗胶条上。此种软顶质量小，成本低，但软顶与金属顶盖间隙大，占用室内空间多，整体装饰效果不理想。

2．顶棚内衬的装饰过程

下面介绍成形型顶棚内衬、粘贴型顶棚内衬的装饰过程。

1) 成形型顶棚内衬的装饰

(1) 选择合适的顶棚内衬装饰方法

汽车顶棚内衬表皮如出现变色、老化或划伤，这时需要对内衬表皮材料进行更换和装饰，一般选择手工粘贴法进行维修装饰。

(2) 拆下顶棚原内衬

选用合适的工具，把顶棚内饰上有关的零部件拆下来，并保存好，然后再把顶棚内衬拆下，如图 6.16 所示。

(3) 检查内衬

要认真检查顶盖的内衬，查看其结构形式、有无损坏之处以及损坏的程度，制定新的装饰工艺。

(4) 检查顶盖护板

检查顶盖护板时，如发现护板有锈蚀或其他方面的损坏，应根据具体情况进行修复，严重的还需更换新护板。

(5) 修复内衬

选用合适的工具，将内衬表皮层材料采用适当的方法拆下，然后选用同类的新的片材，经适当的裁剪加工，用粘接法粘贴上，形成新的表皮层的内衬。如果原内衬表皮材料是纺织品材料，而且表层材料只有老化、褪色，没有其他破损，而且与填充层贴合都很结实牢固时，可按其形状尺寸，经过适当的裁剪和缝制，使之成为一个整体的内衬表层，然后用胶粘法，把新的内衬表层直接粘贴到旧的内衬表层上即可。因为整个顶盖总成的厚度增加了，车顶的隔热和隔音效果也得到很大的提高。

(6) 清洗顶盖护板内表面，除去表面上的污垢、异物，并使之清洁干燥。

(7) 清洗内衬的贴附面(与顶棚内表面相贴附表面)进行清洗并干燥。

(8) 按原顶盖与内衬的结构形式和安装方法，把装饰好的内衬安装在顶棚上，如图 6.17 所示。

图 6.16　拆下顶棚原内衬示意图　　　　图 6.17　内衬安装在顶棚上示意图

(9) 将原来拆下的零部件，如顶灯、空调器系统、装饰压条等零部件，经过清洗、干燥后，按原方法安装复原。

(10) 将安装好后的顶棚，进行全面清洗，清除安装过程中造成的尘垢或污物，并用内饰护理剂——多功能清洁柔顺剂，对顶棚内衬表面进行深度护理，使顶棚内饰焕然一新。

2) 粘贴型顶棚内衬的装饰

如果车辆的顶棚护面没有锈蚀和损伤，其内衬中的填充层一般也无损坏，可以对表皮层进行重新装饰，采用以下方法进行装饰：

(1) 拆除内衬表层的 PVC 人造革

用热空气枪把 PVC 人造革边缘加热，使粘胶软化，然后用钳子夹着人造革边缘并拉出人造革黏合的周边。然后继续向内部加热，使粘胶软化，把人造革整片从填充层上拆下。

(2) 选择合适的 PVC 人造革表皮

可以参照拆下的人造革表皮，选择新的优质 PVC 装饰革，其颜色、花样应与旧的一样或相似，也可以选择认定更优质、亮丽的 PVC 人造革，以提高其装饰效果。

(3) 粘贴内衬表皮

选用通用胶粘剂，在常温下进行粘贴。把胶液涂刷在填充层上，要求均匀涂刷薄薄一层，稍等片刻，把新的内衬表层平整地粘贴到填充层上，不允许有皱褶和气泡。如有皱褶和气泡，可用刮板排除，使之粘贴牢固。

(4) 原价复位

将原来拆下的顶灯、空调系统零部件和装饰件等清洗干燥后，按拆下时的反向工序安装好。

注意：在安装内衬表皮周边压条时，应先将周边多余部分裁剪掉，然后进行安装。

(5) 清洗护理

用仪表板清洁剂进行清洗护理，使顶棚内衬焕然一新，达到装饰的效果。

知识链接 6-4

装饰顶棚内衬时，应注意以下事项：

(1) 质量管理

在装饰的全过程中，应进行必要的质量管理，从方案制定到选材和装饰施工，每个环节都需要保证质量。

(2) 色调统一

顶棚内衬装饰时，顶棚内衬的主色应与车厢内部的内饰和谐，否则会影响装饰效果。

(3) 正确选材

顶棚内衬表皮装饰时，应正确选用合适的表皮材料、胶粘剂，保证装饰质量。

(4) 控制温度

粘贴型顶棚内衬装饰时，要控制好热风枪加热温度。温度过高，易损伤内衬结构或表皮。如用电熨铁熨平皱纹时，也要控制好加热温度，要适度移动，不能在一处停留的时间过长；否则，易损坏内衬表皮，影响装饰效果。

(5) 及时去除气泡

在粘贴过程中，如发现有气泡时，可用刚性的塑料刮板及时去除气泡。

(6) 保证其他部件的清洁

在清洗或涂胶时，注意不要把清洗剂、胶液等散落到车窗、座椅和地板上，必要时，要对这些部位进行遮盖。

思考与练习

一、思考题

1. 简述汽车顶棚内饰的作用。
2. 简述成形型顶棚内衬的装饰过程。

二、练习题

1. 填空题

(1) 成形型硬顶内衬的安装分为(　　　)和(　　　)两种。

(2) 成形型硬顶内衬主要由(　　　)、(　　　)和(　　　)三层组成。

(3) 汽车顶棚内衬采用多层材料复合成型的整体硬顶，由(　　　)+(　　　)+(　　　)叠一体成型。

2. 判断题

(1) 成形型硬顶内衬多采用高压聚乙烯发泡材料制造，该材料具有无毒、质量轻、耐冲击、机械性能好、柔软性好、成型性能好等特点。　　　　　　　　　　(　　)

(2) 软顶内衬主要用于高档轿车上。　　　　　　　　　　　　　　　(　　)

(3) 粘贴型顶棚内衬装饰时，要控制好热风枪加热温度，温度过高，易损伤内衬结构或表皮。　　　　　　　　　　　　　　　　　　　　　　　　　(　　)

6.8　其他车内饰品和用品

6.8.1　汽车坐垫

随着中国汽车用品后市场的消费持续增高，汽车坐垫也成为有车一族的主要消费品。汽车坐垫是为保护汽车座椅，维护人体健康，车内必不可少的产品。根据季节，选择一套比较舒适、实用的汽车坐垫，尤为重要。

通用汽车坐垫一般为五件套：两个前靠(驾驶和副驾驶位置使用)，两个小靠和一个大垫(后方使用)。

1. 汽车坐垫的功能

汽车坐垫就是套在汽车座椅上边的垫子，具有以下几点功能。

1) 舒适性

由于驾驶员的特殊职业，长时间的驾驶容易产生疲劳。汽车坐垫采用贴身的人体学设计，使得驾驶员减少疲劳，舒适健康。所以，一套舒适的坐垫对驾驶员的身体非常重要。另外，汽车坐垫增加了汽车内饰的美观性。根据汽车内饰的颜色搭配，也可以根据车主的喜好改变坐垫的风格，美化车内的环境，减少长途旅行的疲惫。

2) 保护座椅

汽车坐垫可以减少真皮座椅和布艺座椅的磨损，起到很好的保护作用。

3) 健康

好的汽车坐垫可以促进血液循环，消除紧张疲劳，达到很好的保健效果。现在的真皮坐垫，有纯羊皮的、牛皮的，该类坐垫的透气性好，纯天然，高贵大方，华丽非凡。另外，含有决明子、磁疗石、活性炭的坐垫，能促进血液循环，以增加血液的含氧量，有效地缓解疲劳，调节机体新陈代谢，对背部的经络穴位有疏导、静态按摩的健康之效，改善人体免疫功能，平衡阴阳，提高人体对疾病的抵抗力，从而达到保健目的。

4) 多功能化选择

汽车坐垫有夏凉垫、春秋垫、冬季毛垫以及最方便的四季垫。更加方便了车主的选择。

2. 汽车坐垫的分类

汽车坐垫是汽车重要的室内装饰品之一。随着汽车工业技术的不断发展以及人们对生活和工作更加完美的需求越来越高，目前，汽车坐垫的款式也是多种多样。

汽车坐垫按工艺分类：手工汽车坐垫(如图 6.18 所示)、机织汽车坐垫(如图 6.19 所示)、手工针刺汽车坐垫。

图 6.18　手工汽车坐垫　　　　　图 6.19　机织汽车坐垫

按材质不同，坐垫可分为纯毛坐垫、混纺坐垫和帘式坐垫三类。

1）纯毛坐垫

该种坐垫具有乘座舒适、柔软度好、透气性能优良等特点，同时还可以有效防止车室静电的产生，但价格较高，适用于中、高档汽车。本种坐垫是专用于冬季使用的保暖型豪华坐垫，它是用羊毛和仿毛之类的保暖材料制成的坐垫；包覆在汽车座椅上，既豪华气派，又保暖舒适，但其消耗材料多，价格太贵，且不便于更换、清洗及保存。

如今，市面上不同材质的车用坐垫，其中以羊毛坐垫最为高贵、奢华，也是不少爱车人的首选上品。纯羊毛坐垫又叫羊剪绒坐垫，它的特点是手感好，不易掉毛，摸上去毛茸茸的，看上去就给人温暖舒适的感觉。

一般优质羊毛坐垫光泽鲜亮，色彩柔和，优质羊毛坐垫手感细腻、柔滑；另外，用手分开毛楂，优质产品在皮毛裂缝、皮块拼接处一般无明显拼缝，用手轻轻拽拔毛皮也不会出现掉毛现象，但这种坐垫价位也较高。

2）混纺坐垫

该种坐垫根据参与编织的原料不同，可细分为棉麻混纺坐垫、棉毛混纺坐垫等。其中棉麻混纺坐垫具有透气性能优良、韧性强，易于日常清洁护理等特点，但若护理不当会出现黄变，影响视觉效果。混纺坐垫含棉、毛量越高，其柔软程度越好。

还有一类化纤与棉麻混纺的坐垫，其价格低，透气性好，但易产生车室静电，适用于中、低档汽车。本种坐垫适用于夏天使用，使用起来比较清凉、舒适；但它在使用换季时，更换比较麻烦，坐垫只能整体进行调换，才能换上冬季坐垫。调换的多件套汽车坐垫体积较大，不便于携带与保存，占用较多汽车空间。

3）帘式坐垫

帘式坐垫一般用硬塑制品或竹制品串联而成，其透气性极佳，比较清凉且经济实惠，适于高温季节或车室空调环境不良的情况下使用。但这种坐垫受潮易变色，发霉变质和变形，汗渍浸透还会容易产生细菌，对人体健康不利，其外表也不太美观漂亮，不太适合中、高档型汽车室内使用。

不同材料的坐垫适合不同的季节。夏季，一般选用凉快、透气性较好的真丝汽车坐垫、亚蚕丝汽车坐垫、雪菲丝汽车坐垫等手工编制和牛皮汽车坐垫；冬季，可以选择比较暖和的羊毛汽车坐垫、裘皮汽车坐垫、羽绒垫、仿毛垫。还可以选用四季皆宜的特种坐垫，如养生垫、布艺坐垫和含磁石的磁疗坐垫。

6.8.2　头枕

汽车头枕处在座椅上方乘员的头部位置，是一个固定且表面松软的枕头。除了为乘员增添舒适感外，其最主要的功能在于保护颈部使其不扭伤。汽车座椅的头枕又称为靠枕，它是为提高汽车乘坐舒适性和安全性而设置的一种辅助装置，如图 6.20 所示。

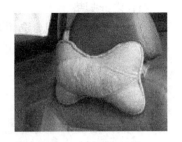

图 6.20　汽车头枕

汽车头枕在许多车主的眼里只不过是一项舒适性配置，其实，头枕也是一项安全装置。人们对汽车正面撞击时的安全防护往往比较重视，如配置双气囊、佩带安全带等；而对从汽车后部带来的危险则重视不够，追尾时由于头枕使用不当而造成的头颈伤害就是最严重的一种。头枕可以为乘员的头颈部提供很好的保护，所以选购汽车时应选择后排座装头枕的汽车。为了减轻撞击中的头、颈受伤程度，颈部扭曲必须控制在最小幅度内。

汽车头枕分为固定式和活动式两种。在高靠背座椅中，头枕与靠背做成一体，头枕不可拆卸，这种高靠背座椅主要用于客车上，如大客车。在低靠背座椅中，头枕与靠背是可分离的，头枕是一个单独的物体，用单插销或双插销形式入座椅靠背的插座，固定在靠背上，这种低靠背座椅多用于乘用车上。

低靠背座椅的头枕分可调节式或固定式，可调节式又分为手动调节或电动调节，用以调节头枕的上下高度和前后角度。现在乘用车的座椅头枕多是可调节式，调节头枕可以使得头枕与乘员颈背形状更加贴合，贴合越好安全性越高。一些高级轿车的前排头枕都可以电动四向调节(上下前后)。经济型车的座椅头枕一般是手动调节或是固定的，手动调节多数只有上下方向调节。从保护乘员的安全这一点出发，头枕应当选择可调节的，以适应不同身高乘员的需求。

6.8.3　汽车脚垫

汽车脚垫是集吸水、吸尘、去污、隔音、保护主机毯五大主要功能为一体的一种环保汽车内饰零部件。汽车脚垫可以有效防止鞋底残留的水分、脏物造成与离合器、制动器和油门间的滑动，避免安全隐患，降低内饰被污染和损坏的可能性，毕竟清洗脚垫比清洗内饰更方便、更经济。

图 6.21　汽车脚垫

厚实的底材可以阻止底盘噪声和轮胎噪声，提高驾驶舒适性。绒面类汽车脚垫还可以将剩余的噪声和车内音响回音等彻底吸附干净，保护听觉不受损伤。所以，汽车脚垫是很多车主在买车后必备的汽车装饰用品，如图 6.21 所示。然而，这样一个小物品却容易被车主忽视保养和使用安全。

1．汽车脚垫的分类

汽车脚垫按功能进行分类，可分为专车专用型脚垫和通用型脚垫；按形状进行分类，可分为平面脚垫和立体脚垫；按制造工艺进行分类，可分为手工脚垫、机器编织脚垫和机

器注塑脚垫；按材质进行分类，主要有化纤脚垫、亚麻脚垫、PVC 脚垫、橡胶脚垫、呢绒脚垫、皮革脚垫及 VSQ 脚垫等。

1) 化纤脚垫

优点：汽车厂唯一选用原装配套材质脚垫，有良好的耐蛀、耐腐蚀性能，是环保产品，选料讲究，美观高档。能将吸水、吸尘、去污、隔音、保护主机毯等功能发挥至极点。

缺点：价格高。

2) 亚麻脚垫

优点：价格便宜。

缺点：清洗后容易起毛，而且清洗几次之后会变形，导致脚踩上去之后脚垫表面深陷，影响舒适性，为避免滑动建议经常更换。

3) PVC 脚垫(塑料脚垫)

优点：容易清洗。

缺点：冬天容易变硬，会滑动，部分产品原材料质量不可控，味道重。

4) 橡胶脚垫

橡胶脚垫跟塑料脚垫一样，清洗都很方便。橡胶脚垫在温度变化比较大的情况下不那么容易变形，冬夏使用都适宜。缺点是味道较重。

现在 TPE 汽车脚垫综合了 PVC 脚垫和橡胶脚垫的优点，无毒无味，弹性防滑，防静电，不受温度影响，容易清洗，有较好的触感，使用寿命长。

5) 呢绒脚垫

优点：样式齐全，花色繁多、装饰性强、新型实用，能有效减少噪声。

缺点：手工产品，价格一般较高，不容易打理。

目前市场上主要有绒质和纯羊毛两种。

6) 皮革脚垫

优点：清洗方便。

缺点：不吸水、吸尘，隔音不好。

7) VSQ 脚垫

优点：高分子有机物质，绿色环保安全无公害、无异味；可进行生物降解，废弃或燃烧时不会对环境造成伤害，且可回收再次利用。同时 VSQ 材质具有优良的绝热、绝缘、耐化学腐蚀、防水防潮防渗透性能。除此之外，VSQ 脚垫超强耐磨，抗冲击性能良好，抗压强度极高，对臭氧、紫外线、电弧有着良好的耐受性，耐高低温性好。

缺点：价格高。

2．汽车脚垫的选装

目前，市场上的汽车脚垫种类繁多。选装一种合适的汽车脚垫，可以参考以下几点进行：

1) 选用原装专车专用脚垫

原装专车专用脚垫与底盘型腔紧密贴合，更好保护主地毯，而且可以达到隔音、防滑作用，安全性、舒适度都较好，如图 6.22 所示。

图 6.22　专车专用脚垫

2) 选择正规环保脚垫

选择有正规环保检测报告的脚垫，可以有效避免车内的二次污染，保证乘车人的健康。

3) 制作工艺

观察脚垫的做工是否精细，花型是否漂亮，吸水吸尘、去污、隔音等性能。吸水、吸尘、去污可以最大化地避免主地毯和其他内饰部分受污染和损坏。

4) 生产厂家

专业制造商可以保证脚垫的质量，对脚垫后期的维护也比较有利。

5) 仔细看

看大小：脚垫的形状和尺码与汽车空间要合适，尺寸过大或者过小都会在刹车过程中导致脚垫移位，一旦踏板被脚垫卡住或勾住就可能引发恶性交通事故。

看厚薄：脚垫厚一点，虽然舒服，却往往是最危险的。换新脚垫后一定要先试试油门、刹车和离合器，是否可以一踩到底。

看材料：脚垫的材质是最重要的，不易磨损、易于清理的脚垫最为理想。

看定位：有些车辆地板上会装有脚垫的定位扣，在选购新脚垫时一定要注意有无定位孔。

6) 选择性价比高的脚垫

3. 汽车脚垫保养

选装一款合适的脚垫之后，就要对脚垫进行保养。

1) 闻气味

由于市面上销售的大部分汽车脚垫都是化工产品，一般会有一些气味。如气味异常，建议把脚垫放在通风的地方晾几天，进行"除味"处理。

2) 看颜色

平时需勤洗脚垫。使用一段时间后，若发现脚垫颜色变暗变深，则说明已经脏了，里面藏有细菌，这时就需要清洗或更换。

3) 注意清洗方法

下雨天或是洗车过后，一定要谨防脚垫上残留的水锈蚀车底盘，建议车主在晴好天气将脚垫取下晾晒，让残留的水充分蒸发。仿绒毛、尼龙等材料制成的脚垫，一定要晾晒几天后方可继续使用；塑料脚垫，可以直接拿水冲或者用刷子加清洗液进行清洗；皮革脚垫，可以用湿抹布擦拭，但不能用水直接冲洗。

4. 脚垫的选装

可以根据车内地板和内饰的装饰色调，选择合适的脚垫成品或原料。主要有以下两种方法：

(1) 当选择的脚垫是合适的成品时，可直接布置在清洗后的地板上。

(2) 当选择的是原料时，可按车内地板布置需要的形状尺寸进行裁剪，分成几块，以方便使用为准。

6.8.4　车内用品

用心装点一番自己的爱车，使其舒适、美观，富有个性是私家车主的一大心愿。目前较为流行的轿车内装饰物品有以下几种，车主们可以根据个人爱好选择。

车内用品主要分为实用型和美化型两大类，也有两者兼顾的。

1．实用型装饰品

1）附加头枕

如果经常开车，就会在实际中发现，很多轿车的头枕位置太靠后，车主如果要直视前方，根本靠不到头枕，所以颈部在开车的时候会很累。安装一个附加头枕，可以减轻颈部的疲劳。附加头枕多为内部充棉的真丝面料头枕，固定在原有的头枕上。

2）抱枕

女性车主身材娇小，驾车时为扩展视野，常常需要在背后加个抱枕。不同的抱枕之间最主要的差别就是抱枕套的花样设计，车主选择时多以可爱为标准，在色彩上多讲究搭配效果，可参考车内的色彩，既可选择同色系也可选择对比色系。只要配合得当，均能获得良好的视觉效果。

3）转向盘套

给转向盘加上一个合适的转向盘套，不但可以在冬天增加手上的温暖程度，还可以给驾驶带来更多的方便与欢乐，并且可以保护转向盘免受磨损，一举多得，如图 6.23 所示。

如果按照材质的不同来分类，可以分为长毛绒、毛绒、丝绒、厚布面、仿皮、皮革、潜水布、胶粒，真皮以及高密度羔羊毛等，还有在此基础上进行了一些改进的材质，如夜光皮革。

绒套摸起来舒服，而且颜色更多更活泼，适合女性车主。真皮套显得更高档，在驾驶者的手握位置设置上凹槽，握上去比较顺手。

在选择转向盘套时，要注意与整体的内饰风格和色彩相符合，冬季可以选择感觉较暖的毛绒或厚布面等材质；夏天可以选择胶粒、仿皮或潜水布等材质。若十分喜欢绒制材料的，也可以选择相对比较细腻的丝绒材质。

4）手机支架

中、低档车里往往没有手机支架，但是如果安装上一个支架，在开车的时候就可以不必从口袋里掏手机了，而且如果手机还是有耳机的，操作起来就更方便了，如图 6.24 所示。

图 6.23　转向盘套　　　　　　图 6.24　手机支架

2．美化型装饰品

1) 吊饰

瓷器娃娃、毛绒小动物、佛像、名人照等吊饰，既能美化车内环境，又能给车主带来愉悦心情。但需要注意的是吊饰的吊线不能太长，吊挂位置要尽量远离司机视线。

2) 纸巾盒

副驾驶座位上的乘客往往可能会在开车的时候吃东西，那纸巾盒就是必不可少的东西了。这种类似的装饰物质地柔软、做工精美，价格根据材质不同而高低不同。

3) 布偶

市面上的布偶分为有吸盘式和无吸盘式两种，有吸盘的布偶可粘在玻璃上，无吸盘的布偶则多放置于后座头枕的后方或其他可摆放的地方。为了创造整体风格，可选择几个不同的布偶排放成型，给人以视觉上的整体美感。

4) 小摆设

将自己喜爱的饰品放在仪表板上缘位置，即驾车者目光常接触的地方，可使驾驶员有好的心情，但要放平放稳，以免紧急制动时饰品损伤玻璃。

5) 影音系统

对汽车音响的选择，可以根据自己的喜好和经济承受能力。目前，专为汽车设计的 CD、VCD、DVD 能让乘员在车里得到家庭影院般的享受。DVD 或者 VCD 的显示屏不光可以安装在仪表台上，还可以装在前排座椅的后背上，或者装在副驾驶座前的夹板后面。放下夹板，就可以欣赏电影，收起夹板，还能保护显示屏不被划伤。

以上这么多可爱又贴心的缤纷饰品，其设置方法应遵循以下五点简单的原则。

(1) 协调

饰品颜色必须和汽车的颜色相协调，不可盲目追求高品位、高价位，以免弄巧成拙，比如浅色车的内部应尽可能地避免配以深色的座套及红色的地毯等。

(2) 实用

根据车内空间的大小，尽可能地选用一些能充分体现车主个性的、小巧美观、实用的饰物，如茶杯架、香水瓶、储物盒等。

(3) 整洁

车内饰品应做到干净、卫生、摆放有序，给人一种整齐划一、自在清爽的感觉。

(4) 安全

车内饰品绝不能妨碍驾驶员的安全行车或乘员的安全，如车内顶部吊物不宜过长、过大、过重；后风窗玻璃上的饰物不要影响倒车视线等。

(5) 舒适

车内饰品的色彩和质感要符合车主的审美观。车内空间不大，因而香水的味道不宜太浓，最好清新自然一些。

6.8.5　其他车内用品

车内用品中比较常用的还有车内温度计、指南针、坡度仪、电子钟，用以提供行驶方向、时间及各种环境信息；为方便夜间行车，还有各种规格齐全的饮料架。车内吸尘器用于车内座椅、地毯上的灰尘、烟尘、面包屑及小颗粒垃圾的清扫。车内万用置物箱可存放

太阳镜、录音带之类的常用物品，可避免驾驶员开车时侧身弯腰到手套箱去拿东西。

此外，车内用品还有太阳镜架、香烟盒架、票据夹、雨伞架、电须刨、室内镜、猫眼、硬币盒、相架、笔架、磁带架、香水架、反视镜等。

思考与练习

一、思考题

1. 如何选装汽车脚垫?
2. 如何保养汽车脚垫?

二、练习题

1. 填空题

(1) 汽车坐垫主要具有( )、( )和( )功能。

(2) 坐垫按材质不同，可分为( )、( )和( )三类。

(3) 混纺坐垫根据参与编织的原料不同，主要可分为( )和( )两大类。

(4) 汽车脚垫按功能进行分类，可分为( )和( )；按形状进行分类，可分为( )和( )。

2. 判断题

(1) 纯毛坐垫具有乘座舒适、柔软度好、透气性能优良等特点，同时还可以有效防止车室静电产生。 ( )

(2) 皮革脚垫可以用湿抹布擦拭，也可以用水直接冲洗。 ( )

第7章

太 阳 膜

【本章概述】

    本章主要介绍汽车太阳膜的发展、种类、作用，太阳膜的真伪辨别方法以及汽车太阳膜的贴装方法等内容。

    第一节介绍汽车太阳膜的种类及其功能。

    第二节讲述太阳膜的市场现状。

    第三节讲述太阳膜的贴装注意事项和汽车贴膜的步骤。

【学习目标】

    知识目标:

    熟悉太阳膜的发展及作用；

    掌握太阳膜的种类；

    掌握太阳膜的贴装方法。

    能力目标:

    正确认识太阳膜的类型及真伪辨别方法；

    掌握太阳膜的贴装方法。

7.1 太阳膜概述

太阳膜(solar film)又叫隔热膜，早期的太阳膜是用来贴在建筑窗子玻璃上的，也就是所谓的"建筑膜"。后来又开发出厚度大、防爆功能特强的"安全膜"，以及汽车用的"车膜"。与其相关的还有从太阳膜基础上发展出来的防爆膜；就应用范围来讲，太阳膜分为建筑膜、汽车膜、海事膜、航空航天技术膜等。如图7.1所示。

太阳隔热膜最早在20世纪60年代由美国3M公司研制，到今天，已有超过半个世纪的历史。

图7.1　太阳膜

许多现代建筑都采用玻璃幕墙、大玻璃和落地玻璃门(阳台)。这种情况在改善房间景观的同时，却使传入室内的太阳辐射热量增多，增加了房间空调的用电。目前建筑能耗中的第一杀手就是空调，空调能耗已经占到了建筑能耗的20%～50%。

为了解决以上问题，美国研制出了太阳隔热膜，它具有隔热节能、抗紫外线、美观舒适、安全防爆等功能，有效便捷地解决了玻璃带来的很多问题。

在汽车玻璃表面粘贴的膜俗称为防爆膜，最初是称为太阳膜。顾名思义，汽车贴膜都是为了对付夏季火辣灼热的阳光以及紫外线。防爆膜除了隔热隔光之外，还具有防爆功能。优质的防爆膜是用特殊的聚酯膜做基材，膜本身就具有很强的韧性，并配合特殊压力敏感胶，遇到意外时，玻璃破裂后被膜粘牢而不会飞溅伤人。现在汽车防爆膜还具有单向透视、降低眩光的功能。

7.1.1 太阳膜发展史

第一代汽车膜是涂布与复合工艺膜，早期叫太阳纸，也叫"茶纸"，其主要的作用是遮挡强烈的太阳光，这类汽车膜是较早期出品的，基本不具备隔热的作用，非常容易褪色(通常变为紫色)，并且在长期使用后易起泡。

第二代汽车膜是"染色膜"，目前市场上所见的染色汽车膜多为深层染色工艺，以深层染色的手法加注吸热剂，吸收太阳光中的红外线以达到隔热的效果，但吸热饱和之后会产生远红外线进行二次辐射，对人体伤害更大；而因其同时亦吸收了可见光，导致可见光穿透率不够，加上本身工艺所限，清晰度较差。它的隔热功能衰减很快，而且容易褪色，但价格相对较便宜。

第三代汽车膜是"真空热蒸发膜"，采用的是真空热蒸发工艺，是将铝层蒸发于基材上，达到隔热效果。这在通常所说的金属膜领域，大多数只含单层金属，且金属层不均匀，虽具备较持久的隔热性，但弱点在于清晰度不高，影响视野的舒适性。它的另一大突出弱点是反光较高，类似于镜面的高反光，容易造成光污染。有些产品为减少反光，在膜内的胶中掺有染色剂，易老化褪色。

第四代汽车膜是"金属磁控溅射膜"。磁控溅射工艺经历了多种技术革新，可将镍、银、钛、金等高级宇航合金材料采用最先进的多腔高速旋转设备，利用电场与磁场原理高速度、高力量地将金属粒子均匀溅射于高张力的 PET 基材上(可实现多层金属同时溅射在一张膜上)，依靠反射，高效率阻隔红外线的热量。但是由于金属层较多较厚，会在一定程度上影响通信信号，且反光较高，若使用保养不当则容易出现氧化现象，影响隔热性能和美观度。工艺代表品牌有：北极光、威固等知名品牌。

第五代汽车膜是"陶瓷膜"，是有别于传统膜用金属或染工艺制造的隔热膜种，在国际上称之为"IR 膜"或"吸热膜"。通过含有 ITO\ATO(金属氧化物粉末)的涂覆层对红外线、紫外线进行强吸收，相对于金属膜，解决了氧化问题、金属层屏蔽问题，但其吸收的热量达到一定饱和度时就失去了隔热作用，而且对施工要求较高，稍有不慎会将膜体烤坏呈现出陶瓷裂纹或气泡。工艺代表品牌有 3M 等知名品牌。

7.1.2　太阳光谱知识

- 紫外线谱带：波长 280～400nm(纳米)，其特点是穿透性强，可使人体皮肤黑色素沉积，颜色加深。过度的紫外线暴晒会导致皮肤癌，可导致地毯、窗帘、织物及家具油漆褪色。

- 可见光谱带：波长 380～780nm，其特点是肉眼可以看见的唯一光谱，可见光波段可以进一步分为不同的颜色(赤橙黄绿蓝靛紫七色)，对人体没有直接伤害。

- 红外光谱带：波长 700～2400nm，其特点是我们可以直接感受到阳光"不可见"的热量，所含能量最大，所以热量也高。

    总的太阳能阻隔率也就是隔热率是这样计算出来的：

    隔热率=红外线占 53%×阻隔的比例+紫外线占 3%×阻隔的比例+可见光占 44%×阻隔的比例

了解了这个公式就可以自己计算出太阳膜的真实隔热率了。

7.1.3　太阳膜隔热原理

太阳膜的诞生彻底改变了我们裸晒在日光下的生活，而太阳膜的隔热原理却并非是来自实验室的专门立项研究，相反却是源于一位伟大发明家的偶然发现，这位发明家就是被誉为"世界发明大王"的爱迪生 1888 年，爱迪生发明留声机后，他将注意力转放到了研发电影上。试验中他拍下一系列照片，将它们迅速地、连续地放映到幕布上产生出运动的幻觉，而这些照片的载体就是我们众所周知的"胶片"。这时他发现了一个非常有趣的现象，那就是同样受电灯强光、强热照射的胶片，颜色越深的就越能阻隔吸收电灯所散发出的热量，于是爱迪生把这个发现随手记在了自己的工作笔记中，恰恰就是这个偶然的发现，奠定了早期太阳膜的理论基础。

而在现代太阳膜生产技术中，往往是通过真空喷镀或磁控溅射技术将铝、金、铜、银等金属制成多层至密的高隔热金属膜层。金属材料中的外壳层电子(自由电子)一般没有被原子核束缚，当被光波照射时，光波的电场使自由电子吸收了光的能量，而产生与光相同频率的振荡，此振荡又放出与原来光线相同频率的光，称为光的反射。金属的导电系数越高，穿透深度越浅，反射率越高。这些金属层会选择性地将阳光中的各种热能源，包括红外线、紫外线及可见光热能反射回去，再配合膜上的颜色对太阳热辐射的吸收后，再二次向外释放，随着室外的空气流动带走一部分热量，从而有效起到隔热的作用，如图 7.2 所示。

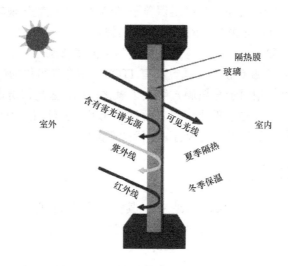

图 7.2　太阳膜的隔热原理

防爆膜用金属反射材料大都使用高导电率的金、银、铝与铜等材料，几种金属反射膜在不同波长的反射率如表 7.1 所示。

表 7.1　几种金属反射膜在不同波长的反射率

金属种类	800nm 的反射率(%)	650nm 的反射率(%)	500nm 的反射率(%)
铝	86.7	90.5	91.8
银	9.20	98.8	97.9
金	98.0	95.5	47.7
铜	98.1	96.6	60.0

7.1.4　太阳膜的功用

自汽车防爆太阳膜进入我国汽车美容市场以来，由于汽车防爆太阳膜(如图 7.3 所示)卓越的功能，受到了爱车一族及业内人士的青睐，其主要功能如下。

1) 创造最佳美感

防爆太阳膜能使汽车的风窗玻璃显现艳丽悦目的颜色。

2) 提高防爆性能

汽车防爆太阳膜可以提升意外发生时汽车的安全性能，使汽车

图 7.3　太阳膜

玻璃破碎的可能性降到最低，最大限度地避免意外事故对乘员的伤害。

3) 提高空调效能

汽车防爆太阳膜的隔热率可达 50%～95%，能有效阻断阳光热量进入车内，有效地降低汽车空调的使用，节省燃油，提高空调效率。

4) 抵御有害紫外线

紫外线辐射具有杀菌作用，但对人的肌肤也具有侵害力。对于乘员来说，长时间乘车时，人体基本上处于静止状态，此时更易受到紫外线伤害，造成皮肤疾病。防晒太阳膜可有效阻挡紫外线，保护肌肤。

5) 保证乘车隐秘性

防爆太阳膜具有单向透视性，可保证乘车的隐秘性。

思考与练习

一、思考题

1. 简述汽车太阳膜在应用过程中的利与弊。
2. 汽车太阳膜防爆性能的检测方法有哪些？

二、练习题

简答题

(1) 汽车太阳膜的功能有哪些？
(2) 汽车太阳膜的发展经历了哪些阶段？

7.2 太阳膜的分类和鉴别

7.2.1 太阳膜的市场现状

1. 美国太阳膜市场

美国太阳膜是世界公认的最好太阳膜，美国本土市场有许多品牌的太阳膜。表 7.2 是某个针对美国贴膜店店主的一个市场调查的结果。调查目的是要了解他们店里都在卖什么牌子的太阳膜。有名字的几个品牌是真正的、在美国有自己的生产工厂的美国太阳膜。这几个品牌在中国都有自己的办事处或者是独家代理或者独家经销的合作伙伴。美国汽车太阳膜市场已经是红海，各个品牌都具有一定的竞争力与用户群。同时，美国的太阳膜品牌也占领了绝大部分的世界市场。

表 7.2 美国防爆太阳膜 2007 年排名(占有率)

名 次	品 牌	占有率%
1	LLUMAR(龙膜)	19.01
2	SUNTEK(联邦圣泰)	18.31
3	SOLAR GARD(舒热佳)	14.08
4	同时卖多个牌子的膜	12.68
5	没有工厂的贴牌膜或者不是美国生产的膜	8.45
6	JOHNSN(强生)	8.45

续表

名 次	品 牌	占有率%
7	3M	6.34
8	SUNGARD (森佳)	4.93
9	MADICO	4.93
10	V-KOOL(威固)	1.41

2．中国汽车太阳膜市场概况

随着中国汽车消费的日益旺盛，汽车防爆膜市场空间广阔。据调查，汽车防爆膜越来越受到人们的青睐，新车安装防爆膜的情况越来越普及，盈利空间空前广阔，已经成为汽车用品市场的重头戏。汽车防爆膜在国内出现已有十几年时间，市场增长十分迅速。汽车防爆膜最大的用户群是轿车类，中国家用轿车的增速惊人。因此，汽车防爆膜也有了快速、大量的增长。目前国内市场上汽车防爆膜品牌有千余种，比较知名的主要有龙膜、3M、B100、强生、威固、法拉特、USL、FSK、快特、雷朋、优玛、索尼等。正品牌和贴牌品牌在质量和价格上都有较大差别：正品牌有自己的生产厂家，有研发能力，销售渠道具有规模化的特点，供货比较稳定，品质有保证，售后服务体系完备。单产品本身一般都具备隔热、保温、防紫外线、防眩光、防爆、单项透视的功能。不过中国市场的巨大潜力也导致许多的假冒伪劣产品进入市场。高端品牌虽然几年来一直在市场上发展很快，但其所占的市场份额却只有 20%左右，其他 80%左右的市场被那些所谓的二线、三线甚至伪劣产品所占领，这种两极分化的现象从另一方面也证明了市场的混乱程度。而且高端的品牌都来自欧美国家及日本，因此市场也需要高品质的国产品牌来对抗国外实力强劲的品牌。

1) 中国汽车太阳膜市场规模

汽车销量的迅猛增长带动汽车防爆膜需求的迅速扩张，市场潜力巨大。从图 7.4 可看出，从 2000 年开始，中国汽车太阳膜市场规模在不断扩大，平均年增长超过 60%，这种势头还会继续保持。中国汽车防爆太阳膜市场正步入快车道，显现出巨大商机。

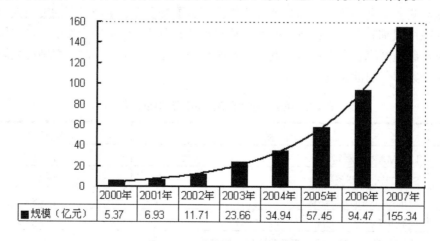

规模（亿元）	2000年	2001年	2002年	2003年	2004年	2005年	2006年	2007年
	5.37	6.93	11.71	23.66	34.94	57.45	94.47	155.34

图 7.4　汽车太阳膜市场规模

2) 中国汽车太阳膜的市场现状

中国汽车太阳膜工业起步较晚，目前国内汽车太阳膜市场上已形成品牌的有雷朋、威固、强生、优玛、3M、大师等为领先品牌的第一方阵，国外原厂品牌进入中国市场的有量子、龙膜等，以及其他一些弱势品牌的杂牌军的布阵格局。

中国国内汽车太阳膜市场调查中发现，太阳膜的市场前景非常大，问题是太阳膜生产企业良莠不齐，一部分企业在生产和销售环节问题多多，令人担忧。具体表现在：

(1) 很多小企业疯狂地生产所谓的品牌货，都是一些没有任何商标注册的贴牌，原料多为中国台湾或韩国大卷。售后服务严重跟不上，质量效应很差，卖点不高。

(2) 有些个人专门生产打标货，什么牌子都生产，市场占有率不高，但严重扰乱了市场，各厂家都采取了行动严厉打击，以致其信誉不好而丢失客户，甚至转行。

(3) 有些小企业当起了搬运工，为每米一元两元的利润忙碌。相互仿制，甚至相互借换，俨然没有一个公司形象，多为体力工的表现。

(4) 有的个人或者个别公司专门做某个大品牌的水货，只为享有短暂的利润，为同行业所不齿，但是也不会长期有货出售。

(5) 4S 店一般账期为 1 个季度，有的更长，甚至是集团采购。这种情况下，代理商、批发商要想和 4S 店合作有很多已经喘不过气来，但是 4S 店的垄断赠送政策已经让行业中的每位经营者唉声叹气。

(6) 一线品牌已经不可能在某个城市设省级代理商，基本上都是自己内部员工在开发每家形象店。二线品牌的门槛太高，昂贵的首次进货额不算，每月还要有标准的任务额，否则完不成的话这个省份的代理权下个季度有可能就要易主了，一般代理商都望而却步。

7.2.2　太阳膜的鉴别与选择

1. 贴前风挡太阳膜的原因

我们都知道汽车贴太阳膜的重要性，现在已很少见到不贴太阳膜的汽车了，但是汽车前风挡贴膜的比例只占 30%左右，这是一个很奇怪的现象。其实通过玻璃进入车内的热量 40%左右是通过前风挡进入的。目前，生产的汽车前工作台大多数是黑色或深颜色的，而黑色和深颜色又特别吸热，再加上现在的停车条件使你无法自由选择停车方向，这样就很难避免你的爱车前工作台的氧化，甚至变形、开裂。不贴车身膜，驾驶员和乘员会感觉到紫外线照射到皮肤上的疼痛和红外线照射到车内的闷热。而如果不贴前风挡膜，不仅会有紫外线和红外线照射到车内，还会给汽车本身造成极大的伤害，所以说汽车前风挡贴膜的重要性远远要超过车身膜。

2. 汽车太阳膜的选择

如何选择汽车前风挡膜是所有养车族需要了解、掌握的基本常识之一，前风挡膜和车身膜一样也分反射膜和吸热膜两大类。

(1) 吸热膜的隔热原理是在太阳膜里加了吸热层，将太阳光中的热量吸纳到吸热层里，热量短时间内不会散发车内，超过其吸纳能力后其热量自然会释放出来(如同海绵吸水，吸满后自然会流水)。由于太阳膜是贴在玻璃里面，所以承受不了的热量只能向车内释放，贴吸热膜的玻璃会使玻璃产生高温。

(2) 反射膜的特殊效果(利用折射原理，将太阳光中的热量折返回去)，不会使你的汽车玻璃产生高温(特别是前风挡玻璃，长时间的高温会使夹胶玻璃的胶层产生质变)。

隔热高、价格实惠、私密性好、透光又高的产品是几乎不存在的，因为隔热私密和透光都有一定的矛盾关系。选择太阳膜，适合自己的才是最好的，应根据自己的行车状况，车体颜色，个人喜好选择，具体内容如下:

1) 前后挡隔热平均

太阳膜市场上宣传较多的是高隔热的前挡太阳膜，而汽车真正的隔热，需要整车均衡隔热，即如果消费者需要的是高隔热的性能，那么前挡太阳膜需要高隔热的，侧后挡太阳膜同样需要高隔热的。

2) 透光需要平衡

根据人眼视觉原理，前挡透光亮度高且无色，侧后挡透光也以亮度高为标准。如前挡无色，透光 75%，侧后挡透光高于 25%以上为宜。前挡有色，就可以搭配私密性强的侧后挡太阳膜。如前挡淡绿色或透光不到 70%，侧后挡则可以搭配透光 25%以下，私密性高的太阳膜。

3) 前挡以红外阻隔率高为原则

红外线是导致人眼酸、眼疲劳的主要原因，红外线阻隔率(近红外)高的太阳膜可以给行车营造舒适的视觉环境，有益于人眼健康。同时，红外线也是热能传递的主要方式，高红外阻隔，能有效保证车内的温控性能，减少热疲劳。

3. 选择前风挡膜和车身膜的差异

车身膜的选择，可以根据自己的经济条件和喜爱选择高档或中、低档膜。而前风挡膜就不同了，汽车的前风挡玻璃是经过严格检验的，包括夹胶胶层也是经过各种光学检验的，外面的光源通过玻璃进入车内不会对驾驶员和乘员眼睛造成伤害，车里面的驾驶员和乘员穿透玻璃看外面的物品也不会有过多的疲劳感。由于驾车行驶时，需要长时间地穿透玻璃看外面的物品。粘贴一层太阳膜(隔热膜)后，如太阳膜(隔热膜)的胶层和风挡玻璃的胶层不能兼容、互补，会产生不良现象，轻的会给驾驶员的眼睛带来疲劳感，重的会给驾驶员的眼睛带来眩晕感，更严重的还会给驾驶员的眼睛带来疼痛感。所以，汽车前风挡膜只能选择大品牌的高档或中档太阳膜(隔热膜)，低档的最好不要选择，杂牌的就别去考虑。如果你资金紧张可以暂时放弃，待资金宽松再去粘贴，不要盲目地选择低档前风挡太阳膜(隔热膜)。

汽车前挡风玻璃是车内空气升温的主要热源透射区，装贴好的前风挡膜后可明显改善车内驾乘环境，同时降低空调的能耗，从而达到节能的效果;对紫外线的高效阻隔，较高的防护系数能有效保护人体肌肤和汽车内饰。

汽车前挡风玻璃受外力重击破裂后，增加一层太阳膜可使碎片不致飞溅，起到保护驾驶员安全的作用。具备防眩光的作用，对太阳强光或会车时对方大灯的刺眼光线有明显的减弱效果。

4. 太阳膜的鉴别

由于市场上太阳膜的品牌繁多，商家以次充好的现象普遍存在，所以对太阳膜的质量鉴别至关重要。太阳膜的鉴别方法如表 7.3 所示。

表 7.3　太阳膜的鉴别

太阳膜表象	分　析		一般原则
胶层颜色辨别	用无色有机溶剂(酒精、汽油等)清洗,有色物质脱落,薄膜透明		染色膜,做工较差
	刮落胶层,呈现白色团状物质		胶层无色
胶层气味辨别	将大于书本面积的薄膜撕开,有明显难闻刺激性气味		胶层材质较差
	有一般性粘胶酸味,无明显刺激性难闻气味		胶层材质较好
抖动声音辨别	单张薄膜抖动时,很清脆的声响		耐膜性能较好
	单张薄膜抖动时,很混浊的声响		耐膜性能较差
薄膜手感鉴别	硬度	手感较硬(所以抖动声音脆)	耐膜性能较好
		手感柔软(所以抖动声音混浊)	耐膜性能较差
	厚度	单张薄膜手感厚实	防爆性能较好
		单张薄膜手感单薄	防爆性能较差
镜面反映辨别	一面有明显的反光镜面感觉,另一面不明显		私密性较强
	双面没有明显区别	透光低	私密性较强
		透光高	私密性较弱
热能烘烤测试	热能灯烤情况下,手感热能明显阻隔		隔热性能较好
	热能灯烤情况下,手感热能无明显阻隔		隔热性能较差

思考与练习

一、思考题

1. 简述中国汽车太阳膜的市场现状及发展趋势。
2. 汽车太阳膜的鉴别方法有哪些?

二、练习题

1. 填空题

(1) 市场上常见的汽车太阳膜的品种有(　　)、(　　)、(　　)、(　　)等。

(2) 抖动声音辨别太阳膜质量时如果单张薄膜抖动时,很清脆的声响则(　　)。

2. 判断题

(1) 太阳膜市场上宣传得较多的是高隔热的前挡太阳膜,而真正汽车的隔热,不需要整车均衡隔热。　　　　　　　　　　　　　　　　　　　　　　　　　　　(　　)

(2) 中国太阳膜工业起步较晚,目前国内太阳膜市场上已形成品牌的有雷朋、威固、强生、优玛、3M、大师等为领先品牌的第一方阵。　　　　　　　　　　　　　(　　)

7.3　太阳膜的贴装

7.3.1　汽车贴膜的步骤

选择好玻璃安全膜后,下一步就是进行贴膜操作。

1．前期准备

1）接车

接受车钥匙和施工单，车辆的初步检查和正确的记录是整个安装过程的必要手续，如图7.5所示。为了避免误会和潜在问题，施工人员应该在安装前检查汽车。

2）清洗车辆、车间降尘

清除车身上的灰尘源、便于下一步车辆检查、净化空气，如图7.6所示。

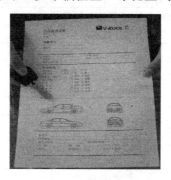

图7.5　车辆检测表格

图7.6　车辆清洗、净化空气

3）车辆检查

按照施工单上的要求，仔细检查：玻璃、漆面、升降器、仪表、内饰等，并让客户确认签字，如图7.7所示。

图7.7　车辆检查

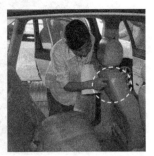

图 7.7 车辆检查(续)

注意：如果发现玻璃面上有微微起伏波浪状，应及时通知客户，如图 7.8 所示。

4) 清理车上物品

要当着顾客的面，清理车上物品，如图 7.9 所示。完成这步工作，并将钥匙交给客户保管。

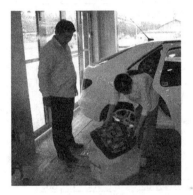

图 7.8 波浪状玻璃   图 7.9 清理物品

5) 准备工具

准备以下工具，如图 7.10 所示。

① 润滑粉：婴儿爽身粉；

② 刀具：美工刀、剃须刀；

③ 清洁润滑液：强生婴儿洗发露、纯净水、水壶；

④ 刮板：牛筋胶扫、铁刮板、前挡专用刮板、修膜刮板；

⑤ 去污粉、百洁布；

⑥ 合成麂皮、纸巾；

⑦ 烤枪；

⑧ 胶带。

图 7.10 工具

6) 整车保护

需要对其他部位进行保护，防止在贴膜过程中由于操作不当等受到损伤，保护部位有：漆面静电保膜、门板保护膜、纸胶带、前后座套、方向盘套、纸脚垫等，如图 7.11 所示。

图 7.11　整车保护

7) 裁膜

应用样板裁膜，样板裁可以有效地利用侧边和上边的弯角，最大限度地利用有限的材料，如图 7.12 所示。

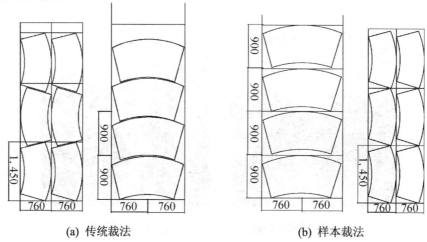

(a) 传统裁法　　　　　　　　　　　　　　(b) 样本裁法

图 7.12　裁膜

2. 外部定型

1) 玻璃外部清洗

用毛巾或刮板将玻璃清洗干净，如图 7.13 所示。

图 7.13　玻璃外部清洗

2) 干粉润滑

用烤枪风干玻璃，取少许润滑粉倒于纸巾上，均匀添于玻璃表面，如图 7.14 所示。其作用是使膜在玻璃表面滑动自如。

图 7.14 干粉润滑

小贴士：粉涂均即可，用量不宜过多，以免给后续工作带来不便的麻烦。

3) 准确定位

以玻璃的上下边为边，用湿纸巾擦出一条水带，水量要少，水带要尽可能的细(以能固定膜为准)，如图 7.15 所示。

图 7.15 准确定位

小贴士：水带和其边缘在一定范围内，烤膜时不会收缩。水带过宽会减少收缩面积，不利于气泡的移动，影响下一步施工。

两个人架起膜，先对准上边的两个角，膜自然下放于玻璃上。擦水处膜与玻璃完全吸附，手指压在水带两头的膜上。上下移动，均分上下两边的气泡。

4) 干烤定型

干烤的作用是全面收缩，不但四边可以收缩气泡，连中间部位都可以解决一部分。

(1) 先烤副驾一侧，顺序如图 7.16 所示。

小贴士：因为干烤法气泡活动自如，先烤的部位是整张膜收缩最多的地方(细心观察两次就会发现这个现象)收缩得多，出现问题概率就高，问题出在负侧比出在正侧更容易让人接受。

(2) 膜的主要受热面积，如图 7.17 所示。

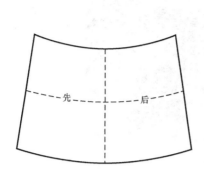

图 7.16　干烤顺序

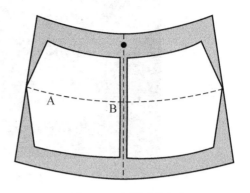

图 7.17　主要受热面积

小贴士：阴影部分为受热收缩面(上面或下面的阴影部的宽度=从中轴水带到上边或下边的 1/3)。不烤 A 区和 B 区，是为了气泡更大范围的活动。如果一个气泡根部被烤后，它的活动范围将大大缩小。

(3) 烤枪走向，如图 7.18 所示。

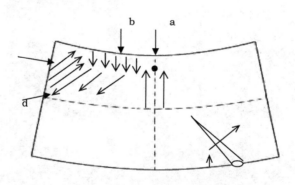

图 7.18　烤枪走向

① 目的：将上边两侧分开，同时收缩反光镜座处气泡。

② 从上边或下边向内侧烤。

小贴士：烤枪在烤边的时候，会有部分热气被吹到膜与玻璃中间，此时的膜处于双面受热的状态。双面受热的膜与单面受热的膜在相同温度下，双面受热的膜要达到收缩状态所用的时间会比单面受热的膜要短一些。所以，同样的温度，同样时间烤边在边有微微烤坏的时候，把烤枪移到内侧烤是绝对安全的(烤坏的边最后可以裁掉)。它就像一个标尺一样时刻提醒着：用多长时间膜已经收缩合，有效地降低了风险。

③ 在 b 向的过程中，如果有较大的汽泡在原位收缩不完，由于烤枪的前移，由于烤枪的泡会被拉斜。此时烤枪拉下会将部分气泡转移到中间，减少侧的收缩强度。

④ 因为膜是竖着下的料，所以上边的收缩率会比侧边的多。正是因为收缩率低，要先收侧边，收不完的全部赶到上边收。

烤枪调到适当温度(例如：烤 V-KOOL70 约 260℃～320℃)出风口离开膜约 5cm 以高频率、小范围旋转的方式缓慢移动，对膜加温运动状态的烤枪，在膜即将被烤坏前能迅速移开，反应速度快。

在以上工序操作中，难免会有某些点未收缩饱和，可以观察膜收缩后所形成的"斑块"，斑块越小收缩得越多，大则反之，如图 7.19 所示。

图 7.19　收缩后形成的"斑块"

(4) 大弧度车型。如图 7.20 所示，左图所示将一大气泡挤在中间待湿烤时下刀解决；右图将大气泡根部反光镜座四周烤平。

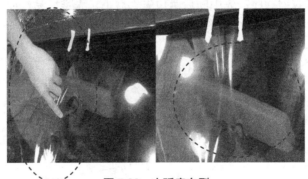

图 7.20　大弧度车型

5) 湿烤定型

(1) 待玻璃凉后，向玻璃与膜表面喷水，如图 7.21 所示。

图 7.21　湿烤定型

(2) 四边对齐后，将膜以十字架式固定。

小贴士： 由于干烤时，中间部位留有气泡，所以在用威固蓝色牛筋扫固定时，要手在前面，刮板在后面，配合刮水，不易刮折膜，如图 7.22 所示。

图 7.22　刮水

(3) 以十字架中心为起点，向四角将膜刮平。

小贴士： 中间部位留有一部分水，以便下一步操作。

(4) 残余的气泡收缩顺序：先中间后两边先大后小、先难后易，如图 7.23 所示。

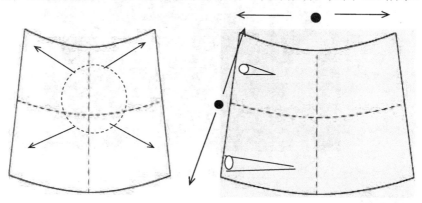

图 7.23　烤枪方向

(5) 烤枪吹气泡根部，刮板 45°角于气泡向角上刮，直至大气泡均匀散开成若干个小气泡(小到最多不超过两刮板就可以做掉)，如图 7.24 所示。因为这样就避免了反复赶刮最边缘，能有效避免氧化问题。

6) 精裁

用垫片裁膜时，一塑料片(可用雕牌洗洁精壳)切成小三角状，将刀片插入行成剪刀状夹角。

小贴士： 刀片最好用剃须刀。为方便拿捏改进工具，用两片美工刀片夹住剃须刀，如图 7.25 所示。用剃须刀片切口细腻，膜不易氧化，但不易掌握。

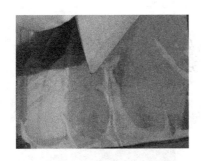

图 7.24　刮板刮掉气泡

图 7.25　美工刀

将膜裁开，压点贴膜大小裁至陶瓷点外的黑边上 1~2mm 处，如图 7.26 所示。

压点贴膜时，陶瓷点经过处理，表面粗糙、附着力增强；但陶瓷点处还是凹凸不平的，仍然容易起气泡，且被暴晒后会起白边。而黑边处是平的，经处理后附着力接近平面玻璃。因此，压点贴膜最好压到黑边上。遇大弧度车型无把握压点贴膜的，可按老方法不压点。

图 7.26　精裁

7) 卷膜

卷膜的过程，如图 7.27 所示。

(1) 降尘后用麂皮擦净四边，如图 7.27(a)所示。

(2) 揭开四角喷水后合上，如图 7.27(b)所示。

(3) 将膜卷起，卷得尽可能细一些，以便下一步施工，如图 7.27(c)所示。

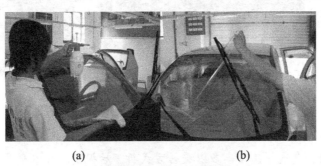

(a)　　　　　　　　　　　　　(b)

(c)

图 7.27　卷膜

3. 内侧张贴

1) 陶瓷点的处理

选择刀具时，为方便拿捏，可以用剃须刀片处理陶瓷点，如图 7.28 所示。

反复磨刮四边的陶瓷点，直至陶瓷点表面明显粗糙，阻力明显增大即可，如图 7.29 所示。

图 7.28　剃须刀片　　　　　　　图 7.29　磨刮陶瓷点

小贴士：陶瓷点处理得好坏与否直接影响着气泡的处理，陶瓷点处理得越粗糙膜就越好贴。

2) 内侧玻璃清洗

(1) 拆下后视镜，揭掉年检、环保等标识并放好，将残余胶清除，如图 7.30 所示。

(a) 清除标识　　　　　　　(b) 拆后视镜

图 7.30　清除标识、拆除后视镜

小贴士：大众、奥迪等德国车多以旋转方式拆下后视镜；日本车多以卡扣式；韩国车多以推拉式。

(2) 向玻璃上喷水清洗

① 第一次喷水

水量要少，将威固去污粉倒在百洁布上，揉洗玻璃(注意仔细清洗陶瓷点处)然后用纸巾擦除、擦净，如图 7.31 所示。

② 第二次喷水

刮除是配合上一步清除残余污粉，然后向四周喷水降尘，用合成麂皮擦净反光镜座及 A 柱，如图 7.32 所示。

图 7.31　第一次喷水

图 7.32　第二次喷水

③ 第三次喷水

第三次喷水量应少且均匀，刮水时应注意反光镜座及四条边，如果不干净可再洗一遍，如图 7.33 所示。

图 7.33　第三次喷水

④ 第四次喷水

向车内四周喷水降尘，向玻璃喷水。反光镜座及上边水要少，喷匀即可。

(3) 上膜

擦干十指，揭开膜的一边(长约 20cm 左右)，基膜随膜卷转动，喷上水。膜贴在玻璃上，滚动膜卷，依次揭开，粘贴，如图 7.34 所示。

图 7.34　上膜

(4) 赶水

① 膜在玻璃上精确定位后，喷上水，用前挡专用刮板以 T 字形固定。将大部分气泡分在上边两侧。边缘部位和后视镜座处可用纸巾将水吸干，以免起泡，如图 7.35 所示。

图 7.35　赶水

② 用前挡专用刮板以 T 字形中心为起点向角上赶刮(先刮上边两区)。将水赶出(可将部分水赶到残余泡周围)。

前挡刮板只要经常在台布上磨润滑，就可以在不垫保护膜的情况下直接赶膜。每次刮光水后用麂皮清洁刮板以防有异物伤到膜，如图 7.36 所示。

图 7.36　清洁刮板

(5) 处理气泡

① 大气泡的处理(如图 7.37 所示)

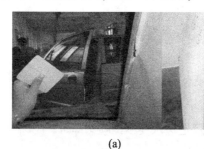
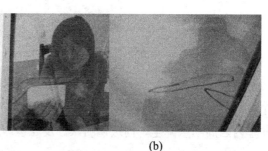

(a)　　　　　　　　　　　　　　　(b)

图 7.37　大气泡处理

如图 7.37(a)所示，用前挡刮板 45°角与气泡从根部向角上刮，刮至气泡不易刮动为止。

如图 7.37(b)所示，从气泡的中间向上刮，使气泡从中间断开，然后刮掉边上的小气泡，再处理中间的气泡就很容易。

② 小气泡的处理(如图 7.38 所示)

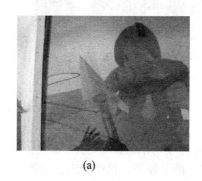
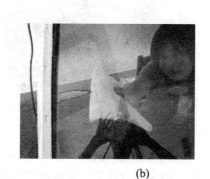

(a)　　　　　　　　　　　　　　　(b)

图 7.38　小气泡处理

如图 7.38(a)所示，用刮板在前面缓慢将气泡赶压下去，烤枪大风门跟在后面。这样做的好处是：气泡附近有一定的水分。气泡被赶压的时候，会散开这一区域共同收缩；给膜加温，增加胶的黏度；可以把四周的水吹干，没有水气泡不易回弹。

如图 7.38(b)所示，用纸巾包住刮板赶气泡。这样做的好处是：一人容易操作，赶完后水即被吸干，能有效地控制残余的水，减少脏点的产生。

(6) 赶水

向膜上雾水少许，用前挡刮板依次赶刮一遍，并用三角修膜刮板将下边刮干，如图 7.39 所示。抽出台布，用纸巾包住三角刮板刮膜的四边，将残余水分吸干。然后用烤枪风干四周。

注意：压点贴膜，最后一定要风干四周，否则隔天起泡会很难修。

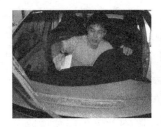

图 7.39　赶水

(7) 检修

① 检修灰点、虚印、折痕

用前挡刮板用力地挤搓尘点处，将灰尘点压到膜胶层中尘点周围没有了被尘点抬起的空间，此时膜内的尘点和玻璃外面的尘点没有太大的区别；虚印和折痕，可以给其加温并用指甲刮修，如图 7.40 所示。

图 7.40　检修

② 装上后视镜，如果膜在定型过程中被反复多次加热定型(主要是湿烤这一步)。应及时进行封胶处理，以免边部被氧化。反之，则待膜内水干后再封胶，如图 7.41 所示。

图 7.41　封胶处理

4．后期处理

(1) 清洗车辆，收工具。

(2) 验收，配合公司相关人员，以公司施工程序表验收车辆并交车钥匙与施工单。

(3) 当着客人的面将其物品物归原主，并提醒接待人员告知客户关于膜的相关保养事项。

7.3.2 注意事项

在太阳膜贴装过程中，应注意以下几点：

(1) 贴膜时所用的水一定要经过过滤或沉淀。

(2) 若没有密闭室条件，须关闭所有车门再贴。

(3) 毛料或者有棉絮的衣服不适合贴膜穿，因为衣服上的棉絮或羊毛会被静电吸到膜上面。

(4) 在未拆开保护膜时，必须把膜表面喷一些水，可防灰尘及沙粒。

(5) 玻璃洗好后或拆开保护膜时，不可让别人开关车门，因为开关车门会造成空气快速流通带入大量灰尘或沙粒。

(6) 喷壶底部往往不干净，底部沙粒会掉到膜上，使用喷壶时，不要在膜上方晃动。

(7) 拆开保护膜后必须以两个指头捏住太阳膜，手捏的部分会有指纹和沙粒，技巧在于能控制膜为原则，尽量捏少一点。

(8) 刮水清洗玻璃时有固定方式，若随便刮水，或刮水断断续续或不知收尾都会带来沙粒。

(9) 侧边或底部刮板无法完全到达，必须冲水。若用卫生纸清理时，应注意防止使用脱脂卫生纸才不会有灰尘。旧车或三角窗更应注意冲水，但顶部不可冲水，以免脏物随水下滑。

(10) 清洗车窗时应先将车窗摇下来，才可清洗到顶端。刮完水，玻璃摇升之后，上端不可再刮水。

(11) 烤膜时，要时刻注意玻璃温度，不能在一处长时间烘烤，要勤换位置。

(12) 玻璃热时，不可喷水，避免击爆玻璃。

(13) 在使用烤枪时，要注意避免烫伤车上部件和人员。

(14) 贴膜前，要对车上部件进行防水，避免电器进水。

思考与练习

一、思考题

1. 汽车太阳膜贴装注意事项？

2. 汽车太阳膜的贴装过程？

二、练习题

判断题

(1) 贴膜前要对车上部件进行防水，避免电器进水。　　　　　　　　（　　）

(2) 若没有密闭室条件须关闭所有车门再贴。　　　　　　　　　　　（　　）

(3) 烤膜时要时刻注意玻璃温度，不能在同一处长时间烘烤，要勤换位置。（　　）

第 8 章

汽车音响升级

【本章概述】

本章主要介绍汽车音响的工作原理、汽车音响的配置、汽车音响的升级方案、汽车音响系统的安装与调试等内容。

第一节介绍汽车音响的发展以及简要设备。

第二节讲述汽车音响系统的设备，由音源系统、功率放大器、扬声器、线材、熔断丝、电容、电子分音器、均衡器、天线等组成。

第三节讲述汽车音响的配置原则以及三种配置形式。

第四节讲述汽车项目以及升级方案。

第五节讲述汽车音响系统安装的前期准备工作，包括检查、拆除等。

第六节讲述汽车音响的具体安装方法。

第七节讲述汽车音响系统安装后的调试及方法。

第八节讲述汽车音响的常见故障及排除方法与音响的日常维护保养。

第九节讲述针对部分车型的音响改装实例。

【学习目标】

知识目标:

熟悉汽车音响的发展;

掌握汽车音响的种类、构造及原理;

掌握汽车音响的各种配置。

能力目标:

掌握汽车音响的安装方法;

能够对安装后的音响系统进行试调工作。

8.1　汽车音响简介

8.1.1　汽车音响的历史

　　虽然音响设备对轿车来讲，只是一种辅助性设备，对汽车的运行性能没有影响。但随着人们对享受的要求越来越高，汽车制造商也日益重视起轿车的音响设备，并将它作为评价轿车舒适性的依据之一，如图 8.1 所示。DVD 轿车音响的发展史也是电子技术的发展史，电子技术的每一项重大的技术进步都推动着轿车音响的发展。早在 1923 年，美国首先出现了装配无线电收音机的轿车，随后许多轿车都步其后尘，在仪表板总成上安装了无线电收音机。这时候车用无线电收音机都是用电子管，
直到 20 世纪 50 年代出现半导体技术后，轿车收音机出现了技术革命，用半导体管逐步取替了电子管，提高了轿车收音机的寿命。20 世纪 70 年代初，卡式收录机进入了市场，一种可播放卡式录音带的车用收放两用机出现在轿车上，同时机芯开始应用了集成电路。直至 80 年代末，一般轿车的音响多以一个卡式收放两用机与一对扬声器为基础组合，扬声器分左右两路声道，有的置

图 8.1　汽车音响

于仪表板总成的两侧，有的置于车门，有的置于后座的后方，收放两用机输出功率多在 20W 左右。

8.1.2　汽车音响的简要设备

　　今天，轿车音响又进入了一个新的里程，向大功率多路输出、多喇叭环回音响、多碟式激光 CD 等方向发展。世界音响制造商也将轿车音响辟为一个专门的工业部门，针对轿车的特殊环境，充分考虑车厢的音响效果，采用高新技术制造轿车音响设备，其播送的音响效果完全能与家用音响相媲美。

　　现在，市面上已经有各种供轿车专用的高级音响设备，一些汽车音响爱好者将大功率放大器和电子网络器安置在轿车行李箱内，将超低音大口径喇叭和其他型号喇叭分别嵌入后窗下围板和车门板上。使用独立的直流电源，功率输出达上百瓦以上，音色浑厚优美，高低有致，把车厢内狭小的空间变成了令人愉快的音乐欣赏室，予人以美的享受。汽车的运行环境是十分恶劣的，包括振动、高温、噪声、电磁波等都会干扰车内电子设备的正常工作。因此，轿车专用的音响设备从设计到工艺制造方面的要求都要比家用音响严格，而且价格不菲，从这个意义上讲，高性能的轿车音响实际上是当今音响世界中的顶级品。

8.2　汽车音响设备

　　汽车音响系统由音源系统、功率放大器、扬声器、线材、熔断丝、电容、电子分音器、均衡器、天线等组成。

8.2.1 音源系统

音源系统有调谐器、磁带放音机、碟片机等,它们为音响系统提供音频信号。

调谐器是一台不包括功率放大器和扬声器的高性能收音机,其功能是接收中波段和短波段的调幅广播及调频波段的调频立体声广播,并还原成音频信号。

磁带放音机根据电磁转换原理,用来读出和再生磁带记录的模拟信号,主要安装在一些低档车上,其频响范围窄,噪声大,显然不能作为欣赏音乐的音源。

碟片机使用的音源有 CD、MD、MP3、VCD、DVD 等,使用的是数字技术。CD 机是基础产品,故以 CD 机为例来介绍。

1. CD 机的工作原理

CD 机可分为信号解读系统、伺服系统、控制系统 3 个工作系统。图 8.2 所示为简化了的 CD 机工作原理图。

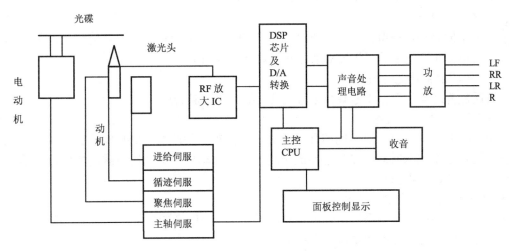

图 8.2 CD 机工作原理

1) 信号解读系统

激光头从碟片上读取信号,经信号放大集成电路放大,形成激光头读取的信号,然后经过数字信号处理器处理形成初步的音频信号,送入音频处理电路处理后转换成四声道。再经过功率放大器放大后输出,直接驱动扬声器。还有一种解读方式是在音频信号进入功率放大器前直接输出,称为未经放大的纯音频信号输出。

2) 伺服系统

伺服系统有两组信号:第一组是激光头从碟片上读取信号,经激光头读取的信号放大处理后输入到伺服主控制集成电路;另一组是控制信号。两组信号共同作用于伺服控制集成电路,控制伺服电动机工作,使激光头准确无误地读取碟片上的信号。

3) 控制系统

从面板上发来的控制指令经中央处理器编译成不同数字信号,经数字信号处理器处理输入到伺服控制集成电路,控制伺服系统工作,面板还有一组指令经中央处理器发往音频处理电路,对音频处理电路进行控制。在控制过程中,面板显示屏进行相应的显示。

在汽车音响中,D/A 转换通常做在数字信号处理器中。汽车音响中 CD 机 D/A 转换多采用多比特和 1 比特技术。多比特技术中,目前多采用的是 16 比特(16bit)技术。16 比特是指一个多进制数码元所含的信息量为 16 位信息量,其信息量和时间速度有关。现在市场上更先进的 24 比特的主机也多了起来,24 比特是指一个多进制数码元所含的信息量为 24 位信息量。由此可见,24 比特比 16 比特的信息量更大,声音的还原也更细腻。1 比特是指一个二进制码元含有一位(1bit)信息量,不受速度限制。它与 16 比特和 24 比特不是同一个概念,其工作原理和方式是完全不同的。多比特技术比 1 比特技术有更宽的音频动态范围,更少的低频噪声,更强的抗干扰性。

2. 汽车 CD 机的特点

1) 体积小

汽车 CD 机受汽车仪表板空间的限制,体积不能太大。在有限的体积中要使各项技术指标达到要求,对其设计、技术方面提出了更高的要求。

2) 听音环境差

车内空间狭小,在听感上有压迫感,低混响使声音显得单薄,听音的位置也不对称。为此,汽车 CD 机使用了一些技术来弥补。弥补技术如下。

(1) 音质加强功能(BBE)

音质加强功能主要作用是减少信号失真,提升中高频音质。

(2) 声场模拟功能(DSP)

由于听音空间只有一般房间的几十分之一,汽车中的混响时间只能控制在 0.1s。DSP 主要作用是改变混响时间,模拟想要的声场,以克服车内声场的压迫感,如模拟音乐厅、迪厅、体育场、电影院等。

(3) 听音位置选择功能(L.P.S)

车内空间狭小,音响系统中扬声器的位置相对于聆听者的位置是非常不对称的。L.P.S 对前后左右的声道信号进行处理,将声场定在车内不同的位置。

(4) 数字泛音增强技术(DHE)

行车噪声会遮掩低频,使低音恶化减弱,DHE 的作用就是加强低音。

(5) 采用 12V 直流供电

由于采用的是 12V 直流供电,其必然是小电压大电流,这就要求供电用材质的阻抗非常小,以满足有稳定的输出功率。

(6) 抗干扰能力强

由于汽车发动点火装置以及各种电器共用一个蓄电池,各线路也不可能分得很开,这就可能会通过电源线和其他线路对音响产生噪声干扰,所以汽车 CD 机要有很强的抗干扰能力。

(7) 抗振技术

汽车在行驶中会碰到各种不同的路面,以至于汽车 CD 机经常受到冲击性的振动,其对抗振的要求是非常高的,故在汽车 CD 机中使用了多种抗振技术。抗振技术如下。

① 电子抗振

激光头在振动时会产生位移,而读不到碟片上的信号,等它恢复时已经产生了声音的停顿。电子抗振就是让激光头预读几秒钟的信号，然后播放出来，使振动与播放有一个时间差，现在播放的是几秒钟前读取的信号。因振动产生的停顿在时间差里被修复了，我们得到的是没有停顿的连续的信号。

② 弹簧减震

弹簧减震在单碟机中广泛使用，对机芯部分使用弹簧固定，以减少振动。

③ 减震器

减震器多使用在多碟背包中。对机芯部分的四角用减震器固定，同时用弹簧悬挂起来。减震器是一种加入了减震油的橡胶塞。

(8) 数字双调谐器和定向天线

汽车是在不停地运动的，汽车 CD 机中的收音天线不仅接收直接由发射器发出的信号，而且也接收经由建筑物和其他障碍物反射的信号，其信号在强度、传播时间及相位上都有所不同。不同的信号相互叠加，其效果可想而知。数字双调谐器和定向天线的运用，大大地减少了信号叠加现象。

(9) 内置功率放大器

汽车 CD 机有内置功率放大器，通过机头配线直接驱动各扬声器。

(10) 机头配线

汽车 CD 机是通过机头配线与电源及其他设备连接的，相同品牌配线的杆孔位置和形状都是相同的，可通用。不同品牌的设计就不太相同了，但基本上都有 9 条线：

① 12V 电源线是主电源的输入线。

② ACC 控制线是控制信号输入线。

③ GND 搭铁是 CD 机的总搭铁线。有些 CD 机 GND 线不接也可运行，主要是机壳直接搭铁的缘故。

④ FL 是前置左路扬声器线。

⑤ FR 是前置右路扬声器线。

⑥ RL 是后置左路扬声器线。

⑦ RR 是后置右路扬声器线。

以上 4 根扬声器线都是双股线，共有 8 根线，其中 FL+和 FL-是一组，FR+和 FR-是一组，RL+和 RL-是一组，RR+和 RR-是一组。每组线中的+、-极分别接在相应扬声器的+、-接线柱上。不允许串组接，不要把+、-极接反，+、-极接反就是相位反了。如果要反接就全部反接，不能有的反接有的正接，因为如果两个相位相反的声波相叠加，其功率不是相加而是相减。扬声器线乱接都能产生声音，但接线必须规范，以使主机发挥其应有的效果。

自动天线控制线实际是在主机启动收音系统时，通过自动天线控制线给自动天线一个信号，使天线电动机运动升起天线，无信号时降下天线。

功率放大器控制线在音响系统中有时为提升系统档次，需加装功率放大器，在开机时主机通过功率放大器控制线给功率放大器一个开机信号。

汽车音响除了以上的特点外还具有抵抗高温、严寒、废气、灰尘、潮湿等特点，这些都是汽车环境的特殊性所决定的。

较高档的汽车 CD 机可以兼容 MD 和 MP3。因此，在汽车音响升级时常要做的一项工

作就是将 CD 机改为 VCD 机。

汽车 DVD 属汽车音响中的高端产品,它由一系列设备和系统组成,主要有控制主机及显示屏、多碟背包(换片器)、音视频信号处理系统及电视机接收系统等,有些 DVD 还有电子地图、可视倒车雷达。

3.汽车 CD 机的分类

1) 按工作方式,可分为单碟机、多碟机两大类。

(1) 单碟机

单碟机一次只能装一张碟片,用完一张碟片必须拿出后再换另一张,比较麻烦,安装在中控台内,伸手可及,也算是使用方便、直接。汽车 CD 机的单碟机一般面板都比较漂亮,显示屏大且显示内容丰富,颜色大多以黑色和银灰色为主,如图 8.3 所示。

(2) 多碟机

多碟机有两种:一种是前置多碟机(如图 8.4 所示),一般出现在较高级的汽车上,结构复杂,把控制系统和换碟系统合而为一;另一种是套机,套机是由控制主机(也有单碟机作控制主机的)和换片机(如图 8.5 所示,俗称背包)两大部分组成的。换片机一般装在汽车的行李箱中,由主机控制其工作,换片机按不同的型号可一次性放置 6~12 张碟片,供需要时任意转换。

图 8.3　单碟机

图 8.4　前置多碟机

由于抗振系统结构的原因,套机的抗振性比单碟机好。在套机中,有些换片机可通过 CD 机转换线和原车 CD 主机连接,直接用原车 CD 主机作控制主机,如松下 DP-880/883/88 换片器,和大多数大众车系汽车的 CD 主机兼容。还有一种情况就是车主不愿更换原车 CD 主机,又想装换片机,而换片机和原车 CD 主机又不兼容,通常会用调频加装来解决。调频加装就是换片机的音频信号以调频的方式发射出来,CD 主机以接收调频信号的方式接收换片机的音频信号。由于两者间是无线连接的,在音质上不可避免地有所损失。

2) 按规格分,有国际标准、大屏幕机两种。

(1) 国际标准

标准尺寸为 178mm(宽)×50mm(高)×153mm(深),这个规格被称为 1DIN(DIN 是德国工业标准的缩写)。该规格产品通用性强,是大部分车载 CD 机的标准规格。是市场上的主流产品。大部分欧洲车可直接安装,美国车原装 CD 机的安装空间略大,须加装专用面板。

图 8.5　换片机

(2) 大屏幕机(俗称 2DIN)

大屏幕机尺寸为 178mm(宽)×l00mm(高)×153mm(深),宽度、深度和 1 DIN 一样,高度为 1 DIN 的一倍,称为 2DIN。该规格产品上要用于日本车上,大部分日本车原装 CD 机的安装位置是这个尺寸。

3) 按生产及销售，可分为 OEM、ODM 两大体系。

(1) OEM 体系

OEM 是为汽车生产厂配套的定制产品，俗称"原装音响"。这类产品是各大汽车制造商根据不同车型的特点而要求音响制造商为其量身定制的。特点是外观和汽车内饰融为一体，且安装稳固。但受汽车制造成本所限，其多数功能简单，音质平常，不能满足对此方面有较高要求的消费者的需要。

(2) ODM 体系

ODM 是供应市场的，用于改装的各大品牌汽车音响产品。其特点是个性化极强，产品档次繁多，能适应不同层次消费者的需要。大多数 ODM 产品比 OEM 产品档次更高，能欣赏更多的音源，音质更好，功能更多。

8.2.2 功率放大器

功率放大器又称为信号放大器(如图 8.6 所示)，其基本作用是将音频信号进行功率放大(电流放大)，用来驱动扬声器重放声音。

一般主机带有内置功率放大器，但其功率动态范围都较小，故不能满足较高水平的听音要求，更无法与外置功率放大器相提并论，并且低音单元必须要有功率放大器来推动，音源是不能推动低音单元这么大的功率的。音频信号放大是整套汽车音响中至关重要的部分。

目前市场上车用功率放大器的种类很多，分类方法也比较复杂。按照工作方式不同，可分为 A 型、B 型和 AB 型。A

图 8.6 功率放大器

类是指放大器每隔一定时间收集一次主机传输过来的音频信号，并将其放大后传输给扬声器，而这一过程当中的"缓冲作用"保证了系统能够输出温和、平顺的声音信号，不足之处在于消耗的能量较大。B 类功率放大器则是取消了前面所说的"缓冲作用"，放大器的工作一直处在适时状态，但是音质方面较前者就要差一些。AB 类放大器，实际上是 A 类和 B 类的结合，每个器件的导通时间在 50%～100%之间，可以称得上是当前比较理想的功率放大器。扬声器类型可分为同轴式、分离式、多音路、超低音等。

8.2.3 扬声器

扬声器(俗称喇叭)在整个音响系统中的作用是决定性的，它甚至能影响整个音响系统的风格(如图 8.7 所示)，好的扬声器都有它独自的风格。汽车音响升级中，换主机和换扬声器是最常见、最基本的。扬声器类型有同轴式、分离式、多音路、超低音等。

图 8.7 扬声器

8.2.4　线材

汽车音响系统的线材(如图 8.8 所示)一般有电源线、音频信号线、扬声器线、控制线、搭铁线等。汽车音响系统各部件都是由线材来连接的，音响系统的大部分故障和噪声都产生在线材上，所以线材在音响系统中至关重要，也对汽车音响系统的安装布线提出了更高的要求。

图 8.8　线材

8.2.5　熔断丝

熔断丝(如图 8.9 所示)的作用有两个：一是保护原车的电源和电器设备；二是保护音响系统。在电源与音响设备之间必须加装负载值正确的熔断丝。熔断丝负载值过大，起不了保护作用，太小则容易烧毁，使用比推荐值略小的熔断丝将会更加安全。

图 8.9　熔断丝

8.2.6　电容

电容是用来储存电能，它是当后置系统电流过大，汽车电源不能及时供电时用来补偿的电器元件。电容用于连接功率放大器，以全面改善功率放大器的性能。放大器需要瞬态爆发电流以获得更大的低音顺性和更宽的动态。

8.2.7　电子分音器、均衡器

电子分音器、均衡器(如图 8.10 所示)是用来对音频信号进行处理，从而对音质进行补偿、美化的。电子分音器的作用是将信号分为多段频率，分别送入各个功率放大器，保证了音源信号干净、准确地传输，对各频段能根据需要独立调整。均衡器是对声音中各频率成分的幅度进行提升或衰减，由此改变了音调，声音的品质也产生了变化，使声音更动听。

图 8.10　电子分音器

思考与练习

一、思考题

简述 CD 机的工作原理。

二、练习题

1. 填空题

(1) 汽车音响系统由(　　)、(　　)、(　　)、线材、熔断丝、电容、(　　)、(　　)、天线等组成。

(2) 功率放大器又称为(　　)，其基本作用是(　　)，用来驱动(　　)重放声音。

2. 判断题

(1) 音频信号放大是整套汽车音响中至关重要的部分。　　　　　　　　　　　　　　(　　)

(2) 扬声器类型可分为同轴式、分离式、多音路、超低音等。　　　　　　　　　　　(　　)

(3) 电子分音器的作用是将信号分为多段频率，分别送入各个功率放大器，保证了音源信号干净、准确地传输，对各频段能根据需要独立调整。　　　　　　　　　　　　　　(　　)

8.3　汽车音响的配置原则

8.3.1　汽车音响配置原则

音响是指再生音源、功率放大器和扬声器组成的声音再生系统，在一定的听音环境下对原音(自然声音)的再现。由此可见，音响既包括声音再现系统(即通常指的音响设备)，又和听音环境有关，同时更是我们人耳对所听到声音的主观评价。

由于汽车空间狭小，同时存在各种噪声以及由驻波引起的共鸣，这就形成了一个相对较差的音响环境。在这种环境下，要配置一套能获得最好效果的汽车音响需要考虑以下几点。

1. 系统平衡原则

1) 价格的平衡性

价格的平衡性指整个汽车音响系统的档次要和汽车的听音环境相配合。通常中高档轿车的车内噪声较小，车体较厚，隔音效果不错，这样搭配一套价格较高的高档音响是最好的选择。

2) 搭配的平衡性

搭配汽车音响时，一定要考虑一套音响各个组成部分的平衡，即主机、功率放大器、扬声器和线材等都要进行恰当的选择，合理使用。切忌在配置中，使用档次相差悬殊的设备器材。过高的设备器材，发挥不出其效能而造成浪费，较差的器材又会使整套系统指标下降，达不到应有的效果。

2．大功率输出原则

大功率输出原则是指在一套音响系统中，主机或功率放大器的输出功率一定要大，因为它们的输出功率越大，表明它们能够控制的音频线性范围越大，这也就意味着其驱动扬声器的能力越强。而小功率的功率放大器不仅容易引起声音上的失真，更会导致功率放大器或者扬声器线圈烧毁。

3．音质自然重放原则

当专业音响人士评判一套音响系统的优劣时，都会不约而同地将其频响曲线的平滑性作为评价的主要客观参数。

不仅仅是音乐，在汽车音响上追加欣赏电视、VCD、DVD 也是有可能的。把车用电视、VCD、DVD 装入系统，即可在车内欣赏。目前在日本及欧美，车载导航系统也很受欢迎。

最后要提醒的是，在选择主机时，应考虑到将来系统的升级。也许最初，你只需要一个 VCD/CD/DVD 换片机及均衡器；然后，安装了一部防盗器，而后又添加了一个汽车导航系统；后来将均衡器升级为数字声音处理器，同时又加装了一个 CD 换片机；接着添置了电视协调器；再后来，各种各样的功能将组成汽车多媒体系统，它需一个控制庞大系统的中心——主机。

8.3.2 配置形式

1．主机+4 个扬声器

主机+4 个扬声器的配置，如图 8.11 所示，目的是加大内置功率放大器的功率。所有主机上标明的功率输出值都是峰值功率。由于主机内空间的限制，以目前通用的技术还无法使内置功率放大器的效果达到外置功率放大器般的强劲及高清晰的解析度。

2．主机+功率放大器+4 个扬声器

主机+功率放大器+4 个扬声器的配置，如图 8.12 所示，它是一套标准的搭配方式。这种搭配最适合于欣赏传统音乐、流行歌曲、交响乐等的中、高档轿车。

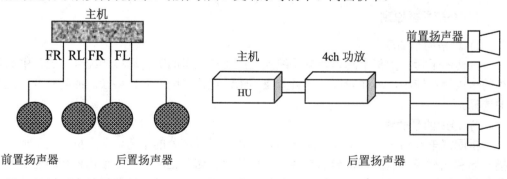

图 8.11　主机+4 个扬声器的配置　　　图 8.12　主机+功率放大器+4 个扬声器的配置

3. 主机+功率放大器+4 个扬声器+超低音扬声器

有些四声道功率放大器具有的无衰减前置级输出，使系统扩展超低音显得轻而易举，如火鸟 DA704，如图 8.13 所示。装有超低音的系统最适合于那些喜欢爵士乐、摇滚乐、重金属音乐的车主。

复杂的音响配置中主机与功率放大器之间还有电子分音器、均衡器等。

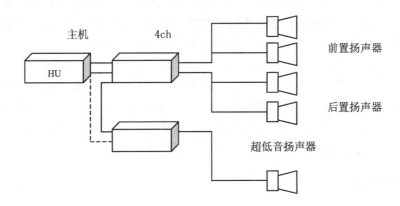

图 8.13　主机+功率放大器＋4 个扬声器+超低音扬声器

思考与练习

一、思考题

1. 汽车音响配置原则是什么？
2. 汽车音响有哪些配置形式？

二、练习题

1. 填空题

(1) 音响其实是指(　　)、(　　)和(　　)组成的声音再生系统，在一定的听音环境下对原音(自然声音)的再现。

(2) 当专业音响人士评判一套音响系统的优劣时，都会不约而同地将其(　　)作为评价的主要客观参数。

2. 判断题

(1) 价格的平衡性指整个汽车高档次音响系统要和低档次汽车的听音环境相配合。(　　)

(2) 小功率的功率放大器不仅容易引起声音上的失真，更会导致功率放大器或者扬声器线圈烧毁。　　　　　　　　　　　　　　　　　　　　　　　　　　　　　(　　)

8.4　汽车音响升级方案

我国汽车音响市场经过十多年的发展，目前已经形成了以日系品牌为主，欧美品牌和国产品牌奋起直追的局面。由于国内汽车音响市场需求的多层次性，高、中、低档市场细

分日趋明显。高档汽车音响以欧美进口品牌产品为主，如德国的蓝宝、彩虹、歌德等，美国的阿尔法、钻石、骇客、莱福、波士顿等，意大利的诗芬尼、欧迪臣、火鸟，丹麦的丹那，法国的劲浪等。中档汽车音响以日系品牌为主，有索尼、健伍、松下、阿尔派、中道、先锋、歌乐等，以及飞利浦、VDO(威迪欧)、德科等欧美品牌。低档汽车音响以国产品牌为主，如华阳、天宝、航盛、京华、飞韵、超音、瑞升、博图、万华隆等品牌。

由于汽车音响中，不同的音响器材有不同的表现特征，不同的匹配设计所达到的效果也不尽相同，所以汽车音响升级首先要确定所听音乐的风格，然后才能决定音响器材的选择和整套音响系统的设计。同时，也应考虑音响升级所需的费用。

目前，汽车音响品牌中，美国的汽车音响注重低音，其音色动态大，功率足，技术参数高，跟随能力强，高频提升转换速度快，低频提升最适合表现摇滚乐，发出的音乐充满"金属"味道，非常劲爆，适合喜爱摇滚乐者。欧洲的汽车音响中高低音都比较均匀，音色柔和，自然有弹性，有空间感，最适合表现古典音乐、交响乐，也适合听轻音乐和抒情歌曲。日本的汽车音响注重中高音，适合于听流行歌曲。

8.4.1　升级内容

汽车音响升级内容主要有换主机(音源系统)、换扬声器、加装功率放大器和加装超低音扬声器。

1．换主机

汽车音响主机输出功率的强弱，与音质表现有直接关联。以国产车原厂配置的主机来说，最大输出功率大多在 30W 左右，推送力道不够，音质当然不理想。主机输出功率增大，各音域层次强度跟着分明，即便沿用原厂喇叭，音质也会比原配置好上数倍。如果用主机直接推动扬声器，要选择输出功率高的；如果用主机的前置输出，要选择输出电平高的，目的是为了提高信噪比，输出电平一般为 2～4V。

2．换扬声器

音响讲求配套与整体性，换主机后声音虽会变好，但原车配置的扬声器实际承受功率只有 15～30W，使用功率稍大的主机，音量调高时会出现声音失真，因此若能将扬声器一同升级，音质效果会更好。扬声器升级时，需注意以下几点。

1) 升级时宜选用知名品牌的扬声器

知名品牌的扬声器产品质量有保证，音质效果好。

2) 要考虑到所听音乐的风格

如听古典音乐、交响乐、轻音乐等，应选择音质清晰、柔和的扬声器；如喜欢迪斯科、摇滚乐等，应选择结构牢固、动态范围大的扬声器。

3) 要考虑主机与扬声器的功率匹配

如果用主机直接推动扬声器，应选择与主机输出功率相匹配的，一般选灵敏度高的扬声器，易于推动发挥作用。如果选用功率放大器来推动扬声器，要用高功率的扬声器，这种扬声器动态范围大，有底气，声音饱满，保证主机和功放的输出功率能够大于扬声器额定功率。

4) 选择扬声器的类型

在前方使用最多的是分离式，因为分离式是将高音和中低音分离开，这便于安装和声场定位，有些在分音器中带高音衰减，便于调整高音强度。

3．选择功率放大器

选择功率放大器时，首先要注意它的一些技术指标。

1) 输入阻抗

输入阻抗通常表示功率放大器的抗干扰能力的大小，一般会在 5000～15000Ω，数值越大代表抗干扰能力越强。

2) 失真度

失真度是指输出信号同输入信号相比的失真程度，数值越小质量越好，一般在 0.05%以下。

3) 信噪比

信噪比是指输出信号当中音乐信号和噪声信号之间的比例，数值越大代表声音越干净。另外，在选择功率放大器时还要明确的是：如果加装低音炮，最好选择 5 声道的功放，通常 2 声道和 4 声道扬声器只能推动前后扬声器，而低音炮只能再另配功放，5 声道功放就可以解决这个问题。要保证功率放大器的输出功率能够大于扬声器额定功率。

4．超低音扬声器(低音炮)

加装低音炮(如图 8.14 所示)的目的是让汽车音响原本只有高、中、低音表现，多了低频音的厚实层次，使得音乐整体听起来音质更加饱满浓郁。低音炮多与共鸣音箱整合为一体，且通常装置于行李箱，一来不占乘坐空间；二来可利用空间产生共鸣，强化低音效果。

目前低音炮大体上可以分为有源低音炮和无源低音炮两类。有源低音炮是指自身内置有功放的低音炮，使用时不用再另加功放，通常为外筒式。这种低音炮的不足之处在于散热不够理想、功率不会很大，而筒式造型通常会产生不必要的共振现象，使低音炮的可控性下降。相比之下，无源低音炮工作时就需要外接功放了。这种低音炮的造型和功率选择可以更加灵活，效果自然也就更加理想。低音炮单体的面积尺寸越大，发出声响也就越大，但若主机或扩大

图 8.14　低音炮

机功率小，声音会显得松散不扎实。换言之，低音炮并非越大越好，应需搭配适合功率的主机或功率放大器才有效。建议喜欢"重金属"摇滚等音乐的车主，可选用 10～15 寸、瞬间承受功率 200W 以上的产品。对喜欢听交响乐、轻音乐的车主，可选用 8～10 寸、承受功率约 200W 的产品。

8.4.2　升级方案

汽车音响升级时，由于市场上可选用的音响器材很多，价格从几百到几万相差很大，车主对音乐的喜好也各有不同，原车的音响配置根据车型的不同也有很大差别，所以汽车音响的升级方案可以说有无数多个。但结合对汽车音响的音质要求和升级费用这两个主要方面，常见的汽车音响升级方案有以下几种。

1．经济型方案

经济型方案主要是更换 CD 主机、加装 MP3 播放器、更换 MD 机头、外挂 MP3 转换器、改进扬声器，例如：

(1) 奇瑞 QQ 经济型音响升级采用了经济型的索尼主机 XR-CA620，10 碟 CD 换碟器、中、高音扬声器等元件，使经济型的 QQ 的驾驶室音响音场有了很大的改善。

(2) 原车不更换主机，采用惠威 B650CS 一套，或惠威 C1000 一套等，改善高、中音。

2．标准型方案

标准型方案主要是主机、扬声器、功放和低音炮一次到位，完成汽车音响的全面升级，例如：

(1) 主机换为阿尔派的中档产品，前音场换为阿尔派 S 系列套装扬声器，后音场装阿尔派 6 寸同轴扬声器，加装低音炮和功放。

(2) 主机采用单碟 CD 机，博声 Ls600 6.5 寸扬声器套装 1 套，博声 C30631 同轴扬声器 1 对，博声 Ls1000 低音扬声器 1 个，博声 Ls4.0 四路功率放大器，博声组合套线 1 套。

3．"发烧"级方案

"发烧"级方案更注重音响的音质和追求音乐风格。例如：

(1) 主机使用日本 SONY WX -7700MDX(如图 8.15 所示)，其主要特点是：均衡器 EQ 7，前置输出 r2(高通滤波器)，次输出 r1(低通滤波器)，虚拟音效空间 DS0，SSIR -EXA 数码合成调节器，高级数码信号处理功能 HX DSP Ⅲ，52W×4 的输出功率，宽比特流设计 WBS。

加装 CD 驱动器 SONY CDX - 656XIO 蝶式 CD 转换器，可播放 CD/CD - R/CD – RW，8 倍超取样数码滤波器，1 比特数码／模拟转换器。后级使用美国 KICKER IX1302 功率 RMS 175×2W，频响 20～20kHz，两块 IX702 功率 RMS 70×2W，频响 20～20kHz 的功率放大器；扬声器使用美国 KLCKER RS6 6.5 寸，频响 40～22kHz，最大功率 200W，I600 6.5 寸，频响 45～20kHz，最大功率

图 8.15　SONY WX -7700MDX

125W；超低音使用美国 Audiobahn AW1051 10 寸，频响 28～1000Hz，RMS 功率 300W。这套系统无论从音质层次、音量力度和清晰度，都能给人一个耳目一新的感觉，最适合听古典、交响乐流行曲，但是因为功率大、有音量力度，所以也可以兼听迪斯科和摇滚乐。

(2) 主机采用先锋 AVH - P7650，扬声器采用来福 T162S6，低音扬声器采用来福 P112S4，功率放大器采用来福 P4004。

思考与练习

一、思考题

1. 简述如何选择功率放大器。
2. 汽车音响升级有哪些升级方案？

二、练习题

1. 填空题

(1) 汽车音响升级内容主要有( )、( )、( )和( )。

(2) 标准型方案主要是( )、( )、( )和低音炮一次到位，完成汽车音响的全面升级。

2. 判断题

(1) "发烧"级方案更注重音响的音质和追求音乐风格。 ( )

(2) 经济型方案主要是更换 CD 主机、加装 MP3 播放器、更换 MD 机头、外挂 MP3 转换器、改进扬声器。 ( )

(3) 加装低音炮的目的，是让汽车音响原本只有高、中、低音表现，多了低频音的厚实层次，使得音乐整体听起来音质更加单一。 ( )

8.5　汽车音响系统安装的前期准备

汽车音响系统安装前有一些准备工作是必须做的，准备工作做得好，会使后面的工作井然有序，减少许多不必要的麻烦，为安装过程打下良好的基础。

8.5.1　检查

检查是进行改装前必须做的工作，主要检查以下内容。

1) 检查汽车外观

绕汽车一周查看有无擦伤、划痕，打开车门查看要拆的部位有无撬痕及其他损伤。

2) 检查汽车电器

发动汽车检查仪表显示是否正常，空调工作是否正常，各种灯是否正常，如果只是换装音响系统中的某一部分(如只换机头或只换扬声器)，就要测试一下不换装的那部分是否完好。

3) 检查车室部分

车主有无贵重物品，真皮座椅及内饰有无破损等，如有发现及时与车主说明。

4) 检查准备安装的产品

清点所要安装的产品以确定其完好无损，配件齐全。并集中存放、保管。

5) 检查了解需安装的部位及走线部位

对应做的工作有一个总的计划，制作配置安装图让车主确认。

8.5.2　汽车音响改装前的拆除

安装汽车音响一般需拆除的部分有中控台音源主机位、车门内衬、两侧踏脚边条、后座平台板、中央通道、座位。

1. 中控台音源主机位

车型不同拆除的方法也不同，主要以下几种拆除方法。

(1) 用专用工具直接拆下，有些车原车配有拆主机的工具，用工具塞入主机为拆除留下的缝隙中，感到工具卡上后用力推出，主机就跟着出来了。

(2) 有些车是用螺钉直接固定在中控板上，外面用桃木或其他饰条盖住螺钉。拆卸时，要先将饰条撬下(一般饰条都是卡式的)，再拧下螺钉拆下主机。

(3) 有些低档车主机的装法不太规范，有时要将整个仪表台面板拆下，并且主机位尺寸大都偏小，安装时需要扩大主机位孔。

在拆除较高档次的原车主机时，应注意其多数都有防盗密码，一旦断电，主机就将被锁。解决的方法：一是找到密码，每辆车的主机都有一张密码卡，一般藏在车内的杂物箱内侧或行李箱放备胎的地方，找到密码在主机上输入密码即可解码；二是通电一个小时以上，有些车会自动解码，前提是车和主机必须是原配的；三是询问经销商，在经销商处获得密码；最后是找专门的主机维修点，去掉机内密码记忆元件或 CPU。

2. 车门内饰

如果要在车门上加装或换装扬声器(如图 8.16 所示)，就要拆除车门内饰板，首先要弄清楚车门内饰板的结构，以确定从哪里入手。一般来说，低档车的内饰板多数只有一块蒙布或人造革的纤维板，结构较简单，只要先将摇窗器把手及开门把手拆下，其余基本上都是塑料扣，只要依次拆下即可，并且扣件都不会太紧。在拆除较高档汽车时，应仔细小心，一般是先拆除装有中控开关、电动窗开关等控制件的面板，拆下面板后可看到主要的固定螺钉，拆下螺钉及其他的螺钉，用薄毛巾包住一字螺丝刀，插入找到扣件，依次在靠近扣件的地方撬起。扣件的结构在不同的车型里是不同的，撬动时应了解其结构，小心下手。在某些车上，装有各种开关的控制件和车门内饰板是一体的，不能撬动，拆时应注意。

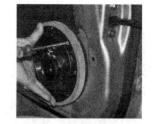

图 8.16　车门内装扬声器

3. 两侧踏脚板边条

拆两侧踏脚板边条主要是为了布线，大多数线都是从这里走的，也有从 A 柱上到顶棚走线。但不赞成这么做，一是有些车有侧安全气囊，这样走线肯定会受影响；二是不易固定；三是这样走线需要更长的线，有点舍近求远。大部分轿车的两侧踏脚板边条是用扣件固定的，撬时应找到靠近扣件处，从车内向外撬。拆时应注意相关内饰件之间的关系，大多数踏脚板边饰条两头都被其他饰件压住，如何处理应根据实际情况做出正确的判断。

4. 后座平台装饰板

有些车的后置扬声器是安装在后座平台上的。拆除后座后，如果平台上有高位制动灯的，应先拆掉高位制动灯。高位制动灯一般有两种固定方法：一种是卡子固定，只要用力向后推即可拆下；另一种是由螺钉固定的，要到行李箱中找到螺钉拧下就可以拆下，拆下高位制动灯后，将平台上的扬声器拆下，再将平台装饰板向内拉出。

5. 中央通道

如果对音响系统有较高的要求，将 RCA 信号线从中央通道走线，使其不受任何干扰。中央通道一般都是由螺钉固定，左右对称。大多数由两节到三节组成，拆除时应注意拆除次序，尽量不要去动驻车制动和挡杆。

6．前位

1）前座

前座一般是不用拆的，但如果想在前座头枕上加装显示器，那么就有必要拆了。前座一般有三种装法：第一种是大众车系的，前面有一止推螺钉，后面是滑槽。只要将后面滑槽上的饰块或饰条拆下，再将前面止推螺钉拧开，拉起滑动扳手，将整个座位向后推出即可。第二种是四角用4颗螺钉固定，只要拆开4颗螺钉即可。第三种是一头用螺钉固定，另一头是用钩子钩住的。拆下一头的两颗螺钉，抬起从另一头的两个钩子中退出即可。

2）后座

后座的座位和靠背是分体的。座位固定有些是由两颗螺钉固定的，有些是卡扣固定的。卡扣固定的，只要抓住卡扣附近用力向上提即可脱出。有几种车不可直接提出，看一下卡扣上是否有小拉环，或可向内按的头子。如果有，应拉出拉环或按下头子再向上提。靠背的固定有：下面一到两颗螺钉或铁皮钩子，松开后即可向上提出。还有就是以4根头枕撑杆套管来固定的，这种比较难拆，用一个小一字螺丝刀，找到套管的弹出部位将其往管内方向推，再用一个大一字螺丝刀将套管撬出。4个套管撬出后，可将靠背提出，也有在行李箱内用两颗螺钉固定的或在靠背顶端有两个拉杆，这两种靠背都是可翻的，如果翻下即可满足安装的要求就不要再拆了。另有部分靠背是组合的，拆时应注意次序。

某些比较高档的汽车中有安全气囊，在拆除座位后，尤其是拆除前座后，严禁再发动汽车。因为安全气囊的一组检测线在座位下有一插头，拆座位必然拔除插头。如果此时发动汽车，检测线有检测信号，但插头已拔除，检测信号无法通过，仪表台上气囊故障灯会亮起，表示气囊有故障，以后可能不再被触发，从而影响行车安全，因此应尽量避免。如果不小心使安全气囊灯亮起，其解决的方法有二：一是，发动汽车加速至30km/h以上，再"点几脚制动"，即可恢复。二是，第一种方法如果无用，就只好找特约维修站解码。

7．A柱

A柱主要用来安装高音扬声器。A柱基本上全由扣件固定，要小心撬动。

以上各种拆除件应在专门的地方有序放置，小的部件和螺钉应放置在专门的盒子里，有条件的应分类放置，以免因不必要的触碰造成损伤和遗失。

思考与练习

一、思考题

1．汽车音响改装前怎样对其进行检查？
2．汽车音响改装前需要拆除哪些元部件？

二、练习题

1．填空题

(1) 高位制动灯一般有两种固定方法：一种是(　　)，另一种是(　　)。

(2) A柱主要用来安装(   )。

2．判断题

(1)后座的座位和靠背是分体的。   (   )

(2) 某些比较高档的汽车中有安全气囊，在拆除座位后，尤其是前座，可以再发动汽车。   (   )

(3) 如果要在车门上加装或换装扬声器，就要拆除车门内饰板，首先要弄清楚车门内饰板的结构，以确定从哪里入手。   (   )

8.6　汽车音响安装施工

8.6.1　布线

1．音频信号线的布线原则

(1) 用绝缘胶带将音频信号线接头处缠紧以保证绝缘。

(2) 音频信号线要尽可能短。音频信号线越长，越容易受到噪声信号的干扰。

(3) 音频信号线的布线要离开车载电脑单元和功率放大器的电源线至少 20cm。如果布线太近，音频信号会拾取到感应噪声。可将音频信号线和电源线分开布置在驾驶座和副驾驶座两侧。若靠近电源线、车载电脑布线时，音频信号线必须离开它们 20cm 以上。如果音频信号线和电源线需要互相交叉时，最好以 90°相交。

2．电源线的布线原则

(1) 所选用电源线的电流容量值应大于或等于与功率放大器相接的熔断丝熔断电流值。如果采用低于标准的线材做电源线，会产生交流噪声并且严重破坏音质。

(2) 当用一根电源线分开向多个功率放大器供电时，从分开点到各个功率放大器布线的长度和结构应该相同。

(3) 当电源线桥接时，各个功率放大器之间将出现电位差，这个电位差将导致交流噪声，从而严重破坏音质。

(4) 将电源(蓄电池)接头的脏污彻底清除，并将接头拧紧。如果电源接头很脏或没有拧紧，接头处就会有接触电阻。而接触电阻的存在会导致交流噪声从而严重破坏音质。

(5) 在汽车动力系统内布线时，应避免在发电机和点火装置附近走线。因为发电机噪声和点火噪声能够辐射入电源线。

3．搭铁的方法

(1) 用砂纸将下体搭铁点处的油漆去除干净，将搭铁线固定。如果车体和搭铁线端之间残留车漆，就会使搭铁点产生接触电阻。接触电阻会导致交流噪声的产生，从而严重破坏音质。

(2) 将音响系统中各个模块的搭铁集中于一处。如果不将它们集中一处搭铁，音响各组件之间存在的电位差会导致噪声的产生。

(3) 当系统消耗电流很大时，蓄电池搭铁端一定要牢固。提高电源搭铁性能的方法是，在电源和搭铁间用粗直径的线材布线，如绞股线。这样能够加强连接，有效地抑制噪声并提高声音质量。

(4) 不要靠近车载电脑布线。

8.6.2　汽车扬声器的安装

安装扬声器必须将扬声器和安装部位牢固地固定，不留间隙，要尽量减少安装扬声器部位周围的振动。如果扬声器本身产生振动，则与其相连的钢板部分也将产生振动。这样，掺杂着钢板振动而发出的声音将会影响整体声音的音质。所以，提高扬声器及其周围安装部位的刚性和减震是非常重要的。另外，安装部分不要留有间隙。

1. 汽车扬声器在前车门上的安装

1) 安装固定方法

(1) 挡板的固定

将挡板直接固定在车门的钢板部位。也可利用加强表面来提高刚性不足的部位，将挡板固定在车门钢板上，可以使钢板部位的刚性得到提高，可抑制共振。使其在低频表现出质感，中高频域更清晰，可改善由于钢板共鸣(共振)而引起的失真。

(2) 螺钉的固定位置

将车门钢板和挡板密实地进行固定。由于减少了车门钢板的共鸣(共振)，可降低失真感，可感觉出低频域的迫力感。

2) 维修孔的遮音

将车门钢板上的维修孔封闭。因为，从扬声器背面发出的反向的声音与从前面发出的声音相干涉，使得低频域衰减特别严重。可利用铅板或铝板等将维修孔封闭。利用铅板(2～3mm)等小但能遮音，而且能强化车门部分的刚性。

3) 车门钢板的减震

利用减震材料抑制车门钢板的共鸣(共振)，由于车门钢板的刚性较小，所以需要进行减震。减震材料面积的大小对声音的影响很大。

2. 汽车扬声器在后车窗台的安装

1) 挡板螺钉的固定位置

用螺钉固定挡板，以抑制挡板的振动(共鸣)。如果将全体牢固地固定住，低频将向下延伸，并且不漏声音。

2) 后车窗台钢板的共鸣处理

如果后车窗台钢板的中央部位和挡板之间有较大的空隙，容易产生钢板的共鸣，利用塑料或铅板抑制共鸣。但如果使用过多，则声音发紧。在中频域可改善声音清晰度，减轻浑浊感。

3) 后车窗台钢板的空间处理

在后车窗台钢板和挡板之间进行局部填充，利用密封胶使挡板与车窗玻璃密封。可改善低频音域的声音，使其不再浑浊。

8.6.3 功率放大器的安装

1．功率放大器的固定

对功率放大器作适当的固定，对延长其使用寿命十分重要。功率放大器的固定位置选择：有足够的空间，并能保持空气流通和防止潮湿，以延长功率放大器的使用寿命。但必须牢记，绝对不可以把功率放大器的正面朝下固定。正面朝下固定将会阻碍功率放大器散热，还会启动热保护电路，过高的热量会缩短功率放大器使用寿命。为了最大限度地散热，在功率放大器的周围至少要留有 60mm 的空隙。如有足够的空间，功率放大器可以固定在密闭盒内或在限定区域内，使用配有导管的 75mm 风扇，热量就可以通过散热器散热。要避免把放大器固定在超低音箱上。若在振动环境下，有可能使功率放大器产生故障。为了避免碰伤功率放大器，可预先打好 3mm 直径的孔，用螺钉加以固定。必须小心地检查全部安装区域，以避开电线、真空管线、制动或燃料管线。

2．线路连接

1) 前面的 RCA 输入

把这些 RCA 连接器连接到音源前面的 LOW LEVEL(低电平)输出端。

2) 后面的 RCA 输入

把这些 RCA 连接器连接到音源后面的 LOW LEVEL(低电平)输出端。

3) RCA 输出

把这些 RCA 连接器连接到下一级放大器的 RCA 输入端。

4) 地输入

通过一条 4g 线电源电缆直接连接到车辆的底盘上。注意：这是第一条需要连接的线。如果不这样做，功率放大器有可能损坏。

5) +12 输入

必须通过一条 4g 线电源电缆再经过同轴熔断丝或自动断路器直接连接到车辆蓄电池的正极。注意：在整个安装过程中，该线必须是最后安装的线，否则有可能造成损坏。

6) 远端输入

它是远端控制功率放大器的开关。当它接通时，+12V 电压就加到功率放大器上。它可以从音源的后面面板上找到。它以天线的电输出或远端接通输出的形式出现。如果没有提供该输入，可以把线接到 ACC 位置上。

7) 熔断丝

确保正确选择指定的熔断丝规格。

8) 扬声器输出

对扬声器作正确的连接。

线路连接时，应注意以下事项。

(1) 选择正确的电源线、扬声器线及控制线尺寸。

(2) 当电源电缆穿过任何金属壁时，为避免尖锐棱角割坏电缆的保护层，对该部位的电缆要加装保护环。

(3) 要避免电源电缆经过电动机部件和接近其他加热器。

(4) 必须要选用同轴熔断丝保护器，以免短路引起车辆着火。

(5) 熔断丝保护器越靠近蓄电池正极越好。

(6) 电源线最后连接，必须把熔断丝退出或使电路断路器断开，直至其他电缆全部连接完为止。

(7) 确保功率放大器搭铁良好，这是第一个需要连接的线。

(8) 确保扬声器负载符合功率放大器要求的最小阻抗。

思考与练习

一、思考题

1. 简述汽车扬声器的安装方法。

2. 音频信号线的布线原则是什么？

二、练习题

1. 填空题

(1) 安装扬声器必须将扬声器和安装部位(　　)，不留间隙，要尽量减少安装扬声器部位周围的(　　)。

(2) 在汽车动力系统内布线时，应避免在(　　)和(　　)附近走线。因为发电机噪声和点火噪声能够辐射入电源线。

2. 判断题

(1) 后车窗台钢板的空间处理，可改善低频音域的声音，使其不再浑浊。　　(　　)

(2) 汽车音响熔断丝保护器越靠近蓄电池正极越好。　　(　　)

(3) 当电源电缆穿过任何金属壁时不需要对该部位的电缆要加装保护环。　　(　　)

8.7　汽车音响系统的调试

8.7.1　调试前的准备

1. 线路检查

汽车音响系统安装完毕后，先检查一下电源线，主要是查看正、负极是否正确，裸露部分是否有搭铁，连接点是否牢固，是否在安装过程中有硬损现象。尤其要查看从发动机舱到车厢、从车厢到行李箱的过渡处。这些地方很容易被割伤、压伤。再检查其他线路是否连接准确、牢固。

2. 初调

功率放大器和主机的增益全都调至最低点，电子分频器的分频点、相位调到设计的位置，前声场提升高频段输出，衰减低频段输出；后声场提升中低频段输出，衰减高频段输出。设定超低音频段，增益调到最低端。如有电子分频器，以电子分频器分割频段。功率放大器的频段一律调到全通。如无电子分频器，功率放大器的频率输出：前声场调到高通或全通，后声场调全通，低音调为低通。如果是均衡器全部频段放在中间位置，等候调节。

调节频率时，应注意 3 kHz 以上的频段有很强的方向感，是决定声场位置的。这就是为什么前声场用高通，而后声场用全通或消除了 3 kHz 以上、70Hz 以下频率带通的缘故。

8.7.2　通电

将主电源的熔断丝装入熔断丝盒。打开主机，使各设备通电。如有电容，查看电容显示的电压是否和电源有大的差异。如电容无显示，可用万用表测量电压。再测量一下电源电压，一般电源的电压会稍高一点(在 1V 以内)。如果超出了这个值，应考虑电源线的选用和安装是否正确。

8.7.3　增益(音量)的调节

将一张测试碟片放入主机，将音量增益逐渐调高到失真出现，再回调至不失真。逐渐增加功率放大器音量增益，直到不失真的最高点，功率放大器的音量就固定在此，以后音量调节主要以主机来调节。

8.7.4　频率的调节

通常所说的"调音"实际上是指对各频段进行分割和调节，让各频段都能均衡地表现。目前，调音普遍只重视高音和低音的表现，对于中音部分不太重视。而决定音质的好坏，中音部分恰恰是非常重要的。人耳最敏感的也是中音部分，在调节时应使用小音量，音量太大往往会掩盖某些细节。仔细倾听，对缺失的频段进行补偿，以保证全频段的平衡。也可根据个人的喜好，对某一频段进行补偿或衰减。总之，频率的分割和调节牵涉到很多的数据和概念，它需要调音者有长期的经验积累和具备一定的音乐素养及良好的听力，当然也可利用频谱分析仪来调节。如果这些都不具备，最好使用套装扬声器，扬声器上分音器的频率分割是非常准确的。功率放大器只要设置全通，就可保证全频段的平衡。

8.7.5　音场及音像定位调节

在听音乐时，我们希望音乐是从前面流出的，而不习惯从背后传来，在车内也是如此，合格的汽车音响的声音应该是源自前风窗玻璃。为做到这点，除了把前声场的高频扬声器尽量靠前安装外(应注意与中频扬声器的距离)，还应消除后声场 3kHz 以上的高音及80Hz 以下的低音。

一般主机可以调节音场的高度、宽度和深度，应利用起来，相对来说前后左右平衡的调节就比较简单。

8.7.6　汽车音响音质的理性评价

怎样才算一套好的汽车音响？在 IASCA 的标准里，它包括好的声音品质，安全的电路，完整的安装，美观的工艺，独一无二的创意，精确的频率反映，爆棚的声压。

汽车音响的声音品质评价，引用国际汽车音响大赛的评审规则，有以下 4 个方面：

(1) 音调的准确性与全频段的平衡性。

(2) 音场及常音。

(3) 音响定位。

(4) 音响的线性。

其中音调的准确性与全频段的平衡性占主要部分，音调的准确性受以下六大特性的影响。

(1) 响度

响度是指由声音所造成的听感刺激的强度。它会受到 EQ 或扬声器音压配合不良的影响。

(2) 音准

音准决定声音在音谱上的位置。它是一个主观品质，过度的失真及非线性会影响音准。

(3) 音色

音色是由某声音的基音与泛音相互作用后所产生的声音特性。它与器材本质、线材有关。

(4) 调制

调制指声音在大小、相位或频率上所产生的变化，它会因系统的相位、频率响应而受影响。

(5) 音响长度

音响长度就是发声的时间长度。

(6) 粹发音及衰减

声音由小至大所需的时间(粹发音)及由大变小所需的时间(衰减)，它会因系统反应不良、障板谐振及前期反射过强而受到不良的影响。

根据以上 6 点，我们可以把声音分成四个频带来加以鉴别。

(1) 超低频(18~60Hz)

该频段表现所有大型弦乐器、大鼓、低音合成器、管风琴等的最低频。这个频段的声音在系统的再现下应该是明辨真悉，具有真实的量感及弹性，延伸度好，而且必须不失真。常见在该频段的缺陷是超低频因为衰减时间过长或声音模糊而显得拖泥带水，管风琴的最低频段是良好的范例。

(2) 中低频(60~200Hz)

该频段表现中型鼓(印度鼓、大拉丁鼓)、低音吉他及低音大提琴的中段、钢琴及音效合成器的低音，它要求能平顺地再生出富有弹性及细节的声音，难度是表现鼓与低音吉他的中击声与断音。这是一个音响改装极难的频段，因为在车体里，在这个频段会有共振或波峰的存在，影响声音的准确再生。好的系统应该表现出手拍鼓的鼓皮张力大小和冲击力。常见到的缺陷是把鼓的声音表现为夸张的低频合成器的声音。

(3) 中频(200~3000Hz)

这是一个重要的频段，它包含了大部分的音乐信息，也是人耳最敏感的频段。优质扬声器与普通扬声器的分别就在这个频段，基本以人声为参照物，人声听起来应该真实而丰

汽车美容装潢

满，没有暗淡或失真等不自然感受。

(4) 高频(3000～20000Hz)

在车内强反射的环境下，有利于高频的正常发挥，但由于安装位置的影响和衰减度的不当，大多数的汽车音响的高频会过于明亮而暴露出粗糙的质感和过度的舌齿音。

经过 4 个频段的独立评价后，我们就要考量音乐全频段的平衡性，它表示了系统在整个音响频宽之内的音调准确性。常见的平衡性缺陷是超低频过度放大，这也造成许多车主不喜欢安装低音炮。

汽车音响音质的感观鉴别包括六要素。

(1) 清晰度

美妙的音质层次十分清晰，透明度好，每个字都能听得清。

(2) 丰满度

中、低音充分；高音适度、温暖、舒适感且有弹性。如果混响的时间偏短，尤其是低频段的混响时间比中频段还要短，其丰满度不会太好；音响系统的输出频率特性差，缺乏中低音，这样的声音就会显得干瘪无力，更谈不上丰满。

(3) 亲切感

就是通常人们所说的传神，即听到的声音存在着一种交流、倾诉感。而一般或很差的音质是体会不到这种效果的，它会使你感到紧迫而遥远。

(4) 平衡感

平衡感指的是左右扬声器、上扬声器和辅助扬声器之间的输出功率的比例协调与相位的正确。立体声的左右声道一致性好，声响正常。如果声响有时有偏移又不够协调，那就算不上是好的音质。

(5) 环境感

声音的空间感好，整个给人逼真的感觉，用身临其境来形容好的音质是最恰当不过的了。

(6) 响度

在响度方面，好的音质听起来是适宜、舒服的。特别提醒，在辨别音质时应该选择优秀的声源作为试听的节目源，选择自己熟悉的内容做测试是最有利的。

思考与练习

一、思考题

1. 汽车音响试调前需准备哪些内容?
2. 如何对汽车音质进行评价?

二、练习题

1. 填空题

(1) 汽车音响系统安装完毕后，先检查一下电源线，主要是查看(　　)是否正确。
(2) 声音可以分成 4 个频带：(　　)、(　　)、(　　)、(　　)。

2．判断题

(1) 响度是指由声音所造成的听感刺激的强度。它不受 EQ 或扬声器音压配合的影响。　　　　　　　　　　　　　　　　　　　　　　　　　　　　　（　　）

(2) 声音由小至大所需的时间(粹发音)及由大变小所需的时间(衰减)，它会因系统反应不良、障板谐振及前期反射过强而受到不良的影响。　　　　　　　　　（　　）

(3) 一般主机可以调节音场的高度、宽度和深度，应利用起来，相对来说前后左右平衡的调节就比较简单。　　　　　　　　　　　　　　　　　　　　　　（　　）

8.8　汽车音响常见故障及保养

8.8.1　汽车音响常见故障

虽然汽车音响的原理与一般的家用音响相同，但在线路、结构、元器件的选用等方面，还是有其自身的特点。汽车音响由于工作环境较差(振动大、温度高、灰尘多)，其故障率较高。从大量检修实例来看，故障发生的原因及部位均有相似之处，一般有以下几种情况。

1．机芯系统故障

汽车收放机的机芯比普通的机芯牢固，自身出现故障的可能性较小，故障往往是因使用不当引起的。有些机芯发生运动不到位或不能出盒、转速缓慢等故障，主要是由于机内灰垢堆积太多，且长期不保养、缺油引起的。因此，维修人员在修好机器后，还应向使用者介绍一些日常保养的方法，以免因使用不当再次发生故障。

需经常维护、清洗的部位主要有磁头、压带轮等，这类机构不便于清洗，也是导致走带不畅、变调及绞带的主要原因。机芯滑板以及活动部件缺油是造成按键及磁带进出不畅的主要原因。

2．收音部分故障

收音部分出现故障的机会较小(特别是高频头组件)，如果此部分出现故障，多数为硬损伤，例如线圈开焊、断裂造成的接触不良以及元件损坏等。如果不能收音，应先检查这些部位，然后再检查外围元器件。在确定外围元器件无损坏后，最后测量集成块各管脚电压是否与标准值相同。如果不同，就可判断是集成块损坏。这部分集成块较为特殊，且价格昂贵，不易购买到，故一般不要轻易怀疑集成块损坏而拆除，因为容易把好的集成块损坏，造成不必要的损失。

从大量维修实例来看，集成块及组件故障较少，其外围线路损坏的较多。其主要问题常常是电容漏电、阻值改变，以及因振动出现脱焊和接触不良等，而且主要发生在微电阻上。电路板上的积尘太厚，引起器件之间漏电而造成的故障也较多。

维修时不要轻易怀疑元件损坏，更不要随意动可调电阻。在检修电路之前，可以先检查排线插头、插座是否因松动而接触不良，有时会收到事半功倍的效果，因为汽车车身的振动易造成这样的故障。

3．功率放大器故障

功率放大器是汽车收音机故障率最高的部分(占检修故障的 80%以上)，很多故障都是因为功率放大集成块被击穿引起的，原因主要有两种：一是汽车发电机电压调节器不良，引起电源电压上升过高，发生过压或过载而损坏；二是汽车电动机产生的瞬态峰值电压将集成块击穿。由第一种原因引起的故障，常伴有烧毁滤波线圈(扼流圈)等元件的现象，且滤波电容也多被击穿，从而造成其外壳变形漏液等；由第二种原因引起的故障则几乎没有伴随其他元件损坏的现象，仅是将集成块损坏。故检查此类故障时，只需观察保险是否为短路性熔断，或用万用表测量正、负接柱间的电阻值，如电阻很小，即可确认。

汽车功放机的收放块损坏以后，应用原型号的集成电路替换，如原型号的集成电路买不到，可考虑用其他集成电路代替。从实际维修经验来看，东芝 TA7240AP(国产型号为D7240AP)性能较好，几乎可以代替所有的功放块，且外围电路简单、失真小、功率大、保护功能齐全，改动的工作量小。需要注意集成块与散热器之间的隔热问题，最好在这两者之间涂一层硅脂，以帮助散热。要紧固螺栓，将引线焊牢，必要时可以在各引脚之间点一点胶，帮助加固和绝缘。

4．磁带放音电路故障

磁带放音电路出现异常时，出现放音无声或音量小、失真等现象。若长期不清洗磁头，就会导致音量小、高音衰减甚至无声。均衡放大电路故障率不高，尤其是均衡放大电路中使用的集成电路不容易损坏，但其外围的元件，尤其是小型瓷片电容又会出现失效或漏电现象，检修中应注意。

5．其他易损件故障

汽车收音机中的电位器是较容易损坏的元件之一，损坏的主要是带开关的音量及音调电位器，主要表现为接触不良、转轴断裂等。若电位器转轴断裂，应更换；若电位器内部接触不良，可先滴入少量机油并转动几次；如果仍接触不良，就是膜片与触点磨损太多，应更换新件。也可以采取以下应急修理方法。

(1) 先拆下电位器中轴上的开口卡圈，再用螺钉旋具拨开卡子，将各部分分离。

(2) 按常规的修理方法，用酒精或汽油对电位器进行清洗后按原样装好。

小贴士：电位器的结构复杂，比较特殊，拆卸时应记住原来器件的连接安装顺序，以便复原。

机械开关损坏时，可以先滴入少量机油，反复开关几次，如效果不明显，再考虑拆开修理。若拆装不便，可考虑用静噪开关来代替，或用原开关加晶体管作电子开关来代替。

从上面各单元电路(系统)出现故障的规律可以看出，汽车收放机的故障主要表现在收音和磁带放音两个方面，搞清楚哪些电路与收音有关，哪些电路与磁带放音有关，对于我们判断故障的大致部位有很大的帮助。

8.8.2　汽车音响的保养维护

1．经常用湿润的小棉签擦拭

音箱中卡带机的压带轮和 CD 播放机的磁头都是容易堆积灰尘的地方。CD 播放机里最重要的部位是激光头，因为激光头是易损零件且比较昂贵，应重点养护。虽然现在部分汽车音箱在设计过程中都考虑了防尘的问题，但防护措施也是必要的，可以用湿润的小棉签擦拭卡带、带盒以及 CD 机的碟槽以及音响系统的面板。正确的做法是用湿布将尘土轻轻地吸下来；按键和旋钮的清理，可以使用棉签。

2．用清理工具清洁磁带和光碟

除了音响的主机要保持清洁外，磁带和 CD 光碟也要保持清洁。磁带和光碟上的污物不但会影响播放的音质，甚至会对音响造成损伤。CD 机的磁头在高速运转时，如果遇到尘土，会使磁头偏离原有的激光轨道，造成声音的失真，并对磁头造成损害。磁带和光碟的清理工具在大多数的音像店中都可以买到。

3．经常检查磁带的松紧程度

扬声器的栅格罩是非常容易积灰的地方，这些积灰会使扬声器的音量降低。听音乐前最好先检查一下磁带的松紧程度，松了就要将其卷紧；紧了就要用倒带的方式使之放松。如果磁带长时间不使用或关机，最好将磁带退出，因为时间长了可能会导致压带轮变形。

4．慢放盘、少换碟

冬季是汽车音响激光头损坏的高发期，因为气候干燥，容易产生静电。放盘的时候最好不要用手直接去摸，不要拿中间，要慢慢放进去，尽量不要频繁换碟，塞盘时要尽量轻。

5．音量不要突然开到最大

音响在使用当中要避免突然将音量开到最大，这样扬声器线圈会烧坏，对功放造成影响，振幅突然加大也会烧毁功放。

思考与练习

一、思考题

1．简述汽车音响常见的故障以及排除方法。

2．如何对汽车音响进行保养与维护？

二、练习题

1．填空题

(1) 汽车音响由于(　　)，其故障率较高。

(2) 冬季是汽车音响激光头损坏的高发期，因为气候干燥，容易产生(　　)。

2．判断题

(1) 汽车收放机的机芯比普通的机芯牢固，自身出现故障的可能性较小，故障往往是因使用不当引起的。　　　　　　　　　　　　　　　　　　　　　　　　　(　　)

(2) 收音部分出现故障的机会较小(特别是高频头组件)，如果此部分出现故障，多数为硬损伤，如线圈开焊、断裂造成的接触不良以及元件损坏等。　　　　　　　(　　)

(3) 扬声器的栅格罩是非常容易积灰的地方，这些积灰会使扬声器的音量降低。听音乐前最好先检查一下磁带的松紧程度，松了就要将其卷紧；紧了就要用倒带的方式使之放松。　　　　　　　　　　　　　　　　　　　　　　　　　　　　　　　（　　）

8.9　汽车音响选装及改装实例

8.9.1　国产汽车音响简介

现在国内汽车生产厂家为了占领市场，适应市场变化的需求及人们对汽车音响音质不断提高的要求，在设计方面做了许多改进；从先前的收音机变化为带磁带的收音机，又变化为单碟 CD 收音机和多碟 CD、磁带收音机，再发展到 CD、VCD、DVD、TV、多碟 CD、磁带收音机为一体的车载娱乐系统。人们在挑选汽车的同时，对车内的音响系统也会相对地有所选择。这里介绍国内几款典型轿车音响系统的性能、功能及它们之间的比较，以便大家在购车和改装音响时对原车音响系统有一定程度的了解。

1. 富康轿车

富康轿车使用三个生产厂家的音响，这里介绍 PHILIPS 公司配套的 DC529/35 和 DC529/35S。此款音响是卡带、收音机式，专门为富康轿车定做的，面板为非标准设计，面板前面有防尘翻盖，有磁带、收音机功能。DC529/35 输出功率 2×7W，DC529/35S 输出功率 4×7W，在前左右车门各有一只 51/4 寸扬声器。因为输出功率小，又只有前方两个扬声器，所以音响效果一般，但扬声器的高度位置和角度较合理，在声场听音方向上较为准确。

2. 捷达轿车

捷达轿车使用三个生产厂家的音响，这里介绍 PHILIPS 公司配套的 DC-145、DC-155，此款音箱是卡带、收音机式。DC-155 比 DC-145 在输出方面增加了两个声道，DC-145 输出功率 2×10W，DC-155 输出功率 4×10W，DC-155 比 DC-145 多 6 个电台预选键。捷达轿车前面的扬声器安装位置不够理想；扬声器安装在仪表台两侧，发声方向朝着风窗(即与听者反向)，听到的声音是通过风窗玻璃反射回来的，扬声器应对准人耳，尤其是高音扬声器最好与人耳部齐平。捷达轿车上的扬声器尺寸太小，只有 3 寸，低音区几乎没有，所以听起来感觉声音单薄，而 DC-155 后方增加的两个扬声器，由于功率小，听起来也没有力度。

3. 桑塔纳 2000

VDO(PHILIPS) 公司配套的 RC188/741 是卡带、收音机式，特别为上海大众 SANTANA-2000 设计，四声道输出功率 4×10W。桑塔纳 2000 前方的扬声器与捷达一样，安装位置不够理想：扬声器安装在仪表台两侧，发生方向朝着风窗(即与听者反向)，听到的声音是通过风窗玻璃反射回来的声音。前方的扬声器使用 4 寸，后方的扬声器使用 6.5 寸，音响声音比较丰满，低音方面比普通桑塔纳要好得多。

4．上海帕萨特

上海帕萨特使用的音响为 VOLKSWAGEN 专门设计。该音响是卡带、收音机式，四声道输出功率 4×20W，可连接 6 碟 CD 驱动器，使用带电子放大器的天线。前面的扬声器使用分体方法，在前门上部安装 1 寸高音扬声器，下部安装 6.5 寸中低音扬声器，后方使用的扬声器和安装方法与前门相同。由于输出功率的加强，前方的扬声器尺寸加大，而且使用分体安装的方法，使主声场音量增强，声场定位比桑塔纳要好，高音区较明亮，低音相对较丰满。

5．上海别克

上海别克使用美国 DEICO(德科)音响系统，该音响的尺寸是 2DIN，也就是说两个音响的标准尺寸。其有两种机型：一种是卡带、收音机式，另一种是单碟 CD、卡带、收音机三合一式(在后排座椅前端设有影响系统的控制面板)。该音响使用带电子放大器内藏式的天线，四声道输出功率 4×20W。前方的扬声器使用分体安装方法：在前门上部安装 1 寸高音扬声器，安装在后风窗玻璃下方的横板上。该音响系统由于输出功率的加强，扬声器尺寸加大，低音相对来说更加强劲有力，有美国车音响的感觉。

6．奥迪 A6

奥迪 A6 选择的音响品牌是日本松下，此款音响为奥迪专门设计，面板的高度是标准的，宽度比标准尺寸长，可连接 6 碟 CD 驱动器，该音响使用带电子放大器内藏式的天线。功率输出有三种方式：①两路前扬声器和两路后有源扬声器；②四路有源扬声器；③任何标准的放大器。如果音响连接了 BOSE 放大系统，屏幕显示"BOSE"，有四路音频输出接到 BOSE 放大器，功率为 220W。前方的扬声器使用分体安装方法：在前门上部安装 1 寸高音扬声器，下部安装 5 寸中低音扬声器(有的带放大器)，后方使用 6 寸带放大器的扬声器，安装在后风窗玻璃下方的横板上。该音响系统由于每个扬声器都装有放大器，所以输出功率加强，音量较大时失真较小，高、中音区表现较好，但低音区显得弱些。

7．广州本田

广州本田选择的音响品牌是日本先锋，此款音箱为 HONDA 专门设计。该音响的尺寸是 2DIN，是两个音响的标准尺寸，有两种机型：一种是卡带、收音机式，另一种是单碟 CD、卡带、收音机三合一式。后方可以连接多碟 CD 驱动器。该车音响系统的整体布局与老产品相比变化不大，只是前车门的扬声器向上提高了一点，大约是门衬的中部。虽然做了改动，但在听音感觉上还是声音在下方，如同在楼上听歌剧一样，声音从楼下传来，听起来很不舒服。前方使用了一对 16cm 扬声器，安装在左右前门各一只，后方使用了一对 6×9 寸扬声器，安装在后风窗横板上面。输出功率 20W×4 声道，可连接多碟 CD 交换器。其高、中音区表现较好，低音听起来发散不实，音量开大低音发浑，明显底气不足，主机输出功率小。

8.9.2　汽车音响改装实例

上海大众帕萨特 B5 音响系统由于高音不亮，使得整体音色低沉、混浊，不够通透。原因是主机的功率较小，音量稍微开大一些，就容易失真。另外，纸盆扬声器低音控制力不好，振动时音盆收不住。该音箱系统的高音只是通过一个小电容作为分音器，所以效果较差。

若想改变音质，只能将原车音响全部更换。可以通过以下方式进行改装。

(1) 主机：Nakaminchi 中道 CD-45Z，该机最大的特点是在人声方面表现出色，音质非常细腻。

(2) 功率放大器：美国嘉利堡 CA550，最大输出功率 4×100W；嘉利堡 CA-100，输出功率 2×100W。

(3) 电子均衡器：EQ505。

(4) 扬声器：前门为美国 KICKER6.5 英寸，高质分体双路组合，最大功率 150W，阻抗 4Ω。

(5) 超低音箱：飞利浦 10 英寸，最大功率 200W，音响密封式设计，黑绒外罩，阻抗 4Ω。

此套系统投资约 12000 元。

上海大众帕萨特 B5 的原装音响主机面板是 2DIN 尺寸，所以，需要将主机均衡器上下一起才能与原车的面板标准尺寸一致。另外，因原车使用的是卡带机，所以扬声器的频率响应较窄。为了降低噪声，其设计的高音较弱，功率也小，所以最好更换。前门扬声器因尺寸与原车相同可将原车扬声器换掉后直接安装，但由于原车扬声器有垫圈，所以必须用密度板制作垫圈后，再将扬声器安装在上面。高音头可安装在前门上部原来高音三角处，这种方法的好处是高音与中低音近，效果较好。分音器可安装在门内，后门扬声器应安装在后盖板上。超低音箱则可摆放在车的行李箱内，这样可根据货物的情况随时移动，如果怕货物碰撞超低音扬声器，可加装网罩。电子均衡器安装在前方主机下部，通过它能分别调整高音、中高音、中音、中低音、低音及超低音，这样便可根据音乐内容的不同及个人的习惯，灵活地调整音乐曲线。其输出电压 5V，提高了信噪比，而且有 AUX 输入接口，可以外接随身听 MD、MP3 等。多碟 CD 驱动器可安装在行李箱左侧上部。功率放大器的安装方法是用一块 10mm 厚度的密度板，按照车后座靠背的形状制作一块背板(使用背板的目的是使功放与车身绝缘，还可以使接线整齐)，然后包上绒毯，再将两个功放安装在上面。使用信号线时为了防止干扰最好使用双层屏蔽的，电源线要根据电流的大小来决定线径的粗细，扬声器线要选择抗氧化的。在电源线与蓄电池连接部位要加装防水保险，否则就等于安装了一枚定时炸弹，一旦电源线破漏可能会起火。

安装后不应该有任何噪声存在，经过细心调试，就应该能达到预期的音响效果。这套系统音响的清晰度、层次感都比较好，适合听古典音乐、流行曲及人声。

思考与练习

一、思考题

如何对桑塔纳 2000 的音响设备进行实例改装？

二、练习题

1. 填空题

(1) 汽车音响从先前的收音机变化为带磁带的收音机，又变化成单碟 CD 收音机和

(　　)、(　　)，再发展到(　　)为一体的车载娱乐系统。

(2) 在电源线与蓄电池连接部位要(　　)，否则就等于安装了一枚定时炸弹，一旦电源线破漏可能会(　　)。

2. 判断题

(1) 分音器可安装在门外，后门扬声器应安装在后盖板上。　　　　　　　　(　　)

(2) DC529/35S 因为输出功率小，又只有前方两个扬声器，所以音响效果一般，但扬声器的高度位置和角度较合理，在声场听音方向上较为准确。　　　　　　(　　)

(3) 安装后不应该有任何噪声存在，再经过细心调试，就应该能达到预期的音响效果。这套系统音响的清晰度、层次感都比较好，适合听古典音乐、流行曲及人声。　(　　)

第9章

汽车精品选装

【本章概述】

本章主要介绍汽车功能性内饰精品，包括汽车防盗器、氙气大灯、倒车雷达、汽车导航仪、汽车车载电话等内容。

第一节讲述汽车防盗器的组成以及工作原理、实现的功能，防盗器的选择及安装等。

第二节讲述汽车氙气大灯的基本特点以及改装方法等。

第三节讲述汽车倒车雷达的发展，介绍倒车雷达的选择、安装方法等。

第四节讲述汽车导航仪的分类及组成，简单介绍全球卫星定位系统(GPS)与车载导航系统等内容。

第五节讲述汽车车载电话的种类等内容。

【学习目标】

知识目标:

实时了解汽车精品的各种项目，即与时俱进;

掌握汽车精品中比较热门项目的工作原理及安装方法(如汽车导航仪等)。

能力目标:

了解汽车内饰的各种不同功能的精品饰件;

掌握汽车精品中比较热门项目的安装方法(如氙气大灯等)。

9.1　汽车防盗器

随着我国汽车市场的蓬勃发展，汽车已成为人们生活中不可缺少的一部分。但是汽车被盗现象时有发生，因此对汽车安全防盗方面的要求也越来越高。人们利用现代科学技术，研制出了许多新型汽车防盗器，以防止汽车被盗。由于一些车辆原厂配置的防盗装置不能有效地防止车辆被盗，因此，新车购买后往往首先是加装汽车防盗器。

9.1.1　什么是汽车防盗器

汽车防盗器是一种安装在汽车上，能增加盗车难度或者能防止汽车被盗，并具有多种附加功能的装置。目前较常见的汽车防盗器是通过将防盗器与汽车电路的连接，来控制点火系统或启动系统或供油系统的工作。从而使汽车被盗时无法启动行驶，同时发出报警信号，达到汽车防盗的目的。

9.1.2　汽车防盗器的种类

汽车防盗器由初期的机械控制，发展成为电子密码、遥控呼救、信息报警。初期的汽车防盗器主要用于控制门锁、门窗、启动器、制动器，切断供油等连锁机构，以及为防止盗贼拆卸防盗器零件而设计的专用套筒扳手。随着电子软件和遥感技术的发展，汽车防盗器日趋严密和完善，并不断推出新产品。

目前市场上汽车防盗器种类繁多，根据其工作原理大体上可分为三大类，即机械式防盗器、电子式防盗器和网络防盗器。

1. 机械式防盗器

机械式防盗器是利用简单的机械原理锁住汽车上的某一机构，使其不能有效地发挥作用以达到防盗的目的。机械式防盗器最为传统，历史也最悠久，有转向盘锁(如图9.1所示)和排挡锁、踏板锁、轮胎锁(如图9.2所示)等。其原理十分简单，它主要是靠锁定转向盘、变速器操纵杆、离合器踏板、制动踏板、加速踏板来达到防盗的目的。其优点是价格便宜，安装简便。缺点是只防盗不报警，每次拆装比较麻烦，不用时还得找地方放置。

图 9.1　转向盘锁　　　　　图 9.2　汽车轮胎锁

2．电子式防盗器

电子式防盗器是在汽车上加装电子防盗设备来达到防盗、监控车辆和报警的目的，如图 9.3 所示。汽车防盗器的主要作用就是在防盗警戒状态下，如有外部碰撞、打开车门非法进入或用钥匙启动发动机，防盗器就会立即自动报警，喇叭鸣叫，并切断启动机电源，使车辆无法启动，可阻止窃贼偷车或延长偷车时间。大多数轿车均采用这种防盗方式作为原配防盗器。电子式防盗器基本原理是锁住汽车的启动电路、点火电路和供油系统，在没有芯片钥匙的情况下无法启动车辆。数字化的密码重码率极低，而且要用密码钥匙接触车上的密码锁才能开锁，杜绝了被扫描的弊病。

电子式防盗器又可分为单向防盗器和双向防盗器。单向的电子防盗器的主要功能是：车门的开关、震动或非法开启车门报警等，也有一些品牌的产品，根据客户的需求增加了一些功能，例如用电子遥控器来完成发动机启动、熄火等。双向可视的电子防盗器相比单向的更为直观，能让车主知道汽车现实的情况。当车有异动报警时，同时遥控器上的液晶显示器会显示汽车遭遇的状况，缺点是有效范围只有 100～200m。

图 9.3　电子式防盗套装

电子式防盗器根据密码发射方式的不同，可分为定码防盗器和跳码防盗器两种类型。早期的防盗器多采用定码方式，但由于其自身缺点，现已逐渐被技术上较为先进、防盗效果较好的跳码防盗器所取代。定码防盗器是主机与遥控器各有一组相同的密码，遥控器发射密码，主机接收密码，从而完成防盗器的各种功能。这种密码发射方式称为第一代固定码发射方式(简称定码发射方式)。

3．网络防盗器

网络防盗器即利用现代电子信息技术、航天技术和网络技术，实现汽车与车主的实时信息反馈，属于双向防盗器。目前，市场上网络防盗器有以下两种。

1) 全球卫星定位系统(GPS)防盗器

GPS 防盗器主要靠锁定发动机点火或启动达到防盗的目的，同时还可通过 GPS 系统，将报警信息和报警车辆所在位置传送到报警中心。GPS 防盗器的功能非常多，不仅可以在全国范围内实时监测车辆位置，还可通过车载移动电话监听车内声音。必要时还可以通过手机关闭车辆油路、电路并锁死所有门窗。

GPS 防盗器的缺点主要有：一是在没有建立卫星定位系统的地面监控中心的地区，GPS 无法工作；二是由于卫星数量有限，信息扫描覆盖存在一定的"盲区"，从而使监控实际上经常处于间断"失效"状态；三是价格昂贵。

2) GSM 移动防盗器

GSM 移动防盗器是汽车网络防盗防劫定位监控系统，它依托 GSM 通信网络，进行手机与汽车的智能联动防盗，其真正做到了全方位为汽车设防，开辟了防盗新时代。GSM 移动防盗器具有防盗、监控、远程控制、远程报警、定位，反劫等多种功能，是维护社会治安、保护车主利益的最佳保护神。与同类产品相比，该系统还具有安装隐蔽、技术更先进、性能更可靠等特性。同时，该种防盗器具有不需建基站、报警不受距离限制、不需交任何服务费、使用简单方便等优点。

虽然防盗器的种类较多，但从市场发展情况看，机械式防盗器由于功能较少、外形不美观，使用不方便等缺点已经开始淡出市场。网络防盗器价格较高，虽然功能先进，但一些功能还不能达到普遍应用性，所以在市场上还没有被大量使用。目前，市场上起主导作用的还是电子式防盗器。

9.1.3　汽车防盗器的功能

随着汽车防护要求的提高，车用防盗装置的功能也日趋完备。目前，市场上汽车防盗装置的主要功能如下。

1) 防盗设定与解除

其主要作用是警戒车辆，以防被盗或受侵害。

2) 全自动设防

若车主忘记设防，防盗器将自动进入防盗警戒状态。

3) 静音设防与静音解除

静音设防适合于在夜间、医院和特殊环境下使用。

4) 二次设防

设防解除后，若 30s 内车主未开车门，则主机自动进入防盗状态。

5) 寻车功能

灯光闪烁信号可在停车场内帮助车主寻找车辆。

6) 求救

在紧急事态发生时，能设定紧急呼救。

7) 振动感应器暂时关闭

遇恶劣天气，但汽车处在安全环境下，使用此功能可减少误报和噪声。

8) 进场维修模式

适用于汽车进场维修，遥控器无须交给维修厂，安全方便。

9) 行车时控功能

点火后车门自动落锁，熄火后车门自动开锁，车辆使用安全、方便。

10) 密码抗扫描

计算机自动判别密码正确与否，并过滤扫描器信号，杜绝扫描密码，因而可防止盗贼用扫描器扫描密码进行盗车。

11) 跳码抗拷贝

每次进行设防和解除警戒时，主机及遥控器都同时更改密码，防止盗贼用无线电截码器截码盗车。

12) 主机呼叫输出可与防盗器遥控器连接

通过防盗器遥控器的显示判断车辆是否受侵。

13) 遥控发动机启动

提高效率，节省暖车时间。

9.1.4　汽车防盗器的选择

各个品牌的防盗器从原理设计、元器件的选择、加工工艺及其功能设计上都有很多的不同。正是由于这些不同，决定了防盗器的使用寿命、性能及价格各不相同。

(1) 采用 FR4 双面板设计的优点：

① 元器件焊点牢固，防盗器的抗振性强。对每天处于振动、颠簸中的汽车防盗器来说，抗振性强可延长其使用寿命。

② 防盗器主机小，便于隐藏安装。

(2) 采用多重电路保护系统的优点是可适应于更大范围的蓄电池电压变化，不会因蓄电池电压过低，造成防盗主机电脑死机，且抗干扰能力更强。

(3) 采用电脑是否是记忆时间较长的 IC。

(4) 是否较多地采用了贴片元器件。

(5) 采用的元器件是否具有较好的耐温性和耐压性。

因此，防盗器的选择依据有以下几点。

(1) 应注意防盗器是否采用了先进的工艺设计。

(2) 防盗器的功能是否安全、实用、方便且具有环保性。例如，北京市公安局技防办每年审批发放防盗器生产经营许可证，环保方面还需符合北京市环保局、公安局、工商局、技监局联合发出的《关于防止机动车防盗报警器噪声扰民通告》及《机动车防盗报警器报警控制标准》。

(3) 应注意防盗产品是否通过了公安部的检测。(须经过公安部安全与警用电子产品质量检测中心检测达到我国标准的产品，检测有效期为 4 年)

(4) 高质量的安装技术和良好的售后服务。千万不要单纯追求价格低廉的产品，以免被假冒伪劣产品蒙蔽，得不到应有的售后服务保障。

9.1.5　汽车防盗器的安装

汽车防盗器防盗效果的好坏，主要由三个因素决定：防盗器产品质量、防盗器的安装方法以及防盗器的正确使用。而防盗器的安装方法与防盗器质量同样重要，且由于防盗器的安装不良而造成的损失更是惨重的。比如，汽车计算机死机、安全气囊炸出、烧毁汽车电路及其他部件损坏等，这往往都是由于防盗器安装不当造成的。因此，选择好的、有经验的安装商是十分重要的，也是对汽车使用的基本保证。

1. 如何正确选择防盗器的安装商

有经验的汽车防盗器安装商不仅对防盗器有全面的认识，而且对汽车电路非常熟悉和了解。他们判断汽车电路不是靠死记硬背，而是靠电路理论知识。尤其是当今时代，汽车的更新换代越来越快，这只有靠电路知识才能正确判断汽车线路。选择防盗器的安装商时，可注意以下几点。

(1) 其店铺是否具有防盗器的经营、安装资格，包括营业执照及公安机关颁发的资格证书等。

(2) 其销售的防盗器是否注明产地。这是防盗器今后能否得到售后服务和故障保修的基本保障。

(3) 其店铺是否持有防盗器生产厂家的授权书，这表明此店是否对此品牌的防盗器有比较全面的了解，并得到了厂家的安装培训及认可。

(4) 防盗器安装完毕后，务必向安装商索要加盖厂家公章及电话的防盗器保修卡。

2．汽车防盗器的安装

1) 布线要求

先找好主机固定的位置，线分两路：一路往方向盘底盖，把电源(红色)、ON 线(白色)、控制 30A 断电器线(黄色)、转向灯线(两条棕色)；其余的线往保险盒及左前方、前盖(喇叭线米红色)、车门开关线(蓝色)、中控锁线、仪表台上(LED 灯线、天线)。

2) 安装前的准备工作

安装前，先将线全部接上，检查线路正确无误后，再分别把电源、震动器、LED 灯插上主机，主机及震动感应器的位置应避免音响喇叭等高磁场的地方。

3) 固定主机、震动感应器的位置

固定主机、震动感应器的位置时，要注意它们是否有高温产生的电器部位以及还要注意防水(漏水)。

4) 查找车线

防盗器装得好与不好，反映在查找车线是否正确、接线质量是否过关等。线的查找必须正确，线不能虚接，不该搭铁的地方不能搭铁，搭铁的地方必须搭实。接线处必须紧固、绝缘，否则极易造成烧毁防盗器主机，或车辆电路的严重后果。首先把原车方向盘下面护板和脚踏板去掉，然后先找个地方把防盗器主机固定好，主机不要装得离原车板太近，以免影响板和主机信号。

按下面顺序，查找需要接的线：

(1) 找到 12V 火线 B+

此时的查找方法：先把车钥匙拔掉，把试电笔一头接到搭铁，也就是原车 12V 负极线，车上任何金属部分即可。电笔另一头去点要查找的 12V 线正极，点到时电笔会亮的线即是(不要接太细的电源线)。12V 电源一般在方向盘下面和通往主门处。

(2) 再找转向灯线

其查找方法：首先把钥匙插上打开到 ON 位置，打开原车转向灯，然后用电笔一头搭铁另一头查找转向灯线，查找线时发现电笔灯和转向灯同步闪烁又同步熄灭的即是转向灯线，转向灯线一般在方向盘下面和门边踏板处。

(3) 找后备行李箱控制线

如果原车有开行李箱的开关，直接在开关处找就可以了。行李箱控制线为 12V 正极和 12V 负极，根据查找时自行确认。查找方法：电笔一端搭铁，然后去点行李箱开关上的线，点线的同时如果行李箱会自动打开，那么这根线就是行李箱控制线 12V 负极。如果把开关上的线找了一遍也没反应，就说明控制线可能为 12V 正极控制和低电位控制。然后，还是电笔搭铁点线，在点线的同时按一下行李箱开关。如果电笔灯会亮，就说明行李箱控制线为 12V 正极。行李箱控制线一般在控制开关、脚踏板和 A 柱处。防盗器主机上的行李箱控制线一般都是 12V 正极线。如果查找的线也是正极，那么直接接上就可以；如果是 12V 负极线，就需要加一个继电器来转换。

(4) 找门边负触发和正触发

其查找方法：打开主门关闭其他车门，电笔一头夹 12V 电源正极，另一头找门边线，电笔点到线灯亮而且关闭边门开关会灭的即是门边开关负触发线。找边门正触发把电笔搭铁去点线，点到线灯会亮关闭车门开关会灭的就是门边正触发。门边线一般通往主门处、脚踏板和 A 柱。

(5) 找 ACC 线

ACC 就是把原车钥匙打开到 ACC 的位置。ACC 线就是钥匙开到 ACC 处才会通电的 12V 正极线。查找方法：首先把原车钥匙打开到 ACC 位置，然后电笔搭铁点线，点到线电笔灯会亮而关闭钥匙会灭的就是 ACC 线 12V 正极。ACC 线一般在防线盘下面和脚踏板或保险盒处。

(6) 接引擎断电负极

接引擎断电负极也就是加断电器控制原车启动马达，首先要找到马达线。查找方法：电笔搭铁量线，量线的同时用钥匙发动一下车。在发动车时，电笔会亮而发动机着火后灭的线就是启动马达线。确认线之后，把线剪断加装电器，加装方法：断电器白色线和绿色线接到打开钥匙有电的一头，另一根绿色线接在剪断的另一头，然后把防盗器引擎断电负极(黄)接在断电器的黄色线上就可以了。启动马达线一般在钥匙锁头下面。

(7) 接油路控制负极

查找方法：电笔搭铁钥匙打开到 ON 位置的同时点到一根线带电 (大约 1 秒油压检测)，在启动车时带电就是油路控制线。有些车不带油压检测，要把后大座拆下，下面有线。此线也是要剪断加断电器，和上面引擎断电一样接法，此线一般在后门脚踏板处和后座下面。

(8) 接脚刹车线

查找方法：踩下脚刹车，电笔搭铁量线，量到线灯会亮而松开脚刹灯会灭的线就是刹车线。此线一般在脚刹上面有个开关。

(9) 尾箱负触发线

查找方法：电笔接 12V 正极量线，有打开尾箱灯会亮关闭尾箱灯会灭的线就是尾箱线，此线尾箱可以找到。

(10) 接中央门锁线

车型不同，门锁线的接法也不一样，关键是要知道锁线是什么触发，然后在根据锁线触发开始找线。查找锁线的方法：①首先判断负触发，用电笔搭铁去点线，点到一线能开，点另一线能关，说明是负触发。②接好负触发后遥控不动作，在保证线接好没脱落的情况是可判断是开关串联负触发。再找下搭铁线，就是主机里面的搭铁线(或主门电机的接地线)而不是自己接的搭铁。③如果只能找到一根线，再也找不到另一根线。可用电笔搭铁给一个负极能开或关，再给信号也不会在反方向动作，用剪刀剪开会动作，这就是单线串联。④找到一根线，给负信号能开也能关就是单线负触发。注意：单线负触发和单线串联负触发的区别是：单线负触发无论给多少次信号都会相反动作，而单线串联负触发给过信号后不会再相反动作，只有断开才会动作。⑤如果只能找到一根线，再给信号也还是不能反方向动作的话就要考虑在开锁线加个电阻(一般是 300~1500Ω)，再去测看是否有动作，若有就是双电位负触发。⑥正电回路：电笔搭铁推动中控开关，关或开测到电笔与推动动作同步闪烁的就是主机信号线。接线方法是把开闭锁信号线剪断，橙和橙黑接靠中央门锁控制器那边，白和白黑接靠主门马达这边。黄和黄黑接 12V 常火线。橙色对应的是白色线，橙黑对应的是白黑线。⑦正触发：电笔搭铁推动中控开关量线，当量到中控锁开的时候这根线是长火电，关的时候就没电。测另一根线的时候，如果关的时候是长火电而开的时候没电，就是正触发。⑧正负触发，一般原车驾驶员门能控制另外三个门，但是没有动力(没有电机，只是一个双向开关)加装一个两线马达。最后，在保证所有线都接好无误的时候就把防盗器负极线接上。可以接到车上任何金属部分，也可以用螺丝固定以免以后脱落。

3．安装防盗器技术要求

(1) 车辆各个门及部分车的后行李箱、引擎仓盖必须要有保护，加装开关。如金杯经济型、夏利、奥拓等。

(2) 布线时，要注意以下要求：先找好主机固定的位置，分两路：一路往方向盘底盖，把电源(红色)、ON 线(白色)、控制 30A 断电器线(黄色)、转向灯线(两条棕色)；其余的线往保险盒及左前方、前盖(喇叭线米红色)、车门开关线(蓝色)、中控锁线、仪表台上(LED 灯线、天线)。

4．汽车防盗器配线与寻找判断方法

1) 启动马达线

测电笔一端接地(搭铁)，一端找线。钥匙开关开至 ON 状态，测电笔不亮；启动马达时测电笔会亮；松开马达时测电笔会灰，此线为启动马达线。

2) ACC 线

钥匙开关开至 ACC 位置时，电笔会亮；ON 时电笔也亮；当启动马达时，电笔灯会灭(无电)，此线为 ACC 线。

3) ON 线

钥匙开至 ON 时，测电笔有电，在启动马达时测电笔也会亮(有电)，此线为 ON 线。

4) +12V 线

即电瓶正极线(常火线)，在钥匙开关处于 OFF 时或者处于任何状态时，此线都有正电的为+12V 电源线。

5) 转向灯线

钥匙必须开至 ON，开左右转向灯时，该线分别测试电笔会亮(左右分开找、接)，此线为转向灯线。

6) 车门开关控制线(门边线)

一般车型为负触发，查找时，应该将室内灯开关按到开门控制位置，将司机侧门打开，将其他三个门关好，这时车顶灯会亮。用电笔一端接地，一端接至门开关线上。这时电笔不亮，当按下司机门侧控制开关后，测电笔会亮，而顶灯亮度也会降低，此线即为负触发门边线。另一种测法，将电笔一端接+12V 电，另一端测试门灯线时，这时电笔灯不亮；但用手按下司机侧门控制开关，则室内顶灯亮度会降低，测电笔灯也会亮，此门灯线即为正触发的门灯线。美国车系一般正触发，多数进口车及国产中高级车同时设有室内灯

延时设置，这时应设定主机为室内灯延时型车种，而门边线应接到延时器的输出端。或者在车门开关控制线(如奥迪 A6、本田雅阁 2.4、奥德赛、丰田佳美 2.4、帕萨特等)。

7) 刹车灯线

刹车踏板上，有一控制开关出来有两条线。电笔一端接负，另一端测试踩刹车时，开关接通，此时刹车灯会亮，电笔灯随着也亮，放开刹车踏板后，电笔灯会熄灭，则此线为刹车控制线。

8) 中控锁线

一般原车中控与加装 PLC 整套的中控锁是负触发。负触发判断：电笔一端接负电，另一端测试开关锁的信号时，门中控锁分别会开、关锁，叫负触发。

9) 极线

极线即搭铁线，汽车车体均与电瓶负极相连通，与汽车车体金属部分连接即为搭铁。

5. 安装防盗器的注意事项

(1) 首先，拆装车辆时要认真仔细，并对各种车型结构要了解清楚。在无把握的情况下，不可拆装，以免给客户造成损失。

(2) 对于各种车型的电路，要按规定方式科学查找，不可凭经验。只查找与安装防盗器有关的线路，千万不要好奇。严禁测试电脑线路和安全气囊、ABS 线路。

(3) 因为很多车都带电脑，会因断点火线造成电脑故障；刹车带助力的车型、方向盘带助力的车型，若断点火线(ON)，在设定防抢时，会在 30 秒左右灭火，此时的车辆在高速时，熄火后车辆的刹车以及转向都很沉重或失效，将会给第三者造成重大伤害。建议，断接启动马达线，不要断点火线。

(4) 当可断 ON 线的车型安装时(如化油器、柴油车类不带电脑的)，30A 断电器的小白线要接在 ON 线上，防盗器上的输出负电的小黄线要接在断电器上的小黄线。

思考与练习

一、思考题

1. 何为电子式防盗器？
2. 防盗器应如何选择即原则依据？
3. 简要叙述防盗器的安装方法。

二、练习题

1. 填空题

(1) 目前市场上汽车防盗器种类繁多，根据其工作原理，大体上可分为三大类，即(   )、(   )和(   )。

(2) 电子式防盗器是在汽车上加装(   )来达到防盗、(   )和(   )的目的。

2. 判断题

(1) 防盗器的中控锁配线与原车中控锁配线应合理连接。   (   )

(2) 汽车防盗器防盗效果的好坏只看防盗器产品质量的好坏。   (   )

9.2 氙气大灯

目前，全球 30%的汽车制造商都已经把氙气前照灯作为车辆的标准配置，国内近期出产的奥迪、帕萨特、别克君威等豪华型车上均配置了氙气前照灯。因为氙气前照灯有许多优点及它的时尚性，很多车主都把汽车上的卤素前照灯更换成氙气前照灯。

9.2.1 氙气前照灯基本特点

氙气灯的全称是高压气体放电灯，简称 HID(高压气体放电灯 High Intensity Discharge 的英文缩写)。氙气灯的工作原理是在抗紫外线水晶石英玻璃管内，以多种化学气体充填。其中大部分为氙气与碘化物等惰性气体，通过镇流器将汽车上 12V 的直流电压瞬间增压至 23000V 的电压，高压激发石英玻璃管内的氙气电子游离，在两电极之间产生光源，这就是所谓的气体放电。

1. 氙气前照灯的特点

1) 功率小

一般车辆的卤素前照灯的功率为 60W 左右，而氙气前照灯的功率为 35W。所以，使用氙气前照灯比使用卤素前照灯可节约近一半的电力消耗。氙气前照灯灯泡如图 9.4 所示。

2) 光通量高

通常计算光通量的单位称为"流[明]"，氙气前照灯可达到 3200 流[明]的亮度，而一般卤素前照灯最多也只能产生 1000 流[明]左右的亮度，氙气前照灯的亮度是卤素前照灯的 3 倍；而且灯光射程更远，提高了夜间及雾中行驶安全性。

3) 色温度高

氙气前照灯可以达到 4000K 以上的色温度。色温度用绝对温度 K 表示，是将一标准黑体(例如铁)加热，温度升高至某一程度时颜色开始由红→浅红→橙黄→白→蓝，逐渐改变。氙气灯灯泡用这种光色变化的特征，某光源的光色与黑体在某一温度下呈现的光色相同时，将黑体当时的绝对温度称为该光源的色温度。色温度在 3000K 以下，光色就开始有偏红的现象，给人一种温暖的感觉。色温度超过 5000K，颜色侧偏向蓝色，给人一种清冷的感觉。4000K 的光色正好是最白且略微开始转蓝的色温，也最接近正午日光的颜色，人眼的接受度及舒适度最高。这样的灯光用在车辆的夜间照明上，可以有效减少驾驶员的视觉疲劳，提高驾驶安全性。图 9.5 为氙气前照灯效果图。

图 9.4　氙气前照灯灯泡

图 9.5　灯光效果

4) 使用寿命长

氙气前照灯是利用高压击穿气体电弧发光，基本上不会产生过高温度，所以只要其中的氙气还没用完，它就可以一直正常发光，不易损坏。根据研究表明，质量较好的卤素灯泡，最多只能连续使用 400h；而氙气灯泡，最少都有 2500h 的使用寿命。

2．HID 氙气灯的分类

氙气灯按灯泡形式一共分 6 种：带透镜的远光灯、带透镜的近光灯、h1(远光灯泡)、h3(雾灯)、h4(远近光灯泡)、h7(近光灯泡)。

3．HID 氙气灯的构成

构成一套完整的氙气灯系统需要三个部分：一个氙气灯泡作为光源，一个高压电子控制启动装置和专门为氙气灯设计的灯具，缺一不可。

氙气灯出厂前，成品要进行以下严格检验：高温检验；低温检验；震动、防水检验；防电磁波干扰检验。尤其是安定器，一定要严格检验，一般氙气灯的质量问题出在安定器上的比较多。一般色温达到 8000K 以上的氙气灯灯光颜色是开始偏蓝的，但是请注意，色温越高，在雨雾天气的灯光穿透力会弱些。一般选用色温 4000～6000K 的比较适合，而在 6000K 左右的光色正好是最白略微开始转蓝的色温，这种色温的光，是接近白天日光效果的色温，人眼的接受度及舒适度最高。这样的灯光用在车辆的夜间照明上，可以有效减少驾驶人的视觉疲劳，对于驾车安全性直接有明显改善。相对于普通卤素灯来说，氙气灯的色温更高，可选范围也更广，从 3000K 到 12000K 都能买到。色温越低，光线颜色越黄；色温升高，颜色发白。随着色温的不断升高，光线的颜色会由白变蓝甚至变紫。黄色的光线在雨、雪、雾天气条件下穿透能力最强，色温越高穿透力越弱，白色和蓝色的光线在雾天能见度极差。从氙气灯的发光原理来看，氙气灯的亮度会随着色温升高而下降，当色温升高到 10000K 以上，虽然可以获得蓝得发紫的效果，但实际亮度和原车的卤素灯相差不多，有的效果甚至不如普通卤素灯。所以并非色温越高越好，氙气灯比较理想的色温为 4200K 左右。这种白中带黄的灯光，既能够兼顾恶劣的天气状况，又保证了氙气灯 3000 流[明]以上的亮度。HID 灯本身就是为了增加行车安全。但如果你把 HID 灯安装在远光灯上，当你打开远光灯时，会造成对方来车眩目，造成对方的不安全，同时也是自己的不安全，所以建议安装 HID 时把它安装在近光灯上。如有些用户因需要，选择安装在远光上的，在与对面车会车时，切记将远光灯关掉。

车用氙气金卤灯是一项高技术产品。为了生产性能符合标准要求的车用氙气金卤灯，必须有极其精良的生产设备，成分和纯度极严格的各种原材料，极为洁净的生产环境和高超的工艺技术，大型跨国公司有这样的条件，国内也有少数企业具备了这样的条件。

4．辨别 HID 品质好坏的方法

目前市面上的 HID 品牌繁多，而产地多是日本、韩国、德国以及中国内地和台湾地区，而品质的关键在于升压器和灯泡。

辨别 HID 品质好坏的具体方法是：

1) 启动时间

好的 HID 灯在 1 秒内可以达到稳定光通量的 25%，4 秒内可以达到稳定光通量的 80%，而低于这个标准的都要谨慎选择。

2) 热启动时间

在灯稳定工作后熄灭 15 秒内，有些升压器通电后灯泡可以在 1 秒内达到最高亮度的 80%，几乎感觉不到延时，而有些升压器则需要 3~5 秒的延时才可以使灯泡达到最高亮度的 80%。当然，延时少的升压器品质更好，当升压器和灯泡都处于正常工作状态下，可以再做反复连续开关的动作。品质好的升压器一般工作正常，有些升压器会出现点灯不正常，灯泡会有一颗亮一颗不亮的现象，须切断电源再重新开启。

3) 升压器的工作方式

目前，升压器的工作方式分两种，分别是定电流和定功率，而后者才是可以提供 HID 长久寿命的正确设计。一个全新的 HID 灯泡，电极之间的距离为 4.2mm。若要在两个电极之间产生跳电电弧(学名为架弧)，就必须在电极两端加以 23000V 的电压(点灯之后工作电压会降至 70~100V)。但随着点灯次数、时间的增加，两个电极之间的距离也会越来越远，而要维持电弧跳电的工作电压，也会由 85V 慢慢增加至 102V。定电流升压器会持续供应一个稳定的工作电流，但随着 HID 管压的增加，整体输出功率也会由额定的 35W 慢慢提升至 40W，额外的功率轻则导致灯泡固定座熔毁，重则会烧毁灯泡或升压器。而采用定功率输出的升压器则不会有这种顾虑。

4) 升压器的类型

现在，市面上存在的升压器一般分为两种：两颗式和一颗式，而一颗式安装更方便。

氙气灯具备亮度高、色温低、寿命长、功率低的优点，受到车主的青睐，但假冒伪劣产品也乘虚而入，遍布市场。选购氙气灯应从品牌、认证、经销商等方面过滤假货。第一，选氙气灯首选大厂产品。第二，选氙气灯要看欧盟 E-mark 认证。欧盟 E-mark 认证是世界认可的技术标准，获得认证的氙气灯产品不但在产品质量上得到保障，在使用中也不会对车内其他电子设备产生干扰。第三，选氙气灯不选假冒名牌。不良商家编造的所谓国际知名品牌，或者盗用根本不制造氙气灯的品牌，甚至在商标上做文章——少个字母或改个字母。这些鱼目混珠的产品虽然价格便宜，但会为使用者增添安全、质量隐患。

9.2.2 氙气前照灯的改装方法

目前，氙气前照灯的改装主要包括氙气灯泡改装、更换前照灯总成、加装氙气辅助灯三种方法。

1. 氙气灯泡改装

氙气灯泡改装就是将原车前照灯中的卤素灯泡拆掉，换上氙气灯泡(包括氙气灯泡座)，加装氙气镇流器，同时在防尘罩上钻孔并引出线束。由于市场上已经推出了适配卤素灯型号 H1、H3、H4、H7、HB3、HB4 等卤素灯泡的氙气灯泡，因此几乎所有的车辆都适用。但是，这种方法存在很大的安全隐患：一是由于前照灯的反射镜与配光镜都是为原卤素灯泡而量身定造，在改换氙气灯泡后，由于氙气灯泡与原卤素灯泡的大小、尺寸都不尽相同，发光部分必然偏离焦点位置(即由于氙气灯泡发光点位置偏移所致)。因此，新装的氙气灯泡与反射镜及配光镜的配合不可能达到原有的效果。反而产生了包括不聚光、失去近光明暗截止线、无正确的远光功能(带远光功能的改装氙气灯泡产品确实有，但光型并不理想，甚至不符合法规要求)等严重的不良影响，并导致会车炫目的可能性增加。二是由于更改了原车的电路，一旦出现产品质量问题，很可能引起短路起火。

2．更换前照灯总成

在欧洲，法规已明确规定氙气灯泡改装为非法，只有更换前照灯总成才被视为合法，并且还必须同时配备前照灯清洗装置及自动前照灯调节装置(详见欧洲经济委员会条款 ECF-R48)。目前，我国虽然尚未颁布类似的法令，但我国的国家标准很大程度上借鉴并等效于欧洲 ECE 条款的惯例，很有可能今后也将出现相应的规定。这种改装方式主要采用原配套氙气前照灯，即氙气灯泡配合专门为其设计的配光镜和反射镜，因而成为一种最理想的改装方法。目前，可改装氙气前照灯总成的车型包括帕萨特 B5、奥迪 A6 以及宝马 5 系和奔驰 E 级系列等。采用这种方式的改装极为方便，一般只需拆换前照灯总成即可。

3．加装氙气辅助灯

这种方法的特点在于完全不改动原车的照明系统，而是将氙气辅助灯作为附加产品安装于车辆头部或顶部的相应位置。这种改装相对比较灵活，用户可以根据车辆的前围造型和自己的喜好挑选合适的产品，选择合理的安装位置进行安装，满足个性化的需求。氙气辅助灯以远光灯为主。外径一般小至 80～90mm，大至 200mm，分别可适合卡车、越野车、轿车等不同车型。氙气辅助灯中的铅笔光型产品，可以满足高速公路驾驶以及赛车驾驶的特殊需求，射程可达千米以上。然而，该种方法的缺点在于，对于车辆前保险杠及格栅有一定的尺寸要求，需仔细测量后再予以改装。

9.2.3　氙气前照灯的安装

1．氙气前照灯的安装

氙气前照灯的安装方法如下。

(1) 检测车灯的型号是否与本车相符。

(2) 把原车灯拆下。

(3) 拆去原线路的接线，在适当的位置用开孔器开一个直径 25mm 的孔，用于氙气灯线的引进。

(4) 拆开氙气灯安全筒。

(5) 装上氙气灯泡并扣紧，高压线由开孔处引出，再将高压线上的防水胶圈护住开孔，防止水和尘土进入前照灯。

(6) 将镇流器固定在适当的位置。应使镇流器远离热源。

(7) 接上灯泡和镇流器高压线(插头对接)。

(8) 接上 12V 电源线控制线(红为正，黑为负)。

2．氙气灯安装后常见的问题

氙气灯安装后常见的问题及处理方法。

(1) 现象 1：安装后会有散光现象发生。

处理方法：

① 检查一下灯泡的安装位置是否正确。

② 灯壳的聚光效果不好，如有可能，建议更换新款的灯壳。

(2) 现象 2：安装后会有闪光现象发生。

处理方法：

① 先用相关仪器检查一下大灯线路电源是否稳定。

② 更换安定器，查看故障是否仍然存在。

③ 更换灯泡，查看是否排除故障。

(3) 现象 3：安装后会有闪光并时常熄灭现象。

处理方法：

① 查看大灯线路工作电流是否正常。

② 查看大灯线路是否经过行车电脑，如有经过，需将行车电脑内的大灯改掉后方能恢复正常。

(4) 现象 4：安装后无法启动车灯。

处理方法：

① 查看线路是否安装正确。

② 启动时大灯线路是否有供电不足现象。

③ 查看汽车电瓶是否亏电严重。

(5) 现象 5：安装氙气灯后晃眼。

原因：改装时，氙气灯少装了透镜。鱼眼一般的透镜是用来聚光，从而保护路人和对面司机的眼睛。

知识拓展 9-1

　　随着社会的进步，节约能源，保护环境已是大势所趋，在照明领域中，采用新型节能光源、节能电器及高效灯具来达到节约电能的目的，已广泛被人们接受。但如何通过节能照明设计来达到节约能源的目的，才刚被人们所重视。采用调光技术用于照明领域的节能是一种行之有效的方法。与其相应的新产品已不断地被开发出来。过去在体育场馆，城镇道路和隧道等场所大面积照明，采用 HID 调光设计，从实用上说是不大可能的。现在随着科技进步，电子技术和电子元器件的不断发展，这种调光设计已变为可行。

　　下面向大家简单介绍三种 HID 灯的调光技术及相关的产品。众所周知，HID 灯电子镇流器可以容易地设计成调光镇流器。调光原理：通过各种传感器，调节输入到电子镇流器控制工作频率的直流电平，改变工作频率，调整输出到 HID 灯的功率，达到调光目的。HID 灯电子镇流器调光范围：高压钠灯一般为输出功率 50%～100%(光通量约：30%～100%)；金属卤化物灯输出功率 60%～100%(光通量约：45%～100%)。根据国外研究资料，调光 HID 灯电子镇流器在灯启动 3～5 分钟内，必须满功率工作，否则会出现灯管早期发黑现象，影响灯的使用寿命。我们初步对比试验也证明了这一点。所以，调光 HID 灯电子镇流器在设计时应考虑此问题。在灯启动时，不论是什么状态，电子镇流器在 3～5 分钟内应自动工作在满功率输出。变感抗式镇流器的调光：变感抗式镇流器的调光，顾名思义就是改变镇流器的感抗值，调整灯的输出功率来达到调光目的。用感抗式镇流器中间抽头、变换开关 K 改变镇流器阻抗，使其输出到灯的功率不同来调光，这种调光方式关键要解决开关切换问题。用普通开关(如交流接触器)在切换时，因切换速度不够快，会产生熄灯现象，这在一些场所是不允许的。即使允许，灯熄灭后降功率启动和多次启动对灯的寿命影响较大。所以，必须采用电子开关或是电流过零技术的快速机械开关，保证灯切换功率时不熄灭。这种调光镇流器只可用于高压钠灯和脉冲启动型金卤灯。而不适用于 JLZKN 系列钪钠金属卤化物灯的调光。高压钠灯可降功率为 0~40%，金卤灯为 0~20% 或 30%(视金卤灯品种而定)。功率下降幅度增大，在一些因素影响下(如电源波动、畸变等)就可能产生电弧不稳和熄灯现象，尤其是金卤灯。变电抗式镇流器只能是定功率一级或二级调光，不能连续调光。镇流器 I 端为额定功率输出，II 端为 60%额定功率输出。当接通电源时，继电器不动作，镇流器 I 端输出，灯在额定功率下运行。同时，电源给出 50 次/S 的时基信号，计时控制器开始计时，3 分钟后给出一个信号将 CD 电子触发器关闭(电子触发器灯亮时可以自动关闭，灯损坏时 3 分钟关闭)，约 6 小时后(此时间可以根据用户要求设定)计时控制器给继电器 J 信号，继电器吸合，由检流计提供的信号可以保证继电器吸合的时间在灯电流过零点左右，这可以保证灯泡不会熄灭。同时也延长继电器触点寿命。继电器吸合后，镇流器 II 端输出给灯 60%的额定功率，完成定时定额调光工作。变容抗式 CWA 型镇流器调光：CWA 型镇流器也称为 LC 顶峰超前式镇流器。通过改变镇流器工作电容的容抗，降低镇流器的输出功率来调光。这种调光电路可用于高压钠灯和脉冲启动型金卤灯的调光，也可用于 JLZKN 钪钠系列金卤灯的调光(不用电子触发器)。调光范围与变感抗式镇流器相同，同样调光时要采用电容电压过零分断技术，保护继电器触点因大电流冲击损坏。另外，灯启动时应处于满功率状态，否则会因镇流器提供给灯的重新着火电压值 VSS 太低，使灯在启动过程熄灭，无法正常工作。

常用的调光控制方式有：延时控制、载波控制、手动控制、光电控制和远红外感应控制等。手动控制是人工通过调节电位器或开关将控制信号直接传送给调光电器。载波控制是将控制信号由载波发射器经电源线传输到载波接收器转变为相应的信号。延时控制是当灯接通电源时，计时器开始计时到某一设定时间输出一定值信号，改变灯功率。光感应控制是按白天和夜晚亮度变化，输出一定值信号。远红外感应控制是根据检测到的人体远红外变化输出一定值信号。据上述几种方式调光的控制原理可以得出：手动和载波控制方式可以用于连续调光，而定时、光控及远红外控制一般只能用于定功率调光(单级调光)。五种调光方式适用于不同照明场所：体育场馆调光照明采用手动和载波控制，可以按需要连续调光。手动控制方式经济、稳定、可靠，用于新建场馆和线路架设容易的老场馆改造。载波控制方式可用于线路架设不容易的老场馆改造。城镇道路调光照明，用延时控制方式比较合适，开灯后满功率运行 6~7 小时(可设定)后，自动降为 60%额定功率运行。隧道调光照明，可用时控(时间程序控制)和光控二种方式，在白天满功率运行，夜晚降功率运行。其他某些特殊场所调光照明可用远红外控制方式，如频繁进出仓库，当人进入时灯满功率运行，离开后降功率运行。

知识拓展 9-2

HID 灯在调光状态下工作，我们最关心的一个问题是对灯的寿命影响。这要从两方面讨论：一是对灯本身的影响。据国外有关资料介绍，不论在高频还是在工频下降功率点灯，不会损伤 HID 灯，即不延长也不会缩短灯的寿命。此结论待验证。二是调光系统对灯的影响。在灯的寿命后期，调光电器在满功率时可以正常点灯，在降功率时，灯不能正常工作，出现熄弧，这无形就缩短了灯的寿命。初步试验证明电子镇流器调光方式在这方面对灯影响小。可在灯正常寿命 80%～90%的时间内工作(与 HID 灯品种和调光量大小有关)。而变感抗式和变容抗式调光只能是正常灯寿命的 60%～70%，特别是金卤灯，对高压钠灯的影响相对较小。这主要原因是电子镇流器不论在什么状态下工作，都能提供给灯很小的断流时间 0T 和较高的重新着火电压 VSS。而变感抗和变容抗式镇流器在调光状态下工作时，这两项参数就很难做得好，即使这样，我们认为这两种调光方式仍具有实用价值，因其节电效益远大于灯的寿命损失。HID 灯大面积照明应用调光技术才刚开始起步，有待进一步提高和完善。我们相信，随着科技的进步，在不远的将来，HID 灯调光技术作为节能照明的重要方法将被广泛推广使用，对我国的绿色照明做出贡献。

思考与练习

一、思考题

1. 氙气大灯有哪些基本特点？
2. 氙气大灯的安装方法有哪些？

二、练习题

1. 填空题

(1) 氙气大灯的改装方法有两种：(　　)和(　　)。

(2) 氙气前照灯是利用(　　)发光，基本上不会产生(　　)，所以只要其中的氙气还没用完，它就可以一直正常发光。

2. 操作题

按要求对试验台架上的氙气大灯进行拆装。

9.3 倒 车 雷 达

较早时期，倒车雷达只是在宝马、奔驰等高档车型上配置。近几年来，倒车雷达在新生产的豪华型汽车中都有配置。但是在基本型、普通型汽车的配置中，装有倒车雷达的较少。于是安装倒车雷达就成了一项新兴的装潢项目。市场上经销的倒车雷达品牌多达几十种，有固地、铁将军、全安、佐敦、视宝等，国产品牌基本上占 90%，而进口产品较少。

9.3.1　倒车雷达的概念、原理和组成

倒车雷达全称叫"倒车防撞雷达"，又称"倒车警示装置"，是汽车倒车安全辅助装置。倒车雷达的主要作用是在倒车时，自动启动倒车雷达，通过声音或者显示屏显示，方便驾驶员了解汽车尾部周围障碍物的情况，解决了驾驶员倒车时需半扭头向后瞭望的不便，并帮助驾驶员消除视野的死角，提高驾驶的安全性。

倒车雷达的基本原理是采用超声波测距原理，在控制器的控制下，由传感器发射超声波。超声波遇到障碍物时，就会反射回来，传感器接收到反射回来的超声波后，经控制器进行数据处理，判断出障碍物的距离，由蜂鸣器发出蜂鸣警示信号或者由显示器显示距

离，或者蜂鸣器发出蜂鸣警示的同时显示器显示距离。

倒车雷达由超声波传感器(俗称探头)、控制器和显示器(或蜂鸣器)等部分组成。超声波传感器是发出和接收超声波信号的装置，将得到的信号传输到控制器。超声波传感器安装在后保险杠上，根据不同价格和品牌，超声波传感器有 2、3、4、6 只不等。超声波传感器发出的超声波能探索到那些低于保险杠而驾驶员从后窗难以看见的障碍物。控制器接收传感器输入的反射波信号，进行数据处理，判断出障碍物的距离，输出电信号给显示器或蜂鸣器。倒车雷达显示器或蜂鸣器装在驾驶室仪表台上，显示器显示出汽车尾部距后面物体的距离，距离直接用数字表示。1.5～0.8m 为安全区，0.8～0.3m 为适当区，0.3～0.1m 为危险区。蜂鸣器则是根据距离的远近，鸣叫声的频率不同。一般汽车尾部距障碍物 1.5～1.8m 时，蜂鸣器就会发出鸣叫声，距离较远，鸣叫声的频率较低，离障碍物越近，鸣叫声的频率越高。

9.3.2　倒车雷达的发展

倒车雷达第一代产品是倒车蜂鸣器。只要驾驶员挂上倒挡，它就会响起，提醒周围的人注意。倒车时，没有语音提示，也没有距离显示，虽然驾驶员知道有障碍物，但不能确定障碍物离车有多远，对驾驶员帮助不大。因此，它不是真正的倒车雷达。

第二代产品是轰鸣器提示，这是倒车雷达系统的真正开始。倒车时，如果车后 1.5～1.8m 处有障碍物，蜂鸣器就会开始鸣叫。鸣叫声的频率越高，表示车辆后部离障碍物越近。它没有语音提示，也没有距离显示．虽然驾驶员知道有障碍物，但不能确定障碍物离车后部的确切距离，对驾驶员能起到一定的警示作用。

第三代产品用液晶屏显示，而且是动态显示系统。不用挂倒挡，只要启动发动机，显示屏上就会出现汽车尾部周围障碍物的情况。这一代倒车雷达可以显示车后障碍物离车体的距离。它有两种显示方式，即数字显示和数码波段显示。数字显示直接显示车后部与障碍物的距离，而数码波段显示由三种颜色来区别：绿色代表安全距离，表示障碍物离车体距离有 0.8m 以上；黄色代表警告距离，表示离障碍物的距离只有 0.6～0.8m；红色代表危险距离，表示离障碍物只有不到 0.6m 的距离。这种倒车雷达动态显示，色彩清晰漂亮，外表美观，可以直接粘贴在仪表台上，安装很方便。不过液晶显示器外观虽精巧，灵敏度也较高，但抗干扰能力不强。

第四代产品是魔幻镜倒车雷达，采用了最新仿生超声雷达技术，配以高速计算机控制，可全天候准确地测知 2m 以内的障碍物，并以不同等级的声音提示和直观的显示提醒驾驶员。魔幻镜倒车雷达把后视镜、倒车雷达、免提电话、温度显示和车内空气污染显示等多项功能整合在一起。并设计了语音功能，是目前市面上较先进的倒车雷达系统。其外形就是一块倒车镜，所以可以不占用车内空间，直接安装在车内后视镜的位置。

第五代产品是多媒体倒车可视系统。将倒车雷达与汽车的影音系统相结合，使倒车更为轻松，不用扭头就可看到车后的一切，同时不断有声音提醒距离的变化。多媒体倒车可视系统功能齐全，整套系统主体为一块显示屏，为超薄液晶屏。安装在副驾驶座位遮阳板处，其厚度只有 13mm。这种超薄液晶屏采用的是进口真彩屏，画面细腻，色彩艳丽，清晰度高。同时显示屏的角度是左右可调的。液晶屏内置多种接收装置，可实现 3 路视频输入 AV1、AV2、AV3。这种多媒体不但可以接收多个电视节目，更可以同时与车载 DVD、VCD、GPS 卫星定位仪、电子游戏机等相连接组成车内影院。另外，多媒体倒车可视系统还具备夜视专用摄像装置，即使在漆黑的夜晚倒车，驾驶员也可对车后情况一目了然。

9.3.3　倒车雷达的选择

选择倒车雷达应从功能、性能、美观与协调性、产品质量、传感器(探头)个数等方面考虑。

1. 功能

功能齐全的倒车雷达应该有障碍物距离显示、方位显示、声响警示或语音警告等功能。使驾驶员能完全知道车后部障碍物的情况，倒车时掌握主动性。有些倒车雷达产品还具备开机自检功能。

2. 性能

倒车雷达的性能主要表现在探测范围、准确性、显示稳定性和捕捉目标速度等方面。探测范围：大多数倒车雷达产品的探测范围为 1.5m，好的产品能达到 2.5m，而且不应存在探测盲区。探测范围大的倒车雷达倒车时能较早探测到障碍物。探测的准确性主要是两个方面：一是显示的分辨率，一般产品显示的分辨率为 10cm，而好的产品能达到 1cm；二是探测误差，即显示距离与实际距离之间的误差，好产品的探测误差应低于 3cm。显示稳定性是指在障碍物对超声波反射不太好的情况下，能否始终捕捉到并稳定地显示出障碍物的距离。捕捉目标速度反映了倒车雷达对移动物体的捕捉能力。这对于避免类似儿童或骑车人从车后突然穿过而驾驶员视线不及引起的碰撞事故尤为重要。总之，倒车雷达性能方面的要求是：测得准、测得稳、范围大、捕捉速度快。

3. 美观与协调性

倒车雷达作为汽车的装饰件，要考虑显示器和传感器安装后是否美观，是否与车协调，特别是传感器颜色与汽车后保险杠的颜色应相同或相近。从传感器外形看，可以分为纽扣式和融合式两种，纽扣式的传感器表面是平的，融合式传感器表面是有造型变化的，追求与后保险杠的自然过渡。从尺寸上看，有超小型的、中型的和较大尺寸的，尺寸大的比较大气，小的比较隐蔽，主要取决于汽车后保险杠的大小和个人偏好。

4. 产品质量

倒车雷达产品质量直接关系到倒车雷达所应起的作用。作为汽车用品，对其质量和可靠性应有比较高的要求。可以通过几个简单的小实验来测试产品的质量。一种是距离测试，用尺子测量汽车尾部与障碍物的距离，再与倒车雷达显示的距离数据进行对照，看两者是否一致。一种是测试传感器的有效范围，可以将障碍物通过不同角度切入传感器的测试范围，传感器的正常探测范围的夹角为 70°～90°。

5. 传感器个数

倒车雷达的传感器个数一般为 2～4 个，由于每个传感器的探测范围的夹角是固定的，所以其探测范围有一定的限制。为了安全起见，当然是多装一些传感器较好，可以消除盲区。目前，先进的倒车雷达已不单是提供汽车尾部的安全信息，甚至还可以提供行车时汽车两侧的安全信息。从经济实用的角度来说，一般以在车尾安装 4 个传感器为宜，如在车尾只安装 2 个传感器，会有一定的盲区存在。

9.3.4　倒车雷达的安装

不同品牌的汽车倒车雷达，其结构是不同的，安装方法也各有异同。主要安装方法有黏附式、开孔式两种。

1．黏附式安装

这种安装仅限于具有粘贴性探头的报警器。其特点是不需要在车体上开孔，只要将报警器粘贴在适当的位置即可，安装拆卸均不会影响汽车美观。

1) 安装位置

此种报警器一般安装在尾灯附近或行李箱门边。探头安装的最佳宽度为 0.66～0.8m，安装的最佳离地高度为 0.55～0.7m。

2) 安装方法

(1) 将附带橡胶圈套在感应器(探头)上，引线向下并与地面垂直，探头一般不安装在汽车最尾部，以免撞坏。

(2) 确定传感器(探头)安装位置，侧视 90°应无障碍物，否则会影响探测结果，产生误报警。

(3) 传感器贴合必须选择垂直方向，向上或向下均会影响使用。

(4) 用电吹风将双面贴加热，然后撕去面纸，贴到确定部位，48 小时后便可达到最佳贴合效果。

(5) 报警器的闪光指示灯应安装在仪表台易被司机视线捕捉的位置。

(6) 控制盒安装在安全、不热、不潮湿和不溅水的位置，通常将其安装在行李箱侧面。

(7) 蜂鸣器一般安装在后风挡玻璃前的平台上。

(8) 传感器屏蔽线应防止压扁或刺穿，且要隐蔽铺设，以求美观。

2．开孔式安装

适用于具有开孔式探头的报警器。探头一般安装在汽车尾部或保险杠上，其他部件的安装方式与黏附式安装相同。探头的安装方法如下。

(1) 在车尾或保险杠上开孔。

(2) 将胶套安装在已打好的孔内。

(3) 将已接好的探头从基材背面安装在探头胶套上。

(4) 将探头喷涂成与车身或保险相配的颜色。

思考与练习

一、思考题

1. 简述汽车倒车雷达的组成与工作原理。
2. 汽车倒车雷达应如何选择?

二、练习题

1. 填空题

(1) 倒车雷达由( )、( )和( )等部分组成。
(2) 选择倒车雷达应从功能、性能、( )、产品质量、( )等方面考虑。

2. 判断题

(1) 倒车雷达的安装只需要将倒车雷达的传感器安装在汽车后保险杠上,显示器或蜂鸣器安装在仪表台,再连接上电源线路就可以了。 ( )
(2) 倒车雷达的传感器一般只需要 1 个就可以了。 ( )
(3) 倒车雷达的性能主要表现在探测范围、准确性、显示稳定性和捕捉目标速度等方面。 ( )

9.4　汽车导航仪

汽车导航是近年兴起的一种汽车驾驶辅助设备,如图 9.6 所示。驾驶员只要将目的地输入汽车导航系统,系统就会根据电子地图自动计算出最合适的路线,并在车辆行驶过程中(例如转弯前)提醒驾驶员按照计算的路线行驶。在整个行驶过程中,驾驶员根本不用考虑走哪条路线能快速地到达目的地。

图9.6　汽车导航仪

9.4.1　汽车导航产品分类

根据汽车导航系统使用平台的不同,可以将导航系统分为以下 3 种。

1. PC 汽车导航系统

PC 汽车导航系统即 CarPC。该系统技术最先进,主要应用于豪华汽车上(某型宝马上安装的就是此类导航产品),价格昂贵。该系统属于开放式结构的轿车微机平台,使用微软 Windows CE 操作系统。从功能上看,它集轿车音响功能、计算机功能、导航功能、语音识别式无线通信系统功能等于一体,并以轿车技术为核心,为轿车提供了信息和娱乐设施，实现了驾驶者安全驾驶过程中自由接收电子邮件、打电话拨号、查询特殊目的地、接收交通和气候信息以及改选音乐唱片等功能。

2．DVD 汽车导航系统

此类导航系统以 DVD 等视频设备为基础，辅以 GPS、CIS 等模块，成为一种新型导航设备，其价格比较高。CD-ROM/DVD 汽车导航仪需要预先加装到汽车上，并且一旦将它安装到汽车上以后，就无法拆下来，也不能移到别的汽车上使用。在这类汽车导航仪中，需要使用经过屏蔽(防磁)处理的高价电缆线，以防止其电磁波对于其他的车载设备产生影响。

3．PDA 汽车导航系统

该系统以掌上电脑为平台，集成了 GPS、GIS 等模块，辅以专业的导航软件，作为新的集成化导航系统。此类导航产品在国外的发展时间虽然仅有两年左右，但由于其价格低廉，仅为 350～500 美元，因此上市后十分抢手。由于掌上电脑的低廉价格和开放易用的操作平台，硬件性能的大幅提高，使得基于掌上电脑的 GPS 应用日趋成熟，并成为重要的 GPS 应用平台。

9.4.2 汽车导航系统的组成

目前，汽车导航系统包括两部分：全球卫星定位系统和车辆自动导航系统。汽车导航仪一般是由 GPS 天线、集成了显示屏和功能按键的主机，以及语音输出设备(一般利用汽车音响系统输出语音提示信息)构成的。受车内安装位置的限制，一般汽车导航设备和汽车视听音响系统合成在一起，可以播放 CD、VCD 和 DVD 碟，其中 DVD 驱动器负责读取电子地图 DVD 光盘。因此，汽车导航系统又称为 DVD 导航系统。

汽车导航系统至少有两大功能：一个是汽车踪迹监控功能。只要将已编码的 GPS 接收装置安装在汽车上，该汽车无论行驶到任何地方都可以通过计算机控制中心的电子地图指示出它的所在方位。另一个是驾驶指南功能，车主可以将各个地区的交通线路电子图存储在软盘上，只要在车上接收装置中插入软盘，显示屏上就会立即显示出该车所在地区的位置及目前的交通状态，既可输入要去的目的地，预先编制出最佳行驶路线，又可接受计算机控制中心的指令，选择汽车行驶的路线和方向。

9.4.3 全球卫星定位系统(GPS)

GPS 是"全球卫星定位系统"的简称。该系统原是美国国防部为其"星球大战"计划投资 100 多亿美元而建立的，其作用是为美军方在全球的舰船、飞机导航，并指挥陆军作战。

GPS 是美国国防部发射的 24 颗卫星组成的全球定位、导航及授时系统。这 24 颗卫星分布在高度为 2 万千米的 6 个轨道上绕地球飞行。每条轨道上拥有 4 颗卫星，在地球上任何一点，任何时刻都可以同时接受到来自 4 颗卫星的信号。也就是说 GPS 的卫星所发射的空间轨道信息覆盖了整个地球表面。

GPS 卫星定位系统由地面控制站、GPS 卫星网和 GPS 接收器三部分组成。地面主控站实施对 GPS 卫星的轨道控制及参数修正。GPS 卫星网向地面发射两个频率的定位导航信息，其中包括两个定位码信号：C/A 码(供世界范围内的民用)及 P 码(只供美国军方使用)。GPS 接收器接收 GPS 卫星信号进行解算，即可确定 GPS 接收器的位置。

GPS 之所以能够定位导航，是因为每台 GPS 接收器无论在任何时刻，在地球上任何位置都可以同时接收到最少 4 颗 GPS 卫星发送的空间轨道信息。接收器通过对接收到的每颗卫星的定位信息的解算，便可确定该接收器的位置，从而提供高精度的三维(经度、纬度、高度)定位导航及授时系统。GPS 接收器是被动式全天候系统，只接收而不发出信号，故不受卫星系统和地面控制系统的控制，用户数量也不受限制。

GPS 接收器的性能因机种不同而有差异。接收器根据用户不同的使用需要又可分为大地型 GPS 接收器和导航型 GPS 接收器两类。但接收器都具有国际通用的标准仪器接口，可以和自动驾驶仪、电台、话音通道及计算机等仪器对接，以便迅速地将导航定位信息传送到关联的相应系统。

GPS 的定位方式有两种，即单点定位方式和相对定位方式。

单点定位方式就是用一台 GPS 接收器接收三颗或四颗卫星的喜好，来确定接收点的位置。单点定位方式测定的位置误差较大。在移动性一次观测定位中，其误差在使用 P 码时约 10～25m，使用 C/A 码时约 100m。若固定点定位测量时，用两种码的相应误差分别为 1m 和 5m。

相对定位方式就是在两个地点同时进行定位测量，并且求出两点间的相对位置关系。相对定位方式测定的位置误差较小。尤其是采用差分技术进行修正，则可大大提高定位精度。

随着 GPS 接收器的广泛应用，GPS 载体(即用户)已不只局限于单一独立的运动载体，而是发展成为一个 GPS 载体的相关群体。群体管理部门需要及时了解各个载体的运动情况，载体之间也需要知道彼此的运动状态。这就需要建立一个 GPS 载体的信息管理系统。

GPS 载体信息管理系统就是对数个运动着的 GPS 载体用户进行导航定位联网的一种现代化管理方法。它可以使数个 GPS 载体形成一个相互关联的群体，可集导航、定位、通信、报警、防盗等功能于一体，是 20 世纪 90 年代导航、电子计算机及电子技术领域高新技术的结晶。它的应用使现代导航、定位、通信指挥由常规进入了一个崭新的空间领域。

GPS 载体信息管理系统基本上由三大部分组成，即数个 GPS 接收器及其载体、载体上配置的通信链(电台)、数码处理及显示的基地指挥中心。对于导航定位精度要求高的用户，还要配备一个差分基准站。其工作原理如下：载体上的 GPS 接收器显示载体方位，引导其正确运行的同时，通过接口和电台向基地指挥中心发送编码信号。指挥中心经过解调、计算机处理等，将载体的位置置于该地区的数字化地图及信号库，同时在屏幕上显示出来。从而使指挥部能及时了解所属全部载体的位置及运动状况，更利用高效、安全的管理和灵活机动的调动指挥。

GPS 载体信息管理系统的组合相当灵活。根据需要，可大可小。基地指挥中心监控台可以是一个，也可以是多个组网；可以是移动的，也可以是固定的，甚至还可以由固定和移动的指挥中心监控台混合组网。

在通常情况下，一个基地指挥中心管理系统可以管理几百个运动的 GPS 接收机载体。其管理范围视通信设备能力而定，可达 50～500km。

GPS 由空间部分、地面支持系统和用户设备部分三个独立的部分组成。空间部分包括

21 颗工作卫星、3 颗备用卫星。目前的 24 颗卫星均匀分布在倾角为 55°的 6 个轨道上，即各轨道的升交点(与赤道的交点)之间的角距为 60°。每个轨道均匀分布 4 颗卫星，相邻轨道间卫星彼此叉开 40°，以保证全球覆盖的要求。3 颗备用卫星可随时代替故障卫星。地面支持系统包括 1 个主控站、5 个监控站、3 个注入站。主控站即卫星操控中心，位于科罗拉多斯普林斯的佛肯空军基地，任务是收集各监控站送来的数据，计算卫星轨道和钟差参数并发送到各注入站；其本身也是监控站。监控站共 5 个，除了主控站外，分别位于美国的夏威夷、北太平洋的卡瓦加兰岛、印度洋的迭哥加西亚岛、大西洋的阿松森岛，其主要作用是监测和跟踪卫星。注入站共 3 个，与三大洋的监控站并置，其主要作用是将主控站送来的卫星星历和钟差信息每天一次注入卫星的存储器中。存储器的存储能力是 14 天，精度随注入时间间隔扩大而降低。用户设备部分，主要是接收器，其作用是接收 GPS 卫星的发射信号，以获得必要的导航和定位信息，经数据处理，完成导航和定位工作。GPS 接收器硬件一般由主机、天线和电源组成。

9.4.4　汽车导航系统

汽车导航系统中的 GPS 信号接收器接收卫星发送的信号，根据卫星信号计算出地面接收机的当前位置。如果地面接收机同时收到 4 颗以上的卫星信号，就能根据卫星的精确位置及发送信号的时刻，通过计算以求得当前地点的位置。汽车导航系统通过车轮传感器、地磁传感器和偏航传感器三种传感器获取数据，确定汽车的速度和位置。车轮传感器记录车轮的速度，产生的脉冲信号用于定时计算行驶距离和方向变化。地磁传感器通过励磁绕组感应出电压脉冲，测量出沿途地磁场水平分量的大小与起始点磁场的比较，为车载电脑提供补偿数据。电子地图存储容量能够存储汽车运行区域的所有数据，车载电脑与存储道路网络数据不断比较判断，更正定位误差从而确定最佳行驶路径。

目前先进的汽车导航系统多用单片机结构，嵌入式操作系统。软件代码存储于 ROM 中，代码简洁，运行可靠，启动及关闭迅速，具有几乎完整的 PC 组件和输入输出端口，适应汽车恶劣的工作环境，在高温或低温以及剧烈振动环境下工作可靠性高。

目前，世界上应用较多的是自主导航，其主要特征是每套车载导航设备都自带电子地图，定位和导航功能全部由车载设备完成，它的工作过程主要有以下步骤。

1) 输入数据信息

出发前，车主将目的地输入到导航设备中，在系统显示的电子地图上直接单击选取地点，或者是借助某种输入方法，将目的地名称输入到系统中。根据输入设备的不同，可以有不同的地名输入方法，依靠按键或触摸屏可以实现几乎所有的操纵功能。为了便利，目前人们也在开发语音识别技术的产品。

2) 显示电子地图

汽车导航系统中至关重要的一部分是存储在光盘或内置存储器(如硬盘)中的电子地图。电子地图中存储了一定范围内的地理、道路和交通管制信息，与地点对应存储了相关的经纬度信息。汽车导航主机从 GPS 接收器得到经过计算确定的当前点经纬度，通过与电子地图数据的对比，就可以随时确定车辆当前所在的地点。一般汽车导航系统将车辆当前位置默认为出发点，在用户输入了目的地之后，导航系统根据电子地图上存储的地图信息，就可以自动计算出一条最合适的推荐路线。有些系统，用户还可以指定途中希望经过的途径点，或者指定一定的路线选择规则(如不允许经过高速公路、按照行驶路线最短的原则等)。推荐的路线将以醒目的方式显示在屏幕上的地图中，同时屏幕上也时刻显示出车辆的当前位置，以提供参考。如果行驶过程中车辆偏离了推荐的路线，系统会自动删除原有路线并以车辆当前点为出发点重新计算路线，并将修正后的路线作为新的推荐路线。

思考与练习

一、思考题

1. 目前汽车导航产品有哪些种类？
2. 何谓全球卫星定位系统(GPS)？

二、练习题

1. 填空题

(1) 目前的汽车导航系统包括两部分：(   )和(   )。

(2) 电子地图中存储了一定范围内的(   )、(   )和(   )，与地点对应存储了相关的经纬度信息。

2. 判断题

(1) 汽车导航系统中的 GPS 信号接收器接收卫星发送的信号，根据卫星信号计算出地面接收器的当前位置。   (   )

(2) 汽车导航系统只实现了驾驶指南的功能。   (   )

9.5 车 载 电 话

　　汽车通信是移动通信的一个专门领域。车载电话(如图 9.7 所示)是专门为驾驶员设计生产的高端通信产品，对其安全性、适用性及与其他产品(如车载多媒体系统)的兼容性等都有着一定的要求。车载电话系统不仅是一种可以移动的通信工具，更是一种全方位电子化生活的体现。随着汽车工业的发展，车内通信和车内办公已经逐渐成为一种趋势。

图 9.7　车载电话

9.5.1　车载电话的特点

车载电话具有以下特点。

1) 信号强

众所周知，手机的信号强度与运营商为其移动通信网络架设基站的发射功率以及手机离基站的远近息息相关。在电梯、火车、地下通道等比较封闭的地方，手机信号要穿过的障碍物增多，也会影响手机信号强度。而车载电话可以外接一根增强信号的天线，这样就基本上保证了通话的畅通无阻。

2) 辐射低

当人们使用手机时，手机会向发射基站传送无线电波，而无线电波或多或少地会被人体吸收，这些电波就是手机辐射。这些辐射有可能改变人体组织，对人体健康造成不利影响。而车载电话使用的是外置天线，外置天线放置的位置离人体至少有 1 米的距离，大大降低了辐射给人体带来的伤害。

3) 通话品质卓越

虽然目前很多手机已带有免提功能，但音量都不完美。车载电话配有独立的大功率扬声器，也可以通过接线使对方的声音从汽车音响中传输出来，使用户得到高水准的商务级通话品质。

4) 尊贵大气的外观设计，是使用者身份的象征

车载电话通常都有比较大的键盘，在车上拨号时非常方便，有些车载电话还有语音拨号和语音指令的功能，可用声音方式对电话进行操控，而不必再按数字键盘，保证了行车安全。其尊贵大气的设计，可烘托成功商务人士、国家机关及政府部门领导的气质。

5) 使用汽车电源，保证了通话的延续性

我们在使用手机时，经常会碰到在接打电话的时候手机没电的情况，这就不可避免地给通话双方带来不便。而车载电话是利用汽车电源，只要打开了点火开关，汽车电瓶有电，就能保证通话中不会出现中途断电或者掉线，也省掉了一次次充电的麻烦。若你需要在汽车之外使用，还可选用自带蓄电池的便携式背包电话。

9.5.2　车载电话的种类

目前市场上的主流车载电话产品大体分为两类：一类是拾音式车载无线耳机；另一类是固定式车载免提电话。

1. 拾音式车载无线耳机

这类电话的原理很简单，用车主的手机接收通信信号，然后利用拾音器收集手机声音，通过车载广播系统或者车载音响播放。车主佩戴一个无线耳机接听声音。专业人士有句话形容这类无线耳机"上车是车载，下车是手机"，很是生动。主体部分使用点烟器作插口，安装后设备终端会自动转换到免提模式，同时连线与手机的耳机插孔连接。这类车载电话安装很简单，无须专业人员安装，可以说是即买即用，因而价格较车载固定电话系统要便宜很多。同时它对电磁波辐射的控制相对于没有车载固定电话系统好，因而音质和可听辨程度也没有后者好。

2. 固定式车载免提电话

这类车载电话固定在前排中央扶手中，相对于拾音式车载无线耳机，它的音质比较好，但价格和安装难度要高于后者很多。通常加装费用从几千元到上万元不等。它的通话效果比较好，即使在屏蔽性和电磁干扰较大的车厢内也依然能保持优良的通话效果。据介绍，这类车载电话的接收信号性能比无线耳机所连接的手机高 25%，再配合专用车载天线后，在许多手机信号极弱环境下，也能保持清晰的通话效果。同时还可与汽车音响自动切换，也就是说，来了电话，汽车音响中原有的音乐等声音就会暂停。

9.5.3 车载电话的安装

车载电话有安装型与非安装型两种。

(1) 安装型车载电话需要三根线：常火、地线、ACC，可查看参考资料中的安装图。

(2) 非安装型车载电话：代表型号有摩托罗拉 M930B、M930BP，这类车载电话可以随身携带。

在使用车载电话之前，需要注意以下事项。

(1) 在打开汽车点火开关时，车载电话自动接通电源。

(2) 当关闭汽车点火开关时，互动式电话不会自动切断电源；它会根据设置的断电延时时间延迟断电。

(3) 定时检查你的车载电话，确保其正确安装及正常工作。要使用车载电话，必须插入一张有效 SIM 卡。

(4) 要将手柄从手柄托上拿起来，拿住手柄底部，轻轻向上提起即可。

❓ 思考与练习

一、思考题

车载电话的种类有哪些？

二、练习题

填空题

(1) 目前市场上的主流车载电话产品大体分为两类：一类是(   )；另一类是(   )。

(2) 固定式车载免提电话固定在(   )。

参 考 文 献

[1] 刘步丰. 汽车装饰与改装. 北京：机械工业出版社，2007

[2] 向志渊，房莹. 汽车美容装饰. 北京：国防工业出版社，2011

[3] 魏垂浩. 汽车装饰与美容. 北京：中国广播电视出版社，2012

[4] 周燕，罗小青. 汽车美容与装饰. 北京：机械工业出版社，2005

[5] 邢忠义. 汽车美容与装饰实务. 北京：电子工业出版社，2006

[6] 阎文兵，姜绍忠. 汽车美容与装饰. 北京：北京理工大学出版社，2007

[7] 湖南汽车维修与检测网. http://www.hnqcwxyjcw.com